国家社科基金项目（项目编号：13BYY036）

国家社科基金丛书
GUOJIA SHEKE JIJIN CONGSHU

儒家经典翻译与儒家文化传播

Translation of Confucian Classics and
Transmission of Confucian Culture

李玉良　著

人民出版社

责任编辑：陈寒节

封面设计：石笑梦

版式设计：胡欣欣

图书在版编目（CIP）数据

儒家经典翻译与儒家文化传播/李玉良 著.—北京：人民出版社，

2021.11

ISBN 978-7-01-023189-1

Ⅰ.①儒…　Ⅱ.①李…　Ⅲ.①儒家-著作-英语-翻译-研究②儒家-传统

文化-文化传播-研究　Ⅳ.①B222②H315.9

中国版本图书馆 CIP 数据核字（2021）第 035125 号

儒家经典翻译与儒家文化传播

RUJIA JINGDIAN FANYI YU RUJIA WENHUA CHUANBO

李玉良　著

人民出版社 出版发行

（100706　北京市东城区隆福寺街 99 号）

环球东方（北京）印务有限公司印刷　新华书店经销

2021 年 11 月第 1 版　2021 年 11 月北京第 1 次印刷

开本：710 毫米×1000 毫米 1/16　印张：28.5

字数：432 千字

ISBN 978-7-01-023189-1　定价：85.00 元

邮购地址：100706　北京市东城区隆福寺街 99 号

人民东方图书销售中心　电话：(010)65250042　65289539

序

儒学在西方世界翻译与传播研究的新进展

    如何看待西方专业汉学家的学术研究工作，如何评价这个西方学术群体，这是我们研究西方专业汉学家的中国典籍翻译的一个重要方面。

    从西方汉学和国学之间的历史与现实关系看待西方专业汉学家的价值，颇有现实意义。从历史上来看，中国学术界与西方专业汉学一直有着较好的良性互动。因为近代以来，"中国学术界的主流派提倡按照西方汉学或东方学的方法研究中国，作为西学一个组成部分的西方汉学进入中国学术界后，对我们自身的国学研究产生了重要的影响。20世纪30年代以前中国学术界对国际汉学的关注主要集中于著名学者个人及其研究成果，而不少人是由于留学等因缘，如冯承钧之于伯希和（P. Pelliot）、杨堃之于葛兰言（Marcel Granet，1884—1940年）、姚从吾之于福兰克、郑寿麟之于尉礼贤（R. Wilhelm）"①。西方汉学作为近代西方东方学的一个分子在19世纪初已经诞生，而在西方文化势力于全球展开后，中国的文化和学术传统渐趋断裂，并开始被作为后发现代化国家的精神产品强行纳入西方主导的全球化历史进程中。此时，中国以注经

---

① 桑兵：《国学与汉学：近代学界交往录》，浙江人民出版社1999年版，第11页。

为其特点的中国传统学术逐渐退出历史舞台，以西方汉学为主体的中国文化的叙述模式逐渐登上历史舞台。在这样的背景下，近代以来以吸纳西学为主的学者，例如，王国维、陈寅恪、胡适、赵元任这些人与西方汉学的积极互动，他们逐渐成学术界主流。在这个历史的转变中，汉学其实成为近代中国学术演进的一个重要外部因素，成为催化出现代中国文化研究方式的重要推手。① 在这个意义上，有的学者认为，近代以来的国学研究实质上是"汉学之国学"。这是有一定的道理的。"汉学化的国学是什么意思呢？就是世界化的，就是跟世界学术的研究接轨、合流的一个新的国学研究。"当年以陈寅恪为代表的清华国学院在国学研究上主要是吸收西方汉学和日本汉学的研究方法，将中国的学问在世界学术空间中展开，与国外汉学展开积极对话，同西方的人文社会科学展开积极对话，这才是今日国学发展的正确途径。②

从当代中国学术的发展来看，20 个世纪 80 年代以来，对域外汉学的翻译和研究就始终是中国当代学术发展的一个重要方面。国学的研究和汉学的译介在近三十年的学术发展中一直有着良性的互动。据初步统计，80 年代以来海外汉学的学术著作被翻译成中文的已经有近 3000 多本，这些汉学（中国学）对中国学术界还是产生了重要的影响。正如余英时先生所说的，中国本土的学者"今天必须面对一个不容忽视的事实：从日本、欧洲到北美，每一天都有关于中国古今各方面的研究成果问世。如果我们继续把这些成果都称为'汉学'，那么'汉学'与中国本土的'国学'已经连成一体，再也分不开了'。实际上，在当今中国的学术界出现了"'双峰对峙'的两派'中学'——其一是自家内省的'国学'，其二是别人旁观的'汉学'"。对中国本土学者来说"要求每个学者对本专业在世界范围内的进展了如指掌，有点不切实际，但将海

---

① 参阅桑兵：《国学与汉学：近代学界交往录》，浙江人民出版社 1999 年版，第 11 页；左玉河：《中国近代学术体制之创建》，四川出版集团 2008 年版。
② 张西平：《国学与汉学五题》，《清华大学学报》2011 年第 4 期。

外中国学家的贡献纳入视野，对于生活在中国的新一代学者来说，不但可能，而且必须"。非如此则无法把握当代学术研究的进展，例如，就文学研究来讲，从夏志清的《中国古典小说导论》出版以来，中国近代文学史的研究几乎完全变了样，长期被忽视的张爱玲、钱钟书、沈从文的作品成为 21 世纪 80 年代研究的热点。

已故的李学勤先生对 20 世纪 80 年代以来的海外汉学热给予了充分的说明，他说："国际汉学研究作为一个学科迅速成长，是由于它适应了中国学术界及公众的需要。人们希望知道，外国汉学家是怎样看待和研究中国的。……由于历史的原因，中国学术界与国际汉学界的交流沟通尚有待加深扩大。国际汉学研究作为一种专门学科发展，将有益于中国进一步走向世界。"①

在对西方汉学的研究中，对西方汉学家儒学典籍翻译的研究日益成为海外汉学研究的重要内容。因为儒家文本的翻译构成了汉学家们从事其学术研究的基础。西方汉学家对儒家经典的翻译，如果从晚明来华的耶稣会士罗明坚算起，已经有了四百年的历史。玉良教授是近年来从事儒学经典翻译研究的主要学者之一。他的这本专著，从集中对 19—20 世纪西方汉学在儒家经典翻译上的代表性人物研究入手，对儒家的翻译文本和研究文本进行了深入细致的文本分析。他的学术立场十分明确。他认为，从世界性新儒学发展的观点来看，一方面，这些汉学家"对儒家思想潜在价值的发明，有利于儒家思想在现代社会的复兴和发展以及世界化儒学的建构；另一方面，其中个别方面的阐释也是对儒家根本精神的误读。他们实际上是在借儒家经典翻译的名义来表达自己的哲学理念"。此书中，无论是对理雅格、罗思文、安乐哲，还是对白氏夫妇（E. Bruce Brooks & A. Taeko Brooks）儒家经典的翻译，他都是从跨文化

① 李学勤：《应加强国际汉学研究》，载张西平编：《他乡有夫子：汉学研究导论》上册，外研社 2005 年版，第 11—13 页。

的角度展开研究，揭示其创造性翻译背后的西方思想来源与基础，对其创造性给予合理的解释与对话；无论是赞同还是批评，都是基于文献的分析与思想的剖析，丝丝相扣，实事求是。这也就是我所赞成的对西方汉学家要有一个基于学术分析的批评立场。

玉良这本书的另一个特点是，把儒学著作的翻译和传播这两个向度做了很好的结合。他在书中对汉学家们的这些翻译著作的影响和传播做了较为细致的分析，提供了坚实的数据，从而将学术性研究与传播学的实证性研究结合起来。做到这一点是很不容易的。因为，目前大多数的学者在儒学经典西译的研究中大部分持两端：要么文本的研究十分深入，尤其是外语背景的学者，在翻译的词句研究上下了很大的功夫，但对这些著作的传播和影响研究较为薄弱；要么在传播和影响研究上做得较为深入，尤其是新闻学背景的学者，运用各种数据和表格来说明翻译的效果，但对文本内在的翻译研究与思想评价则相对比较薄弱。能将二者结合起来需要有跨学科的能力和思想的视野。玉良教授认为"儒家经典翻译须以文化传播为导向，以增强我国文化软实力为出发点，以构建人类共同价值和人类命运共同体为最高宗旨。儒家思想文化的传播需依靠儒家经典翻译，但是，翻译与传播，既相辅柜成，又相互矛盾，要把儒家思想文化的真谛传播出去，必须从文化、历史、社会、政治的角度，认真研究儒家经典翻译与传播之间的辩证关系，坚持翻译要以传播为导向、以国家文化软实力建设为己任，以人类命运共同体构建为最终旨归，积极探索建立合理有效的多元化翻译传播运行机制，保证儒家思想文化翻译传播的准确性和有效性以及应有的广度与深度"。这个看法是很有见地的。

我相信这本书一定会引起国内从事儒家思想研究、翻译研究和传播学研究等多学科研究领域学者的关注。这正是海外汉学研究的魅力所在。国际汉学作为一个新的学术研究领域，很难将其归类为某一学科，或者说用单一学科的标准或者引证率是无法评价海外汉学研究的成果的。在这个意义上，把对海外汉学的研究归属于新文科建设中的交叉学科较为合适。玉良教授的这本书再次证实了我的这个看法。

张西平 *
2021 年 4 月 30 日写于北京游心书屋

---

　　* 张西平教授简介，张西平现为中国北京外国语大学教授，北京语言大学特聘教授，博导、国务院有突出贡献的专家，享受政府特殊津贴，北京外国语大学中华文化国际传播学院首席专家，北京外国语大学比较文明与人文交流高等研究院前院长，北京外国语大学国际中国文化研究院荣誉院长（中国海外汉学研究中心），《国际汉学》主编；国际儒学联合会原副会长，世界汉语教育史国际研究会会长；中国宗教学会和中国比较文学学会理事。

目　　录

引　言

　　当今世界正处于一个全球化飞速发展的时代。坦言之，这是一个帝国主义和西方文化中心主义弥漫全球的时代，也是一个文化多元化从萌生到艰难发展的时代。一方面，以美国为首的西方国家以一种领导者的姿态，利用两个世纪以来积累起来的经济、军事、政治实力以及近一个世纪以来日益突出的科技、文化实力，以世界秩序的创立和维护者的身份称霸世界；另一方面，经济、军事、政治以及科技文化相对处于弱势的亚、非等国家努力向西方学习科学技术，谋求经济、军事、科技、文化的发展。这是一个全球各民族国家在多维度和层次上杂合发展与相互斗争并存的复杂过程。其中，在文化方面，杂交与斗争的特点更加突出。杂合主要是西方文化对其他文化的渗透、影响和转化，在两厢情愿的境况下发生并持续着，其所展现的图景是西方文化以居高临下的姿态占据着舞台，其他文化争相攀上这个舞台扮演一个角色，而在不知不觉中承受着西方文化的浸染，时而拿自己的文化为这杂交的文化染缸添加些许颜色，或进行谨慎、温和的抗争。在此同台的过程中，非西方文化日渐严重地感受到了所面临的霸权与欺凌以及自我失声的痛苦甚至自我丧失的危险，于是开始追根自己的文化，试图将其发扬光大，并谋求在这个舞台上占据一席之地。这些非西方文化，恰似海洋中漂浮的座座冰山，其古老的躯体被西方文化掩埋至下颌骨，艰难地露出一个面孔，竟尚未能在这个全球化的海洋中形成一个完整的身份标志。

在这样一个时代背景下，中国儒家经典的外译与传播研究，是一个颇沉重的课题。相对于其他非西方文化，儒家文化在西方虽然不是珠穆朗玛，但也不是冰山一角。然而，经过翻译的儒家经典在西方人的眼中究竟是什么，在西方社会处在什么状态，过去和现在言说了什么，起到过什么作用？这一些却是难以轻而易举就能回答的问题。还有，究竟是谁翻译和传播了儒家经典？儒家文化海外传播的终极目标与成功的标志是什么？儒家文化对外成功传播究竟仅仅需要走一条纯粹的文化路线，还是需要国家硬实力做后盾？类似的许多问题，都在不停地敲打着近年来海外儒学研究与传播者敏感的神经。

诚然，儒家经典被翻译到海外已有四个多世纪，但这并不意味着儒家经典已经传播到了海外。毋宁说，迄今为止，儒家思想文化仍在传播过程中，而这个过程还需要很长时间。因为文化传播不是纯物质性的，不是书籍等文化产品出版了，销售了，文化传播就完成了。文化传播更是精神性的，其过程复杂而漫长，且不是文化这一个因素就能够起决定作用。撇开外部条件不论，儒家经典对外传播，还需要一个重要的前提和基础。这个前提就是国人对儒家的信念，崇尚儒家观念，信奉儒家价值，践行儒家思想。如果今天中国广大人民仍对儒家充满怀疑和诟病，弃之若敝履，又何以能令儒家跨海越洋成为西方思想观念的一部分？如果说儒家的对外传播需要一个牢固的根基，那么这个根基就在中国，而且这个根基不在死的文献，而在活的人心，在人心中的儒家精神迸发出的力量。

实事求是地说，尽管儒家经典翻译传播已经有四百多年的历史，与西方传教士在中国著述基督教教义并进行翻译传播同龄，但儒家思想在西方的传播在广度和深度上远比不上基督教在中国的传播。虽然两者不具有绝对的可比性，但儒家经典在西方的传播效率低是一个不争的事实。目前和今后相当长的一段时期内，儒家经典在西方的传播将主要局限于学术讨论，属于学术研究性传播层次。儒家思想，如修齐治平、孝道等，既没有进入西方国家的意识形态体系，也没有进入其教育思想体系，更没有进入民间日常生活方式。这与儒家思想文化在日韩等亚洲国家的传播深度相比，不可同日而语。我们认为，其中的缘由并不是因为儒家思想有所谓的局限性，也不是因为其缺乏现代价值，更不是因为传播策略失当。其最根本的原因是，近现代以来中西国力对比中，中国的经济、科技、军事等方面的硬实力地位处于劣势。当前我国综合实力较以前虽然有很大提高，但与西方相比，仍没有脱离弱势地位。这种实力差距直接导致了西方对于中国的综合性傲慢，不仅是经济、科技、军事上的傲慢，还包括文化中心主义傲慢，乃至种族主义傲慢。这种傲慢态度是阻挡儒家思想传播的暗堡，不予以粉碎和清除，儒家思想难以顺利传播。所以，儒家经典翻译的策略研究，如果只顾对主观因素的权衡而没有自内到外的全球文化斗争的眼光，没有文化国际化发展战略的考量，没有文化与现实中的经济、政治、科技、军事发展相结合的观点，没有对西方文化中心主义意识形态的警觉和正视，不从文化的历史与现实维度进行深度考察，就会陷入主观主义的误区，为某些假象和幻想所蒙蔽，造成文化战略失策、目标丧失以及人力物力的巨大浪费。

当然，儒家思想对外传播不可能一蹴而就。我们应当对其长期性和复杂性有充分的认识和准备。冷静地看，目前儒家经典在西方的传播仍处于初级阶段。在这个阶段，主要的传播模式是儒家思想文化的西化，即儒家经典的译者和研究者都以西方历史文化和知识框架及话语系统为标准来阐释儒家思想，并与西方知识体系开始沟通和初步交融。我们不应该拒斥这种西化模式的传播，因为这是当前这个历史时期必然的传播方式。同时我们也应该看到，在同一过程中西方哲学也在被儒化，只是儒化程度较浅，效果更温和、更隐蔽而已。这客观上也是造成中西哲学精神在西方一定程度上交融的原因。儒家思想就是在这种交融状态中开始为西方所认识和认同。在此基础上，待我国文化实力的国际对比占绝对优势的时候，儒家经典的传播将进入另一种模式，那将是世界各国"来学"的模式。那时的翻译文本会是另一番情景，儒家的基本概念会全部变为汉语拼音，中外学者对儒家思想的阐发会更加贴近我国儒家传统，译本被普通大众广泛阅读，儒家文化精神被以多种形式反映出来，并以较完整的方式进入西方的意识形态领域、教育领域和民间日常生活领域，就像今天儒学在新加坡、日本和韩国一样。这是一个遥远的，却是充满希望的未来愿景。

值得注意的是，我国的文化软实力与儒家思想的对外传播也有着决定性的关系。儒家思想的对外传播，无疑可以大力提升世界范围内我国文化实力与其他文化实力的对比。但是，我们必须首先弄清楚一个基本问题：中国国家文化软实力非我国传统文化资源之谓，非传统文化资源对外输出之谓，亦非我国文化的国际竞争力之谓，更非文化产品的经济效益高低之谓。而是我国的文化精神对整个人类和平与发展的平衡力、推动力与引导力之谓。国家文化软实力包括两个有机组成部分，一是文化的自身素质、能量及其在国内正在发挥的作用，二是其受国际社会的重视程度，对世界上其他文化的感染力以及对国际社会和平发展所发挥的动力，在与其他文化所形成的对比中自然地占有终极优势。本着这样的理念，那么，要通过儒家文化提升国家文化软实力，就需要我们在民间大力复兴儒家文化，让儒家观念重新进入民间现实生活，规范百姓的观念和日常行为，并以此获得全民族精神文明水平的提高。在此基础上，我们把活的，正在展示出巨大社会动力的儒家文化推向国际社会，让国际社会自愿地广泛了解她，景仰她，宾服她，在日常生活行为中实践她。如果达到这种传播境界，儒家文化精神才能作为中国文化软实力的重要组成部分，成为整个人类文明进步的伟大动力。

绪　　论

一、课题研究的时代背景

21世纪以来，随着科学技术的持续快速发展，包括西方与东方在内的全球政治、经济、文化发展出现严重失衡，人类思想意识形态正在经历前所未有的严峻考验。文艺复兴使人类的思想得到空前解放，人类走过了浪漫主义、启蒙主义、革命主义的思想时期；两次世界大战，又把人类送入了民族主义、自由主义、个人主义、现代主义、后现代主义等现代性的思想文化发展时期。此后，人的思想一直试图逃离现代性，可是又落入了新的"现代性"，亦即"后现代性"的迷茫与彷徨之中。这种世界性文化危机，日益严重地困扰着人的精神世界，人类的未来正面临着前所未有的威胁和挑战，世界文化呼唤一种强大的精神力量，把人类从怀疑与迷茫中拯救出来。纵观世界范围人类思想的发展历程，儒家思想正是具有现代意义的伟大精神力量。在这样的国际语境下，我们应当大力进行儒家经典对外翻译，实现儒家文化与世界上兄弟文化之间的相互理解，并融会产生一种人类的公共价值，引导人类从竞争走向礼让，从自我走向社群，从斗争走向理解与友好，从动荡与战争走向安宁与和平，从分裂的利益个体走向团结的命运共同体。这是一项伟大而高尚的事业，值得我们为之奋斗终生。

当今世界已经进入一个文化多元化发展的新时代。随着我国改革开放不断深化，我国经济建设获得了举世瞩目的伟大成就，物质文明达到了我国历史上空前的繁荣高度，物质财富极大丰富，人民生活水平大幅度提高，中国正以前所未有的气魄建成小康社会。与此同时，人民对精神文化生活的追求，对社会文明的向往，日益增强。改革开放以来，我国文化在大踏步发展的同时，也出现了一定程度上的民间文化庸俗化倾向，甚至在某些领域出现了主导性思想文化弱化，乃至缺位的现象。这大大掣肘了我国民族文化水平和综合文明素质的提高，致使我国的物质文明和精神文明发展出现了较大程度的不平衡。这种状况，在国际国内使一部分欲唱衰中国、抹黑中国，破坏改革开放进程、破坏民族团结的敌对势力有了可乘之机。在这种形势下，我们必须增强信心，坚定决心，戮力同心，动员全社会力量，努力发展我国的文化软实力、提高我国的综合国力。与此同时，我们必须加强与世界的沟通联络，讲好中国故事，让世界了解中国、信任中国，亲近中国，建设和平、健康、友好的国际环境与秩序，提高中国文化的国际化水平。要达到这一目标，其中一项工程，就是要大力弘扬中华民族的优秀传统文化，尤其是传承和创新我国优秀的古典文化。古典文化中最为重要的基石，则是作为中华民族标志和文化灵魂的儒家文化。所以，必须大力开展儒家文化对外翻译研究与传播工作，努力提升儒家文化国际化水平，使儒家文化在已有国际认同的基础上，真正成为对不同文化背景的人的思想和行为都有影响力、既传统而又富有现代意义的思想体系。

科学技术的发展，已经把世界紧密联结成一个不可分割的整体，任何国家都无法谋求"小国寡民""鸡犬之声相闻，老死不相往来"的世外桃源式的生存状态，也无法谋求一家独大、一方独安的孤立发展道路。在这样的国际形势下，一国的发展必须有国际胸怀和长远视野，与兄弟国家开展平等对话和友好合作，携起手来，一起谋求共同发展。而开展平等对话和友好合作的基础，是物质文化与精神文化的协同发展。这样有利于开展彼此之间的文化交流与对话，消除不同文化之间的歧视，增加相互了解，从而加强经济文化上的合作。倘若一国的发展仅注重经济，而文化发展远远落后于时代要求，其国际地位将无法得到承认，甚至其国家民族也无法得到应有的尊重。因此，我国改革开放事业的深化，亟待文化实力的保驾护航。儒家思想文化在国际上享誉已久，是我国文化软实力的重要标志。但是，一个多世纪以来，儒家文化在我国几度遭受重创，其发展态势一直十分羸弱，政治上的开新与文化上的民间承传都比较乏力，屡现岌岌可危之势，其存在状态基本上是作为典籍被储藏起来的、缺乏活力的思想文化资源。然而，儒家精神蕴含着经世致用、和谐天下的伟大智慧，历史证明，其具有无比巨大的生命力和发展潜力，应当代表自己的国家走向世界文化之林，并为世界文化的共同发展起到应有的作用。儒家思想文化的国际传播，必定会进一步向全世界展示和证明中国文化的强大实力。这种证明，会大大改变中西文化实力对比，树立我国良好的国际文化形象，并影响国际文化的未来发展方向。未来的世界命运需要伟大的儒家精神力量，而儒家思想文化也需要在国际传播过程中证明和发挥其精神动力。这是儒家经典翻译与传播的使命和意义所在。

二、主要研究对象、 研究思路与研究目的

儒家经典翻译是儒家思想文化传播的重要基础。所以，本书研究的基本问题是：由于儒家经典翻译的主体主要是西方译者，作为西方文化与中国文化接洽的代表，其对儒家经典的基本态度和理解以及翻译时的基本价值取向就十分重要。这构成了本书研究的一个重要考察内容。以此为基础，西方译家的儒家经典翻译状况，也必然是我们所关注和考察的重要方面。从儒家经典翻译的历史经验来看，翻译的底本应该是儒家《十三经》注疏本，并辅之以朱熹的儒家经典传、注本以及其他相关考证的论著。如此，儒家经典的基本原文内容可以得到保障，且经文的历史语义可以得到较完整的理解。然而，即便如此，西方译者为什么会有不同的翻译？其译本中的各种现象反映

了译者怎样的态度？其中体现了译者怎样的翻译思维模式？又体现了怎样的翻译与传播规律？在此基础上，对儒家经典外译与传播应当遵循的原则和策略进行研究，并据此反思儒家经典所惯用的"忠实"翻译标准和完全翻译的方式。研究表明，就文化传播的真实性而言，儒家经典翻译需要准确性。但是，翻译的准确性也会反过来影响传播的速度和范围。这就要求我们正确处理好翻译准确性与传播的效率之间的辩证关系，并对这种关系有一个理性、客观的认识。因此，怎样把翻译与传播进行有效结合，提高传播效率，是本书所侧重的又一个方面。这需要我们对翻译传播的规律进行研究和思考，找出儒家思想在西方传播和接受的常态，或说最常用、最有效的传播模式。同时我们要遵循传播学规律，建立正确的传播观念，以推动儒家思想的有效传播。针对以上问题进行研究，可以解决迄今为止儒家经典翻译方式单一、传播问题研究被轻视、传播效率低、翻译与传播相互脱节等问题，并有利于探索新的、以传播为导向的儒家经典翻译传播理论与实践途径。

故而，就研究范围而言，本书的研究视野限定在儒家《大学》《中庸》《论语》《孟子》《诗经》《尚书》《易经》《礼记》《左传》《孝经》等主要经典的英语翻译。而就具体研究操作范围而言，我们则只能是在广泛搜集语料的基础上对所研究的对象进行抽样考察，并对典型译例进行分析，旨在研究译法与传播效果之间的关系，不求面面俱到，更不拘泥于以具体翻译方法探讨为最终目的的细节分析。具体而言，对译法上的考察，我们不以历史语义翻译或忠实翻译等翻译学探讨为最终目的，而是把翻译放在文化传播和推动儒学国际化的语境下进行考察，讨论翻译在文化译介方面所可能传达的信息和发挥的作用，以及翻译对中西文化交流与传播所能发挥的功能与产生的效果。而所有这些考察的最高宗旨是，推动儒家文化国际化的进程，促进国际上对儒家思想体系和精神实质的认识和认同，提高儒家文化的国际化程度，并以此进一步增强我国文化软实力，为建设和谐世界和构建人类命运共同体的伟大事业服务。

基于上述考虑，本书的主要研究内容分为对儒家经典英译的四个方面的研究：（1）训诂学、历史学研究。结合传统经学和考古学，对儒家经典原文文字训诂和译文语义进行细致深入的对比研读；采集典型语料，综合分析译文与原文之间的一致性和非一致性，分析译文形成的文化、历史诱因及其对儒家思想文化传播的直接和间接作用。（2）文化翻译研究。从历史文化的角度，对儒家经典的英译本的文化、社会、哲学内涵进行解读分析；考察各种儒家经典译本在西方的流行状况，读者对译本的阅读和评价及根据译本所撰写的儒学研究论文和论著，以此探讨西方读者的理解和接受状况。（3）传播学研究。探索儒家经典翻译的传播理念、策略、方法和途径，包括国外传播的基本状况与未来形势；各种译本的出版发行；华人华侨对儒家经典的翻译、研究及其影响；当代西方汉学家对儒家经典的翻译、研究及其影响。（4）翻译学研究。探讨以中华文化传播与国家文化软实力建设为旨归的儒家经典翻译传播的原则、宏观策略与具体方式、方法。着重探索儒家经典的严肃翻译与大众化翻译相结合，完全翻译与部分翻译相结合，书面翻译与影视、网络翻译相结合，中国学者翻译与外籍汉学家翻译相结合的机制和有效途径。

　　本书研究理路拟沿四条主要路线进行。其一，从语言、历史文化内涵，社会内涵以及各译本所采用的不同翻译策略入手，以抽样考察的方式，比较研究儒家经典的译文与原文之间的差距，收集典型语料，廓清翻译中出现的问题、诱因及其性质，并考察各种译本的传播效果；其二，从传播实效着眼，研究翻译的宏观策略与微观方法，探讨未来如何使儒家经典翻译在内容上实现学术化与通俗化、经典化与大众化相结合、传统与现代翻译媒介相结合的运行机制与模式，并力图在理论上厘清翻译与传播之间的辩证关系；其三，立足现代化传媒条件，对儒家经典译本传播的具体方法、运行机制、模式进行探讨；其四，对儒家思想与人类共同价值的关系以及儒家与世界未来的关系进行讨论，从儒家经典翻译传播的宗旨出发，对翻译传播的理念与策略进行讨论。

三、研究的意义

儒家经典翻译与传播，是推动中华文化走向世界、提高国家文化软实力、构建和谐世界和人类共同价值的重要途径，对人类未来和平与发展具有重要的意义，是时代发展的内在需求。因此，儒家经典翻译须以文化传播为导向，以增强我国文化软实力为出发点，以构建人类共同价值和人类命运共同体为最高宗旨。儒家思想文化的传播需依靠儒家经典翻译，但是，翻译与传播，既相辅相成，又相互矛盾，要把儒家思想文化的真谛传播出去，必须从文化、历史、社会、政治的角度，认真研究儒家经典翻译与传播之间的辩证关系，坚持翻译要以传播为导向、以国家文化软实力建设为己任，以人类命运共同体构建为最终旨归，积极探索建立合理有效的多元化翻译传播运行机制，保证儒家思想文化翻译传播的准确性和有效性以及应有的广度与深度。不仅如此，儒家思想文化的传播，需要随着新的时代潮流传承创新，在民族思想体系中激活复兴、重新扎根，成为中华民族家庭与社会生活中的信念与行为指南。这样，儒家思想文化的伟大力量就会在中华大地迸发出夺目的光华，并照亮世界文化那些灰暗阴冷的角落，为整个人类的精神王国送来温暖和光明。唯其如此，博大精深的儒家思想文化才能最终完成其伟大使命。从这一意义上来说，儒家经典翻译与传播研究有着关乎全人类和平与发展的深远的世界性意义。

四、相关研究现状

自21世纪初以来，随着我国文化发展战略的提出，儒家经典翻译传播及其研究日益受到翻译界、文化界乃至儒学、哲学界的重视。到目前为止，我国关于《诗经》英译的主要研究论文，包括博硕士论文共198篇；关于《尚书》英译的主要研究论文36篇；关于《礼记》英译的主要研究论文6篇。关于《易经》英译的主要研究论文36篇；关于《春秋左传》英译的主要研究论文 6 篇；关于《论语》英译的主要研究论文共 127 篇；关于《孟子》英译的主要研究论文 28 篇，博硕士论文 18 篇；关于《中庸》英译的主要研究论文 10 篇。以上研究总起来可以分为 7 大维度：（1）翻译策略与方法研究；（2）思想内容翻译研究；（3）翻译文本对比研究；（4）文化研究；（5）文化传播研究；（6）文学研究；（7）翻译研究方法研究。其中，关于翻译方法与策略的研究，比例最大。这些研究，反映了我国翻译界对作为传统文化核心的儒家经典翻译关注的不同视角，也表现出了在不同层面上对儒家经典翻译所做的思考。

1. 关于《诗经》翻译传播的研究

据考察，2000 年以前，关于《诗经》英译的专门性研究大致可分为以下五种情况：（一）译本的版本研究，（二）译者研究，（三）翻译方法研究，（四）译本比较研究，（五）综合研究。除此以外，周发祥于 1998 年撰写《〈诗经〉在西方的传播与研究》，分析探讨了从传教士到汉学家对《诗经》的多语种译介。分析了《诗经》与西方文学的碰撞、《诗经》传播从翻译形态到研究形态的转变过程，以及西方学术界通过《诗经》译本对《诗经》进行的"诗体研究""民俗学研究""语言学研究"。[①] 2000 年以后，《诗经》研究趋向活跃，论文论著数量增加，并出现了新的动向。李玉良对《诗经》英译的历史、特征与实质，从历史学、文化人类学、宗教学、哲学、文学、经学、诗学等多种视角进行了宏观而深入的研究。[②] 李玉良《〈诗经〉翻译探微》[③]，探讨《诗经》名物、韵律、修辞、意象、题旨的翻译以及《诗经》翻译的审美效果、翻译理念等方面的问题，剖析《诗经》文化翻译的本质问题。所探究的问题较为具体和系统，研究视角宏阔，其中有翻译学视角，也有文学及文化传播学视角，并在研究中把中西诗学有机结合。研究内容覆盖面广，所选译例有代表性，注重诗篇翻译的文化诗学价值分析，包

① 周发祥：《诗经在西方的传播与研究》，《文学评论》1993 年第 6 期，第 70—81 页。
② 李玉良：《〈诗经〉英译研究》，齐鲁书社 2007 年版。
③ 李玉良：《〈诗经〉翻译探微》，商务印书馆 2017 年版。

括诗的历史文化与审美价值。王燕华探讨了以中国典籍走出去为基本导向的《诗经》翻译策略。作者认为,译者作为《诗经》翻译领域的专家,在不同时期对《诗经》的翻译是《诗经》国际传播和接受的前提,也是海外《诗经》经典化的基础环节和基本途径之一。"掌握话语权的评论家对原作和译作的正面评论对《诗经》在英国的翻译和传播起到催化作用,成为《诗经》经典化的舆论向导。作为赞助人代表的出版商,通过不断地出版不同版本的《诗经》译本,成为《诗经》经典化的重要渠道。"① 这项研究揭示了翻译过程之外的多种力量,以及对中国文化国际传播的重要作用。这些研究已经具备一定的《诗经》翻译与儒家文化跨文化翻译传播的视野。

2. 关于《尚书》翻译传播的研究

到 2017 年,《尚书》翻译研究论文共有 13 篇。陆振慧对罗志野译本、理雅各(James Legge,1815—1897)译本进行了研究。作者强调,译者深度研读原文和翻译注释对翻译有十分重要的作用,并指出通过翻译使中国传统文化与西方文化进行平等对话的重要性。基于理译本的一些"遗憾"之处,作者提出典籍翻译应该遵循"拒绝过度归化""实行合作共享"② 的原则,肯定典籍复译的必要性。陆振慧在另一篇文章里指出,理雅各译本"不仅为儒经西译体制做出了开创性贡献,更丰富了跨文化传播中的文化诠释模式"③。郑丽钦的两篇文章指出了理雅各《尚书》译文中一些词语翻译的"失误"④。以上研究基本上属于典籍翻译的语文学研究,研究者主要关注翻译过程中语言操作上的方法和策略,强调翻译的忠实性,而较少考虑忠实性与传播效果的辩证关系。姜燕揭示了理雅各《尚书》翻译的基督教性质,指出理雅各将早期儒家经典著作

---

① 王燕华:《经典的翻译与传播——〈诗经〉在英国的经典化路径探析》,《上海翻译》2016 年第 2 期,第 78—83 页。

② 陆振慧:《从理雅各〈尚书〉译本看经典复译问题》,《昆明理工大学学报》2012 年第 6 期,第 96—102 页。

③ 陆振慧:《从文本诠释到文化诠释——论理雅各〈尚书〉译本中的"详注"策略》,《甘肃联合大学学报》(社会科学版)2011 年第 6 期,第 71—76 页。

④ 郑丽钦:《从措词分析理雅各〈尚书〉译本的直译和失误》,《长春师范学院学报》2007 年第 4 期,第 91—95 页。

中的帝、上帝、天与基督教的 God 相等同，将中国古代宗教信仰置于基督教框架内。作者指出，理雅各认为"早期儒家经典中的'上帝'是中国人信仰的唯一至上神，把信奉'上帝'这种古老的宗教信仰视为中国的国教，从而按照基督教模式构建了中国的一神教信仰"①，这是从宗教哲学角度对典籍翻译的文化内涵的较深刻的解析。容新霞、李新德从译者主体性角度出发，基于文化"博弈"论的基本观点，讨论传教士汉学家麦都思（Walter Henry Medhurst）在《尚书》译本中所采用的翻译策略，分析"麦都思的译者身份在翻译策略中的体现"。其中有"促进今日之中国典籍西译、中国文化走向世界"② 的责任意识，但遗憾的是，作者的这一诉求仅止于逻辑分析和推测，并没有对《尚书》译本的传播状况进行具体研究。

3. 关于《易经》翻译传播的研究

到 2017 年，《易经》翻译研究论文共有 36 篇。大致可以分为三类。第一类是翻译方法研究；第二类是文化翻译研究；第三类是翻译策略研究。其中第三类研究中有的以翻译质量为考察对象，也有的以传播效果为研究导向。

岳峰认为，《易经》理译本和和贝恩斯（C. F. Baynes）译本都未能传达原文的"神秘深邃的深层含义"③，《易经》翻译应该由文理学科的学者合作完成。这属于意义还原式翻译研究。吴钧的《论理雅各的〈易经〉英译》对理雅各及其《易经》英译本进行探讨。作者分析了译文的思路及长处，并指出译文中的不足与误译。作者表示，这些研究就是为了"更为广泛的传播"④ 儒学。其另一篇文章，《论〈易经〉的英译与世界传播》，探讨《易经》英译的相关问题，目的是探索在 21 世纪全球化语境下《易经》翻译的改进措施与

---

① 姜燕：《基督教视域中的儒家宗教性——理雅各对〈诗〉〈书〉宗教意义的认识》，《山东大学学报》2013 年第 1 期，第 131—139 页。

② 容新霞、李新德：《从译者的主体性看麦都思的〈尚书〉译本翻译策略》，《牡丹江师范学院学报》（哲学社会科学版）2011 年第 2 期，第 69—73 页。

③ 岳峰：《〈易经〉英译风格探微》，《湖南大学学报》2001 年第 2 期，第 70—75 页。

④ 吴钧：《论理雅各的〈易经〉英译》，《湖南大学学报》（社会科学版）2013 年第 1 期，第 135—139 页。

《易经》国际传播的新思路。作者指出，把《易经》翻译研究的范围扩展到翻译文本的受众群体上来，由此进一步拓展到"翻译受体的环境、心理等各个方面的翻译受体论研究，这将是一个非常有价值的更高层次的新的翻译理论和实践的研究模式"。作者认为，《易经》翻译实践将为新的翻译传播学理论研究提供实践经验基础。作者强调，从翻译传播学的观点看，《易经》翻译要关注文本，也要重视译本对受众所产生的效果，把读者对译文的感受当作翻译的另一个焦点。"翻译对读者的效果，译语读者对译文的感受才是衡量译文质量的标准。"[1] 这是对典籍翻译的传播功能较清醒的认识。王佳娣对明末清初来华的法国传教士为主的索隐派传教士《易经》翻译进行研究，指出传教士《易经》的翻译体现了儒学与天主教同源的观点，"缓解了因'礼仪之争'而引起的清统治者与罗马教廷的紧张关系，并推动了欧洲汉学的发展"[2]。该研究揭示了儒家经典翻译对中西文化交流的历史作用，属较深层次的文化翻译研究。但该论文内容略显单薄。王晓农对闵福德、蒲乐道《易经》译本进行研究，指出闵福德译本的"当代化取向"[3]，并对蒲乐道译本的"占筮"[4] 化特点和浅化翻译现象做出描述和重新评价，属于在翻译文本内部开展的描述性语义学和符号学研究。

4. 关于《礼记》翻译传播的研究

关于《礼记》的翻译研究不多，迄今一共收集到 6 篇论文，其中有价值的研究成果少。黄青秀[5]以很短篇幅探讨了理雅各《礼记》译本中"以"字

① 吴钧：《论〈易经〉的英译与世界传播》，《周易研究》2011 年第 1 期，第 89—95 页。
② 吴佳娣：《明末清初来华传教士对〈易经〉的译介及索隐派的汉学研究》，《湖南第一师范学院学报》2010 年第 1 期，第 111—112 页。
③ 王晓农：《闵福德〈易经〉英译与〈易经〉外译的两个系统——兼论中华古籍外译的当代化取向》，《燕山大学学报》（哲学社会科学版）2017 年第 2 期，第 1—6 页。
④ 王晓农：《对理雅各和卫礼贤之后〈易经〉英译本的描述性评析——以蒲乐道英译本为例》，《周易研究》2016 年第 3 期，第 82—87 页。
⑤ 黄青秀：《从〈礼记〉中介词"以"字的翻译看理雅各灵活的译风》，《绥化学院学报》2011 年第 1 期，第 136—137 页。

的四种意义及其处理方法。属于语义翻译研究的范畴。宋钟秀的三篇论文[①]，对理雅各《礼记》译本中部分文化内涵丰富的词语的翻译方法做了梳理。以上研究都没有涉及译本的传播问题。而从西方汉学界的儒学研究来看，对礼的研究，是其儒学研究的焦点之一。礼是西方哲学界关于个人主义、社群主义与西方民主的关系研究的重要借鉴，也是西方伦理学界研究现代家庭关系、社群关系、社会关系的重要参考。所以我们应当加强《礼记》翻译质量与翻译方法、策略研究，并结合西方儒学研究的热点和趋势进行传播研究，以此来指导和促进《礼记》翻译实践。

5. 关于《春秋左传》翻译传播的研究

在英语世界，将《左传》翻译成英文的汉学家主要有理雅各、华兹生（Burton Watson，1925—2017）等。1861 至 1872 年间，香港伦敦传道会印刷所陆续出版理雅各的《中国经典》（*The Chinese Classics*），其第五卷为《春秋左传》全译本。1989 年，哥伦比亚大学出版社出版华兹生选译的《〈左传〉：中国最古老的叙事史选篇》（*The Tso Chuan：Selections from China's Oldest Narrative History*）。中国译者胡志挥、郑爱芳翻译的《左传》英文译本，2000 年 7 月由山东友谊出版社出版，但该译本中仅包含"郑伯克段于鄢"等 63 篇历史故事，文学翻译意图明显。

对《左传》翻译与传播状况的研究论文总体上数量较小，迄今共 6 篇。研究内容可以分为以下三种。第一种是关于西方汉学界《左传》研究的综述。李秀英[②]等对高本汉等关于《左传》所进行的史学研究进行梳理；对华兹生、王靖宇等关于《左传》所作的文学研究和叙事学研究进行分析；对美国学者泰（C. N. Tay）和旅美中国学者刘承慧等所作的语文学研究进行探

①　宋钟秀：《从目的论视角看中国典籍中文化负载词的英译——以理雅各的〈礼记〉英译本为例》，《长沙大学学报》2012 年第 1 期。《理雅各〈礼记〉英译本中文化负载词的翻译》，《三明学院学报》2008 年第 3 期。《析论理雅各对中国神秘文化的处理方式——以理雅各的〈礼记〉英译本为例》，《乐山师范学院学报》2012 年第 1 期。

②　李秀英、冯秋香：《〈左传〉在西方的译介与研究综述》，《英语研究》2007 年第 4 期，第 67—73 页。

究。这是比较有代表性的《左传》翻译传播研究，从中可窥见《左传》在西方学术界的历史、文学和语文学地位。迄今尚没有学者对理雅各、华兹生、艾伯姆《左传》译本进行专门的翻译传播研究。第二种是对译本的文本研究。陈慕华①对理雅各和胡志挥两个译本的部分字句和语言风格翻译做对比研究。林琳以理雅各、华兹生、胡志挥三个译本为对象，从功能主义翻译学角度分析历史故事译者对"话语意图、人物特征、情节发展、读者前知识及语言联想意义"②的把握与翻译质量的关系问题。吴瑜③对李玉良《〈左传〉名言》英译本的语义翻译问题进行了较为客观的评析。第二种研究基本上没有涉及海外传播问题。

6. 关于《论语》翻译传播的研究

《论语》翻译是儒学翻译的起点。从意大利传教士罗明坚用拉丁语翻译《论语》至今，《论语》在西方世界的翻译已有四百多年历史，其中有影响的英语《论语》译本就有数十个，对西方思想文化传统影响最大。所以，《论语》翻译研究是儒学翻译研究最重要的领域，研究成果也最多，迄今已有126篇专门性《论语》翻译研究论文。从内容上看，《论语》翻译研究覆盖了所有重要《论语》英文译本，所研究的问题可以分为六种不同类型。

（1）翻译策略与方法研究。何刚强《瑕瑜分明，得失可鉴——从 Arthur Waley 的译本悟《论语》的英译之道》，通过大量翻译实例与具体统计指出，韦利《论语》译本质量总体上看不太高，但也确有精彩之处。作者在文中探讨了典籍英译的"两个合理性"④问题——语义的合理性与句法的合理性。

① 见陈慕华：《析〈左传〉英译的失与误》，《湖南理工学院学报》2006年第1期；《两种〈左传〉译本的译文风格研究与比较》，《内蒙古农业大学学报》（社会科学版）2005年第4期，第60—62页。

② 林琳：《从功能主义看〈左传〉翻译中的误差》，《绥化学院学报》2012年第3期，第123—125页。

③ 吴瑜：《析〈左传〉经典名言翻译——从文本交际功能角度》，《怀化学院学报》2012年第1期，第86—87页。

④ 何刚强：《瑕瑜分明，得失可鉴——从 Arthur Waley 的译本悟〈论语〉的英译之道》，《上海翻译》2005年第4期，第15—19页。

作者认为，这两者实际是一种语言文本格栅向另一种语言文本格栅转换的主要内容。典籍英译追求译文语义上的合理性具有第一位的重要性；同时，还应追求译文在句法上的合理性。作者认为，韦译虽在语义合理性上有所不足，但在句法合理性上则可圈可点。韦译本之所以至今仍被广泛接受，其背后的原因正在于此。该研究揭示了译文语言对译本生命力和目的语文化影响力的重要基础作用。

黄国文《典籍翻译：从语内翻译到语际翻译——以〈论语〉英译为例》①，通过对比文本、实例分析，说明了像《论语》这样的典籍翻译通常要经过语内翻译和语际翻译两个过程。其一，是因为《论语》的源语文本是文言文，在进行汉英语际翻译之前往往依据源语文言文的现代汉语译文，此谓语内翻译。其二，从现代汉语译文到英语的翻译属于语际翻译活动。作者认为，把典籍翻译成现代英文与把现代汉语翻译成现代英文，所要经历的过程大不相同。典籍翻译需要严格的训诂功夫，而不是必须依靠先将古代汉语翻译成现代汉语的语内翻译，即使要先进行语内翻译，也必须有充分的训诂依据，况且无论是语内翻译还是语际翻译，都会改变原文的某些元素；如果典籍英译必须首先经过语内翻译作为过渡，那么最终得出的译文是两次改变原文的结果。而若通过在训诂上下功夫，然后直接进行翻译，则可以一方面吃透原文，另一方面避免对原文作不必要的改变。所以，典籍翻译的根本法门在于首先要在训诂上下功夫。如若训诂做得好，那么不用经过语内翻译，而将原文直接翻译成英文，效果会更好。在这一点上，理雅各的中国经典翻译就是著例，但对翻译训诂的方法，作者没有在文中专门进行说明。李钢、李金姝的《描述翻译学视域中的〈论语〉英译研究》②从描述翻译学理论出发，考察马士曼、詹宁斯、翟林奈、柯大卫、庞德、王福林、黄继忠、宋德

---

① 黄国文：《典籍翻译：从语内翻译到语际翻译——以〈论语〉英译为例》，《中国外语》2012 年第 6 期，第 64 页。

② 李刚、李金姝：《描述翻译学视域中的〈论语〉英译研究》，《外语学刊》2013 年第 1 期，第 131—135 页。

利等《论语》英译本，指出历史上的《论语》英译可分为西方中心主义和文化多元化两个时期。因为历史时期、国籍、身份、翻译目的不同，译者在《论语》英译时采取的翻译策略与方法也不同。作者揭示了《论语》翻译策略与方法的历史文化渊源，研究视野较宏阔。但文中没有涉及理雅各的《论语》译本。王建《权力话语视角下〈论语〉英译本的对比解读——以辜鸿铭和理雅各的译本为例》① 认为，理雅各和辜鸿铭的《论语》英译本在翻译目的、翻译策略以及读者对译本的接受程度等方面，都有权力话语打下的烙印。理氏与辜氏分别采取了以原文为导向（source-language-oriented）和以读者为导向（reader-oriented）的翻译原则，以及相应的异化和归化的翻译策略。但由于两位译者的翻译策略受到不同权力话语的制约，前者的文化翻译目的在一定程度上得以实现，而后者的则在一定程度上被消解。作者由此指出，权利话语对典籍翻译策略选择具有制约作用。该研究的主要价值在于将权利话语的概念和视野引入典籍翻译研究，并使该研究具有了对译本的文化传播功能进行考察的维度。曹威《儒家经典翻译的诠释学理论前提——以英译〈论语〉为例》认为，当今儒家经典翻译的一个重要课题，是探讨如何将以《论语》为首的中国儒家经典翻译成"既体现中国传统文化特质，又具有时代精神的经典作品"②。作者指出，儒家经典翻译，要以西方诠释学理论为指导，同时掌握儒家经典诠释的原则。掌握中西方诠释的共性与个性，是儒家经典翻译的前提与基础。实际上，作者所提出的是典籍翻译中语义还原式训诂和现代意义阐释相结合的问题。这的确是典籍翻译应该适当处理的问题。孟健、曲涛、夏洋《文化顺应理论视阈下的典籍英译——以辜鸿铭〈论语〉英译为例》③ 认为，翻译是一种跨文化交流活动。《论语》蕴含深厚

---

① 王建：《权力话语视角下〈论语〉英译本的对比解读——以辜鸿铭和理雅各的译本为例》，《山东外语教学》2012 年第 4 期，第 97—103 页。

② 曹威：《儒家经典翻译的诠释学理论前提——以英译〈论语〉为例》，《外语学刊》2010 年第 6 期，第 109—113 页。

③ 孟健、曲涛、夏洋：《文化顺应理论视阈下的典籍英译——以辜鸿铭〈论语〉英译为例》，《外语学刊》2012 年第 3 期，第 104—108 页。

的文化底蕴，传达原作风格的根本在于再现原作的语言特点和文化内涵。作者认为，《论语》翻译应该遵循文化顺应理论，灵活运用各种翻译策略，再现原作语言特点和风格。但作者忽视了典籍翻译传播的"保真度"问题，对辜鸿铭译本的跨文化交流作用也没有进行深入研究。陈国兴《论安乐哲〈论语〉翻译的哲学思想》认为，安乐哲在翻译《论语》过程中寻求对孔子做出新的解释，并借此证明孔子思想对西方传统哲学思想有反思和重构价值。因此，在具体翻译过程中，译者采用的是异化翻译策略。但作者对安译本"异化策略"的性质、表现以及文化交流作用的分析还不够深入。刘雪芹《典籍复译的危机——〈论语〉英译二百年（1809—2009）之启示》探讨新时期《论语》复译问题，认为国内《论语》复译中存在对象性、目的性不强，缺乏新意，翻译出版工作规划性不足等多种弊病，并指出"译者或翻译主管部门与图书进出口管理部门缺少联系与合作，导致国内多数译本不能打入国外市场，或是无法产生大的国际影响，最终只能让译本在国内自产自销"①，这些都是传播环节上实际存在的问题。这是目的性比较明确的《论语》翻译传播研究。

（2）儒家思想翻译研究。刘重德《〈论语〉韦利英译本之研究——兼议里雅各、刘殿爵英译本》指出，韦译本中"值得商榷者 45 条，见仁见智者 41 条，优劣互见者 19 条"②，并指出二位译家的译文语言各有特点，质量有待提高。何刚强《文质颉颃，各领风骚——对〈论语〉两个海外著名英译本的技术评鉴》认为，在众多的《论语》英译中，理雅各译本与韦利译本被公认为经典之作，文质兼备，妙译迭出，各领风骚。但两个译本各自存在的问题也较突出。"从原文的标准来看，总体质量实际并不高，并不能全面、

　　① 刘雪芹：《典籍复译的危机——〈论语〉英译二百年（1809—2009）之启示》，《广西民族大学学报》（哲学社会科学版）2010 年第 3 期，第 163—170 页。
　　② 刘重德：《〈论语〉韦利英译本之研究——兼议里雅各、刘殿爵英译本》，《山东外语教学》2001 年第 2 期，第 15—17 页。

准确反映《论语》的思想与风貌"①。我们应该在汲取前人的智慧与经验基础上，努力创出《论语》英译新经典。这可谓是创建中国式翻译话语的必由之路。李玉良《儒家思想在西方的翻译与传播》通过对仁、义、礼、和等思想内涵及翻译分析，认为儒家思想概念的翻译"最理想的方法是音译。"②因为音译可以防止思想内涵被替代、误释、变形。但音译方法的使用需要一个前提，即这些思想概念需要在文本之外，尤其是序言或注释中做全面阐述。杨平③经过对八种译本中的翻译的比较研究，认为仁是孔子思想的核心，内涵丰富，作为一种最高的道德理想以及所有道德的总和，仁的理解和翻译多种多样，鉴于数种翻译方法的利弊得失，为了忠实全面地传达孔子的哲学思想，仁最好是不译，即用音译。程钢《理雅各与韦利〈论语〉译文体现的义理系统的比较分析》通过理雅各、韦利《论语》译本中"君子""小人""克己复礼为仁""一贯""忠恕"等关键范畴的翻译，对理雅各与韦利《论语》翻译的义理系统做比较分析。作者认为，"理雅各基本上以《四书集注》的义理为依据，而韦利则以清儒的义理为旨归"④，并指出义理上自成系统，各有特色，是理雅各与韦利的译本能够长久传世、又不能被完全取代的重要原因之一。王福祥、徐庆利《民族文化身份嬗变与古代典籍核心词汇翻译——以〈论语〉中的"仁"为例》⑤，以"仁"的翻译为例，分析因仁的翻译不当而造成儒家核心思想及孔子形象在西方遭受不同程度的扭曲及误读的现象，指出古代典籍核心词汇翻译应以异化翻译策略为指导，结合使用音译法和综合性注释法来翻译，以便在中西文化交流中逐步建立中国文化

① 何刚强：《瑕瑜分明，得失可鉴——从 Arthur Waley 的译本悟〈论语〉的英译之道》，《上海翻译》2005 年第 4 期，第 15—19 页。
② 李玉良：《儒家思想在西方的翻译与传播》，中国社会科学出版社 2009 年版。
③ 杨平：《〈论语〉核心概念"仁"的英译分析》，《外语与外语教学》2008 年第 2 期，第 61—63 页。
④ 程刚：《理雅各与韦利〈论语〉译文体现的义理系统的比较分析》，《孔子研究》2002 年第 2 期，第 17—28 页。
⑤ 王福祥、徐庆利：《民族文化身份嬗变与古代典籍核心词汇翻译——以〈论语〉中的"仁"为例》，《西安外国语大学学报》2013 年第 2 期，第 98—102 页。

话语体系，减少西方对中国的文化误读。这一观点忽视了译入语读者的接受问题。

（3）译本对比研究。崔永禄《理解的困惑与译者的意图——阅读〈论语〉两个译本的札记》对柯立瑞（Thomas Cleary）和韦利两种译本进行对比研究。柯立瑞的译本通顺易懂，删减了许多因文化因素可能会给西方读者带来困难的地方，因而为西方读者，特别是非学者型读者了解孔子带来了方便；韦利的译本则尽量保留原文的文化风貌，注意细节的传译，尤其宜于学者进行研究使用。两位译者都尽量以明了的英语传达孔子艰深的思想，许多地方的译文均表现出译者高超的翻译能力和技巧，值得我们学习研究。王赟《从后殖民视角对比研究理雅各和辜鸿铭的〈论语〉译本》① 从后殖民翻译理论的视角将两个《论语》译本进行对比研究。作者认为，理雅各译文的启示在于，以源语文化为归宿的异化译本不一定是反殖民的翻译，它很可能是殖民主义者制造东方主义形象的手段，而辜鸿铭译文的启示在于，以目标语文化为归宿的归化译本并不一定是殖民主义或者文化霸权主义的表现，与之相反，它可以成为传播弱势民族文化、传达译文文本思想性与文学性的有效方法。同一作品的翻译，译者是殖民主义者还是反殖民主义者，其发挥的作用会大不相同。因此，翻译研究必须要因时、因地、因人进行合理的分析。这一观点颇有见地。

（4）文化研究。钟明国对辜鸿铭《论语》翻译的目的及译本翻译效果进行研究。作者认为，辜鸿铭的《论语》翻译起到了塑造中国文化身份的作用。为达到文化传播的目的，译者在翻译时采用了英语语言规范和顺应西方文化价值等翻译策略。采用这样的策略，使译作"带有自我东方化倾向，并消解了其传播中国文化的翻译目的。译作不仅未能真正使西方认识到中国文化的独特价值，反而充当了西方文化和价值体系制造东方话语的共谋角色。

---

① 王赟：《从后殖民视角对比研究理雅各和辜鸿铭的〈论语〉译本》，《赤峰学院学报》（哲学社会科学版）2011 年第 3 期，第 117—119 页。

西方读者从译本中读到的与其说是中国儒家哲学的精髓，不如说是西方文化价值普适性的异域证据"①。这一分析比较深刻地揭露了辜鸿铭译本隐藏在通顺语言背后的文化传播功能上的缺陷，但作者也忽视了辜译本文化传播的作用。杨平对传教士《论语》翻译的基督教化性质进行分析，认为其翻译目的是"传播福音和归化中国"②，动机是试图从儒家经典中寻找证明基督教真理性和优越性的证据，运用以基督教神学理论附会儒学的策略，在两者之间作类比，对后者进行神学化诠释，进而以前者取代后者。这揭示了西方儒学研究的一个重要维度，也在一定程度上揭示了传教士儒学翻译的特点和实质。对我们理解西方儒学翻译历史很有帮助。金学勤《论美国汉学家白氏夫妇的〈论语〉层累论成书说》论述美国当代汉学家白牧之、白妙子在崔述、韦利等人的怀疑论基础上所提出的《论语》层累论成书说，以及否定《论语》完全属孔子言论的传统观点，认为这些观点可能会影响《论语》、孔子、儒家甚至中国哲学传统的形象，值得海内外学界关注。作者对国外学术界试图改写我国历史传统的动向进行研究，有重要的历史、政治意义，但作者肯定和宣扬白氏的观点及其颠覆性意义尚缺乏充分的学理依据，且无助于在新的历史条件下在世界范围内弘扬儒家思想文化。杨平、姚金艳认为，西方学者《论语》翻译中的"文化利用"③至少表现在三个方面：一是以西方哲学和宗教文化概念代替中国思想；二是从中国经典中寻找《圣经》的痕迹；三是利用翻译表达自己的思想观念。《论语》翻译中的文化利用有其合理性和必然性，但是也要反对那种抛弃原文精神实质的滥用。"文化利用"的观点解释了西方译者翻译的实质。但是，西方究竟如何利用翻译？利用的状况和效果如何？这些问题作者尚未进行研究。

---

① 钟明国：《辜鸿铭〈论语〉翻译的自我东方化倾向及其对翻译目的的消解》，《外国语文》2009 年第 2 期，第 135—139 页。

② 杨平：《西方传教士〈论语〉翻译的基督教化评析》，《中国文化研究》2010 年第 4 期，第 206—212 页。

③ 杨平、姚金艳：《西方学者的〈论语〉翻译与文化利用》，《浙江外国语学院学报》2010 年第 6 期，第 42—47 页。

　　(5) 文化翻译传播研究。杨平《中西文化交流视阈下的〈论语〉英译研究》① 是对古典文学翻译理论的一个有益尝试，为《论语》英译做了一定的理论探讨，也对中国文化的传播、中国哲学的诠释、孔子学院的功效等当代翻译与文化交流方面的现实问题进行了思考。这对古典文学翻译领域内的中国语言研究、中国文化研究、中国形象研究都有现实意义。李伟荣探讨了《论语》在明末清初传教士的早期翻译传播中最为突出的基督化诠释精神，以及后来随着西方哲学家和汉学家对《论语》翻译与研究的深入，表现出另外两种比较突出的诠释精神，即"怀疑精神和求实精神"②。对经典的怀疑，往往可以为研究开拓新的思路。白玉杰《论〈论语〉英译本的跨文化传播能力——以辜鸿铭和 Arthur Waley 的译本为例》③ 分别分析了辜鸿铭和阿瑟·韦利《论语》英译本的特点以及译者的文化身份背景，认为前者跨文化传播能力较强，而后者较弱，原因是前者较意译，后者较直译。其实，这种判断是仅就交流效果而非就传播效果而言的，对跨文化传播的深度和质量因素缺乏充分考虑。高腾藤《浅析安乐哲译本对〈论语〉的哲学诠释》认为，安译本中诠释视角独特，对中西文化交流做出了贡献。魏望东《刘殿爵的〈论语〉翻译策略》认为，刘殿爵在翻译《论语》时，其解读有沿袭前人的经典注疏的地方，如译者参考了何晏、朱熹注邢昺疏的《论语注疏》，在个别章节译者也可能参考过前译，如韦利《论语》译本，也有一些地方出自其个人创见。刘殿爵主要采用逐字翻译加适当调整语序，兼用变通手法，"利用具有较高接受性的译文语言，追求翻译的充分性"④。作者指出，以刘殿爵为代表，典籍英译的另一种译者模式是，译者群体由在英美人文社科领域里拥有权威地位的海外华人学者组成。黄玉霞《〈论语〉英译的文化战略考

---

　　① 杨平：《中西文化交流视阈下的〈论语〉英译研究》，光明日报出版社 2011 年版。
　　② 李伟荣：《试析〈论语〉向西方世界传播过程中的诠释精神》，《江西社会科学》2009 年第 5 期，第 235—238 页。
　　③ 白玉杰：《论〈论语〉英译本的跨文化传播能力——以辜鸿铭和 Arthur Waley 的译本为例》，《时代文学月刊》2010 年第 6 期，第 84—86 页。
　　④ 魏望东：《刘殿爵的〈论语〉翻译策略》，《当代外语研究》2013 年第 6 期，第 53—58 页。

量》认为，在翻译过程中，文化战略总是或隐或现地发挥作用。各个时代的译者对《论语》的理解不同，形成多种译本。只有"站在文化战略的高度对《论语》进行翻译与研究，才能实现对外平等推介与交流"①。张阳《中华典籍海外读者市场的生态解读及启示——以亚马逊〈论语〉英译本为例》通过对亚马逊网站上《论语》各译本的数据采样分析研究，认为在海外阅读市场中为广大海外读者所认可的《论语》英译本有 10 种；并通过分析读者阅读评论认为，典籍翻译应针对不同的读者群体，采取不同的翻译策略，而且"译本是否为广大译入语读者所接受，是译本质量的重要评判价值标准"②。其研究方法与观点强调了翻译的传播导向，对中国文化通过翻译走出去有理论和现实指导意义。

（6）关于翻译研究方法的研究。王琰《国内外〈论语〉英译研究比较》认为，由于国内外研究者学术背景的差异，《论语》英译研究的方法和主题各有不同，国内"偏重语言层面研究，而国外则侧重从多层面论述译本的思想诠释问题"③。作者指出，《论语》英译研究领域目前仍存在一些不足之处和空白点，有待研究者扩展视野，完善分析方法，更加全面、深入地展开《论语》翻译相关研究。这一观点值得重视。

7. 关于《孟子》翻译传播的研究

国外关于《孟子》翻译的研究不多见。目前能搜索到的国内《孟子》英译的研究论文 28 篇。现分类综述如下：

（1）语文学与修辞研究。洪涛《〈孟子〉英译所涉及的字义问题和文化问题》，集中探讨理雅各和刘殿爵的英译本，旁及其他译本，如杜百胜（W. A. C. H. Dobson）、亨顿（David Hinton）、魏鲁男（James R. Ware）、何祚康、赵甄陶、张文庭、周定之译本等，主要对《孟子》中仁、义、孝、

---

① 黄玉霞：《〈论语〉英译的文化战略考量》，《鸡西大学学报》2012 年第 3 期，第 97—98 页。
② 张阳：《严谨细致准确统一——评刘殿爵〈孟子〉英译本中的哲学术语翻译》，《浙江理工大学学报》2013 年第 3 期，第 410—414 页。
③ 王琰：《国内外〈论语〉英译研究比较》，《外语研究》2010 年第 2 期，第 70—73 页。

道、气、博弈等概念的译法进行比较研究。作者认为，"要翻译《孟子》，首先必须先了解《孟子》的字义（尤其是《孟子》学说的核心概念），另一方面，也应该对《孟子》书中的文化词语（*cultural-specific terms*）有所认识"①。洪涛另一篇论文对理雅各和刘殿爵《孟子》译文进行比较。作者认为，理雅各在其译本中对一些修辞句式进行了改写及省略。作者从句式、英汉语言结构差异和譬喻三方面探讨《孟子》译本的辩辞翻译效果，指出译者处理方法的得失，认为要译好《孟子》的辩辞，语言形式上的仿拟是可能的，但模仿"并不是最好的做法。译者的实践，说明做汉英翻译有时也要迁就英语的习惯"②。这是对《孟子》译本所进行的比较典型的修辞研究。但作者对修辞翻译问题的讨论不够详细和深入。谭菁《严谨细致准确统一——评刘殿爵〈孟子〉英译本中的哲学术语翻译》将刘殿爵《孟子》译本中术语"王"字的英译与理雅各译本和赵甄陶译本作比较，同时考察刘译本中其他关键术语仁、义、礼、气等字的英译，揭示了"刘殿爵哲学术语翻译中严谨细致、准确统一"③的特点。实际上这一结论仍值得商榷。

（2）翻译策略与方法研究。李新德探讨了明清之际耶稣会士对《四书》的翻译。他指出，耶稣会士对《四书》的翻译和阐释是与耶稣会在华传教策略密切关联的一项重要工程。耶稣会传教士对于翻译内容与方法都经过了精心的选择。基于"补儒易佛的传教策略，明清之际的耶稣会士是以较平等甚至敬仰的态度来传译和阐释中国儒家经典的，因而极大地促进了中国文化，尤其是儒家思想的西传和西方汉学的发展"④。刘单平、曾振宇通过对理雅各、赖发洛（Leonard Arthur Lyall，1867—1940）等四个《孟子》译本的比

① 洪涛：《〈孟子〉英译所涉及的字义问题和文化问题》，《聊城大学学报》（社会科学版）2002 年第 1 期，第 123—126 页。

② 洪涛：《〈孟子〉辩辞的英译》，《聊城大学学报》（社会科学版）2003 年第 3 期，第 42—44 页。

③ 谭菁：《严谨细致准确统一——评刘殿爵〈孟子〉英译本中的哲学术语翻译》，《语文学刊：外语教育教学》2013 年第 2 期，第 45—48 页。

④ 李新德：《耶稣会士对〈四书〉的翻译与阐释》，《孔子研究》2011 年第 1 期，第 98—107 页。

较，认为译本的多样化是客观存在的。"由于受语言因素、理解的历史性、预期目标读者、翻译动机以及翻译策略的影响，不同的译者即使带着同样严谨的态度翻译同一文本，呈现在读者面前的译本特色也可能会'多姿多彩'"。但是，"译本是原文本的化身，不管它如何多变，必须以原文本作为蓝本和依据，力求准确再现原文本所蕴含的思想文化内涵。'原样理解'，永远是跨文化研究砣砣以求的目标。"① 作者看到了翻译的客观"变异性"，但仍坚持翻译要坚持"化身"和"原样理解"的统一，似乎自相矛盾，表明其对《孟子》的翻译方式与文化传播效果的关系没有进行深入思考，也没有把握文化传播的根本性质和基本模式。这种观点对儒家思想的对外翻译传播是否有益，值得探讨。季红琴《〈孟子〉英译方法解读——全译与变译》②通过对理雅各和杜百胜的《孟子》译本性质的研究，认为《孟子》译本可分为两大类：全译本和变译本。理雅各译本是全译本的经典，杜百胜的译本则是《孟子》变译本的典范。而《孟子》诸译本实际是全译本与变异本的一个集合体，二者在形式上是对立的，但却以不同方式追求着"相似性"和"可接受性"之间的最佳融入点，二者实际又是统一的。季红琴肯定了"变译"作为典籍翻译方法的重要性。金学勤《通俗简练 瑕不掩瑜——评戴维·亨顿的〈论语〉和〈孟子〉英译》认为，亨顿的儒经翻译面向普通读者，语言通俗，风格简约，语气亲切，独到的第二人称叙述视角为我们提供了许多生动的译例。这种通俗的翻译风格值得我们"在考虑文化典籍的翻译策略和方法时借鉴和参考"③。刘单平、曾振宇《英译〈孟子〉的三种误区分析》认为，典籍外译本担当着传承、宣扬中国民族文化，为西方汉学界提供研究资料的重任。译者必须重视典籍外译本的质量，如实、准确地传递中国传统文化和思想。通过对当前《孟子》英译本进行比较研究，作者发现译

① 刘单平、曾振宇：《他者视域下的儒家经典：〈孟子〉英本比较研究》，第 120—126 页。
② 季红琴：《〈孟子〉英译方法解读——全译与变译》，《湖南师范大学社会科学学报》2011 年第 4 期，第 139—141 页。
③ 金学勤：《通俗简练，瑕不掩瑜——评戴维·亨顿的〈论语〉和〈孟子〉英译》，《孔子研究》2010 年第 5 期，第 117—123 页。

者在翻译《孟子》时存在三大误区：利用西方概念和经典教义简单地"反向格义"孟子思想；忽视语义的不确定性，机械翻译；不重视训诂，错解原文。① 上述三个误区各有其显著的表现和危害，制约了典籍外译本的准确性和忠实度。这项研究，对于以推动中西方儒学学术研究交流为目的的翻译来说，有十分重要的方法论意义。

（3）《孟子》译本版本研究。季红琴《〈孟子〉及其英译》② 对 19 世纪以来各个历史时期国内外《孟子》英译的情况以及各个时期较具影响的《孟子》英译本的版本情况进行了探讨和评述。这是较早关于《孟子》英译的版本研究。

（4）《孟子》翻译史研究。刘单平《〈孟子〉西译史述评》③ 从翻译的准确性角度，对 20 世纪前后两个历史时期的传教士、外国学者、华人学者三种《孟子》翻译的历史特点进行了研究。刘单平认为，明末清初传教士翻译《孟子》的目的是为其传教服务，因而译本具有明显的宗教倾向。20 世纪以来，《孟子》主要由外国学者翻译。由于受到本国文化传统和自身知识构成的局限，外国学者在翻译时通常会出现误读。20 世纪 90 年代起华人学者参与《孟子》翻译。与外国学者相比，华人学者翻译的《孟子》在准确性上更胜一筹。这种划分有翻译史学意义，但时间划分似乎不太准确。姜新《走向欧洲的孟子——译介〈孟子〉的西文图书述略》④ 梳理了 16 世纪至 19 世纪《孟子》在欧洲的译介史。研究证明，孟子是最早被介绍到欧洲的哲人之一，而《孟子》则是最早翻译到欧洲的中国典籍之一。译介过程中发生过诸如"性向善"与"性本善"的不同解读，反映了不同文化的差异，折射了不同文化间的冲突与调和，以及西方对孟子思想的认知特点。译介《孟

---

① 刘单平，曾振宇：《英译〈孟子〉的三种误区分析》，《东岳论丛》2011 年第 3 期，第 59—62 页。

② 季红琴：《〈孟子〉及其英译》，《外语学刊》2011 年第 1 期，第 113—116 页。

③ 刘单平：《〈孟子〉西译史述评》，《理论导刊》2010 年第 8 期，第 105—108 页。

④ 姜新：《走向欧洲的孟子——译介〈孟子〉的西文图书述略》，《江苏师范大学学报》（哲学社会科学版）2009 年第 5 期，第 55—60 页。

子》的语言种类经历了从单一拉丁文到多种语言的变化过程，译介图书刊行经历了由无法印行到版本众多的变化，描述了孟子思想的影响逐步扩大的历史轨迹。作者的研究比较客观，观点也较公允和独到，但对《孟子》译本的掌握不够全面。

8. 关于《孝经》翻译传播研究

在西方，《孝经》似乎一直没有像《论语》《孟子》那样受到特别的重视。但从 1835 年裨治文（Elijah Coleman Bridgman，1801—1861）在《中国丛报》第四卷中发表第一个《孝经》英译本 Filial Duty 至今，《孝经》英译也已经有近两个世纪的历史。理雅各 1879 年出版的《中国经典》（*The Sacred Books of China*）第七卷中有《孝经》译本，名为 Hsiao Ching。该版本的特点是每页正文之下有详细而完备的训诂注释。1908 年，华裔汉学家程艾凡（Ivan Chên）翻译出版 *The Book of Filial Duty*。文后附《二十四孝》译文。这是历史上第一个英文《孝经》《二十四孝》合译本。1961 年玛丽·莱拉·曼科拉（Mary Lella Makra）翻译出版第一个《孝经》单行本。该版本在正文译文之后附有关键文字和概念注释。2009 年，罗思文（Henry Rosemont Jr.）、安乐哲（Roger T. Ames）翻译出版《孝经》最新单行本《孝经的哲学阐释》（*The Chinese Classic of Family Reverence：A Philosophical Translation of the Xiaojing*）。国内学者顾丹柯、冯欣明以及刘瑞祥与林之鹤也分别翻译了《孝经》。迄今已有八种《孝经》英文全译本。

较之于其他儒家经典翻译相比，学术界对《孝经》翻译传播的关注偏少，迄今为止共发现相关研究论文 5 篇，数量很少。《孝经》翻译研究可以分为三种类型。第一，译本对比研究。曾春莲[①]从理解、表达、注释、译文的宗教思想倾向等方面对裨治文和理雅各《孝经》译本进行比较，认为理译本更加准确，注释更细致，学术性更强，在宗教思想方面注重在中西之间求

---

① 曾春莲、王红霞：《裨治文、理雅各〈孝经〉英译比较》，《西南民族大学学报》2010 年第 5 期，第 191—195 页。

同；裨治文的翻译则不关注语言细节，行文通俗，在宗教方面彰显中西之间的差异。该研究触及了译本的宗教思想内容。第二，翻译策略研究。陈燕钦、王绍祥①对理雅各、裨治文、程艾凡、刘瑞祥和林之鹤翻译的四种译本进行比较后认为，理雅各翻译《孝经》所采用的是文献性翻译策略，而其他三位译者采用的则是工具性翻译策略。陈燕钦认为，不同的翻译方法及策略源于不同文化对译者的影响。第三，儒家思想传译研究。曾春莲认为，与以往传教士和汉学家的翻译相比，罗思文、安乐哲合作翻译的《孝经》有自己的鲜明特点。两位译者的诠释突出家庭的重要性，认为以"孝"为中心的儒家伦理学"不同于以个人主义、自主、理性、自由为基础的西方伦理学，可以被称作角色伦理学"②。另外，安乐哲和罗思文在解读《孝经》时力图避免基督教化倾向，在翻译时尽量尊重汉语的"事件性""联系性""过程性"特点，尽力避免在《孝经》文本中植入西方哲学或宗教意味的概念。曾春莲认为，安乐哲、罗思文的诠释和翻译"有利于中华优秀传统文化价值的阐扬"③。第四，关于《孝经》海外研究与传播研究。孟庆波认为，《孝经》为美国汉学家关注的焦点之一。作者以戴梅可《汉代中国的儒孝和个人主义》和侯思孟《孝在古代中国的地位》两篇论文为例，说明西方文化背景下的学者倾向于在西方文化的背景下考察中国传统文化，力图对中西文化进行对比。作者指出，海外汉学的学科背景、问题意识、理论手段等，完完全全是西方的。因此，"海外汉学研究应当从西方学术文化的内部出发，对比比较文化的研究理路，审视海外汉学在外国学术体系中的发展历程"④。这对儒家经典对外传播研究有一定的启发意义。

---

① 陈燕钦、王绍祥：《〈孝经〉英译版本比较》，《郑州航空工业管理学院学报》2010 年第 3 期，第 92—95 页。
② 陈燕钦：《跨文化视角下〈孝经〉英译本对比》，《牡丹江师范学院学报》2011 年第 2 期，第 66—68 页。
③ 曾春莲：《罗思文、安乐哲对〈孝经〉的诠释和翻译》，《学术研究》2013 年第 3 期，第 37—40 页。
④ 孟庆波：《美国汉学界对孝及〈孝经〉的研究——兼论海外汉学的研究范式》，《阅江学刊》2013 年第 4 期，第 60—65 页。

综观现有儒家经典翻译研究，我们已经取得的成果主要在以下三个方面：一、语文学研究。研究者对原文字句原义的翻译处理方法和效果的关注和研究比较多，所依据的是忠实标准，主张译文所表现的意义和思想内容应当与原文完全一致，在方法上应当采用完全翻译。他们坚持认为，只有这样处理，译文读者才能真正认识到儒家经典的真实思想。但是，这种研究观点忽视了语言的历史与文化差异以及读者接受端存在的文化隔阂问题。二、语言学翻译研究。有的研究者将翻译界流行的"读者中心论"引入儒家经典翻译研究，主张译文应该充分考虑译文读者的阅读和理解。然而，这种观点所关注的仅是译本在语言层面上的可读性问题，而受语言具有同等表达力的普通语言学观点的影响，对英语语言能否真正确当地传达儒家思想的具体概念和内容细节的问题没有深入思考。而且对典籍文本语言的所指（或文化意义）与现代语言的一般意义，也没有严格区分。三、文化研究。有的研究者的视野深入到了儒家经典译本中的文化冲突的问题，甚至揭示了翻译文本中的某些文化或思想倾向，这比纯粹的语文学或语言学研究前进了一步，但研究者对译文能否传达这些历史文化元素，以及如何跨越文化与历史的鸿沟传达文化意义的问题，仍没有进行细腻而深入的思考。

那么，儒家经典翻译究竟还有那些问题需要思考和研究？宏观地看，首先是一个战略视野的问题。那就是，应当从怎样的眼光出发去思考和研究儒家经典的翻译。我们的观点是，典籍翻译的本质是跨语言文化的，如果翻译仅跨语言，翻译并没有完成其本职任务，它必须同时跨文化；翻译的功能也是跨文化的，它担负着文化传统信息的跨文化传输的使命，否则翻译出来的典籍将成为死文本，成为译者的徒劳。不仅如此，典籍翻译还须关怀文化信息跨文化传送后的社会效应问题、思想发展问题、文化交流问题、民族融合问题、国际友好交往问题、全球政治问题等等。今后的儒家经典翻译研究应该立足于我国长远的整体发展战略，积极争取儒家文化国际地位的提高，增强儒家文化在全球的亲和力和影响力，从而提高中国文化的国际声誉与国际凝聚力，放眼全球未来的文化交融、经济政治合作，最终为构建人类命运共同体服务。基于这样的长远目标考量，我们应该做的研究工作应该是深入细致地考察目的语国家的文化传统和政治、思想、文化发展现状及当代读者的文化品位和思想需求，并在此基础上，从跨文化传播的视域出发考察现有儒家经典译本的现象、优点和存在的问题，研究儒家经典的翻译的性质、策略、跨文化翻译方法和传播规律、途径及模式，为未来儒学深度国际化传播开辟道路。

第一章　儒学经典研究与翻译的宗教化

　　16 世纪上半叶，中西交流的大门终于开启。开启大门的不是别人，正是西方来中国传播天主教的传教士。经过传教士的翻译活动，中国文化开始流向西方。这就是张西平教授在其《儒学西传欧洲研究导论——16—18 世纪中学西传的轨迹与影响》中所说的"东学西渐"①的开始。在东学西渐的过程中，首批来华的意大利传教士罗明坚和利玛窦，在来华不久即发现了儒家思想的价值及其对传播天主教的特殊意义，儒家经典于是首先成为西方传教士所关注的焦点。从此，儒家经典被陆续翻译成各种西方文字。18 世纪以后，英文翻译后来居上，逐步占据了译介的半壁江山。在翻译儒家经典的英美传教士中有马礼逊（Robert Morrison，1782—1834）、裨治文、理雅各、苏慧廉（William Edward Soothill，1861—1935）、赖发洛等，其中翻译成就最高的当属在中国香港传教 30 年的伦敦布道会传教士理雅各。理雅各在中国生活几十年，与中国国学，尤其是与儒、道两家哲学思想渊源极深，而两者当中又以儒家思想为甚。理雅各对中国国学的研究有两种形态：一种是 18 世纪 50 年代以前对儒、道两家所进行的宗教哲学研究，以及 18 世纪 60 年代

---

　　① 张西平：《儒学西传欧洲研究导论——16—18 世纪中学西传的轨迹与影响》，北京大学出版社 2016 年版。

以后对儒家哲学体系所进行的伦理哲学研究；另一种是 1876 年以后在基督教和儒、道、释三家宗教哲学之间所进行的比较宗教学研究。其表现形式主要是儒学经典文本的翻译、译本前言中的介绍与讨论、译文注释及研究论文。理雅各的比较宗教哲学研究，其动机不难想象。作为传教士，理雅各自然要关注中国的本土宗教及其历史渊源，以及中国本土宗教的民俗化程度及其在国民意识形态中的影响力，从而做到知彼知己，为其传教活动打开大门，铺平道路。但是，随着理雅各对儒家思想理解的深入，即 18 世纪 60 年代以后，其儒学研究的态度和动机发生了变化。这位原本笃信耶稣基督的传教士终于发现，孔子不仅是上帝的使者，而且是智慧广大的先师（Master）。他认识到，儒学思想体系中蕴含着政治哲学、伦理哲学的重大价值，因此不再把儒学仅当作在中国传播基督教的工具，而是要把儒家智慧传授给国人，使其成为英国社会的思想工具。自 19 世纪 60 年代初开始，理雅各开启了倾其余生的儒学翻译工程，这项工程一直持续到 1891 年《中国圣书》出版以后。客观地说，晚年的理雅各虽然并没有改变自己对基督教的基本信仰和态度，但在其整个精神领域，已经存在一个由基督教和儒学合而为一的宗教哲学体系。他在灵魂深处，实际上已经既是耶稣的信徒，也是孔子的弟子。从理雅各的经历与转变来看，他颇能代表传教士们对待儒学的态度。

裨治文虽然翻译成就比不上理雅各，但他是第一位美国来华传教士，而且是美国传教士中唯一一位按原文翻译儒家经典的学者。1801 年 4 月 22 日生于美国马萨诸塞州的贝尔切敦的裨治文，1830 年 2 月 19 日到达中国。作为美国第一位来华的基督教传教士，裨治文受到当时中国境内唯一的新教传教士马礼逊的欢迎。1832 年 5 月，裨治文在马礼逊和奥利芬的鼓励与支持下，创刊发行英文月刊《中国丛报》（The Chinese Repository），主要向西方介绍中国的社会、文化和地理等知识，如中国语言、文化、历史、艺术、典制、风俗、宗教以及迷信等内容，记述传教士在东南亚各地如新加坡、马六甲、槟城、巴达维亚等城市的传教活动。《中国丛报》还经常刊文针砭时弊，力陈妇女缠足以及吸食鸦片之危害，以致废除妇女缠足成为西方传教士努力的目标。裨治文重视儒家思想的伦理价值，于《中国丛报》第 4 卷发表《孝经》《三字经》《千字文》等的译文。他的《孝经》译本比理雅各译本早了 44 年。

麦都思（Walter Henry Medhurst，1796—1857）是 19 世纪著名英国传教士、汉学家、英国伦敦布道会最早派遣来华的传教士，是继马礼逊、米怜（William Milne，1785—1822）之后来华的重要英国传教士之一，也是 19 世纪前中期有影响的汉学家。

麦都思 1835 年到广州。他精通汉语，能操福建方言。他致力于翻译中国的典籍、地方志等。1835 年翻译出版《千字文》；1846 年翻译出版《尚书》。其《尚书》译本是第一本直接由中文翻译成英文的译本，且逐字对照直译，而又较通顺达意，是迄今为止世界上最严肃和学术性最高的《尚书》英文译本之一，可与理雅各译本媲美。他的翻译开《尚书》英译先河，为理雅各《尚书》译本打下了基础，为中国文化传播奠定了基石。

另一位对儒家翻译传播做出重要贡献的当属苏慧廉。苏慧廉 1861 年出生于英格兰约克郡哈利法克斯，是偕我会传教士，也是著名的英国汉学家。在我国山西传教近 20 年，翻译《论语》与《孟子》。其译本在西方的影响虽然比不上理雅各和韦利译本，但至今仍有销售，享有一定数量的读者，为传播儒家思想做出了贡献。

以上四位传教士翻译家的一个共同特点是，他们都在各自的译本中或多或少羼入了基督教元素，尤其是理雅各译本。这一点从译者的翻译思维状态和语言表现形式上都反映了出来。本章主要以理雅各为典型，讨论英美传教士译者对儒家经典的翻译和传播。

第一节　理雅各儒学研究的宗教、哲学之维

一、　理雅各儒学研究的基督教之维

理雅各的儒学研究首先是对儒学所做的宗教研究，其次是对儒学所做的

哲学研究。其儒学宗教研究主要体现在两部著作和两篇论文上。① 其中，两部著作和一篇论文都与 1843 年英美传教士讨论《圣经》重译时的"圣号翻译之争"有关，其焦点是针对 God 究竟是应该翻译成上帝还是神的问题。理雅各针对儒、道两家帝和神的问题发表见解，认为中国本土宗教传统中原本就蕴含着对最高真理一定程度的开悟，在传教过程中采取一种将基督教真理与本土宗教传统融合的做法，才是一种行之有效的传教策略。后者则是以宗教比较为目的，讨论并肯定了儒学的多重价值。

（一）上帝与 God 的类比及其基督教化

为了证明上帝在中国人的信仰中存在，1850 年理雅各撰写《*An Argument for Shang Te as the Proper Rendering of the Words Elohim and Theos in the Chinese Language with Strictures on the Essays of Bishop Boone in Favour of the Term* 神（*Shin*）》一文，就中国典籍中上帝的翻译问题与美国圣公会传教士文惠康（William J. Boone，1811—1864）展开辩论。文惠康指出，God 是类名词，表示一类存在，Shin（神）在汉语中指的是一类最高的 gods，所以应该用 Shin 来翻译中国异教徒的上帝。理雅各列举大量实例批驳文惠康的观点，指出 God 不是类名词，而是一个相对用语（relative term），它与 creatures 相对，就如父对子，夫对妻一样，前者本身在意思上就包含了后者。因此 God、Elohim、Theos 等词只能用于表示唯一的最高存在，用这些专门名词来指假（false）的 god 或者偶

① 两部著作是："The Religions of China：Confucianism and Taoism Described and Compared with Christianity（London：Hodder & Stoughton. 1880）和 1852 年出版的 The Notions of the Chinese Concerning God and Spirits；两篇论文是："An Argument for Shang-Te as the Proper Rendering of the Words Elohim and Theos in the Chinese Language：With Strictures on the Essays of Bishop Boone in Favour of the Term 神（Shin）"和"Confucianism in Relation to Christianity"（London：Trübner，1877 年出版。该论文在 1877 年 5 月 11 日在上海举行的传教士研讨会上宣读。）理雅各还写了数封信件讨论宗教问题。其中的两封信是"Letters on the Rendering of the Name God in the Chinese Language"和"A Letter on the Same Subject（Ephes. 1）to Dr. Tidman，Secretary of London Missionary Society"。

像（idol），是一种误用。① 这些专门名词与仆人相联系，同时也暗示着统治权。没有人会认为 God made the world 的意思是一类 God 那样的存在创造了世界。② 而文惠康提出用"神"来翻译 God，这本身就有逻辑谬误。因为神在汉语里是类名词，而 God 在《圣经》中却不是类名词。文惠康的一切推论都建立在 God 是类名词且与神相匹配这一个大前提之上，因为大前提本身是错误的，所以其一切推论必然是无效的。当文惠康转而说上帝是一个指职位的相对用语，而不是一个能指"帝"的通称名词时，理雅各引用 Rees 编纂的百科全书中关于 name 的词条解释说，"通称名词（Appellative）或普通名词"的一个定义是"表示普通概念的名词"，任何指种类、抽象意义、相对概念的词语，都是通称名词；而帝正是一个指最高统治者的通称名词，按照文惠康的逻辑，它完全可以用来指称耶和华（Jehovah）。③ 文惠康辩解说，神（Shin）是受中国人崇拜的最高级存在，所以可以用来翻译 God。理雅各批驳说，上帝是唯一的，是至高的存在，上帝首先是 God，然后才被崇拜，而并非因为被崇拜才成为 God。经过一番论证，理雅各断言，中国有帝、天帝、上帝三个名词与 God 有关，但帝的意思太笼统，他可以是个统治者，但不是 God，天帝是天的统治者，其含义也与 God 不同，只有上帝才是 God 的对等词。

1952 年，为了证明把 God 翻译成上帝是合理的，理雅各撰写《中国人上帝和神的观念》（*The Notions of the Chinese Concerning God and Spirits*），针对文惠康关于中国宗教中上帝的观点，论证了以下四个问题：（1）神不是 God 的对应词，甚至都不是 a god 或 gods 的对应词。中国人知道真正的 God，且自古就有与 God 相对应的词；④（2）中国古代宗教中就存在 God，且自天

---

① James Legge：An Argument for Shang Te as the Proper Rendering of the Words Elohim and Theos in the Chinese Language with Strictures on the Essays of Bishop Boone in Favour of the Term 神（Shin），1850：5。

② James Legge：An Argument for Shang Te as the Proper Rendering of the Words Elohim and Theos in the Chinese Language with Strictures on the Essays of Bishop Boone in Favour of the Term 神（Shin），1850：8。

③ James Legge：An Argument for Shang Te as the Proper Rendering of the Words Elohim and Theos in the Chinese Language with Strictures on the Essays of Bishop Boone in Favour of the Term 神（Shin），1850：22。

④ James Legge：The Notions of the Chinese Concerning God and Spirits，1852：2.

子以至庶民皆有崇拜 God 的习俗；（3）上帝是至高无上的；（4）中国先民中早已存在 God 一神论的思想，只是对 God 的崇拜还不够纯粹。理雅各相信，中国历史文献和文学经典中 God 存在的证据，是无可辩驳的。

关于上帝是具有最高权威的统治者的存在的问题，理雅各征引四处证据：（1）《书经·多方》："惟帝降格于夏。有夏诞厥逸，不肯戚言于民，乃大淫昏，不克终日劝于帝之迪"①；（2）《诗经·正月》第四章："民今方危怠，视天梦梦。既克有定，靡人弗胜。有皇上帝，伊谁云憎"②；（3）《大明》："殷商之旅，其会于林，矢于牧野，维予侯兴，上帝临女，无贰尔心"③；（4）《易经·震卦》的《易经体注》："天之生成万物而主宰之者谓之帝"。④

关于祖宗神不是最高神，都在上帝统治之下的问题，理雅各征引《大雅·文王》："文王在上，于昭于天……文王陟降，在帝左右。"又引朱熹《毛诗传》关于《诗经·文王》第一章的注释："文王既没，其神在上……以文王之神在天，一升一降，在上帝之左右，是以其子孙蒙其福泽，而均有天下。"⑤

关于上帝崇拜的习俗，理雅各征引明朝《大明礼乐》中天子冬祀昊天上帝于圜丘，送神还宫时奏的《安和之曲》："于皇我祖，陟降在天。清庙翼翼，禋祀首虔。明神既留，寝祐静渊。介福绥禄，锡胤绵绵。以惠我家邦，于万斯年。"⑥

关于天与上帝之间的关系，理雅各征引康熙时期《易经体注》关于《易经·震卦》注疏："天之生成万物而主宰之者谓之帝，其出其入，无不寓于卦位间，彼位起于震，其即帝之出，气机于此萌动乎，继以巽也，其即

---

① James Legge：The Notions of the Chinese Concerning God and Spirits，1852：101.
② James Legge：The Notions of the Chinese Concerning God and Spirits，1852：102.
③ James Legge：The Notions of the Chinese Concerning God and Spirits，1852：105.
④ James Legge：The Notions of the Chinese Concerning God and Spirits，1852：12.
⑤ James Legge：The Notions of the Chinese Concerning God and Spirits，1852：41.
⑥ James Legge：The Notions of the Chinese Concerning God and Spirits，1852：41.

帝之气机于此均布乎……"①

关于中国宗教中多神的观念，理雅各征引《新唐书·礼乐三》：自周衰，礼乐坏于战国而废绝于秦。……《礼》曰："以禋祀祀昊天上帝。"此天也，玄以为天皇大帝者，北辰耀魄宝也。又曰："兆五帝于四郊。"此五行精气之神也，玄以为青帝灵威仰、赤帝赤熛怒、黄帝含枢纽、白帝白招拒、黑帝汁光纪者，五天也。由是有六天之说，后世莫能废焉。②

理雅各认为，五帝的观念在中国古代已经普遍存在，于是又引《孔子家语·五帝》为证：季康子问于孔子曰："旧闻五帝之名，而不知其实，请问何谓五帝?"孔子曰："昔丘也闻诸老聃曰：'天有五行，水火金木土，分时化育，以成万物，其神谓之五帝。'……"③

理雅各此书从各种文献中引用了大量例证。其中从《诗经》中引6例，《书经》3例，《易经》7例（其中第65页用整页的篇幅引用《易经·卦序》《易经·系辞》中关于天地之始的论述），《论语》4例，《周礼》2例，《孟子》2例，《孔子家语》2例。此外，作者从《道德经》中引2例，从程子、朱子，甚至明天子祀天昭告书、道教、佛教等典籍中也引用了大量例证，全书共计引用200多处。应该说，理雅各在论证过程中，态度十分诚实，逻辑严密。但不足之处是，所征引的文献依据并不可靠，因为大部分例证并不是出自儒道经文，而是出自经文的注疏本；有的文献甚至是旧时文人的论述，比如文中还引用了朱宗元有关上帝是唯一神的论述。④ 这就难免使征引的论据说服力大大降低。而最根本的问题是，文中所谓的帝与基督教的 God 风马牛不相及。

理雅各关于中国宗教中上帝与神的研究，至此并没有停止。在《中国经典》的翻译中，理雅各用《尚书》《诗经》中出现的帝、上帝、神等观念，进一步充实和加强了此前的论证。这可谓是理雅各对中国古代宗教所做的第

---

① James Legge：The Notions of the Chinese Concerning God and Spirits，1852：98.
② James Legge：The Notions of the Chinese Concerning God and Spirits，1852：46.
③ James Legge：The Notions of the Chinese Concerning God and Spirits，1852：48.
④ James Legge：*The Notions of the Chinese Concerning God and Spirits*，1852：71-72.

二次研究。在《中国经典·尚书》前言中，他试图用历史叙事的方式来说明，中国先民是在《圣经》所记载的洪水时期从西方来到中国陕西的一个部族，皇帝、尧、舜就是这个部族的祖先。这个部族本来是上帝的子民，他们在与土著居民的不断斗争中逐步发展壮大起来。这个部族自迁居中国之始，就形成了既信仰上帝又信仰山川神和祖先神的传统，所以其信仰不纯粹。理雅各又通过《尧典》《甘誓》等经篇中的实例说明天、帝、自然神、祖先神之间的关系，以及这些神与活着的人之间的关系。他认为，天和帝是同一个最高神，天是帝的另一种称呼而已。活着的人如果执行以上诸神的意志，就会受到神的保佑，如果背叛神，他们就会受到惩罚。但《书经》中没有讲到关于活着的人的善恶报应论。① 他在《中国经典·诗经》序言中说：帝相当于希伯来语的 Elohim 和希腊语的 Thoes。帝是人和世界的主宰，指定五谷为人类的粮食，在天上监管自诩为天子的人间帝王的行为。人间的帝王若尊敬、崇拜帝，帝就享受其祭祀，并护佑他们；人间的帝王若玩忽职守，帝就会惩罚他们，剥夺其王位，并命他人取而代之。理雅各通过《诗经》中的实例证明，中国先民在信仰上帝的同时还信仰上帝管辖之下的多种神祇。这些神祇分别寓居在山川河流中，并为其主宰；有的甚至寓居在某种天体之中；可谓无处不在。理雅各甚至把中国古代宗教与萨比拜星教相比。理雅各在此还论述了中国的祖先神，譬如文王殁后升天，成为庇佑周朝的神，后代子孙都要祭祀自己的祖先神，祖先神的地位在山川河流神之下等。②这些研究显示了理雅各对中国宗教认识的真实和客观的一面。

1875 年，麦克斯·缪勒（Friedrich Max Müller，1823—1900）邀请理雅各到牛津大学担任首席汉语教授。此后，理雅各按缪勒的要求翻译和编纂《中国圣书》。在此期间，理雅各对中国宗教进行了第三种形态的儒学研究。研究范围除儒教之外，还包括了道教和佛教；研究的基本方法是缪勒的科学

---

① *James Legge*：*The Chinese Classics*，Vol. 3. Taibei，1991.

② *James Legge*：*The Chinese Classics*，*Vol. 4 Part I.* Hong Kong：The London Missionary Society's Printing Office，1939：131-132.

比较宗教学。1877 年 3 月 20 日，理雅各在上海传教士会员大会上宣读《儒教与基督教的关系》一文，探讨了三个问题：（1）儒教经典中有关 God 的内容。在这里，理雅各进一步明确 Heaven 和 God 在儒家经典里是经常换用的。儒教显示，中国远古时期并非一个纯粹信仰一神教的民族，而是在信仰 God 的同时还崇拜其他的神，这是中国宗教不纯洁的一面。（2）儒教经典关于人的内容。理雅各认为，关于人性，儒教持的是性善论，即人生来就从 God 那里获得善的品质，但儒教无来世报应观念，所以其道德教义有严重缺陷。（3）儒家经典关于人的道德义务和社会关系内容。理雅各认为儒教的道德教义可嘉，但不够完善，因为其不是从教导人们全心全意爱 God 开始，在夫妻关系上也不反对一夫多妻制。但是，儒教推崇文学、伦理、奉献、真诚，这和福音书所传的教义是一致的。理雅各最后强调，与基督教相比较，儒教只是在许多重要问题上有严重缺陷，本质上却并不与基督教相矛盾，所以传教士在传教活动中应当尽量表现出不与孔子和儒教相对抗。孔子是 God 派来教化中国民众的使者，传教士应该利用儒教帮助中国人了解基督教。基督教不可能把自己强加到任何异教之上，也不会不加选择地从外部吸收任何思想。既然儒教不反对基督教，那就不应该试图把孔子从圣坛上拉下来。理雅各还敦促传教士要努力研读儒家经典，并告诫传教士们越是了解儒家经典，就越能使基督早日深入中国民心。①虽然理雅各此文的目的是为更好地传教，其字里行间基督教至上的优越感依然如旧，但客观上，理雅各对儒教的肯定态度已经相当明显。这与理雅各此时已经完成儒家经典的翻译，对儒家思想有了更全面的了解和把握不无关系。

在 1882 年出版的《中国圣书·易经》的序中，理雅各引用《易传·说卦》第五章中"帝出乎震，齐乎巽，相见乎离，致役乎坤，说言乎兑，战乎乾，劳乎坎，成言乎艮"一节内容作为依据，来说明 God 无处不在：

---

① *James Legge*：*Confucianism in Relation to Christianity*. London：Trübner and Co.，57 and 59，Ludgate Hill，1877：10-12.

God comes forth in Kăn（to His producing work）；He brings（His processes）into full and equal action in Sun；they are manifested to one another in Lî；the greatest service is done for Him in Khwan；He rejoices in Tui；He struggles in Khien；He is comforted and enters into rest in Khan；and He completes（the work of the year）in Kăn. ①

他说，God 在这里就叫做帝，帝在万事万物中都存在，并起着作用。

理雅各对中国宗教和基督教所作的更为综合的比较研究，是其一份学术报告《中国宗教：道教与基督教比较》。文中所研究的问题包括四个方面：一、关于上帝存在和上帝崇拜的教义比较；二、孝与祖先崇拜比较；三、关于妇女地位的道德教育比较；四、关于来世教义的比较。关于上帝的存在，理雅各在报告中首先论证儒教和道教中上帝的存在，指出儒教、道教和基督教一样都有 god，而且是同一个 god。这三种宗教都受到了 god 的启示。例如，《诗经》中就有"帝谓文王"（《诗经·大雅·文王之什·皇矣》）的诗句，《道德经》中也有上帝"警告""建议人类"之类的语句。总之，这三教中都具备超验主义思想元素。② 关于上帝崇拜，理雅各指出，基督教宣示上帝是光，是爱，而儒教却看不到这些；儒教虽讲礼仪，但其关于上帝崇拜的礼仪仅为少数文人卿士所了解和掌握，并不为广大民众所知所行；基督教的上帝崇拜则深入人心，两者大为不同。所以，儒教关于上帝崇拜的教义，宣教不力。事实上，在中国只有皇帝才能祭祀天（亦即上帝），而非全民参与，民众只有在面临苦难时才仰望上帝，心中却不信仰上帝。民间的上帝崇拜多被降格到多神崇拜的境地。当然，这并不意味着儒教是多神教，因为这些神都是无名神，也不被称作帝，而且都是由上帝任命，受上帝统治，代表崇拜者与上帝交流的仲裁者。中国人认为仲裁有必要，这就增加了人与上帝之间的距离，使中国人无法达到对上帝的全知、全能、遍在的认识。道教中

---

① *James legge*：*The Sacred Books of the East*，Vol. XVI，Oxford：Clarendon Press，1885：51.
② *James Legge*：*The Religions of China*：*Confucianism and Taoism Described and Compared with Christianity*. New York：C. Scribner's Sons，1881：244-248.

有灶神，灶神要每月一次（按我国民俗，实际上是每年一次。作者注。）去天堂汇报人间是非，这也是人和上帝相隔的观念。所以，基督教在上帝崇拜的教义上高于儒教和道教。① 关于孝道，理雅各认为，基督教第五戒条中有"敬尔父母"一条，与儒教中的"子孝"要求是相同的；但基督教的孝更讲求信徒要爱上帝，讲求孝是为来世，而儒教的孝却指向祖先。基督教认为，人死后上帝就会将其灵魂带走，活着的人无法再与其交流，所以基督教的孝讲求"向上，向前"，不祭拜死者，而儒教的孝则求"向后"，祭拜"先圣"。关于道德教育，理雅各认为儒教的社会观及义务观是值得赞扬的。孔子相信自己是受天命以教化民众，所以孔子教人内修诚外修行，其足以充当上帝的使者。而老子也有使民知耻之教。但是，在妇女地位问题上，儒教主张男尊女卑，女子在家庭中处于奴仆地位，宣扬女子生时行善，死后才能另行投胎成为男子。而基督教讲求男女平等，甚至不分种族、民族，一切人皆生来平等。所以，在孝、上帝崇拜、妇女地位等伦理问题上，基督教也高于儒教和道教。②关于人的来世的观念，理雅各认为《书经》中曾论及人死后成神，《诗经》中也有文王死后升到天国服侍在帝左右的诗句，但儒教不谈鬼神，没有对天堂做任何描述，也无善恶报应观念，因此儒教关于来世的教义十分贫乏。道教讲的是鬼魂三分法，人死后的鬼魂或在炼狱受罚，或在墓穴游荡，或于饥寒交迫中赤身裸体在空中徘徊。这种教义不利于给活着的人带来思想安宁，也不利于激励他们慎德修行。③ 与之相比，基督教则是教人行善，人若行善，死后就能升入天堂，灵魂获得救赎，与耶稣一起在天堂享受极乐与幸福。这是儒教和道教的教义远不能及的。④

---

① James Legge：*The Religions of China：Confucianism and Taoism described and compared with Christianity.* 1881：256-260.

② James Legge：*The Religions of China：Confucianism and Taoism described and compared with Christianity.* 1881：260-268.

③ James Legge：*The Religions of China：Confucianism and Taoism described and compared with Christianity.* 1881：270-271.

④ James Legge：*The Religions of China：Confucianism and Taoism described and compared with Christianity.* 1881：273-277.

（二）基督教的崇高性与儒学作为宗教的原始性

理雅各后期的中国经典翻译与当时刚刚兴起的比较宗教学有密切关系。麦克斯·缪勒于1870年建立比较宗教学，主张用科学的方法研究宗教，并建立了比较宗教学学科。比较宗教学受当时问世不久的达尔文进化论的影响颇深。1859—1869年间，随着达尔文《物种起源》一书的面世，宗教学研究在高扬理性、提倡科学的时潮中，引入进化论以解释宗教。缪勒提倡用"进化的研究法"研究宗教，并标举科学的、批评的、历史的比较研究法。此中的科学，意谓不相信先验的、天启的论断，而以归纳方法来考察宗教；其所以是历史的，是因为它将人类的信仰行为安置在先后的时序中——从过去延续到现在，以产生未来的一连串连续、有意义的过程；而批评是指面对资料的一种论证态度；所谓比较，是因为这是一切知识的基础。比较宗教学自此立足于非宗教的立场，而且在宗教与科学的对立中，偏向科学这一边。以进化论立论的比较宗教学观点认为：宗教不是本来就有的，而是一个发展的有机体。进化论的人类学理论主张：人类文化是一个从低级形式发展为高级形式的连续系列——虽然并非直线式的进化。搜集进化过程中的遗存物，能使我们透过研究现代的"原始形态"，于其中知道史前的基本状态。遗存物是进化潮流所遗留下来的文化或社会要素——宗教要素也是如此。所以如果能在未开化民族中找到某种属于宗教的概念，就可以推论这是人类宗教的进化过程中，属于较早期宗教的阶段。

《中国圣书》的翻译与评注表明，理雅各在其后期翻译活动中宗教观有了很大转变，他开始实践人类学和比较宗教学的研究方法，通过研究和翻译儒家十经和《道德经》《庄子》等经典，在中国先民的宗教信仰中找到了God。这使他十分高兴，这是他出于自身的宗教情感所愿意看到的结果。但God作为宗教信仰进化最高端的至上神在中国先民的原始信仰中存在，证明了东方宗教的先进性，这是他一生培养起来的基督教情感所无法接受的。在其宗教情感的深处，理雅各对东方宗教的鄙夷态度使他并不希望看到中国的原始宗教比西方的基督教更为发达，所以他在《中国圣书·诗经》中对诗篇的翻译没做什么改动，其意在使它继续成为中国古代宗教的原始形态的佐证。他认定，中国先民宗教的特点是万物有灵论和盲目崇拜，与基督教的一神论相比，其尚处于低级的自然神论原始宗教阶段，而基督教则已经发展到了一神论的高级阶段，两者的高下之分不言自明。他在《儒学与基督教》中说，中国先民像古代的亚伯拉罕一样，不完全懂得上帝的本质。《圣经》中的逐步显灵认定，上帝存在的可能性可能会在世界的其他地方留下证明，即使这一证明很快被其他坏的影响歪曲。任何文本，包括汉语原文本都不准确、不纯粹，也不完善。但是，也不能因为这一点就完全否定这些文本的真实性。中国经典中的帝和上帝就是 God，是西方人的 God，真正的 God①。他的这种基督教优越感，在其孙女玛丽·D. 理雅各教授那里得到了证明。她说："我祖父理雅各一直因为好基督教、恶儒家学说而受到责难。但它们一个是宗教，另一个是哲学。我真不明白他们为什么对此感到气愤。"② 理雅各对中国宗教原始性的发现曾经受到了缪勒的称赞：

> 在中国只有一个 God，最初就是天，它的存在证明，自然上升为所谓诸神和与其唯一上帝、天等同的地位，是不可能的。这是最古老、最强有力的证明。理雅各教授反对中国本土宗教根本上存在的万物有灵论和盲目崇拜，并将其源头直接追溯到我们所知的雅利安人古代宗教信仰起源。这是正确的。对此我们几乎无法怀疑，无论这些说法意味着什么。这是一项最重大的发现，而奇怪的是，这一发现迄今没有得到多少重视，尽管也没有多少反对的意见。③

① James Legge：*Confucianism in Relation to Christianity*. London：Trübner & Co.，1877：12.

② Mary Legge："Dr. James Legge"，*an essay presented on Feb.*，4，1951，*to the Sino-Scottish Society at the University of Edinburgh*：10-11.

③ Lauren Psfister："Some New Dimensions in the Study of the Works of James Legge Part I."*Sino-Western Cultural Relations Journal*，1990，XII46.

最后，缪勒根据理雅各的发现下结论说："（中国宗教的起源）肯定是自然的（宗教）。"① 这说明，理雅各的翻译和研究，使缪勒乃至整个东方宗教研究都受到了影响。

中国古代宗教研究是理雅各儒学研究的主要内容之一。客观地说，他的许多发现和观点符合中国古代宗教的历史面貌，在很大程度上是真实的，因为其主要研究依据是《十三经》以及儒家史、集及《道德经》等。但是，他对上帝就是 God 这一观点的反复论证却是牵强和虚妄的。为了证明中国先民了解上帝以及他们和上帝有历史渊源，他甚至不惜牺牲自己一向严谨的治学之风，盲从西方人类学的观点，臆测中国先民是《圣经》所记载的洪水时期，自西方迁移到中国西部的非洲先民部落。在天和上帝、上帝和五帝的关系问题上，理雅各的论证充满自相矛盾之处，难以令人信服。他并没有真正弄清楚中国古人的信仰问题；对于中国古代妇女地位的认识也不够准确。然而，理雅各的目的似乎是达到了，那就是，他要向其他教派证明中国民众没有正确信仰，所以他们应该皈依基督教。理雅各对中国宗教的态度，始终是居高临下的，在坚持基督教一教独尊，在美化和神化基督教的问题上，可谓是无所不用其极，即使到了晚年，他在进行所谓比较宗教学研究的过程中，也没有改变其立场。这当然与其信仰有关，但无疑也与其西方文化中心主义思想有关。西方民族优越感所产生的种族傲慢是决定其立场的根本所在。所以，在其信仰和文化身份之下，理雅各所谓科学宗教比较学研究也是无法获得真正的科学性的。

二、 理雅各儒学研究的哲学之维

理雅各作为儒学经典最伟大的翻译家，其在宗教研究之外，儒家哲学研究是其必选的另一个课题。这是因为，儒家哲学研究是翻译的必要前提，没有研究作基础的儒学翻译是不可靠的。此外，随着对儒家思想认知的不断加

---

① 见 *James Legge*：*Sacred Books of China* 前言，Oxford：The Clarendon Press，1882。

深，理雅各在孔孟等圣哲身上感受到了崇高的智慧和道德力量。理雅各在后期的著作中称孔子是上帝的使者，就充分说明了其对儒学的崇敬。所以，在把儒学作为传教工具之外，理雅各意欲通过翻译把儒学直接引入西方，使之变为西方智慧的一部分。这一动机，促使理雅各对儒学思想从哲学维度进行研究。

理雅各对儒家哲学的研究主要分为三种表现形态。一是译本前言和绪论；二是译文后的注释；三是译文文本。理雅各的儒家哲学研究所取得的成果，最终都汇聚到翻译过程，并集中表现在其经典译本当中。这些广博而深入的研究，使理雅各的儒学译著成为英语世界乃至整个世界的不朽经典。

理雅各在儒家经典的译本前言和绪论中对儒家经典所作的研究主要包括以下几个方面的内容：（1）成书过程及历史背景；（2）版本及其变迁；（3）主题思想；（4）社会、历史、政治、宗教功能；（5）性质和特点。对于儒家经典的成书过程及历史背景，版本及其历史变迁等问题，理雅各多参考《国语》《史记》《汉书》《后汉书》以及历代经学注疏等进行考证，或用六经互证的方法进行论述。虽然大部分内容是对典籍的综述，但其中不乏自己独到的观点。其研究旁征博引，十分缜密详细，各种译本的参考文献有的多达五六十种，且多篇幅宏大。例如，《尚书》译本的绪论多达208页，分别论述了《书经》的历史、《书经》中历史记载的可靠性、《书经》篇章的历史时期的确定，以及根据《竹书纪年》确定《书经》中最早历史记载的性质等。《诗经》的绪论长达182页，所涉及的问题关系到了诗经学的各个方面，甚至还包括了对诗篇的古音韵问题的诗学研究。《易经》译本的绪论也多达55页，内容包括《易经》的早期历史、题材，《十翼》以及译者本人对《十翼》的评论。《易经》译本绪论尤其否定了《易经》的神秘主义，同时也流露出作者对《易经》内容的迷惑不解及由此产生的对《易经》的轻视。总之，各部经典译本的前言和绪论表现了理雅各绝无仅有的严谨翻译态度和渊博的经学知识，同时表现出其在理解上受道家和阴阳家注疏的影响较大，在认识上也存在局限性。

译文之后的注释，则多是考证性的语文学研究，其中主要以郑玄、孔颖达、朱熹、邢昺、王弼、王肃、毛奇龄等多家经学注疏为考证依据，体现了作为译者在语言上所下的功夫之深。译文中的一名之立，在注释中总能找到译者的依据。同时，对于经文中的思想内涵，理雅各也给予足够充分的考证和阐释。例如，《论语·为政第二》："为政以德，譬如北辰，居其所，而众星共之。"译者这样注释"德"："德 is explained by 得，and the old commentaries say 物得以生谓之德，'What creatures get at their birth is called their virtue'；but this is a mere play on the common ground of different words. Chû Hsî makes it=行道而有得于心，'the practice of truth and acquisition thereof in the heart.' His view of the comparison is that it sets forth the illimitable influence which virtue in a ruler exercises without his using any effort. This is extravagant. His opponents say that virtue is the polar star，and the various departments of government the other stars. This is far-fetched. We must be content to accept the vague utterance without minutely determining its meaning. ① 这个注释里包含两部分内容，一是字义的经学考证，二是译者的观点。在考证之后，作者提出自己的观点，认为包括朱熹在内所做的经学注释都过于穿凿，他应当模糊地接受该字的字义。由此可见，理雅各在注释中所做的研究十分深入和细致，注释所用的篇幅远远超过了译文正文，其中有考、有述、有论，颇具学术性。

虽然如此，译文正文毕竟是理雅各所有儒学研究的最终体现。从译文的文本来看，理雅各对儒学的研究是严肃而深刻的，在相当程度上能够反映儒家思想的原貌，但由于理氏崇尚"以意逆志"的解读原则，又囿于东西方哲学传统的差异，也不可避免地会曲解或西化儒家思想。这些问题在译名的确立以及在翻译阐释中都有表现。在此我们略举几例进行分析。

例如，仁是儒家重要的伦理思想概念之一。理雅各在《五经》的翻译中，对仁的翻译总共有六种译法：（1）virtue，（2）perfect virtue，（3）

① James Legge：The Chinese Classics Vol.Ⅰ.SMC Publishing InC，Taibei：1991：145.

virtues proper to humanity，（4）virtuous manners，（5）benevolence，（6）be-nevolent action。这些形式是受具体的语法结构的影响而形成的。若从意思上，则可以分为两大类：一是仁德，二是仁行。例如：

子曰：人而不仁，如禮何？人而不仁，如樂何？

The Master said，"If a man be without the virtues proper to humani-ty，what has he to do with the rites of propriety？If a man be without the virtues proper to humanity，what has he to do with music？"

实际上，用 virtue 或 benevolence 来翻译仁，都是不精确的。因为无论是 virtue 还是 benevolence，都无法与仁从整体意义上对等。仁的含义在《论语》中虽然没有得到明确的界定，但从其"恭、宽、信、敏、惠"等众多属性上，可以判断仁是一种至德。但在语义范畴上，仁并不等同于德，而是德的一个下义词。根据 Merriam-Webster's Dictionary，virtue 则有七种含义：（1）conformity to a standard of right：morality；a particular moral excellence；（2）an order of angels；（3）a beneficial quality or power of a thing；（4）manly strength or courage：valor；（5）a commendable quality or trait：merit；（6）a capacity to act：potency；（7）chastity especially in a woman. 其中第（1）（4）（5）（6）（7）义项与人的品性有关，显然其任何义项都无法与仁在整体上对应，譬如仁与女子的贞德无关。理雅各将仁翻译成 virtue 曾受到了庞德的指责。庞德认为，理雅各的翻译过于笼统，没有翻译出儒家思想的本质内涵。赖蕴慧（Karyn Lai）也持同样的观点。① 除此以外，理雅各在《论语》中也把德译作 virtue，这必然会引起概念上的混乱，不利于系统传达儒学思想体系。理雅各在有些地方将仁译作 benevolence，也是偏颇的，因为 benevolence 的所指是善良，这只是《孟子》中仁的主要含义，而在《论语》中，善良并不是仁的核心内涵。例如："孝弟也者，其为仁之本与？"孝为仁之本，那么仁

① Karyn Lai："Ren（仁）An Exemplary Life". In Amy Olberding（ed.）：*Dao Companion to the Analects*. Springer Dordrecht Heidelberg，2014：83-94.

的所指当然不仅仅是简单的善良。理雅各却将这句译作："Filial piety and fraternal submission! -are they not the root of all benevolent actions?"孟子所论的仁，也只是把恻隐之心当作仁之始，而不是仁的全部。

又如孝。理雅各在《论语》《孝经》《易经》三个译本中都译作 filial piety 或 filial duty。这两个译法，也不能准确反映儒家孝的思想。

首先，filial 一词的本义是指"子女，与子女有关的或适合子女"有关的东西（Of，relating to，or befitting a son or daughter）；或者"具有或承担起子女或后代对父母的关系"。①其本身并不含有儒家所规定的子女对父母应承担的义务，更没有礼、敬、顺、养、葬、祭等孝的具体内容。因此，filial 不足以表达出儒家孝的全部内涵。若将 filial 与 piety 连用，piety 的第一义有宗教意义上的虔诚之义；其次有忠诚于父母、家族等义。②那么，filial piety 第一义是指选民对上帝的虔敬和忠诚，其次才是指子女对父母的忠诚，可见这一译法宗教意味较浓。理雅各通过 piety 一词，把孝提升到宗教意义的层次，与他把儒学当作宗教的观点是颇相一致的。理雅各在不同的上下文中，还常流露出他对孝的另一种观点，即孝是子女对父母的义务 filial duty。这种译法是苏格兰现实主义哲学对义务的强调在翻译中的折射，更有上帝选民对上帝负有绝对的责任的观念有关。而儒家的孝本质上是一种内心修养的忠诚和敬爱，也是一种自内而外的自愿行动，并自然形成一种道德准则，它与法律上的义务在性质上是完全不同的，也与对上帝的宗教虔敬没有任何关系。③ 例如《孝经·三才章》：

子曰：夫孝，天之经也，地之义也，民之行也。

Filial piety is the constant（method）of Heaven，the righteousness of Earth，and the practical duty of Man.

---

①　参见 http://www.merriam-webster.com/dictionary/filial。

②　Webster's New World dictionary. *Third College Edition*. New York：Printice Hall，1991.

③　参见 http://en.wikipedia.org/wiki/Filial。

从整句译文的前后文来看，filial piety 最终还是一种责任。显然这使孝从"天之经，地之义"的至高无上的地位一落千丈，成为类似于一种外在的道德责任，抑或一种类似基督教信徒对于上帝的责任。

从以上例子，可以窥见理雅各儒学概念翻译的概貌。客观地说，虽然理雅各的翻译过程是十分严谨的，但其中是与非俱存。那么，其对思想观念的阐释又如何呢？下面再看其在译文中对儒家思想的阐释。例如《大学》之首：

> 古之欲明明德于天下者，先治其国；欲治其国者，先齐其家；欲齐其家者，先修其身；欲修其身者，先正其心；欲正其心者，先诚其意；欲诚其意者，先致其知；致知在格物。物格而后知至，知至而后意诚，意诚而后心正，心正而后身修，身修而后家齐，家齐而后国治，国治而后天下平。

> The ancients who wished to illustrate illustrious virtue throughout the kingdom, first ordered well their own states. Wishing to order well their states, they first regulated their families. Wishing to regulate their families, they first cultivated their persons. Wishing to cultivate their persons, they first rectified their hearts. Wishing to rectify their hearts, they first sought to be sincere in their thoughts. Wishing to be sincere in their thoughts, they first extended to the utmost their knowledge. Such extension of knowledge lay in the investigation of things. Things being investigated, knowledge became complete. Their knowledge being complete, their thoughts were sincere. Their thoughts being sincere, their hearts were then rectified. Their hearts being rectified, their persons were cultivated. Their persons being cultivated, their families were regulated. Their families being regulated, their States were rightly governed. Their States being rightly governed, the whole kingdom was made tranquil and happy.

原文中所谓修身，意思是培养人之所以为人的高尚品质。理雅各将修身译为 cultivate their persons。cultivate 的主要意思是耕作，引申为培育之义，比较符合儒家所谓修身之循序渐进的自我人格完善过程，只是尚缺乏由内到外之意。庞德曾将修身译作 disciplined themselves，discipline 有训练的意思，近乎修的意思，但 discipline 本质上是外在性的，是一种强行性的训练，并没有自觉修行那种道德自醒式的、由内到外、由知到行的循序渐进的过程。

正心是本节重要的内容之一。朱熹说："所谓修身在正其心者，身有所忿懥，则不得其正；有所恐惧，则不得其正；有所好乐，则不得其正；有所忧患，则不得其正。心不在焉，视而不见，听而不闻，食而不知其味。此谓修身在正其心。""心不在焉"，亦即心不正。孟子也说，"学问之道无他，求其放心而已矣"。此谓人之生活在迷乱的状态，并不安静在本位上，所以，只要能收得放肆在外的狂心，归到本位，即把心保持在中正平和的状态，亦即有仁善之心，这就是真正学问修养的道理了。因此，理雅各把正心译作 rectify their hearts，基本上表达了原意，但仍有一点遗憾是，rectify 一词的使用，预设了心本来不正。而原文的正心之意并不总是指纠正（rectify）已经邪僻了的心，而是作为一种修养，正心更重要的是指，把心始终保持在正（proper）的位置，不许其出现错乱。

关于诚意，朱熹说："诚，实也。意者，心之所发也。实其心之所发，欲其一于善而无自欺也。"诚意也就是真诚，专其心志于至善，于明德，不使心志飘忽不定。从这个意义上说，诚意相当于 sincere 或 sincerity。至于"格物致知"，格，至也，即研究、推究之意。物，犹事也。致，推极也，知，犹识也。格物致知是儒家的一个十分重要的哲学思想。朱熹认为，"致知在格物者，言欲尽吾之知，在即物而穷其理也。"理雅各 extended to the utmost their knowledge，意为把知识面扩充到最大限度，只讲了广度，没有讲深度，显然格字和致字的意思皆没有译出。尤其重要的是，对于物的理解，理雅各将其与西方科学传统中的自然界等同，则从根本上歪曲了儒家所谓格物的伦理内涵。正如梁启超所言，把物解释为"人事交互复杂的事物"①，才得儒家真谛。

在许多情况下，理雅各的阐释常是精到处伴有瑕疵，如《中庸》：

> 喜怒哀乐之未发谓之中，发而皆中节谓之和。中也者，天下之大本也；和也者，天下之达道也。致中和，天地位焉，万物育焉。

其译文是：

While there are no stirrings of pleasure，anger，sorrow，or joy，the mind may be said to be in the state of EQUILIBRIUM. When those feelings have been stirred，and they act in their due degree，there ensues what may be called the state of HARMONY. This equilibrium is the great root from which grow all the human actings in the world，and this harmony is the universal path which they all should pursue. Let the states of equilibrium and harmony exist in perfection，and a happy order will prevail throughout heaven and earth，and all things will be nourished and flourish.

朱熹在《中庸章句》中说："子思述所传之意以立言：首明道之本原出于天而不可易，其实体备于己而不可离，次言存养省察之要，终言圣神功化之极。盖欲学者于此反求诸身而自得之，以去夫外诱之私，而充其本然之善。杨氏所谓一篇之本要是也。"原文仅有 47 字，译文用 102 字，把其中的中、和、本、位、育都做了解释。但译者似乎觉得把道解释为 path 不足，于是在注释中又进一步解释说：

"His explanation of 道 by 路，'a path' seems to be correct，though some modern writers object to it. —What is taught seems to be this：— To man belongs a moral nature，conferred on him by Heaven or God，by

---

① 梁启超：《梁启超论儒家哲学》，商务印书馆 2012 年版，第 216—217 页。

which he is constituted a law to himself. But as he is prone to deviate from the path in which, according to his nature, he should go, wise and good men—sages—have appeared, to explain and regulate this, helping all by their instructions to walk in it. "①

这些解释，有效地补充了翻译的不足，完善了译者的阐释。但附会穿凿之处，如"属于人类的道德本性是天或者上帝所赋予的"，和作为普遍原则的道（path）等，又是原文本义中所没有明确阐明的。这些明显都是译者的基督教思维和西哲思维在翻译时的折射。

在有些经学上有争论的地方，译者常会采用阐释性翻译的方法处理译文。这时往往会出现两种倾向：一是拘泥于《集注》；二是套用西哲概念，在不知不觉中使儒学西哲化。

例如《论语·子罕》："子绝四—毋意，毋必，毋固，毋我。"

关于这句经文的文字，程树德做了如下考证：《仪礼·士昏礼疏》引《论语》："无必"，又《乡射礼疏》引《论语》孔子云："君子无必，无固，无我。"……朱子文集答吴晦叔曰："孔子自无此四者。'毋'即'无'字，古书通用耳。《史记·孔子世家》正作'无'字也。"关于经文的义理，程树德引何晏《论语集解》："以道为度，固不在意也。用之则行，舍之则藏，固无专必也。无可无不可，做无固行也。述古而不自作，处群萃而不自异，惟道是从，固不有其身也。"何晏的解释颇具道家意味。朱熹《集注》则说："'毋'，《史记》作'无'是也。意，私意也。必，期必也。固，执滞也。我，私己也。"可见经学史上，关于此句含义争论颇多。杨伯峻将这段经文解为："孔子一点也没有四种毛病—不悬空揣测，不绝对肯定，不拘泥固执，不唯我独是。"② 当是较为准确的。

理雅各的译文显然是遵从了朱熹《集注》，而在其上又羼入了西哲的观念：

① *James Legge*：*The Chinese Classics Vol I*. 1991：383－385.
② 杨伯峻：《论语译注》，中华书局 2006 年版，第 88 页。

There were four things from which the Master was entirely free. He had no foregone conclusions, no arbitrary pre-determinations, no obstinacy, and no egoism. ①

译文总体上不够准确，尤其是用 egoism 替代"我"，已成大错，因为 egoism 在西哲中有其固定内涵，即"一种伦理学说，认为个人利益高于社会利益，把个人幸福看作一切行动的目的。"② 这不是孔子之意。

概言之，理雅各在文本中所做的各种形式的阐释，其共同特点是表面上忠实，实际上却常常出现言之不足或言之过及的现象。这是因为，从译本的序言到译文本身，再到译文后的注释，理雅各的思维方式始终没有脱离程朱理学与苏格兰现实主义哲学方法论和基督教神学思维的束缚。更确切一点说，理雅各的研究和翻译，实际上是在《中国经典》扉页上所宣示的"不以文害辞，不以辞害志。以意逆志，是为得之"的解读和翻译原则之下，在很大程度上背离了先秦孔孟儒学。译者以程朱理学为途径，融合苏格兰现实主义哲学，最终使儒家经典变成了程朱理学、基督教哲学、苏格兰现实主义和孔孟儒学的混合物。这一点，从西方后代哲学界和翻译界的批评中可以得到进一步的证明。

第二节　理雅各的儒家经典翻译

理雅各 1843 年来到香港以后，自 1861 年至 1876 年的 16 年时间里，他先后翻译了儒家十三经中的十经。1875 年，理雅各受到语言学和宗教学家麦克斯·缪勒的邀请，到牛津大学担任首席汉学教授，讲授汉语及中国典籍③。后又应缪勒的邀请，编译《东方圣书》（*The Sacred Books of the East*）系列中的

① *James Legge: The Chinese Classics Vol I.* 1991：217.
② 《简明社会科学词典》，上海辞书出版社 1982 年版，第 495 页。
③ Helen E.*Legge: James Legge-Missionary and Scholar.*London：The Religious Tract Society，1905：243.

《中国圣书》（*The Sacred Book of China*）。《东方圣书》是缪勒为研究世界各国宗教而主编的一套世界宗教系列丛书，按缪勒的要求，其《中国圣书》卷要收集中国本土宗教经典的英译文，于是理雅各决定在《中国圣书》中编入《尚书》《易经》《诗经》《礼记》的部分译文，并增加《孝经》《道德经》《庄子》的全译文。自1877年至1879年的两年间，他陆续完成了《中国圣书》的编译工作。理雅各之所以在《中国圣书》中增加《易经》《道德经》《庄子》，这无疑是出于译介中国道教的考虑。在《中国圣书》中选编《书经》，当是为了通过书中的天、帝、上帝等神祇，来追索我国先民的至上神以及多神信仰，选编《礼记》与《孝经》，则是为了从王室及平民宗族祭祀的风俗礼仪中，窥视儒教教义在我国古代社会的实践状况。至于《诗经》，理雅各认为，这不仅是一部关于社会、道德的儒家经典，同时又是一部真实地描绘中国先民的信仰状况的宗教经典，起码《颂》中的诗篇即是如此。1879年，理雅各分别选取了1872年《诗经》全译本的《风》《雅》《颂》部分内容，并将其以《诗经：其中所有的诗篇都说明诗篇作者及其时代的宗教观和宗教习俗》（*The Shih King or Book of Poetry-All the Pieces and Stanzas Initillustrating the Religious Views and Practices of the Writers and Their Times*）之书名编入《中国圣书》。《中国圣书·诗经·商颂》部分的前言认为，《诗经》中的《颂》明显是宗教性的①，而《风》《雅》中也有宗教内容。综观理雅各整个中国典籍翻译历程，不难见其高度的宗教自觉性。其1876年前的儒家九经翻译，总的特点是为了认识古代中国和证明上帝在中国古代宗教中的存在，以服务于其传教的目的。后因受到缪勒科学宗教观的影响，其宗教态度有所变化，开始对中国宗教的认识尽量"不带有译者的任何个人色彩"②。但是，客观地看，其所浸润在整个翻译活动中的宗教态度和目的是一贯的，其基督教至上的宗教观念也始终没有改变。在

---

① James Legge：*Preface to the Ode to the Temple and the Altar*，*The Sacred Book of China*，*The Sacred Book of the East*. Oxford：The Clarendon Press，1879：299.

② James Legge：*Preface to The Book of Historical Documents*.Oxford：The Clarendon Press，1879：xxiii-xxiv.

理雅各看来，儒家经典实质上就是宗教经典，翻译儒家经典的主要目的就是向西方介绍儒教，和利用儒教证明基督教教义。1879年，理雅各编译《中国圣书》时于其中保留《书经》《易经》《礼记》《孝经》，删除《春秋》和《诗经》的《国风》《大雅》《小雅》的大部分内容，而增添《道德经》《庄子》，其选材标准表现出了较明显的学科性质，宗教态度趋向客观。但这在名义上是受缪勒之托所进行的中国宗教研究，本质上则是两人在中国宗教研究上的合谋；表面上编译《中国圣书》的直接目的是为了世界宗教比较研究，但最终目的则是为了突出基督教一神论的优越性。以下从四个方面，对理雅各中国典籍翻译中的宗教目的进行分析。

（一）于中国原始宗教中植入基督教教义

理雅各的中国经典翻译，从一开始就有明确的宗教目的。他在1847年5月5日的日记中写道："原则上，在这个国家（指中国。作者注）的不同宗教和伦理体系……（儒教、道教和佛教）必须全部揭开……其教义必须得到揭示，这些教义就是他们的原则。其中的真理必须与谬误分开……远古时期的中国究竟有没有值得研究的宗教和伦理？儒教究竟是什么样？道教究竟是什么样？我要彻底、准确地弄清楚这些问题。"① 可见，寻求中国本土宗教及其教义，反过来为传教服务，是其中国经典翻译的根本宗旨。吉瑞德（Norman J. Girardot）认为，理雅各的中国经典翻译过程，实质上是在东方寻求上帝存在的过程，其基本观点是反东方宗教的②。综观其整个翻译过程，理雅各最为关注的问题之一是证明上帝在中国本土宗教中的存在。在《中国圣书》第四卷《诗经》译本的前言部分，他对"帝"的英文译名做了详细的说明。他说："'帝'就相当于希伯来语的'埃洛希姆'（Elohim）和希腊

---

① Lauren Psfister："Some New Dimensions in the Study of the Works of James Legge Part I." *Sino-Western Cultural Relations Journal*，1990，Ⅻ：33.

② Norman J. Girardot：The Victorian Translation of China—James Legge's Oriental Pilgrimage. *Berkeley University of California Press*，2002：235-240.

语的'神'（Theos），因此应该翻译成英文的'God'。"① 他把帝和 God 等同，意欲向英国读者提供 God 无处不在的证据，这对巩固西方民众的基督教信仰，无疑是有益的。他对《诗经》中的上帝的崇高性和无上权威性做了大量的介绍和分析："（中国的）上帝似乎是专门统治人类和世界的。他为所有的人指定粮食为食物。他还特别监视被称为'天子'的各国君王的行为。如果君王敬仰上帝，并出于对他的敬畏而笃行其职，践其志，法其道，上帝就会保护他们，他就会乐于闻君王的祭品的馨香，并保佑君王及其臣民富裕兴旺。如果君王对上帝不敬，政治上玩忽职守，他就降罚于他们，夺其位而另命他人。"②"有时，上帝似乎很可怕，天意因此改变。天灾被认为是由上帝引起的，因此，天被认为无同情心。但这是他的奇异行为，是他的裁决，他是想借此让人们悔罪。他并不憎恨任何人，引起灾祸的实际上并不是他，而是因为人们抛弃了古人正确的统治方法。上帝在给人生命的同时，也给了人善良的天性。"③悔罪的说法听起来很像是基督教的布道，把中国经典中的帝和上帝说成像 God 一样，是奖善惩恶的，这对宣扬 God 崇拜，强化基督教徒的宗教信仰是有利的。本着"帝"、上帝就是 God 这样的认识，理雅各在翻译中把两者一律做了等化处理。《诗经》中"帝"共出现 43 次，其中《国风》中出现 1 次，《雅》《颂》中出现 42 次。除了《国风·君子偕老》中的"帝"被译作 goddess 之外，《雅》《颂》中 42 处全部被译作大写的 God 或小写的 god。有时候，译者还禁不住把《圣经》语言直接用在了译文当中。例如，《大雅·大明》和《鲁颂·閟宫》中的"上帝临女"这一诗

---

① *James Legge*：*Chinese Classics with a Translation*, *Critical and Exegetical Notes*, *Prolegomena*, *and Copious Indexes*. London：Henry Frowde, Oxford University Press Warehouse, Amen Corner, E. C. （1939 年伦敦会香港影印所影印本），Vol. IV—Part I, Part II：132.

② *James Legge*：*Chinese Classics with a Translation*, *Critical and Exegetical Notes*, *Prolegomena*, *and Copious Indexes*. London：Henry Frowde, Oxford University Press Warehouse, Amen Corner, E. C. （1939 年伦敦会香港影印所影印本），Vol. IV—Part I, Part II：132。

③ *James Legge*：*Chinese Classics with a Translation*, *Critical and Exegetical Notes*, *Prolegomena*, *and Copious Indexes*. London：Henry Frowde, Oxford University Press Warehouse, Amen Corner, E. C. （1939 年伦敦会香港影印所影印本），Vol. IV—Part I, Part II：132。

句，本来是武王鼓励三军将士的话，指的是周室先王（上帝）已经到来，正在高天之上俯瞰着将士们，在冥冥中监视和保佑着他们。理雅各却将此译作God is with you。其实 God is with you 与"上帝临女"两者的文化内涵相差很大。前者意思是说，一个信仰基督的人，就会成为上帝的选民，他的灵魂就会得到救赎，上帝会永远和他在一起，给他指引和帮助。这句译文足以使英语读者误认为《诗经》当中有本来属于他们的 God 和基督教教义。

1876 年，语言学和宗教学家麦克斯·缪勒，委托理雅各翻译属于《东方圣书》一部分的《中国圣书》，这使理雅各有机会对《尚书》中帝和上帝的翻译进行修改。虽然《东方圣书》的编纂宗旨是科学地研究东方宗教，理雅各却在《中国圣书》的编译中，刻意地增加了些基督教成分。1865 年他在《中国经典·书经》译本中，把帝字都是按对尧舜的尊称译作 emperor，这是公允的，这次《中国圣书·书经》编纂过程中他却趁机把其中 77 处"帝曰"的帝字全部改译成 Tî。例如，《益稷》："禹曰：'都！帝，慎乃在位。'帝曰：'俞！'禹曰：'安汝止，惟几惟康。其弼直，惟动丕应。徯志以昭受上帝，天其申命用休。'"1865 年译本作：

> Yü said, "Oh! Be careful, O emperor, of the manner in which you occupy the throne." The emperor said, "Yes." Yü said, "find your rest in your resting-point. Attend to the springs of things, study stability; and let your assistants be upright：—then will your every movement be greatly responded to, as if the people only waited for your will, and you will brightly receive gifts from God. Will not Heaven renew its appointment of you, and give you blessing?"

《东方圣书》中改译为：

> Yü said, "Oh! carefully maintain, O Tî, the throne which you occupy." The Tîreplied, "Yes;" and Yü went on, "Find your repose in your (proper) resting-point. Attend to the springs of things; study sta-

bility; and let your assistants be the upright: —then shall your movements be grandly responded to, (as if the people only) waited for your will. Thus you will brightly receive (the favour of) God; —will not Heaven renew its appointment of you, and give you blessing?"

理雅各在《东方圣书》的前言中说:"在把'帝'和'上帝'改译之前,我曾考虑是否把《书经》中的'帝'及其尊称'上帝'全部都翻译成God(《诗经》也做同样处理)……二十五年多以前我就认定,汉语的'帝'就相当于我们的God,'上帝'亦复如是,只是多用了一个'上'字,即'至高无上'的意思。因此迄今为止翻译和出版的《中国圣书》的各书中我把这两个名称都应该翻译成God,我的这一观点从未改变。"① "我现在之所以不再把所有的'帝'都译作God,是考虑到,依我们的理解,《东方圣书》的编纂宗旨是不把这些译本都染上译者个人观点的色彩。"② 在此,理雅各实质上是在借用科学比较宗教学的名义,暗中进一步在中国经典中植入基督教成分,他心里明白,通过在前言中言明帝和上帝都是God,尽管正文中把"帝"翻译成Tî,读者仍认为Tî就是God。因此《中国圣书·书经》的翻译实际上是更加基督教化了,其客观性竟不及1865年的首译本。

其实,帝、上帝与God的区别是赫然分明的。帝和上帝本来是我国典籍中原有的概念。这在《尚书》中写得十分清楚。《尚书·尧典》:"曰若稽古帝尧,曰放勋,钦、明、文、思、安安,允恭克让,光被四表,格于上下。"《尚书·舜典》曰:"曰若稽古帝舜,曰重华协于帝。"至此尧舜被并称为帝。上帝是商代的至上神。《尚书·汤誓》:"予惟闻汝众言,夏氏有罪,予畏上帝,不敢不正。"这里的上帝很像是天的主宰。古人以地推天,认为地上有人帝主宰人间事物,天上则有上帝主宰自然万物,上至日月星辰、风云雷电、阴晴雨雪、四季轮回、寒暑交替,下至山川河流、万物生死,等等。

① *James Legge:Preface to The Book of Historical Documents.*Oxford:The Clarendon Press,1879:XXIII.
② *James Legge:Preface to The Book of Historical Documents.*Oxford:The Clarendon Press,1879:XXIII.

秦汉时期，国家所祭祀的上帝有五位，即黄帝、炎帝、青帝太昊（伏羲）、白帝少昊和黑帝颛顼。有的学者认为，上帝就是古代君王的祖宗神。上帝开始未必是天上的帝，"上"只是一个时间概念，如"上古"的"上"，指的都是远古。随着人们宗教观念的演变，远古的帝被认为灵魂到了天上，就成了天上的帝①。所以，无论如何，上帝并不等同于基督教的 God。前者是多神，是祖宗神，而后者是唯一神，是宇宙神；两者之间的性质也大不相同。

尽管如此，理雅各把 God 植入中国经典的做法，对后世影响很大，后来我国宗教界翻译《圣经》，也随着这种做法，把 God 回译成"上帝"。这足以在中西方民众中把上帝和 God 两者混淆。几百年间，不仅使西方基督徒误以为中国自古就信他们的 God，也使很多不了解儒家经典的中国人误以为"上帝"是来自西方的《圣经》，而不是我们中华民族的本土神。由此可见，翻译上的这种中西核心文化概念上的故意混淆，数百年来以讹传讹，其所造成的宗教、社会影响及学术影响，也是不可估量的。

（二）天的基督教化

儒教的天，自始就有。"天"在《今古文尚书》出现 301 次。如《尚书·尧典》尧问群臣："有能典朕三礼？""三礼"就指祭祀天神、地示、人鬼的礼仪。《尚书·甘誓》中夏启征伐前有扈氏告诫臣子说："予誓告汝：有扈氏威侮五行，怠弃三正，天用剿绝其命。今予惟供恭行天之罚。"其中"三正"也指天、地、人之正道。"天之罚"一说，可见天的权威远在君王之上，已经被神化。《尚书·汤誓》中，商汤号召子民推翻夏桀统治，说："尔尚辅予一人，致天之罚，予其大赉汝。"他同样把天奉为最高神。《诗经》中"天"神共出现过 159 次，如《十月之交》："天命不彻"；《板》："昊天曰明"；《荡》："天生烝民"。可以看出，古代原始宗教中的天，已经具备了人格神的某些特征。

---

① 李申：《宗教简史》，广西师范大学出版社 2012 年版，第 77 页。

　　然而，儒教的天与基督教的 God 虽然都是神，但两者并不相同。其一，God 是基督教唯一真神；天则是儒教众神之主，有一个神组成的体系。在周代，天是高于上帝的。《孝经·圣治章第九》："昔者周公郊祀后稷以配天，宗祀文王于明堂，以配上帝。是以四海之内，各以其职来祭。夫圣人之德，又何以加于孝乎？"因为后稷是宗周的始祖，所以周公以后稷配天，在远郊祭祀后稷；文王为周公之父，只能以文王配上帝，在明堂，即近郊祭祀文王。邢昺《孝经·疏》："旧说明堂在国之南，去城七里，以近为禖；南郊去王城五十里，以远为严。五帝卑于昊天，所以于郊祀昊天，于明堂祀上帝也。其以后稷配郊，文王配明堂，义见于上也。"① 在上帝之下，还有主宰一方土地的神及主宰山川河流的神，等等。和犹太教、伊斯兰教一样，基督教亦是典型的一神教：在基督徒心目中，"上帝"是唯一真神。据《圣经》记载，上帝曾对摩西说："我是耶和华你的上帝……除了我以外，你不可有别的神。"儒教则是多神教，它不只是崇拜天，同时还崇拜山川河流等自然物。不过，儒教的多神崇拜是以天为主要崇拜对象的，正如董仲舒所说，天是"百神之大君"。其二，基督教认为，"上帝"是人类的创造者；中国古人心目中的天，则是人类的祖先。按照基督教经典《圣经》的教义，包括人类在内的整个世界都是由"上帝"创造的。"上帝"当初造人时，是用泥土首先造出了人类的始祖亚当，后来又从亚当身上取下一根肋骨，造出了后来成为亚当之妻的夏娃。所以，"上帝"与人类之间原不存在任何血缘上的联系。人类中唯后来成为基督教教主的耶稣是"上帝"通过某种奇特的方式使玛丽亚感受"圣灵"怀孕而生，是"上帝"的独生子。然而，即便如此，"上帝"还是命令约瑟娶已经身怀耶稣的玛丽亚为妻，以便做耶稣名义上的父亲，以此来掩盖其事实上的父子关系的真相。这表明，"上帝"是羞于男女交媾而以之为罪过的，也就是说，"上帝"是以人类的生命为一种罪孽。相反，儒教之天作为人类的祖宗神，则与人类有密切的血缘联系，用董仲舒的

---

① 李隆基注，邢昺疏：《孝经》，中华书局 2009 年版，第 44—47 页。

话来说，天就是"人类之曾祖父"；同时，天还是"群物之祖"。因此，天绝不以人类生命为一种罪孽；他不但生育了人类，还为人类的合理生活创造了一切必需的条件："天地之生万物也以养人，故其可适者以养身体，其可威者以为容服"；"天之生人也，使人生义与利。利以养其体，义以养其心"。① 其三，基督教徒实在的"上帝"是耶稣；儒教徒实在的天是圣人。按照基督教关于圣父、圣子、圣灵"三位一体"的信条，耶稣是"上帝"的化身。与耶稣的身份约略相当，儒教徒"实在的天"则是圣人。和耶稣一样，圣人亦是既有神性又有人性的，唯圣人的神性不像耶稣那样体现在其原本与神（上帝）为一体，而是体现在其有"先知先觉"。圣人是奉天之命以化天下。圣人之化天下，犹耶稣之以殉难为人类赎罪，唯前者旨在使"天下归仁"而生生不息，后者则旨在使人类得救而入于天国。

理雅各在《中国圣书》寻求 God 的同时，也注意到了天的神性。但在翻译的时候，他明显感到了儒教中的天与基督教 God 之间的不同，他感受到天神在儒教中权威很高，乃至高于 God。但若把天译作一个单独的神，那么这就意味着儒教中还有一个高于 God 的神，而 God 在基督教中是至高无上的唯一神，是宇宙中的至高神，哪里容得下另一个更高神的存在。于是，他采取了前言中把天和 God 的关系先作说明，而在译文中把天另译作 Heaven 的策略。在《诗经》译本和《东方圣书》前言中，他把天（Heaven）说成最高神，而 God 是天的人格化名称：Heaven 被用作人称称谓时就叫 God。"② 这样，Heaven 实际上在译文中就和 God 统一起来了。理雅各在《中国圣书·书经》译本中用 Heaven 和 heavenly 两词翻译天，凡 301 次，其中用 Heaven 翻译"天"295 次。例如，《盘庚中》：

> 今予命汝，一无起秽以自臭，恐人倚乃身，迂乃心。予迓续乃
> 命于天，予岂汝威，用奉畜汝众。

---

① 见董仲舒：《春秋繁露》。

② *James Legge*：*Preface to The Book of Historical Documents*，Oxford：The Clarendon Press，1879：XXV.

You do not consult for a distant day，nor think of the calamity that must befall you（from not removing）. You greatly encourage one another in what must prove to your sorrow. Now you have the present，but you will not have the future；—what prolongation of life can you look for from above？ My measures are forecast to prolong your（lease of）life from Heaven；—do I force you by the terrors of my power My object is to support and nourish you all.

在理雅各的译文中 Heaven 有与 God 同样的人神合一性。如《诗经》译文反映了 Heaven 的一些特性：其一神秘性。如《十月之交》："天命不彻"：The ordinances of Heaven are inexplicable；其二明辨性。如《板》："昊天曰明"：Great Heaven is intelligent；其三化育性。如《荡》："天生烝民"：Heaven gave birth to the multitudes of the people；其四权威性：如《大明》："天监在下、有命既集"：Heaven surveyed this lower world；And its appointment lighted［on king Wen］；其五仁慈性。如《閟宫》："天锡公纯嘏"Heaven will give great blessing to our prince；其六惩罚性。如《抑》："天方艰难，日丧厥国"Heaven is now inflicting calamities/And is destroying the State；《桑柔》："天降丧乱"：Heaven is sending down death and disorder；《瞻卬》："天之降罔"：Heaven is letting down its net.

在整个《诗经》中 Heaven 这样的天神共出现 159 次，其中《国风》中 15 次，《雅》《颂》中 144 次，理雅各译文中同样使用了 159 次 Heaven 或 heavenly、heavens（后两者仅有数例）来翻译天字。他把 Heaven 的首字母大写，其用意是把天神化，追求与 god 的首字母大写同样的效果。虽然在儒家经典中天和帝两者乃同质异名，很难区分，但天和上帝并非 God 和 Jesus 那种两位一体的关系。理雅各一方面把天和 God 统一，一方面又不把天译作 God，可见其用心良苦。其意在于避免在中国古代宗教中创造一个高于 God 的神，而在其中追求基督教中 Lord 与 Jesus 之间两位一体的关系；抑或是在显示中国古代宗教的原始性，亦未可知。

（三）构建中国古代宗教的多神等级体系

尽管理雅各在译文中使用了 Heaven 一语，但在他的心目中，"天"神实际上与 God 是同一个神，而上帝才真正居于万神之主的地位。他对前言中出现的众神做了这样的说明："中国古人就是这样信仰上帝，也是这样想象上帝的。他们也信仰上帝率领下的诸神。这些神，有的掌管山川河流，有的居住在上。其实，几乎所有的东西身上都有守护神，每一个地方都有神，人们必须随时随地保持善良的心和良好的行为。"[1] 他提到天体神、河神、山神、旱魔、地神、战神、路神，等等。在这神的王国中，帝是最高神，其次是日月星辰神，再次是山川河流神。祖先的灵魂也有无上的权威和力量。这些神都能降福祉，也能降罚于后代。这样，理雅各把中国先民的神，依照希腊罗马神的体系模式建立起一个等级森严、上尊下卑、各司其职的神的体系。《时迈》的翻译是一个很好的例子：

> 时迈其邦，昊天其子之。
>
> 实右序有周，薄言震之，莫不震叠。
>
> 怀柔百神，及河乔岳。

理雅各将其译作：

Now is he making a progress through the States，

May Heaven accept him as its Son！

Truly are the honour and succession come from it to the House of Zhou.

To his movements，All respond with tremulous awe.

---

① James Legge：Chinese Classics with a Translation，*Critical and Exegetical Notes*，*Prolegomena*，*and Copious Indexes*. London：Henry Frowde，Oxford University Press Warehouse，Amen Corner，E. C. Vol. Ⅳ—Part Ⅰ，Part Ⅱ 132.

He has attracted and give n rest to all spiritual Beings，

Even to ［the Spirits of］ the He ，and the highest hills.

理雅各认为这首诗反映了周人宗教中神的等级观念。他在 1879 年《中国圣书》中对这篇译诗加注说：

"所有的神"实际上就是天神之下掌管大自然的百神，尤其是指周土中的众河神和山神。诗中提及黄河五岳之神，因为它们既然对武王的作为满意，其他河神山神自然也就满意了。①

在此，理雅各所排列的神的等级是清楚的：天神至高，大河大山之神次之，小河小山之神再次之，武王就更在这些自然神之下了。一个值得注意的现象是，理雅各用这首诗来证明 God 是众神之主，实际上已经混淆了"天神"Heaven 和"上帝"God 之间的区别。这反映出，理雅各在基督教和中国古代原始宗教之间求同的心理是如此迫切，以致自己在一神论原则问题上都发生了矛盾。

不仅如此，理雅各还在诗篇中极力寻求耶稣的形象。他以《生民》中"履帝武敏歆"证明作为周人最高神的后稷是上帝的儿子：

厥初生民，

时维姜嫄。

生民如何？

克禋克祀，

以弗无子。

履帝武敏歆，

攸介攸止。

载震载夙，

载生载育，

----

① *James Legge*：*The Sacred Books of China*. Oxford：The Clarendon Press，1879：318.

时维后稷。

The first birth of [our] people,

Was from Jiang Yuan.

How did she give birth to [our] people?

She had presented a pure offering and sacrificed,

That her childlessness might be taken away.

She then trod on a toe-print made by God, and was moved,

In the large place where she rested.

She became pregnant; she dwelt retired;

She gave birth to, and nourished [a son],

Who was Hou-ji.

这实际上是在暗示稷与耶稣之间具有相似性。他巧妙地把后稷传奇的身世和神的地位与耶稣的传奇身世和地位进行类比，只是没有明言耶稣的名字而已。在这里，译者的基督教情结又一次隐约流露出来。他引《大雅·崧高》一例，说明申甫两个周臣是山神所生：

崧高维岳，

骏极于天。

维岳降神，

生甫及申。

维申及甫，

维周之翰。

四国于蕃，

四方于宣。

Grandly lofty are the mountains,

With their large masses reaching to the heavens.

From these mountains was sent down a Spirit,

Who gave birth to [the princes of] Fu and shen.

Fu and Shen,

Are the support of Zhou,

Screens to all the States,

Diffusing [their influence] over the four quarters of the kingdom.

关于甫和申,郑玄注:"申,申伯也。甫,甫侯也。皆以贤知入为周之桢干之臣。"① 对此,现代诗经学似乎也有分歧。如程俊英称甫应指吕侯,申即周宣王母舅申伯;② 而周振甫则认为,甫、申分别为甫侯和申伯,两人同为周宣王大臣③,从郑氏。关于"生甫及申"一句,《毛诗正义》说:"又解四国,而独言申、甫者,岳降神灵和气,以生申伯、甫侯二人,有德能成大功,是岳神生申、甫之大功,故特言申、甫也。"申伯和甫侯是周臣,按照殷商以来的观念,王为天子,尹吉甫作颂,不敢称臣为天之子,因为臣只能是大山之神降和气所生。这又一次印证了理雅各所描绘的神的等级体系。从译文来看,理雅各的笔下出现了不易令人觉察的改动:"从大山派来一个神灵,生下了申和甫。"这里由于用的是被动语态,派神灵者没明确为谁,但可推断出派神灵者就是上一级的神——上帝。就是用这种方式,理雅各为中国原始宗教中的诸神编织了一个等级体系:上帝——日月神——星辰神——大地神——黄河五岳神——小河小山神——其他小神——祖先神。其中祖先神也有分别,先王由最高神上帝所生,已故臣子由山河神所生,等等。而像后稷、文王、武王这样的祖先神虽然为上帝所生,但也要侍奉自然神。从翻译角度看,这是一个十分有趣,也是十分有意义的现象,虽然在表面上看翻译相当忠实,但实际上,译者通过前言、题解、正文、注释等多种途径,在对中国古代文化进行着十分隐蔽的改写,其用意是不言而喻的。

---

① 李学勤主编:《毛诗正义》,北京大学出版社1999年版,第1207页。
② 程俊英:《诗经译注》,上海古籍出版社2004年版,第485—488页。
③ 周振甫:《诗经译注》,中华书局2002年版,第473页。

第三节　理雅各儒学研究和翻译所
引起的讨论与影响

　　吉瑞德认为，理雅各作为其所在时代的文本传播者和文化改革者，对于后代传教士和有关中国传统的学术话语的影响所具有的持久性的历史意义，与其两次伟大的文本翻译活动紧密联系在一起，一次是《中国经典》的翻译（1861—1872），另一次是其在牛津任教期间《中国圣书》的翻译（1893—1895）。这些译著虽然语言风格略显过时，且从技术角度看有某些缺点，但其浩繁的卷帙和详尽渊博的注解，迄今为止仍是中国儒家经典的西方语言标准文本。[1] 这是毋庸置疑的事实。然而，理雅各对儒教进行的宗教研究和翻译在西方也引起过诸多争论。

　　理雅各对儒家经典的研究和在论著与译著中把上帝和 God 统一起来的做法，作为在中国传播基督教的明智和有效策略，受到了西方许多研究者的肯定。费乐仁（Lauren F. Pfister）在其《理雅各的遗产》一文中就充分肯定了这一点。费乐仁说，理雅各研究和教授儒家经典 20 载之后，出版了五卷《中国经典》英译本，为此而受到了清王朝和欧洲的肯定和赞赏，但其动机却植根于特别的传教策略，因为理雅各将此视为向中国的士文化传播福音的前提。[2]罗德尼·泰勒（Rodney Taylor）和格力·阿巴克勒（Gary Arbuckle）在其《儒学》一文中着重论述了理雅各所开启的，由服部宇之吉（Unokichi Hattori）、赫伯特·芬格莱特（Herbert Fingarette）、李耶理（Lee H. Yearley）、安乐哲（Roger T. Ames）、史华慈（Benjamin Isadore Schwartz）、

---

　　① Norman J. Girardot：The Victorian Translation of China—James Legge's Oriental Pilgrimage. *Berkeley and Los Angeles*，London：University of California Press Ltd.，2002：11.

　　② Lauren Pfister： "The legacy of James Legge"，*International Bulletin of Missionary Research*；Apr. 1998，Vol. 22 Issue 2：77-83.

鲁惟一（Michael Loewe）、John B. Henderson、Sarah A. Queen 等所继承和发扬的视儒学为宗教的传统，并论证了儒学的宗教性质。这一传统今天仍在继续。①齐思敏（Mark Csikszentmihalyi）通过梳理汉代的《论语》注疏，重新肯定儒学的宗教性质。② 罗伯特·劳顿（Robert B. Louden）《天何言哉？基督徒沃尔夫和西方学者对孔子伦理学的阐释》（*What Dose Heaven Say？Christian Wolff and Western Interpretation of Confucian Ethics*）在字义探讨的基础上，对《论语》中的天进行了宗教学研究。劳顿三次引用理雅各的《论语》译文，批驳顾立雅（H. G. Creel）关于孔子是不可知论者的观点③，证明《论语》中孔子对天的论述形成了一个前后统一的整体，并从中推断孔子是一个笃实的宗教信徒，且其道德倾向取决于其宗教观。孔子在思考天时所怀有的敬畏，正是其最基本的宗教心理。④ 从劳顿的观点来看，儒学在美国学术界的眼中，与利玛窦眼中的儒学一样，仍有宗教意义。但是，理雅各的儒教研究，在整体上可以说是局限在基督教神学视野之下的神学阐释，而缺乏应有的非宗教的伦理哲学眼光。艾琳·M. 克莱因（Erin M. Cline）在《论语中的宗教思想与行为》一文中对理雅各关于《论语》中天、帝、神的基督教神学观点进行分析认为，理雅各在解读儒家经典过程中把西方基督教神学观点掺杂到儒学中去，曲解了孔子本来的思想体系。⑤ 尽管如此，理雅各以儒学为宗教的观点仍有不少继承者。

　　理雅各更大的影响则在于其《中国经典》和《中国圣书》的翻译。费乐仁说，没有一个非华人学者翻译和注解过如此宏富的儒学经典，理雅各的译著

　　① Rodney Taylor，Gary Arbuckle："Confucianism"．*The Journal of Asian Studies*. 54. 2. May，1995：347.

　　② Mark Csikszentmihalyi： "Confucius and The Analects in the Hān"．In Bryan W. Van. Norden（ed.）：*Confucius and The Analects—New Essays*. New York：Oxford University Press，2002：149-153.

　　③ H. G. Creel：*Chinese Thought From Confucius to Mao Tze-Tung*. New York：New American Library，1960：21-23.

　　④ Bryan W. Van. Norden：*Confucius and The Analects—New Essays*. New York：Oxford University Press，2002：78，79，80，81.

　　⑤ Erin M. Cline："Religious Thought and Practice in The Analects"．In Amy Olberding（ed.）：*Dao Companion to the Analects*. 2014：259-289.

仍为西方任何中国古典传统研究者所参考。① 理雅各的翻译和研究对西方产生的直接或间接的影响，主要体现在西方哲学界关于儒家思想观念的研究中。

例如，理雅各在《论语》中主要将仁的概念译作 virtue。庞德在其《论语》译本中就理雅各的这种阐释首先进行了批评。1975 年，陈荣捷撰文认为，孔子是第一位把 virtue 当作普通德性进行思考的人，② 这大概与理雅各将仁译作 virtue 的译法有关。阿莱克瑟斯·默克列德（Alexus Mcleod）在其《〈论语〉中作为公共财产的仁》（Ren as a Communal Property in the Analects）中，更是以独特的视角论述了 benevolence（仁）作为社群财产的性质。默克列德以"里仁为美。择不处仁，焉得知？""德不孤，必有邻。""人之过也，各于其党。观过，斯知仁矣。"等为依据，论述了社群（community）（即"里"。作者注。）是仁德形成的必要条件，因此仁是集体性情，是社群的公共财产。③ Luo Shirong 在其《孔子的德性政治学——仁作为领导者的德性》④一文中，论述了德性政治学，即把仁作为领导者的德性。作者引用理雅各对仁的译法，把 virtue 和仁相提并论，认为仁是领导人必须具备的德性。

时至今日，赖蕴慧批评了这种将仁的内涵过于泛化的做法。⑤ 安乐哲和郝大维（David L. Hall）在其《中庸》译本⑥中也从哲学的角度间接地批评了理雅各关于诚、道、德、君子、和、礼、命、气、情、仁、善、圣、天、物、孝、心、性、义、智、中等儒学术语的译法的不合理性，提出了他们关

① Lauren Pfister："The legacy of James Legge". *International Bulletin of Missionary Research*. Vol. 22 Issue 2，1998：77-83.

② Wing-tsit Chan："Chinese and Western Interpretations of Jen（Humanity）". *Journal of Chinese Philosophy*. 1975：107-129.

③ Mcleod Alexus： "Ren as a Communal Property in The Analects". *Philosophy East and West*，Vol. 62，No. 4，2012：505-528.

④ Shirong Luo："Confucius's Virtue Politics—Ren as Leadership Virtue". *Asian Philosophy*，Vol. 22，No. 1，2012：15-35.

⑤ Karyn Lai："Ren 仁 An Exemplary Life". In Amy Olberding（ed.）：*Dao Companion to the Analects*. 2014：83-949.

⑥ Roger T. Ames，*David Hall*：*Focusing the Familiar—A Translation and Philosophical Interpretation of the Zhongyong*，Maple—Vail Book Manufacturing Group，Unkversity of Hawayi'i Press，2001：1-87.

于以上术语翻译的不同看法。费乐仁本人撰写有关理雅各翻译研究的数篇文章，专门论述了理雅各的儒学研究与翻译。① 如费氏的 Nineteenth Century Ruist Metaphysical Terminology and the Sino-Scottish Connection in James Legge's Chinese Classics 一文指出，理雅各对儒学形而上学术语的翻译是典型的中西混淆。把 God 与帝、上帝相混淆以及对神的贬低，说明了译者的基督教至上的立场；在《论语》《中庸》中把道与 truth、the right way、the path、universal path 相混淆，说明译者把道理解成普遍道德意义，而并没有力图揭示道本身的一系列内涵；而把道译作 path of duty、duty of universal obligation、the rule 等西哲概念，则反映了苏格兰现实主义哲学对原则（principles）和义务（duties）的关注。② 当然，把理雅各的曲解完全归咎于苏格兰现实主义和基督教的影响也并非完全客观，因为从理雅各的研究和翻译参考系统来看，宋儒朱熹的经学注疏是理雅各翻译的最主要的参考文献，尤其是以朱熹为代表的宋明理学家的影响，也是造成这种曲解的重要因素。范瑞平（Ruiping Fan）在其 Confucian Filial Piety and Long Term Care for Aged Parents 一文中论述子女对年老父母的照顾应该遵循儒家的孝敬理念。其中，Filial Piety 就是来自理雅各的翻译。其所引用的《论语》《孟子》中的章句，也参考了理雅各等译本中的译法。③这些讨论虽然不一定都正确，或者超出了儒家本义，但确实反映了理雅各儒学研究和翻译的作用以及存在的许多问题。这也从另一方面证明了理雅各在西方哲学界与翻译界长久不衰的广泛影响。

　　尽管理雅各的儒家《十三经》英译本已经诞生一个多世纪，但其影响并

---

　　① 见 Lauren Pfister 的三篇论文："Some New Dimensions in the Study of the Works of James Legge"，*Sino-Western Cultural Relations Journal*，1990：29–50 and 1991：33–46. "Classics and Interpretations——The Hermaneutic Traditions in Chinese Culture". New Brunswick（U. S. A）and London（U. K.）：*Translation Publishers*，2000：371–380. "Nineteenth Centry Ruist Metaphysical Terminology and the Sino—Scottish Connection in James Legge's Chinese Classics. Mapping Meanings——the Field of New Learning in Late Qing China"，*Brill*，*Leiden*. Boston，2004。

　　② Lauren Pfister："Nineteenth Centry Ruist Metaphysical Terminology and the Sino-Scottish Connection in James Legge's Chinese Classics. Mapping Meanings——the Field of New Learning in Late Qing China"，2004.

　　③ Fan Ruiping："Confucian Filial Piety and Long Term Care for Aged Parents"，*HEC Forum* 18（1），2006：1–17.

没有因时间的增加而减少。理雅各作为儒家《十三经》真正的英文首译者，他的影响主要体现在两方面，即对后代英文译本的引导和启发作用，以及对后代西方哲学研究者的思想启迪作用。在儒家经典翻译方面，理雅各译本以后的几乎所有译本都参考了理雅各译本。例如，理雅各《诗经》译本之后出现的 11 个《诗经》译本，即詹宁斯译本、阿连壁译本、韦利译本、庞德译本、高本汉译本、华兹生选译本、克拉默宾（Cranmer-Byng）选译本、杨宪益选译本、许渊冲译本、汪榕培译本、安增才译本等，无一能超越理雅各译本的直接或间接影响而独立成书。有的译者，如詹宁斯、阿连壁、高本汉，在译文的注解中经常直接评论理雅各的翻译。其他译本尽管少有提及理雅各，但理雅各的影子总是在其译本的字里行间折射出来。再如，理雅各《论语》译本之后的诸多《论语》译本，也都不同程度地受到理雅各的影响。如苏慧廉译本①、大卫·亨顿译本②、白牧之译本③、翟林奈译本等，都在译本前言中对理雅各译本做了评论。而前言中没有提及理雅各的刘殿爵译本、雷蒙·道森译本、李克曼译本等，其译文所使用的术语，许多也都沿用了理雅各的首译，如刘殿爵把"和"译作 harmony，把仁译作 benevolence 等，这些都与理雅各的翻译相一致。翟林奈在译本前言中说，理雅各的译本加上详尽的序言注释和附录，树立了令人叹羡的研究和学识的里程碑。它们的出版使中国学研究达到了一个新的高度，使儒学研究变得严谨起来，长期以来的偏见和陋识得以清除，"先师的形象从历史的尘封中重新树立起来"④。

当代国际儒学研究领域对理雅各的研究及翻译的引用情况，也可以反映出理雅各的译著仍然是国际儒学研究与传播不可或缺的奠基石。例如：万白

---

① William Edward Soothill：*The Analects or The Conversations of Confucius with His Disciples and Certain Others*. London：Oxford University Press，1937.

② David Hinton：*The Analects of Confucius. Printed in the United States of America on acid-free paper that meets the American National Standards Institute Z39-48 Standard.* 1998.

③ E. Bruce Brooks & A Taeko Brooks：*The Original Analects——Sayings of Confucius and His Successors*. New York：Columbia University Press，1998.

④ Lionel Giles，M. A.：*The Sayings of Confucius——A New Translation of the Greater Part of the Confucian Analects*. London：John Murray，Albemarle Street，1907：10-11.

安编的《孔子与〈论语〉新论》① 中有 6 篇文章 18 次引用了理雅各的三种译本。② 2014 年在香港和美国出版的埃米·奥尔博丁（Amy Olberding）编纂的《道：论语指南》和沈清松（Vincent Shen）编纂的《道：儒家古典哲学指南》两部论文集中，理雅各被引用的次数仍然居高不下。前者总共 6 篇文章中 48 次引用理雅各 7 种译本。③ 后者则在 16 篇文章的 7 篇中 52 次引用理

① Bryan W. Van. Norden：*Confucius and The Analects—New Essays*. New York：Oxford University Press，2002.

② James Legge：Confucian Analects，*In The Chinese Classics Vol.* 1. Hong Kong：Hong Kong University Press（reprinted），1970. The Chun Tsew with the Tso Chuan；Confucian Analects，The Great Learning and the Doctrine of the Mean. Taibei：SMC Publishing Inc，1991.

③ Tae Hyun Kim & Mark Csikszentmihalyi：History and Formation of The Analects 引用 2 次 Shijing，1879，James Legge.（trans.）. *The Chinese Classics with a Translation*，*Critical and Exegetical Notes*，*Prolegomena*，*and Copious Indexes*，Vol. 4. Oxford：Oxford University Press. 和 Shujing or Shangshu，1879，James Legge.（trans.）. The Sacred Books of the East，Vol. 3. Oxford：Oxford University Press。Roger T. Ames and Henry Rosemont Jr.："Family Reverence（xiao 孝）in The Analects—Confucian Role Ethics and the Dynamics of Inter-generational Transmission" 引用 2 次 James Legge，2006，The Chinese Classics. Vol. I. Confucian Analects，The Great Learning，The Doctrine of the Mean. Taibei：SMC Publishing. Lisa Raphals："Uprightness，Indirection，Transparency"，引用12次 James Legge，1880，The Religions of China Confucianism and Taoism Described and Compared with Christianity. London：Hodder & Stoughton，以及 Girardot，Norman J.，2002，The Victorian Translation of China—James Legge's Oriental Pilgrimage. Berkeley University of California Press。Tongdong Bai："The Analects and Forms of Governance"，引用 2 次 James Legge（trans.），1885，Li Chi（Liji）Book of Rituals，2 vols. Whitefish Kessinger Publishing。Sor-hoon Tan："Balancing Conservatism and Innovation—The Pragmatic Analects"，引用 2 次 James Legge，1960，The Chinese Classics，5 vols. Hong Kong：Hong Kong University Press。

雅各 14 种译本的译文。① 另外，本书从美国当前四家学术期刊②随机读取的
40 篇儒学研究论文中，有 17 篇论文 77 次论及或者引用理雅各。这些引用和
评述足以证明，理雅各在当代国际儒学研究中仍然占有重要地位，影响巨
大。这些儒学研究论文，在理雅各儒学研究和翻译的基础上，通过多个时代
视角的讨论，以学术的方式，把儒学进一步传播到西方的哲学界、宗教界，
乃至社会大众，这是一种更为广泛和深入的传播。

正如吉瑞德所言，理雅各是伟大的圣哲，他的伟大在于他既是中西文化
交流的使者，又是功绩卓著的汉学家。③作为翻译家，理雅各的《中国经典》
《中国圣书》两部翻译经典沟通了中英乃至中国和整个世界的文化与哲学。
其对世界文化发展的意义是不可估量的。从历史地来看，两套译本中均有不
少舛误；但是，从文化交流的辩证角度来看，这些舛误则是相对的。如果把

① Vincent Shen："Introduction：Classical Confucianism in Historical and Comparative Context"，1 次引用 James Legge, trans., 1991, Doctrine of the mean. In The Chinese Classics, Vol. 1, Reprint. Taibei：SMC Publishing。Vincent Shen："The Fading of Political Theology and the Rise of Creative Humanism"，15 次引用 James Legge, 1991, The Shoo King, or the Book of Historical Documents. Reprint, Taibei：SMC Publishing. James Legge. Trans., 1949, The She King. Reprint, SMC Publishing. James Legge. Trans., 1949, The Ch'un Tsew, with the Tso Chuan. Reprint, SMC Publishing Inc, James Legge. Trans., 1963, The I Ching, 2nd ed. New York：Dover。Andrew H. Plaks：The Daxue（Great Learning）and the Zhongyong（Doctrine of the Mean），引用 James Legge, 1923, The Four Books. Shanghai.（Reprint, New York：Paragon Books, 1966）。Liu Johanna："Art and Aesthetics of Music in Classical Confucianism"，16 次引用 James Legge, 1967, Li Chi—Book of Rites. Part I, Reprinted. New Hyde Park University Books. James Legge, trans., 1960, The Chinese Classics, Vols. Ⅴ, Reprinted. Hong Kong：Hong Kong University Press. Vincent Shen："Wisdom and Hermeneutics of Poetry in Classical Confucianism"，9 次引用 James Legge, trans., 1991, Confucian Analects. In The Chinese Classics, Vol. I. Taibei：SMC Publishing. James Legge, 1991, The She King. In The Chinese Classics, Vol. Ⅳ. Taibei：SMC Publishing. James Legge, 1994, The Ch'un Ts'ew with the Tso Chuan. In The Chinese Classics, Vol. Ⅴ. Taibei：SMC Publishing. Antonio S. Cua："Early Confucian Virtue Ethics The Virtues of Junzi"，8 次引用 James Legge, 1960, The Chinese Classics, Vol. 1. Hong Kong：University of Hong Kong, reprint from Oxford University Press（Preface dated 1892）. James Legge, 1966, The Li Ki or Collection of Treatises on the Rules of Propriety or Ceremonial Usages. In The Sacred Books of the East, Vol. 27-28, ed. Max Müller. Delhi Motilal Banarsidass。Yan Zhonghu："Ultimate Reality and Self-Cultivation in Early Confucianism—A Conceptual Existential Approach"，2 次引用 James Legge, 1959, The Tao Teh king, The Texts of Taoism. New York：Julian Press。
② Journal of Chinese Philosophy；Dao：A Journal Of Comparative Philosophy；Philosophy East & West；Journal of Asian Studies.
③ Norman J. Girardot：The Victorian Translation of China. Berkeley and Los Angeles, 2002.

翻译看作是追求原文和译文之间的对等，那些不对等的方方面面可谓错误，但如果把翻译看作是以文化交流和发展为目的的阐释，那么不对等的则是合理的。人类要共同发展，不同民族、不同文化之间就需要相互借鉴；要借鉴，就意味着原文中的有些东西要被归化，有的要被异化，不管这些归化或异化的行为是有意识的还是无意识的，它们总是要发生。因为翻译的功能主要是推动译入语民族文化的发展，这个过程是复杂的，可能需要首先迎合本文化的趣味，然后在不知不觉中悄然改良之。这可谓是翻译的铁律，因为对各民族文化来说，发展是硬道理。当然，从儒学传播的角度来说，阐释性翻译会破坏传播内容的真实性，但我们又不能因为翻译与原作不完全一致而排斥乃至否定阐释性翻译，而是一方面要追求翻译的确切性，同时也允许译者对原文做合理的归化。客观地说，儒学在西方的传播需要多个层级的运作才能完成。儒学文本的翻译属于一级传播。由于翻译的先天不足，一级传播是不深入和不彻底的。但翻译文本可以引发学术界的讨论，从而使儒学进入二级传播。这一级传播使儒学思想得以逐步完善起来，并为西方知识界所认同。当学术界的研究成果转化为西方本土哲学体系的一部分时，儒学便开始进入西方的意识形态领域乃至思想教育体系，并进入第三级传播，这是真正的、彻底的传播。这一级传播是大众化的，可以深入到社会各个阶层，也是哲学作用于目的语社会思想的关键一步。儒学的国际价值从此才真正产生。作为学者，理雅各的宗教比较研究并不能算成功，这是因为他无法摆脱基督教徒对于基督教的信仰和基本立场，所以其研究成果极其主观；而他对儒家进行的哲学研究，也是不纯粹的，因为其中掺杂了西方哲学的方法论和基本观点。这些都使其研究有意无意地背离了孔孟儒学的实质而呈现出西方哲学化倾向。从这一点上说，理雅各对于中西文化的交融，当是功过各折其半。然而，这与其说是中西哲学的不幸，不如说是其万幸，当代西方对儒学日益兴旺的研究和日趋广泛的传播，就是最有力的证明。

第四节　其他西方译者对儒家
伦理思想的宗教隐喻

理雅各儒学翻译的宗教思维及其表现已如上述，其他三位传教士译者麦都思、裨治文、苏慧廉，以及一些非传教士译者的翻译也有类似的表现。从本书对《圣经》（*King James Version*，以下简称 KJV）和部分《论语》《尚书》《大学》《中庸》英译本所作的术语调查看，西方流行的英文译本中的核心术语与《圣经》的术语有较大的相似性。根据统计，《圣经》（KJV）中常用的伦理术语有：righteousness 336 例；law 534 例；truth 224 例（其中一部分是真理的意思，另一部分是诚实的意思）；doctrine 55 例；duty 8l 例；path（s）55 例；virtue 16 例；knowledge 91 例（主要是指对上帝、上帝的真理、道、律法等的知识，而非对自然界或人类社会的知识）；commandment 333 例（专门指耶和华的神谕，即诫命）；just 59 例；uprightness 95 例。这些术语在儒家经典的英译本中重叠率很高，在性质上属于概念认知隐喻。在此举其中几个术语翻译为例。

（一）义与 righteous、righteousness

在基督教的信条里，上帝是正义的，乃至正义本身；上帝要求选民们也要做到正义。正义是什么，正义就是信仰上帝，是对神立秩序的绝对服从。《圣经·马太福音（6：33）》中耶稣对选民们说："But seek ye first the king-dom of God, and his righteousness; and all these things shall be added unto you. （KJV）"（你们要先求他的国和他的义，这些东西都要加给你们了。①）《罗

---

① 见《圣经·新约全书·马太福音》中英对照，中文和合本新国际版，中国基督教三自爱国运动委员会、中国基督教协会 2009 年版，第 11 页。

马书（4：3）》说："Abraham believed God, and it was credited to him as righteousness.（KJV）"（亚伯拉罕信神，他的信就算为义。①）《圣经》中用 righteousness 表达正义的意思。霍埃梓（Hoise）夫人为苏慧廉《孟子》译本作序，提到义时用的是 righteousness。韦利翻译《论语·述而》"闻义不能徙"时，用的是 righteousness 的形容词形式 righteous："That I have heard of righteous men, but been unable to go to them."② 理雅各在《论语》和《孟子》译文中基本上都使用了 righteousness 翻译"义"。如《论语·述而》"闻义不能徙"：not being able to move towards righteousness of which a knowledge is gained. 译文中的 righteousness，意思抽象而宽泛，颇有些神学形而上的味道。对世俗意义十分明显的"义"，理雅各仍然用 righteous 来翻译。例如《孟子·离娄》："君义，莫不义。"Let the prince be righteous, there will be no one who is not righteous. 君王们若正义，子民们将无一不正义。这些 righteous 是否对人（包括君王）与上帝的关系而言的呢？单单就译文本身看，可以有这种含义。

（二）道与 path

罗素在其《西方哲学史》中一共 5 次提到 path，其中两次用于指物质性的道路，三次用于指抽象意义的"路"。后者包括"人生之路"③，即成为真正的斯多葛派以苦为乐的禁欲主义者的道路④，以及基督教教徒所寄居的"正直的道路"⑤。这说明，在西方哲学中 path 是作为伦理术语被使用，且其

① 见《圣经·新约全书·罗马书》中英对照，2009 年，第 270 页。

② Arthur Waley：*The Analects. Beijing：Foreign Language Teaching and Research Press*，1998，2012：79.

③ *Bertrand Russell：A History of Western Philosophy And Its Connection with Political and Social Circumstances from the Earliest Times to the Present Day*. New York：Simon And Shuster，1945：57.

④ Bertrand Russell：*A History of Western Philosophy And Its Connection with Political and Social Circumstances from the Earliest Times to the Present Day*，1945：264.

⑤ *Bertrand Russell：A History of Western Philosophy And Its Connection with Political and Social Circumstances from the Earliest Times to the Present Day*，1945：319.

意思不仅为抽象的道路，也是宗教修行的道路，升天国的道路。儒家的道是什么呢？儒家的道是人道。芬格莱特①认为，儒家的道是一种意象和比喻性语言。以人行的道比喻道德的原则，是世俗哲学意义上的道。理雅各在译文中主要使用 path 来翻译《中庸》中的道，显然不是芬格莱特所说的比喻，而是一种宗教比喻，即罗素所说的"正直的道路"。例如，《孝经·三才章第七》："道之以礼乐而民和睦"裨治文将"道之以礼乐"译作"led them in the paths of propriety"②。又如《中庸》：天命之谓性，率性之谓道，修道之谓教。道也者，不可须臾离也，可离非道也。理雅各译为：What Heaven conferred is called The Nature；an accordance with this nature is called The Path of duty；the regulation of this path is called instruction. The path may not be left for an instant. If it could be left，it would not be the path. 这里的 path，意思抽象，近似于"正直的道路"。按译文的意思，性是由神灵的天所赐予，缘性是应尽的义务，即守义务之道。也就是说，人缘性就是听天的命令，这是义务。这种义务其实就是基督教中人对神的义务。而原文中的道是"日用事物当行之理"，③ 并非由天所赐予。

又如：《论语·阳货》子曰："志于道，据于德，依于仁，游于艺。"理雅各译作：

> The master said，"Let the will be set on the path of duty. Let every attainment in what is good be firmly grasped. Let perfect virtue be accorded with. Let relaxation and enjoyment be found in the polite arts. "

大概译者觉得孔子的这句话里有训诫的味道，很像耶稣布道，所以使用《圣经》的教义和语言来演绎孔子的人道观点。path of duty 在《圣经》中意

---

① *Herbert Fingarette：Confucius—The Secular as Sacred*，New York：Harper & Row Publishers，1972：19.

② *Elijah Coleman Bridgeman：Heaou King，or Filial Duty. The Chinese Repository*，Vol. Ⅳ Dec. 1835，No. 8：348.

③ 朱熹：《四书章句集注》，中华书局 2014 年版，第 17 页。

思当指履行义务、守本分之道。

（三）仁、德与 virtue

在《圣经》中，virtue 使用的并不多，在《圣经》KJV 版本中一共使用6 例。但 virtue 却是上帝的美德，和上帝要求选民们要求修养的美德。《彼得书（Peter 1：3）》西门彼得说："神的神能已将一切关乎生命和虔敬的事赐给我们，皆因我们认识那用自己荣耀和美德召唤我们的主。"（According as his divine power hath given unto us all things that pertain unto life and godliness, through the knowledge of him that hath called us to glory and virtue.）又说（《彼得书 Peter 1：5》）："有了信心，又要加上德行；有了德行，又要加上知识……"（And beside this, giving all diligence, add to your faith virtue; and to virtue knowledge…)[①] 也就是说，virtue 在基督教的教义里是属于上帝和他的选民的，是至高无上的。理雅各在《大学》《中庸》把"德"都译作了virtue；如：

> 《大学》：大学之道，在明明德。
> What the Great Learning teaches, is to illustrate illustrious virtue。
> 《中庸》：庸德之行，庸言之谨，有所不足，不敢不勉。
> Earnest in practicing the ordinary virtues, and careful in speaking about them, if, in his practice, he has anything defective, the superior man dares not but exert himself.

理雅各和苏慧廉在各自的《论语》译本中把一部分"德"也翻译成 virtue。如《论语·述而》："子曰：天生德于予，桓魋其如予何？"

理雅各：The master said "Heaven produced the virtue that is in me. Huan Tûi—what can he do to me?"

---

① 见《圣经》中英对照，中文和合本新国际版，中国基督教三自爱国运动委员会、中国基督教协会 2009 年版，第 416 页。

苏慧廉：The master said "Heaven begat the virtue that is in me. Huan T'ui—what can he do to me?"

在孔子的眼里，天是至高无上的，天生德于他，无任何力量可撼动，何况桓魋。但天并不一定是神。而理雅各眼中的天则是上帝创造的天国，有神灵，所以能生出 virtue。这与上帝召唤其选民修德以进天国，服侍上帝的教义有相似之处。

麦都思在《尚书》译本中把所有的"德"都译作 virtue，把"神"都译作 gods。这应该与基督教中上帝所规定的德性传统有关。例如《尚书·皋陶谟》："日宣三德，夙夜浚明有家，日严祇敬六德，亮采有邦，翕受敷施，九德咸事，俊乂在官"。麦都思译作：

> He who daily illustrates the three virtues, would (as a great officer) morning and evening regulate and illumine his family：he who can be daily rigid, and respectful in (cultivating) the six virtues, might (as a noble) shed light on the affairs of his country. But a prince should unitedly receive (men of various degrees of talent) and spread them abroad, then those who possess the nine virtues would be all engaged in public business；the men of superior and inferior talent would be installed in office；①

裨治文在《孝经》中，把所有的"德"译作 virtue 或 virtuous principle。例如：《孝经·广至德章第十三》："非至德，其孰能顺民如此其大者乎?"裨治文译作：Now without carrying virtue to its utmost limit, who is there that can keep the people in this high degree obedient?② 又如："故不爱其亲而爱他人者，谓之悖德。" 裨治文译作：Therefore, not to love one's parents, but yet to love

---

① Walter Henry Medhurst：*The Shoo King, Historical Classic：Being the Most Ancient Authentic Record of the Annals of the Chinese Empire：illustrated by later Commentators*. Mission Press, 1846：61.

② Elijah Coleman Bridgeman：Heaou King, or Filial Duty. *The Chinese Repository*, Vol. Ⅳ Dec. 1835, No. 8：351.

others，is a perversion of virtuous principles.① 其对"德"的译法与理雅各、苏慧廉如出一辙。可见，晚出的理雅各和苏慧廉正是受到了裨治文的启发。

理雅各、苏慧廉在各自的《论语》译本中把仁也几乎都翻译成了 virtue。如：《论语·阳货》："能行五者于天下，为仁矣。"

理雅各：To be able to practice five things everywhere under heaven constitutes perfect virtue.

苏慧廉：To be able everywhere one goes to carry five things into practice constitutes virtue. 两者的译文惊人地相似。这大概与他们同为来华的英国传教士有一定的关系。身份相同，所见略同，或者是后者参考了前者的译法。

（四）孝与 filial duty、piety、obedience

在理雅各和裨治文看来，子女对父母的孝犹如选民对上帝的绝对忠诚或责任或顺从。所以，《孝经》中，两位译者都把孝译作 filial duty、filial piety 或 filial obedience。试对比以下几处译文：

敢问圣人之德，无以加于孝乎？

裨治文：Concerning the virtues of the sages，may I presume to ask whether there is any one greater than filial duty?②

理雅各：I venture to ask whether in the virtue of the sages there was not something greater than filial piety. ③

昔者明王之孝治天下也，不敢遗小国之臣；

裨治文：In ancient times，the illustrious kings governed the empire on the principles of filial duty. They would not treat with disregard even the ministers of the small countries…④

①　Elijah Coleman Bridgeman：*Heaou King*，*or Filial Duty*. 1835，No. 8：349.
②　Elijah Coleman Bridgeman：*Heaou King*，*or Filial Duty*. 1835，No. 8：348.
③　James Legge：*The Sacred Books of China*. 1879：476.
④　Elijah Coleman Bridgeman：*Heaou King*，*or Filial Duty*. 1835，No. 8：348.

理雅各：Anciently, when the intelligent kings by means of filial piety ruled all under heaven, they did not dare to receive with disrespect the ministers of small states. ①

天地之性，人为贵。人之行，莫大于孝。孝莫大于严父。

裨治文：Of all things which derive their nature from heaven and earth, man is the most noble, and of all the duties which are incumbent on him, there is none greater than filial obedience：nor in performing this, is there anything so essential as to reverence the father. ②

理雅各：Of all (creatures with their different) natures produced by Heave and Earth, man is the noblest. Of all the actions of man there is none greater than filial piety. In filial piety there is nothing greater than the reverential awe of one's father. ③

教民亲爱，莫善于孝

裨治文：For teaching the people to love one another, there is nothing so beneficial as a proper understanding of filial duty. ④

理雅各：For teaching the people to be affectionate and loving there is nothing better than Filial Piety. ⑤

对"孝"的译法，可以说两位传教士十分一致。

（五）神与 gods

《圣经》中只有一位真神是耶和华，每提到耶和华神时总使用大写的 God，并说耶和华神是超乎万神之上的神，说他是创造天地万物的主宰；但

---

① James Legge：*The Sacred Books of China*. 1879：474.
② Elijah Coleman Bridgeman：*Heaou King, or Filial Duty*. 1835, No. 8：349.
③ James Legge：*The Sacred Books of China*. 1879：474.
④ Elijah Coleman Bridgeman：*Heaou King, or Filial Duty*. 1835, No. 8：350.
⑤ James Legge：*The Sacred Books of China*. Oxford：1879：481.

当提到天使等众神时则使用 gods。这种神学思维在传教士的翻译中有所反映。例如：《虞书·大禹谟》："至诚感神，矧兹有苗。"麦都思译作：High degrees of sincerity move the gods, how much more these inhabitants of meaou![①] 在这里，他似乎比理雅各还偏向神学思维。理雅各的译文是：Entire sincerity moves spiritual beings; —how much more will it move this prince of Meaou![②] 又如：《虞书·大禹谟》："帝德广运，乃圣乃神，乃武乃文，皇天眷命，奄有四海。"麦都思译文是：The emperor's virtue is extensive and perpetually revolving; he is sage-like, and divine, he is dignified, and elegant; so that imperial Heaven has regarded him with its decree, even to extend his authority over the four seas.[③] 理雅各译文是：Oh! your virtue, O emperor, is vast and incessant. It is sagely, spiritual, awe-inspiring, and adorned with all accomplishments. Heaven regarded you with its favouring decree, and suddenly you obtained all within the four seas.[④] 麦都思译文中的两个字 gods 和 divine，就比较明显地反映了其神学思维方式，仿佛无意中就把中国原始宗教的神与基督教的神联系起来。理雅各在这里似乎有意识地避开了这种联系，把神仅译作 spirit（spiritual）。

再如《论语·八佾》："祭如在，祭神如神在。子曰：'吾不祭与，如不祭。'"苏慧廉把"神"译作 gods：He sacrificed to his forefathers as if they were present; he sacrificed to the gods as if the gods were present. The Master said, "For me not to be present at a sacrifice is as if I did not sacrifice."[⑤] 又如："王孙贾问曰：与其媚于奥，宁媚于灶，何谓也？子曰：不然，获罪于天，

---

① Walter Henry Medhurst：*The Shoo King*, *Historical Classic*：*Being the Most Ancient Authentic Record of the Annals of the Chinese Empire*：*illustrated by later Commentators. Mission Press*，1846：57.

② James Legge：*The Chinese Classics—the Shoo King of the Book of Historical Documents*. Taibei：SMC Publishing Inc，1991：66.

③ Walter Henry Medhurst：*The Shoo King*, *Historical Classic*：*Being the Most Ancient Authentic Record of the Annals of the Chinese Empire*：*illustrated by later Commentators. Mission Press*，1846：42.

④ James Legge：*The Chinese Classics—the Shoo King of the Book of Historical Documents*. Taibei：SMC Publishing Inc，1991：54.

⑤ William Edward Soothill：*The Analects or the Conversations of Confucius with His Disciples and Certain Others*. 1937：21.

无所祷也。"苏慧廉的译文是：Wang-sun Chia inquired，"What is the meaning of the saying 'It is better to pay court to the god of the Hearth than to the god of the Hall'？" "Not so," answered Confucius，"He who sins against Heaven has nowhere left for prayer."① 他把孔子思想中的自然神、祖宗神和家神—神、奥等，一律等同于基督教的 God。

理雅各的翻译视野受到很多因素的影响，但其中之一显然与其传教士身份和长期的神学生涯所养成的职业敏感有关。若说理雅各对《诗经》宗教内容的重视是出于感性的偶然当然不正确。应该说，理雅各在这方面所做的努力是一种充满理性的目的性行为。在他看来，要在中国传教顺利，就必须首先彻底了解和把握中国人的信仰体系，并在此基础上寻找适当的切入点。这个切入点就是在《中国圣书》中证明中国古人宗教观念中神的存在，尤其要证明 God 在中国本土宗教中的存在，进而证明中国古人的上帝和基督教 God 之间的同一性。这些事情虽然三百年前的利玛窦等人已经做过，但在英语世界尚属首次，而且这种证明对理雅各本人的传教工作来说，仍然十分重要。要实现这一目的，《中国圣书》无疑是最好的工具，其不仅真实地记录了中国古人的信仰状况，而且还呈现了中国的宗教信仰的源流。因此，理雅各的《中国圣书》翻译不是公允而准确的宗教探索，而是在我国典籍中植入基督教教义：一方面在中西宗教之间穿凿，另一方面故意夸大和篡改我国典籍中有宗教意味的内容，借以贬低中国古代宗教，抬高基督教的地位，实际上是误导了西方对中国信仰体系的认识。这有利于达到某种狭隘的宗教目的，却客观上为世界宗教思想史的研究设置了障碍。麦都思、裨治文和苏慧廉利用儒家经典传播基督教的目的并没有理雅各那么强，但其翻译过程中却不自觉地羼入些许基督教思维。这种状况在信仰基督教的非传教士译者的翻译行为中也存在。他们对儒家经典的理解和翻译在一定程度上实际上是在基督教教

---

① William Edward Soothill：*The Analects or the Conversations of Confucius with His Disciples and Certain Others*，1937：21.

义基础上的隐喻过程，这是我们在研究儒家经典翻译的时候应该看清楚的。这既有利于认清传教士译者的翻译的实质，也有利于把握儒家思想在西方的传播方式之一 ——带有宗教色彩的儒学传播。后来的西方汉学家对儒家经典所进行的宗教理论研究，很多就导源于此。

第二章　儒学翻译中的德性伦理隐喻

从翻译学角度看，翻译是理解①、解释②，也是改写③。无论是理解、解释还是改写，翻译都摆脱不了互文性的作用。互文性又译为文本间性，是指任何文本的形成都与该文本之外的符号系统相关联，都是对其他文本的吸收和转换。在任何一个文本中，都可或多或少从中辨认出其他话语和其他文本不同程度的存在。任何文本都会在一定程度上受到其他历史文本的影响。朱丽娅·克里斯蒂娃在其《符号学：意义分析研究》一书中提出："任何作品的本文都是像许多行文的镶嵌品那样构成的，任何本文都是其它本文的吸收和转化。"④ 这不仅道明了文学创作的基本原理，也解释了翻译文本的性质。

就儒家经典翻译而论，翻译文本的生成，也是一个互文性的过程。儒家经典作为哲学和伦理理论文本，西方译者对它们的翻译过程必然受到西方思想体系和文化传统的巨大影响。具体而言，西方译者所受到的影响之一，是

---

① George Steiner：*After Babel—Aspects of Language and Translation.Shanghai*：*Shanghai Foreign Language Education Press*，2001：1-50.

② Peter Newmark：*A Textbook of Translation.* Shanghai：Shanghai Foreign Language Education Press，2001：6.

③ Theo Hermans：*The Manipulation of Literature—Studies in Literary Translation*，New York：St. Martin's Press. 1985：241.

④ 朱丽娅·克里斯蒂娃：《符号学：意义分析研究》，转引自朱立元《现代西方美学史》，上海文艺出版社 1993 年版，第 947 页。

西方的德性伦理学。本章就儒家经典翻译的这一性质和特点进行讨论。

第一节　西方的德性伦理学传统

为了方便讨论，我们首先来看德性伦理学的基本内涵与发展历史。德性伦理学在西方有着悠久的传统。自苏格拉底始，到今天的麦金太尔（Alasdair MacIntyre），西方学术界对德性的探讨是西方伦理学悠久的传统。

苏格拉底伦理学的核心问题是，什么是善，如何获得善。苏格拉底认为，美德即知识并高于一切，有了美德就获得了最高的善。要获得幸福必须认识自己的无知，不断获取新知识，并让自己变得智慧。德性即知识，人认识自己，就是认识人自己心灵的内在原则，即认识德性。德性是善在人身上的具体表现，它是人的本性。善由神平均分配给每一个人，因而人人都有德性。然而人并不是生来就符合人的本性，只有在理性的指导下认识自己的德性，才能使之得以展现，成为现实的真正的善。一个人只有真正认识了自己，才能实现自己的本性，完成自己的使命，最终成为一个有德性的人。也就是说，人须有知。但知并非一般的自然知识意义上的知，而是指"对理性自我本质的道德意识，是实践理性、伦理学意义上的'知'"①。理性精神一直贯穿着苏格拉底伦理学。其"道德伦理思想直接诉求于人自身的主体性，将蕴藏于人自身的理性智慧看作道德实现的基础和依据"②，其直接诉求不是他律或规范，而是行为者的自律。亚里士多德发现，知识是至善，一个人知道了什么是德性也就有了德性，因为"没有人会有意作恶或无意为善""趋恶避善不是人的本性"③。亚里士多德用一生的时间对德性是什么的问题

---

① 武建峰：《论苏格拉底的理性伦理学》，《山西农业大学学报》（社会科学版）2010 年第 9 卷第 1 期，第 103—105 页。

② 武建峰：《论苏格拉底的理性伦理学》，《山西农业大学学报》（社会科学版）2010 年第 9 卷第 1 期。

③ 梯利：《西方哲学史》，葛力译，商务印书馆 2001 年版，第 57 页。

进行了探究，其伦理学研究实际上就是对人的德性是什么的知识的探究，所以似乎是理论性的，而非实践性的。

　　然而，亚里士多德探求关于德性的知识，其目的仍是为了探求"我将怎样安排生活？什么是生活的合理途径？一个有理性的动物，一个人，应该怎样行动？"①等这样的问题。所以，其本质上仍然是实践性的。可以说，亚里士多德伦理学开启了从探求德性知识到探求德性实现活动的转变。亚里士多德指出，"一切技术、一切研究和选择，都是以某种善为目标。"②最高的善是"善自身""灵魂的善"或"灵魂的实现活动"。最高的善"是行为和实践的终点，而不是始点"③。最大幸福也就是最高的善。当然，幸福并非一般人所认为的物质的或身体的幸福，唯有思辨生活才是为了自身的选择，才是不为他物所累的最大幸福。它"合乎完满的德性的实现活动"④。所以，善就是实现完满的德性；德性"是一种具有选择能力的品质，受到理性的规定"⑤。只要某物具备德性，德性就不但要使该物状态良好，而且要使它具有优秀的功能。比如眼睛的德性就是使眼睛明亮，且使它具有良好的功能。而"人的德性就是一种使人成为善良的人，并获得其优秀成果的品质"⑥。人的德性分为两类，一类是理智的，它主要由教导而生成，由培养而增长；另一类是伦理的，它由风俗习惯沿袭而来。"伦理德性就是中道"，而理智德性则是实现理智自身的活动，永无过度之苦。伦理德性可以生出四种品质，即勇敢、节制、慷慨、公正。⑦

　　除此以外，有德性的人必然是真诚之人，其愿望必然合乎真理。因为每个真诚的人的判断都是正确的，每件事物中的真理都向他显现，"真诚的人

---

① 梯利：《西方哲学史》，葛力译，商务印书馆2001年版，第57页。
② 《亚里士多德选集》伦理学卷，苗力田译，中国人民大学出版社1999年版，第3页。
③ 《亚里士多德选集》伦理学卷，苗力田译，中国人民大学出版社1999年版，第17页。
④ 《亚里士多德选集》伦理学卷，苗力田译，中国人民大学出版社1999年版，第26页。
⑤ 《亚里士多德选集》伦理学卷，苗力田译，中国人民大学出版社1999年版，第40页。
⑥ 《亚里士多德选集》伦理学卷，苗力田译，中国人民大学出版社1999年版，第38页。
⑦ 《亚里士多德选集》伦理学卷，苗力田译，中国人民大学出版社1999年版，第62—124页。

能在每一事物中看到真理"①。所以，对那些真诚的人，决定选择的愿望总是合乎真理的。换句话说，"合乎真理的愿望对象才是真正的善"②，才是符合德性的。

既然德性是"灵魂的善"，那么灵魂通过肯定和否定而探索真理的方式有五种，即技术、科学、明智、智慧、理智。技术是一种以真正的理性创造的品质，科学是对普遍和出于必然事物的判断，明智是"善于策划对自身的善以及有益之事"③，明智的人就是善于策划的人。智慧则不是本性上具有的，它是体谅、理解和理智，它要随着年龄的增长而增长。智慧用"具有和实现来创制幸福"④。

至于德性与理性的关系，亚里士多德认为，德性"伴随着理性"⑤，离不开理性，但并非如苏格拉底所主张的那样，理性是德性的全部。因为德性主要依赖的不是知识，而是人的实践。

综观亚里士多德的德性伦理学，有如下几个特征：

第一，伦理学探讨是以培养什么样的人为中心，不是以建立普遍的规范或理论为中心。亚里士多德说，对伦理学的探讨"不是为了知道德性是什么，而是为了成为善良的人"。

第二，德性不是知识，而是行动，强调德性的实践性。亚里士多德说，无论是理智德性还是伦理德性，"我们必须先进行实现活动，才能获得这些德性"。所以"我们所探讨的必然是实践，是应该怎样去行动。"

第三，不仅注重普遍或一般，而且注重个别和具体。亚里士多德说，关于行为的全部原则，"只能是粗略的，而非精确不变的"，伦理学研究不应该只谈论普遍的东西，也要注重个别的运用。"在关于行为的诸原则中，普遍

---

① 《亚里士多德选集》伦理学卷，苗力田译，中国人民大学出版社 1999 年版，第 58 页。
② 《亚里士多德选集》伦理学卷，苗力田译，中国人民大学出版社 1999 年版，第 57 页。
③ 《亚里士多德选集》伦理学卷，苗力田译，中国人民大学出版社 1999 年版，第 134 页。
④ 《亚里士多德选集》伦理学卷，苗力田译，中国人民大学出版社 1999 年版，第 145 页。
⑤ 《亚里士多德选集》伦理学卷，苗力田译，中国人民大学出版社 1999 年版，第 146 页。

原则更为广泛，但是那些部分的却有更大的真理性。"①

　　亚里士多德之后，德性伦理学继续发展。到 13 世纪，托马斯·阿奎纳吸收亚里士多德伦理学思想创立了基督教德性伦理学。虽然阿奎纳的伦理学来自亚里士多德，却不同于亚里士多德。阿奎纳认为，善良来自上帝，"因为上帝创造万物，在创造中怀有显示他的善良的目的，万物的性质就体现这一目的"。客观上，至善是上帝，而"对创造物来说，至善是最高可能的完善性或类似上帝"。人的至善在于实现真正的自我，而人的实现"行动的最高形式是思索或沉思，思索的最高目标是上帝。因此，人在认识上帝中实现真正的自我，即他的完善性和最大幸福"②。在关于至善的讨论之外，阿奎纳充分讨论了德性。与亚里士多德一样，他认为任何德性并非与生俱来，而是"通过实行有德性的行为，可以获得一切德性"。但是，这种德性是后天的，它只能使人在一生中可能享有不完善的幸福。为了实现永恒的幸福，必须由"上帝给人注入或灌输某种超自然的德性，即信仰、希望和仁慈这三种神学上的德性……仁爱是被注入的最高的德性、一切德性中完善的形式"③。所以，阿奎纳伦理学中的德性本质上是神学上的德性，也就是由上帝赐予的仁爱。至于如何达到幸福，那当然是基督教所规定的，如放弃世俗的财物而寻求永恒的生活那样的修行。所以，阿奎纳的德性实现活动实质上是修行。因为至善不是现世生活，而是来生的幸福，世俗的生活只不过是靠近上帝的旅途。然而，尽管阿奎纳的德性伦理学是神学性的，但其所关注的核心仍是人的发展，人应该如何生活，如何行动，更确切地说，如何将自己修成圣洁的人。因为只有圣洁的人，而不是聪明的人，才能达到至善和真正的幸福。显然，在强调实践性这一点上，阿奎纳伦理学与亚里士多德也十分相似。

　　今天，德性伦理学的理论形态变得复杂多元，但回归亚里士多德德性伦理是西方当代伦理学研究的主旨，所以，其性质和基本特征并没有改变。当

①　《亚里士多德选集》伦理学卷，苗力田译，中国人民大学出版社 1999 年版，第 31—41 页。
②　梯利：《西方哲学史》，葛力译，商务印书馆 2001 年版，第 219 页。
③　梯利：《西方哲学史》，葛力译，商务印书馆 2001 年版，第 220—221 页。

代德性伦理学家，如麦金太尔、努斯鲍姆（Martha Nussbaum）等，都把行为者的品格和德性看成是规范伦理学的中心议题，认为"友谊、正义、勇敢、适度等是像亚里士多德所认为的那样，是因其自身的原因而被追求的"①，并强调"情感与欲望的作用"。麦金太尔把德性看作是一种"内在利益的获得性品质"②，这与亚里士多德德性观是一致的。当代德性伦理学关注四个方面的问题：一、人是什么和应当是什么；二、规范伦理学，即应当做什么，因为是什么本身就包含了应当做什么；三、德性研究；四、德性与规范的关系，规范主要是道德主体的内在要求，亦即道德主体的自主性和内在制约。③这些都体现了亚里士多德德性伦理学的基本精神，而且是对其进一步的发展。

孔润年对德性伦理学的特点做了这样的总结：

（一）以个人为道德的主体和载体，把道德与有道德的人等同起来，伦理认识的对象集中于独立个人的品德。重视人的道德主体性，强调自由、自律和负责精神。在解释个人品德的来源上，有天赋说、养成说和神授说等不同观点。（二）把品德价值视为人的价值的一个方面。它不仅把品德好坏作为区分人与非人的界线，而且还作为衡量人的价值的重要标准。它把人的美德作为价值追求的目的，而不是作为达到其他目的之手段。（三）在伦理认识中，重视个体道德心理分析。认为道德表现于人的言谈举止，深藏于人的品性之中。因此，重视知、情、意等理性和非理性因素对行为选择的影响，以心理学为伦理学之基础。（四）重视品德范畴（又叫"德目"）的体系建构和实际应用。有一套反映品德现象的特殊语言系统，并与其他的知识性语言系统相对区别。相对于研究社群道德的宏观伦理学而言，它是注目于个体道德研究的微观伦理学。（五）它局限于个体人的道德完善，忽视社群环境对个体道德的制约性，没有把作为道德主体的人理解为社会关系的总和，不

---

① 龚群、陈真：《当代西方伦理思想研究》，北京大学出版社 2013 年版，第 373 页。
② 龚群、陈真：《当代西方伦理思想研究》，第 375，421 页。
③ 龚群、陈真：《当代西方伦理思想研究》，北京大学出版社 2013 年版，第 381—384 页。

利于实现个体道德建设与社群道德建设的平衡发展。①

据罗莎琳德·荷斯特豪斯（Rosalind Hursthouse）分析，当代德性伦理学有以下五个特征：一、"以行为者为中心"，而不是以行为为中心；二、关心人"在"（being）的状态，而不是"行"（doing）的规范；三、强调"我应该成为何种人"，而不是我应该做什么；四、以好、善、德等具有德性的概念，而不是义务的概念（正当、责任）作为基本概念；五、"拒斥成为特殊行为指导规则或原则的汇集"②。这是对当代德性伦理学较准确的概括。

将以上两者结合起来，可以看清西方德性伦理学的传统与现代的完整面貌。

第二节　儒学英译中的德性伦理学隐喻

带着西方德性伦理学的传统与现代视野，我们现在来看儒家经典的英译。儒家思想的英译究竟是什么状况？经过英语翻译的儒家思想是否仍是纯正的儒家？对于这些问题，西方哲学界和翻译界在近半个世纪以前就已经有所觉察。例如，芬格莱特曾经指出，传教士译者倾向于"把孔子当成苏格拉底来崇拜"，把"《论语》当成基督教伦理来理解"。当代译者的翻译作品中，宗教色彩消退了，却又难以摆脱"欧洲式的臆测"③。

芬格莱特无疑是在说，西方译者在用西方的伦理学思想框架来解读和翻译儒家思想。如果这不是译者有意识地用西方哲学对儒家思想进行同化，那么这起码是在哲学解读上自然发生的认知隐喻，具体地说，就是伦理认知隐喻。

① 孔润年：《论中国伦理的"德性论"与"义务论"之分野》，《宝鸡文理学院学报》2000年第1期，第28—32页。
② 高国希：《当代西方的德性伦理学运动》，《哲学动态》2004年第5期，第30—35页。
③ Herbert Fingarette：*Confucius—The Secular as Sacred*，New York：Harper & Row Publishers，1972：Ⅷ。

　　认知隐喻是当代语言学研究的一个重要领域。当代语言学认为，隐喻并非仅属于语言学范畴，它更属于思维与认知的范畴。其特点是规约性、系统性、非对称性，和抽象性。它从表面上看是一种语言现象，但在本质上则是一种认知活动，是人类的思维、认知和概念化的基本方式。隐喻是人类认知世界的方式，是人类用一种领域的经验来理解和说明另一种领域的经验的理性思维活动。人类的认知过程就是人类在长期感知过程中于事物之间产生关联，并形成一种抽象的认知模式，亦即认知图式，并在此基础上形成相应的语言概念的概念化过程。有学者①认为，"隐喻是将事物重新分类的过程，把分类学上不属于同一个类别的本体和喻体纳入同一个类别中，从而使其中的某些（甚至文化）特征更加突出。功能论虽然有空泛、抽象之嫌，但却揭示了隐喻的语言和心理本质：隐喻是表达新事物、增强形象性和使语言表达精练的有效手段。"与此相类，在跨文化交流过程中，人类在认知异域陌生文化元素的过程中，也存在着以本文化经验来理解和说明异域文化，从而以本文化的语言表达方式来表达异域文化中类似元素的现象。对儒家经典中独特概念的翻译，实质上就是这样一种以类似的西方伦理概念表达儒家独特的伦理概念的认知隐喻过程，在此我们称之为伦理认知隐喻。

　　据考察，儒家经典英译中有一种典型的伦理认知隐喻是用亚里士多德德性伦理学的概念去解释和翻译儒家概念或观念。其表现形式，是用亚里士多德德性伦理学概念，在翻译文本中表述近似于亚里士多德德性伦理学的思想。从译本角度来看，韦利译本、理雅各译本、刘殿爵译本表现最为突出。下面我们就这一问题作具体讨论。

一、　译本中德性伦理学概念应用情况调查

　　从亚里士多德的《伦理学》英译本来看，其主要术语是善 Goodness（22见）、Good（665 见）、德性 virtue（341 见）、道德 moral（33 见）、幸福 hap-

---

　　①　刘振前：《隐喻的范畴化和概念化过程》，《外国语文》1999 年第 4 期，第 60—63 页。

piness（77 见）、快乐 pleasure（355 见）、原则 principle（27 见，其中 principle 与 rational 连用，即 rational principle 40 见）、智慧 wisdom（218 见）、正义 justice（153 见）、真理 truth（72 见）、理智 intellectual（11 见）、正确 right（185 见）。亚里士多德使用这些术语，系统阐述了善、德性、幸福、快乐、理智、智慧、公正、真理等的定义及其相互关系，创立了德性论，并在德性论的基础上论述了人的道德品质修养的实践问题。指出德性的实践性，即德性体现于人的行动。这些术语在儒学英译本中有没有被使用？我们以韦利、理雅各、刘殿爵三种《论语》译本为例进行调查。

先看韦利《论语》译本中儒家术语的翻译情况。列表如下：（表内把一个术语的多种译法均列出，并在右面的相邻一栏里表明该种译法在译本中出现的次数。下同。）

术语	译法	次数	译法	次数	译法	次数	译法	次数
仁	good/ness	99						
礼	ritual	66	rites	8				
义	（what is）right	22	just	1				
德	moral force act of te moral import	13 1 2	moral power True virtue merit	10 1 1	power virtue's power inner power	2 2 4	essence quality prestige good deed	2 1 1 1
信	true to one's word	4	keep promise	6	（virtue of） good faith/faithful	8 3	confidence	2
知	know/knew/ knowing/knowledge	51	wise/wisdom/ wiser/wisest	25	understand	3		
忠	loyalty	5	Loyal/ly	9/1	faithful	3	devotion to his cause	1
恕	consideration	2						
孝	behave well good son	2 3	utmost devotion		treatment of parents	4	filial（piety）	7

再看理雅各《论语》译本中术语翻译的情况。列表如下：

术语	译法	次数	译法	次数	译法	次数	译法	次数
仁	benevolent/ benevolence	4	virtue/virtuous	101	virtues proper to humanity	1	virtuous manners	1
礼	the rules of propriety	34	ceremonies	12	propriety	21	regulations	2
义	righteous/ness	1/15	what is right	4	just	1	duty righteous duty	2 1
德	virtue kindness	27 3	virtuous action the virtuous	1 4	virtuous principles and practice	1	不译 good qualities	4 1
信	sincere/sincerity	18	truthful/ truthfulness	3	faith	4	agreement	1
知	know/knew/ knowing/ knowledge	81	wise/wisdom	16				
忠	faithful faithfulness sincere faithfully	2 4 4 1	true to the principle of our nature	1	loyal honourable loyalty	1 1 1	do his best with undeviating consistency	3
恕	benevolent exercise	1	reciprocity	1				
孝	filial	8	filial piety	11				

最后看刘殿爵《论语》译本中术语翻译的情况。列表如下：

术语	译法	次数	译法	次数	译法	次数	译法	次数
仁	benevolent/ benevolence	61	man's character	1				
礼	the rites	73						
义	being moral morality what is moral	2 5 2	what is right rightness	9 1	duty	3	just	1
德	virtue virtuous	29 2	benign rule matter	1 2	good return	4	moral quality	1
信	trustworthy/ trustworthiness	21	trustworthy/ trustworthiness	20	keep one's word	1	trust	7
知	know/knew/ knowing/knowledge	25	wise/wisdom	19	intelligence	4		

续表

术语	译法	次数	译法	次数	译法	次数	译法	次数
忠	do one's best	15	give of one's best	1	conscientious	3		
恕	use oneself as a measure to gauge others	1	Shu（using oneself as a measure in gauging the wishes of others）	1				
孝	be a good son	9	utmost devotion	1	be filial	5	不译	1

可见，三种译本中均大量使用了德性伦理学的术语。然而，尽管德性伦理学术语与儒家伦理思想中的概念有相似性，但两者之间毕竟有一定的区别。那么，用这些术语来翻译儒家经典，会产生什么效果呢？

二、 德性伦理学隐喻翻译的效果调查

在儒家经典的许多英译本中，德性伦理学概念之所以被普遍地使用，主要原因有两种：一种是译者受西方哲学的熏陶颇深，发现亚里士多德的德性伦理学与儒家伦理思想颇多相似，所以运用德性伦理学的概念体系对儒家伦理思想进行表述；第二种原因是，译者根据自己的理解偶然使用了这些术语。无论出于何种原因，使用这些术语的结果是，在一定程度上导致了儒家伦理思想的德性伦理学化，同时也融合了德性伦理学与儒学。

然而，西方德性伦理学的话语体系，若被揉入英语儒学文本，那么英语译本中的儒学思想就会在很大程度上变成德性伦理学思想，甚至在某些地方可以变成地地道道的德性伦理学的表达。译本的意义生成端在读者，英语读者在阅读德性话语体系所控制的文本之后，其所吸收的思想内容当然不会是纯粹的儒学思想，而更像是儒学被德性伦理化的结果。下面我们以举例的方式，对英语德性伦理话语与儒学思想相互改变的情况进行探讨。

（一）仁与 Good、virtue、benevolent/ce、humanity、humane

在众多的《论语》译本当中，韦利译本明显采用了德性伦理学的主要概念。其中最为突出的一个概念是 good。《论语》全书共使用 109 次"仁"，除了"仁"与"不"的 10 次连用之外，其他的 99 处仁字全部被翻译成 good 或 goodness。good 在亚里士多德德性伦理学中所指称的是善。如上文所述，善在亚里士多德伦理学中既是理论性的善自身，即纯粹以善而非其他事物为目的的善，它是一种优秀的品质，同时它也是一种实践，即善的行为，亦即德性的实现活动。《论语》中的"仁"，其基本含义是爱人，以孝悌为根本内容，以礼为准则，提倡忠恕之道，要求人们言行一致，努力做到恭、宽、信、敏、惠。两相比较，前者泛指一切人和事物的品质和行为，而后者专指个人的情感和行为。《孟子·梁惠王上》："仁，人心也。"两者差异明显。good 所指的"仁"，类似于儒家的善。按朱熹所注，善当是"事理当然"，如朱熹注《大学》"止于至善"为："至善，则事理当然之极也。"① 韦利用 good 的概念翻译"仁"，说明他认为两者是一样的，可以相互取代。那么，韦利的译本中把"仁"译作 Goodness 之后，会产生什么样的整体效果呢？

先看两个例子：

> 仁者安仁，知者利仁。

韦利的译文是：

> The Good Man rests content with Goodness; he that is merely wise pursues Goodness in the belief that it pays to do so.

纯粹从英语读者接受的角度来看，译文讲的是善，不是仁。即善者满足于善，智者也追求善，因为他相信这样做值得。

---

① 朱熹：《四书章句集注》，中华书局 2014 年版，第 3 页。

刚、毅、木、讷，近仁。

韦利的译文是：

Imperturbable, resolute, tree-like, slow to speak—such a one is near to Goodness.

译文说的是，坚强、刚毅、木然、讷言，近于善。

所以，韦利以 Goodness（善）取代仁，结果就是将孔子的仁学蜕变成为亚里士多德的"善学"，即德性伦理学。

又如《论语·里仁》：

子曰："我未见好仁者，恶不仁者。好仁者，无以尚之；恶不仁者，其为仁矣，不使不仁者加乎其身。有能一日用其力于仁矣乎？"

The Master said，I for my part have never yet seen one who really cared for Goodness，nor one who really abhorred wickedness. Own who really cared for Goodness would never let any other consideration come first. One who abhorred wickedness would be so constantly doing Good that wickedness would never have a chance to get at him. Has anyone ever managed to do Good with his whole might even as long as the space of a single day?

韦利认为，仁是善（Goodness），不仁就是恶（wickedness），证明他把孔子所讲的仁理解成了恶的对立面。但是，孔子的仁的对立面却是不仁。不仁并不等于恶。在亚里士多德伦理学中 Good 指的是善。善是什么？亚里士多德说，人所具有的三种最大的善是"德性、明智和快乐"①。"幸福是人最大的和最高的善"②。在生活方式上，亚里士多德借阿那克萨戈拉之口说，

① 《亚里士多德选集》伦理学卷，苗力田译，中国人民大学出版社 1999 年版，第 363 页。
② 《亚里士多德选集》伦理学卷，苗力田译，中国人民大学出版社 1999 年版，第 368 页。

"只有无烦恼之苦、纯洁公正地生活着，并共享着某种神圣思考的人，才是人们所谓的有天福之人"①。但归根结底，幸福是"善的灵魂的活动"或"符合完满德性的完满生命的活动"②。仁虽然不等同于 Goodness，但两者都讲人的道德品质，颇类似于 goodness 的本质属性，韦利似乎是在这一点上将两者进行了隐喻，从原文看无疑是改变了仁的内涵。然而，对于英美读者来说，这是译者通过孔子的名义改变了德性伦理学关于 Goodness 的内涵。另一方面，韦利在译文中所用的 goodness，以人和物两方面的"善"，扩大了儒家的仁仅止于人的美德的内涵。

认知隐喻式的典籍翻译，一方面在改变着原文化概念的内涵，同时也在改变着本土文化概念的内涵，这是一个有趣的双向变异活动。我们再看一个例子：

颜渊问仁。子曰："克己复礼为仁。一日克己复礼，天下归仁焉。为仁由己，而由人乎哉?"颜渊曰："请问其目。"子曰："非礼勿视，非礼勿听，非礼勿言，非礼勿动。"

韦利的译文为：

Yen Hui asked about Goodness. The Master said, 'He who can himself submit to ritual is Good. ' If (a ruler) could for one day ' himself submit to ritual ', everyone under Heaven would respond to his Goodness. For Goodness is something that must have its source in the ruler himself; it cannot be got from others.

Yen Hui said, I beg to ask for the more detailed items of its (submission to ritual). The Master said, To look at nothing in defiance of ritual, to listen to nothing in defiance of ritual, to speak of nothing in defiance of ritual, never to stir hand or foot in defiance of ritual.

---

① 《亚里士多德选集》伦理学卷，苗力田译，中国人民大学出版社 1999 年版，第 363 页。
② 《亚里士多德选集》伦理学卷，苗力田译，中国人民大学出版社 1999 年版，第 375 页。

礼（ritual）的内涵显然是 goodness 的概念中所没有的。通过这段译文，韦利实际上在 Goodness 的概念之上添加了礼的内容。再如《论语·颜渊》：

> 仲弓问仁。子曰："出门如见大宾，使民如承大祭。己所不欲，勿施于人。在邦无怨，在家无怨。"

韦利的译文为：

> Jan Yung asked about Goodness. The Master said, Behave when away from home as though you were in the presence of an important guest. Deal with the common people as though you were officiating at an important sacrifice. Do not do to others what you would not like yourself. Then there will be no feelings of opposition to you, whether it is the affairs of a State that you are handing or the affairs of a Family.

此段译文把敬、恕的内涵添加到了 Goodness 当中。同理，通过 Goodness 在译文中被反复使用，仁的一切内涵就全部被添加到了 Goodness 当中去。结果，Goodness 的内涵被严重儒化。这种从概念到内涵的相互衍变，岂不是一种思想融合？大概历史上没有第二个儒家经典的译本如此一致地将仁的概念更名，并如此深刻地改变译名本身的内涵。其中的含义，远不只是个别概念上的相互改变。

virtue 是亚里士多德德性伦理学里的德性，分别指人的两种品质，一种是智力德性，另一种是伦理德性。伦理品质包含四种要素：勇敢、节制、慷慨、公正。亚里士多德说："一匹马的德性使它成为一匹良马，跑得快，善驶，这是马的本分。""因此，马的德性就是使它本身优良且善尽本分的东西。一块石头，一个人，一个任何别的事物的德性，莫不如此。"[①] 在阿奎纳的德目中也有 beneficence 和 benevolence。但 beneficence 和 benevolence 有所不同，前者在于善的行动，后者在于善的愿望，前者以后者而存在，而与内

---

① Lee H. Yearley: *Mencius and Aquinas*. New York: State University of New York Press, 1990: 56.

心愿望的状态又不能分离。① virtue 和 benevolence 都被拿来翻译孔子和孟子的仁。理雅各等许多西方译者用的是 virtue，刘殿爵等用的是 benevolence。例如，《论语·里仁》："仁者安仁，知者利仁。"

理雅各译为：

> Those who are without virtue cannot abide long either in a condition of poverty and hardship，or in a condition of enjoyment. The virtuous rest in virtue；the wise desire virtue.

韦利译作：

> The good man rests content with goodness；he that is merely wise pursues goodness in the belief that it pays to do so.

又《孟子·离娄》："仁，人之安宅也；义，人之正路也。"

刘殿爵译为：

Benevolence is man's peaceful abode and rightness his proper path.

这说明，译者把孔孟的仁都归属为亚里士多德和阿奎纳的德性伦理学范畴。其实在孔子的德目中，仁是至德，在孟子的四端中，仁居首要地位，而在阿奎纳德目中，benevolence 居边缘地位。② 两者之间还是有些不同。尽管如此，用 benevolence 来翻译孟子的恻隐之心，即孟子的仁，就其本义来说，仍是最佳选择。

亨顿尽管把孔子的伦理思想看得比较抽象，甚至看作是以建立道德规则为根本的道德哲学，但他在其《论语》译本中也将儒家伦理解释为研究如何培养人的学问。他认为仁是礼的内化，而礼是仁的外在表现。"遵礼的社会依赖平等主义的元素，依赖对社会成员的教育和培养"③。亨顿把仁译作 Hu-

---

① Lee H. Yearley：*Mencius and Aquinas*. 40.
② Lee H. Yearley：*Mencius and Aquinas*. 56.
③ David Hinton：*The Analects. Washington*，*D. C.*：*Counterpoint*，1998：XXIV.

manity 或 Humane，虽然多处并不恰当，却反映了其对儒家思想的德性伦理学性质的认识。例如：

> 知者乐水，仁者乐山。知者动，仁者静。知者乐，仁者寿。
>
> The wise delight in rivers, and the Humane delight in mountains: the wise are in motion, and the Humane still; the wise are joyful, and the Humane long-lived. ①
>
> 子曰："知者不惑，仁者不忧，勇者不惧。"
>
> The Master said："The wise never doubt. The Humane never worry. The brave never fear. "②
>
> 子曰："君子而不仁者有矣夫，未有小人而仁者也。"
>
> The Master said："The noble-minded may not always be Humane. But the small-minded—they never are. "③
>
> 子曰："君子道者三，我无能焉：仁者不忧，知者不惑，勇者不惧。"
>
> The Master said："The way of a noble-minded person has three facets, all of which are beyond me; the Humane have no worries; the wise have no doubts; and the courageous have no fear. "④
>
> 子曰："当仁，不让于师。"
>
> The Master said："The noble-minded are principled, but never dogmatic. "⑤
>
> 怀其宝而迷其邦，可谓仁乎？
>
> If a man keeps his treasure hidden away while chaos engulfs his

---

① David Hinton：*The Analects*. 61.
② David Hinton：*The Analects*. 98.
③ David Hinton：*The Analects*. 54.
④ David Hinton：*The Analects*. 162.
⑤ David Hinton：*The Analects*. 179.

country, can he be called humane?①

子曰："巧言令色，鲜矣仁。"

The Master said:"Clever tongues and fawning looks: such people are rarely Humane. "②

虽有周亲，不如仁人。百姓有过，在予一人。

Though I have my own family, the Humane are beyond compare. If the people ever transgress, let the fault be mine alone. ③

亨顿把"仁"译作 humane（有人性），主要也是指人心的善良，类似于 benevolence，虽然与孔子所说的仁仍不相一致，但也不是一种社会道德标准，其中的德性伦理性质明显。

（二）德与 virtue、good、excellence 的一般性与特殊性

《论语》中的另一个高频词当算德字，译文全文中共出现 40 次。《礼记》全文中德字共出现 180 次。可见，德也是儒学的核心概念之一。理雅各翻译德字，在《论语》译本中，22 处用 virtue，2 处用 virtuous action，达总数的 60%；在《礼记》中 32 处用 virtue，接近总数的 17%。刘殿爵翻译德字，在《论语》译本中，29 处用 virtue，若算上变体的 virtuous，共 31 处之多。从对 virtue 的使用情况看，理雅各和刘殿爵用 virtue 主要指人的内在道德品质，指外在的道德行为时，理雅各用的是 virtuous action。这可谓将孔子仁学德性伦理化的另一种形态。但孔子所讲的德和亚里士多德所讲的 virtue 有很大不同。儒家伦理思想中的德指道德、品德，儒家提倡六德。《周礼·大司徒》："六德：知、仁、圣、义、忠、和"。德有吉凶高下之分。《左传·文公十八年》："孝、敬、忠、信为吉德，盗、贼、藏、奸为凶德。"这

---

① David Hinton: *The Analects*. 162.
② David Hinton: *The Analects*. 200.
③ David Hinton: *The Analects*. 230.

是指品德好坏。《论语颜渊》："主忠信，徙义，崇德也。"《孟子·尽心下》："动容周旋中礼者，盛德之至也。"这是指品德有高下。总之，孔子的"德"既有理论性也有实践性。在亚里士多德伦理学中，德是"内在的并在道德活动中表现出来的思想与行为的优秀特质、品格。是一种灵魂向善或崇尚高贵而凝结成的品质和行为习惯，一种依据理性原则而生活的能力"，也可以指"对良好的道德行为和道德品质的肯定性评价"①。其包括勇敢、节制、慷慨、公正四大美德。阿奎纳德目中的德性（virtue），从广义上说，通常可以解释为力量（power、strength）或优秀品质（excellence）和完美（perfection）。阿奎纳说："德性是使其拥有者善或者使其行动善的东西。"②德性伦理学中的 virtue 主要是美德，并无汉语德字对品德的否定评价意义。但在后来的应用中，virtue 也慢慢具有了一般品德的意义。所以，儒家的"德"翻译成 virtue，在美德的意义上，两者基本上是可以对应的。

理雅各将"德"译作 virtue，使用的是 virtue 一词所指的一般性道德意义，而非其原始意义。例如，子张问崇德辨惑。

子曰："主忠信，徙义，崇德也。"

Tsze-chang having asked how virtue was to be exalted, and delusions to be discovered, the Master said, "Hold faithfulness and sincerity as first principles, and be moving continually to what is right, — this is the way to exalt one's virtue."

又如："君子怀德，小人怀土；君子怀刑，小人怀惠。"

The Master said, "The superior man thinks of virtue; the small man thinks of comfort. The superior man thinks of the sanctions of law; the small man thinks of favors which he may receive."

理雅各《礼记》译本中的德字，大多被翻译成 virtue，或者译作 good：

---

① 朱贻庭：《伦理学大词典》，上海辞书出版社 2011 年版，第 43 页。

② Lee H. Yearley：*Mencius and Aquinas*. 56.

例如：

> 太上贵德，其次务施报。礼尚往来。

In the highest antiquity they prized (simply conferring) good; in the time next to this, giving and repaying was the thing attended to. [1]

> 君子之爱人也以德，小人之爱人也以姑息。

A superior man loves another on grounds of virtue; a little man's love of another is seen in his indulgence of him. [2]

> 司徒修六礼以节民性，明七教以兴民德，齐八政以防淫，一道德以同俗，养耆老以致孝，恤孤独以逮不足，上贤以崇德，简不肖以绌恶。

The Minister of Instruction defined and set forth the six ceremonial observances: to direct and control the nature of the people; clearly illustrated the seven lessons (of morality) to stimulate their virtue; inculcated uniformity in the eight objects of government, to guard against all excess; taught the sameness of the course (of duty) and virtue, to assimilate manners; nourished the aged, to secure the completion of filial piety; showed pity to orphans and solitaries, to give honour to virtue; and dealt summarily with the unworthy, to discountenance wickedness. [3]

理雅各有时也把德译作 excellence 或 moral excellence，这似乎更反映了其对儒家之德的德性伦理性质的认知。亚里士多德的《尼各马科伦理学》英译本中 excellence 这一概念被使用多达 50 次。理雅各在儒学翻译中与这种表达相当吻合。例如，曾子曰："慎终追远，民德归厚矣。"理雅各译作：

① James Legge: *Sacred Books of China*, Part Ⅲ, The Li Ki, ⅠⅩ. Oxford: The Clarendon Press, 1885: 65.
② James Legge: *Sacred Books of China*, Part Ⅲ, The Li Ki, ⅠⅩ. 128.
③ James Legge: *Sacred Books of China*, Part Ⅲ, The Li Ki, ⅠⅩ. 230-231.

The philosopher Tsang said， "Let there be a careful attention to perform the funeral rites to parents， and let them be followed when long gone with the ceremonies of sacrifice; —then the virtue of the people will resume its proper excellence. "①

这不禁让人联想到亚里士多德在《尼各马科伦理学》中对德性的一番论述：

We must， however， not only describe virtue as a state of character， but also say what sort of state it is. We may remark， then， that every virtue or excellence both brings into good condition the thing of which it is the excellence and makes the work of that thing be done well; e. g. the excellence of the eye makes both the eye and its work good; for it is by the excellence of the eye that we see well. Similarly the excellence of the horse makes a horse both good in itself and good at running and at carry-ing its rider and at awaiting the attack of the enemy. Therefore， if this is true in every case， the virtue of man also will be the state of character which makes a man good and which makes him do his own work well. ②

在这段论述中，excellence 与 virtue 是可以互换的，都指一般意义上的道德，因为 excellence 是可以被修饰的，比如有 true excellence、appropriate excellence 等。再如：

Now if the function of man is an activity of soul which follows or im-plies a rational principle， and if we say 'so-and-so' and a good 'so-and-so' have a function which is the same in kind， e. g. a lyre， and a good lyre-player， and so without qualification in all cases， eminence in

---

① James Legge： *Sacred Books of China*， Part Ⅲ， The Li Ki， ⅠⅩ. 230–231.
② Aristotle： *Nicomachean Ethics*. Book Ⅰ. http： //classics. mit. edu/Aristotle/nicomachaen. 1. i. html.

respect of goodness being added to the name of the function（for the function of a lyre-player is to play the lyre，and that of a good lyre-player is to do so well）：if this is the case，and we state the function of man to be a certain kind of life，and this to be an activity or actions of the soul implying a rational principle，and the function of a good man to be the good and noble performance of these，and if any action is well performed when it is performed in accordance with the appropriate excellence：if this is the case，human good turns out to be activity of soul in accordance with virtue，and if there are more than one virtue，in accordance with the best and most complete. ①

除此以外，还可以说，moral excellence、true excellence、perfect excellence 等说法。看来，excellence 在亚里士多德的叙述里，就是一般意义上的道德，而只有 perfect excellence 或 true excellence 才是美德。

这些译例似乎可以说明理雅各受亚里士多德的影响之大。他把儒家的德看作与其"德性"相同的东西，并把他的理解这样告诉了读者。

德在韦利的《论语》译本中被译作"道德力"（moral force/power），也就是发自内心的力量，而不是某种外在的约束力。例如《论语·宪问》：有德者必有言，有言者不必有德。韦利译作：

One who has accumulated moral power（te）will certainly also possess eloquence；but he who has eloquence does not necessarily possess moral power.

原文上句中的"有德"，译者解释为"积累了道德力"，说明了德是一个内心修养过程。这当然是托马斯·阿奎那的德性论观点。当然，moral force/power 只是对德的一种阐释，与儒家的德尚有区别。理雅各把《大学》的首

---

① Aristotle：*Nicomachean Ethics*. Book Ⅰ. http：//classics. mit. edu/Aristotle/nicomachaen. 1. i. html.

句"大学之道，在明明德，在亲民，在止于至善"译为 What the Great Learning teaches is to illustrate illustrious virtue；to renovate the people；and to rest in the highest excellence. 无论从德性观念上，还是从具体概念的使用上来看，都是比较好的选择。

（三）义与 justice、what is right、rightness 的同与异

与仁一样，义在儒学中也是重要的伦理概念之一。管子在《管子·卷一·牧民第一》中论治国之四维时，最早提出了义的概念。管子曰："何谓四维？一曰礼，二曰义，三曰廉，四曰耻。"《论语》24 次提到义，把义当作人的五种重要品质和行为之一。孟子尤其对义的内涵做了较详细的阐述，在《孟子》中单独论及义 96 次，基本完善了义的道德观念。《说文解字》："義，从我，从羊。"其中，"我"是兵器，又表示仪仗；"羊"表示祭祀品，其本义为：正义；我的威仪；合宜的道德、行为或道理；有义德之美。《尚书·洪范》："无偏无陂，遵王之义。"《中庸》论"义"为："义者宜也，尊贤为大"，即合宜的意思，以尊贤人为第一义。孔颖达疏"义"为："言大中之体，为人君者，当无偏私，无陂曲，动循先王之正义。"① 朱熹注"义"为："义者，心之制，事之宜也。"② 意思是说，义是心的约束，是合理处事的原则。自《尚书》至朱熹，都以义为无陂、宜，即无偏无邪的"正义"。孔颖达首次明确使用正义来释"义"，且言"当无偏无私，无陂曲"，这表明孔颖达已经将义当作道德规范。有学者认为，孔子所谓义，都是指"人道之所宜者""正道""所应遵循的准则"③。总之，义即"人所须遵循的道德原则"④。然而，义并非完全是道德规范，它首先是人的品德，确切地说，义植根于仁，是仁的外化。《礼记·礼运》云："仁者，义之本也。"亚里士多

---

① 阮元：《十三经注疏》清嘉庆刊本，中华书局 2009 年版，第 403 页。
② 见朱熹：《孟子集注·梁惠王上》。
③ 徐儒宗：《人和论——儒家人伦思想研究》，人民出版社 2006 年版，第 45 页。
④ 徐儒宗：《人和论——儒家人伦思想研究》，人民出版社 2006 年版，第 45 页。

德在其《伦理学》中也提到正义（justice）。但其 justice "主要用于人的行为"①，而到近现代西方思想家才逐渐把它专门用作"评价社会制度的一种道德标准，被看作社会制度的首要价值"②。其实，在亚里士多德的德性伦理范畴那里，justice 也已经是一种道德标准，只不过它指的还不是社会制度。譬如，亚里士多德在论述快乐时说："快乐是一种灵魂状态，对每一个人来说，他所热爱的东西是一种快乐；一匹马对爱马的人来说是快乐，眼镜对热爱视力的人来说是快乐，同样，对热爱正义的人来说，正义的行为是快乐，而且一般说来，对于热爱德性的人来说，德性的行为是快乐。"③ 所以，用 justice 来翻译儒家的"义"，是把亚里士多德伦理学中的概念意义与罗尔斯伦理学中的概念意义融合到了一起，可以反映义的品德特性和规范特性。例如：非其鬼而祭之，谄也。见义不为，无勇也。(《论语·为政》)只有李克曼把"义"翻译成了 justice。其译文为：The Master said："To worship gods that are not yours，that is toadyism. Not to act when justice commands，that is cowardice. 其中除 worship 和 gods 不妥外，justice 这个术语本身是适当的。但 justice 并不是所有译本的首选词语，多数译本在大多数情况下用的是 what is right、the right 或 rightness。例如：

苏慧廉：To sacrifice to a spirit of an ancestor not one's own is sycophancy. To see the right and not to do it is cowardice. ④

雷蒙·道森：To sacrifice to the spirits of ancestors who are not one's own is obsequiousness，and to see what is right and not to do it is cowardice. ⑤

---

① 罗尔斯：《正义论》，何怀宏等译，中国社会科学出版社 1988 年版，第 5 页。
② 罗尔斯：《正义论》，何怀宏等译，中国社会科学出版社 1988 年版，第 5 页。
③ Aristotle：*Nicomachean Ethics*. Book Ⅰ. http://classics. mit. edu/Aristotle/nicomachaen. 1. i. html. 译文由作者自译。
④ William Edward Soothill：*The Analects or the Conversations of Confucius with His Disciples and Certain Others*. 17.
⑤ Raymond Dawson：*The Analects*. Oxford，New York：Oxford University Press，1993：8.

刘殿爵：To offer sacrifice to the spirit of an ancestor not one's own is obsequious. Faced with what is right, to leave it undone shows a lack of courage. Faced with what is right, to leave it undone shows a lack of courage. ①

又如：信近于义，言可复也。（《论语·学而》）

理雅各：When agreements are made according to what is right, what is spoken can be made good.

韦利：In your promise cleave to what is right, and you will be able to fulfil your word.

李克曼：If your promises conform to what is right, you will be able to keep your word. ②

苏慧廉：When you make a promise consistent with what is right, you can keep your word. ③

right（rightness）虽然也是德性伦理学术语之一，但其含义是"符合正义"（in accordance with justice），并不与"义"本身相等。严格地说，right（rightness）的意思是道德上正确（morally correct），它所表示的是事物的道德属性，而不表示人的品质属性，它是一个道德评价用词。用 right（rightness）翻译"义"强调了"义"的道德评价意义，而忽略了其作为道德品质的本质属性。What is right 的意思是符合正义之事物，这其中含有一个包含价值判断的命题，即"X is right"，所以并非 justice 本身，且意思是笼统的。用它来翻译"义"，两者的所指有很大出入。义与 right（rightness）、what is right 的这些深层区别，译者应该加以明辨。

---

① D. C. Lau：*The Analects*. London：Penguin Group, 1979：66.

② Simon Leys：*The Analects*. New York：W. W. Norton & Company, 1997：5.

③ William Edward Soothill：*The Analects or the Conversations of Confucius with His Disciples and Certain Others*. 7.

（四）知与 wisdom 两者作为德性话语的一致性

《论语》中孔子有两处解释"知"。第一处是《雍也》："樊迟问知。子曰：'务民之义，敬鬼神而远之，可谓知矣。'"第二处是《颜渊》："樊迟问仁。子曰：'爱人。'问知。子曰：'知人。'樊迟未达。子曰：'举直错诸枉，能使枉者直。'"可见，无论是"务民之义"还是"知人"，孔子所讲的"知"都是指人对人和事物的充分了解和把握。"知"也指对事物的知识。孔子说，"温故而知新""知之为知之，不知为不知，是知也"，显然是指人对事物的知识。"知"又指人的智慧。如孔子说，"宁武子，邦有道，则知；邦无道，则愚。其知可及也，其愚不可及也。""知者不惑，仁者不忧，勇者不惧。"这些都是指人的聪明与智慧。然而，知应受到仁的制约。所以孔子又说，"里仁为美。择不处仁，焉得知?"朱熹注："里有仁厚之俗为美，择里而不居于是焉，则失其是非之本心，则不得为知矣。"[1] 也就是说，知与仁必须达到统一，知而不仁，则非真知。亚里士多德把智慧界定为理智理性，而非道德理性。他说："哲学智慧或理解力和实践智慧是理智的，其他如慷慨和节欲是道德的。我们谈到一个人的性格时，我们不说他有智慧，或者说他有理解力，而是说他脾气好或者温和，而我们赞扬一个人有智慧时则指其心智。"[2] 苗力田在论述亚里士多德的德性论时说，"德性分为两类，一类是伦理的，一类是理智的。"[3] 伦理德性来自社会风习，是 ethikee。理智德性是出于思考的，是 dianoeetikee，思维是理智（nous）的功能。但两种德性并不是并行的。在这里理智一直起着主导作用，它是灵魂最高贵部分的德性，一切选择都离不开思考和策划。那么，很明显，亚里士多德的理智德性高于伦理德性，它是伦理德性的主宰。亚里士多德说："德性是与选择

① 朱熹：《四书章句集注》，中华书局 2014 年版，第 69 页。
② Aristotle：*Nicomachean Ethics*. http：//classics. mit. edu/Aristotle/nicomachaen. 1. i. html. 译文由作者自译。
③ 《亚里士多德选集》伦理学卷，苗力田译，中国人民大学出版社 1999 年版，第 30 页。

相关的品质，其存在于与我们相关的中道；选择由理性的原则所决定，即由具有实践理智的人所遵循的原则来决定。"① 这即是说，德性决定于理性的原则，理性的原则即具有理智的人所遵循的原则，所以理智也就是理性。德性是由理性，也就是理智生发出来，理智包含德性。这与儒家的"知"受到仁德的制约，为仁德所主宰，即为仁之知，完全一致。因为在儒家看来，知而无仁，便可能产生恶的行为。译文中若用 wisdom 或 wise 来翻译"知"，则实际上是输出了译者的这种理解。例如，子曰："宁武子，邦有道，则知；邦无道，则愚。其知可及也，其愚不可及也。"理雅各译作：The Master said, "When good order prevailed in his country, Ning Wû acted the part of a wise man. When his country was in disorder，he acted the part of a stupid man. Others may equal his wisdom，but they cannot equal his stupidity."韦利译作：The Master said, So long as the Way prevailed in his country，he showed wisdom；but when the Way no longer prevailed，he showed his folly. To such wisdom as his we may all attain；but not to such folly！又如，知者不惑，仁者不忧，勇者不惧。理雅各译作：The wise are free from perplexities；the virtuous from anxiety；and the bold from fear. 韦利译作：He that is really Good can never be unhappy. He that is really wise can never be perplexed. He that is really brave is never afraid. 也就是说，译文用德性伦理学的话语显示了儒家知为德性之智，以及知为人之美德。理雅各在《礼记》译本中用 intelligence 翻译"知"，就局限于知的智力因素，而没能顾及其德性因素。intelligence 的使用还破坏了知作为儒家美德在概念上的一致性。

（五）"中庸"译作 the mean 是道德意义上相当的翻译

中庸思想在儒家伦理思想中占有重要地位。孔子说，"中庸其至矣乎。

---

① Aristotle：*Nicomachean Ethics*. Book Ⅰ. http：//classics. mit. edu/Aristotle/nicomachaen. 1. i. html. 译文由作者自译。

民鲜能久矣。"又说，"天下国家可均也，爵禄可辞也，白刃可蹈也，中庸不可能也。"可见中庸难不下于仁。中庸是君子之德，孔子说，"君子中庸，小人反中庸""唯圣者能之"。在其众弟子中，能守中庸者，唯有颜回。他说，"回之为人也，择乎中庸得一善。则拳拳服膺而弗失之矣。"the mean 是亚里士多德所提出的"中道"，是实践性的道德德性。亚里士多德认为，德性即中道，中道即无过（excess），无不及（defect），也就是中间状态；中间状态是最好的状态，也就是成功。亚里士多德说，"德性与激情和行动有关，过分就是一种形式的失败，不及也是，而中间状态值得称赞，是一种成功。受称赞和成功都是德性的特点。所以德性就是中道，因为，如我们所见到的，中道所取的是中间状态。"[1] 中庸和中道（the mean）之间的相似性在于其温和性和中间性。蔡元培先生说，"率性之效，是为中庸。而实行中庸之道，甚非易易，贤者过之，不肖者不及也。"[2] 而无论是中庸还是中道，并不意味着绝对的中间，而是在过与不及之间选择一个适当的度，难处就在于对这个度的选择。其不同则在于，中道是偏实践性的道德准则，属于伦理学范畴，而中庸则是偏哲学的观念，属于哲学范畴。蔡元培先生说，"中庸者，即唐虞以来执中之主义。……《中庸》一篇，大抵本孔子实行道德之训，而以哲理疏解之，以求道德之起源。盖儒家言，至是而逐渐趋于研究学理之倾向矣。"[3] 蔡元培肯定了中庸的哲学性质。徐儒宗也认为中庸是"兼天道、人道而言"，属于哲学层面上的方法论，"从哲学意义上说，谓之'中庸'，而从伦理意义上说，则谓之'义'"。[4] 但总体来说，两者的相似性是很大的。

理雅各翻译《中庸》时，所用的术语都是（the course of）the Mean，是较为贴切的隐喻。例如：

① Aristotle：*Nicomachean Ethics*. Book Ⅰ. http：//classics. mit. edu/Aristotle/nicomachaen. 1. i. html. 译文由作者自译。
② 蔡元培：《中国伦理学史》，商务印书馆 2012 年版，第 17 页。
③ 蔡元培：《中国伦理学史》，商务印书馆 2012 年版，第 17 页。
④ 徐儒宗：《人和论——儒家人伦思想研究》，人民出版社 2006 年版，第 45 页。

仲尼曰："君子中庸，小人反中庸。"

Chung-nî said, "The superior man embodies the course of the Mean; the mean man acts contrary to the course of the Mean."

君子之中庸也，君子而时中；小人之中庸也，小人而无忌惮也。

The superior man's embodying the course of the Mean is because he is a superior man, and so always maintains the Mean. The mean man's acting contrary to the course of the Mean is because he is a mean man, and has no caution.

子曰："中庸其至矣乎！民鲜能久矣！"

The Master said, "Perfect is the virtue which is according to the Mean! Rare have they long been among the people, who could practice it!"

子曰："回之为人也，择乎中庸得一善，则拳拳服膺而弗失之矣。"

The Master said, "This was the manner of Hûi:—he made choice of the Mean, and whenever he got hold of what was good, he clasped it firmly, as if wearing it on his breast, and did not lose it."

子曰："天下国家可均也，爵禄可辞也，白刃可蹈也，中庸不可能也。"

The Master said, "The kingdom, its states, and its families, may be perfectly ruled; dignities and emoluments may be declined; naked weapons may be trampled under the feet;—but the course of the Mean cannot be attained to."

君子依乎中庸，遁世不见知而不悔，唯圣者能之。

The superior man accords with the course of the Mean. Though he may be all unknown, disregarded by the world, he feels no regret.—It is only the sage who is able for this.

可见，理雅各在 the mean 之前加上 the course of，表明了中庸的观念特征，也保持了中庸作为伦理学术语的特性。中西术语之间这种相互替代，对译者来说很难做到。但一旦做到，则会收到出色的效果。韦利使用"the Middle Use"，庞德用"the unwobbling pivot"，这些译法，都没有进入西方哲学范畴，也没有很好地反映中庸的哲学和道德内涵。

（六）以获取知识为目的的 study 与培养人格为目的的"学"

《论语》中讲"学"的时候很多，全篇共用学字 66 次。可见"学"在儒学思想中的重要性极大。《论语》中的学有两种意思：一种是如上文所述，学做人；另一种是学习文学等知识。而学的主要意思是前者。学不是读书学知识，而是人身修养及所获得的品德行为。例如"君子食无求饱，居无求安，敏于事而慎于言，就有道而正焉，可谓好学也已。""吾十有五而志于学，三十而立，四十而不惑，五十而知天命，六十而耳顺，七十而从心所欲，不逾矩。""有颜回者好学，不迁怒，不贰过。不幸短命死矣。今也则亡，未闻好学者也。""德之不修，学之不讲，闻义不能徙，不善不能改，是吾忧也。""三年学，不至于谷，不易得也。"子路认为，学不必只是读书。他清楚地表示："有民人焉，有社稷焉，何必读书，然后为学?"孔子听到他的话后说："是故恶夫佞者。"意思是说，恶夫往往善于言辞，言外之意是完全同意子路的学不在读书的观点。以上学字竟没有一个是专指读书或研究学问。

但在诸英译文中，学字却多半被翻译成获得知识、增长智力的意思。在英译文中表现为 educate。例如，《论语·学而》子夏曰："贤贤易色；事父母，能竭其力；事君，能致其身；与朋友交，言而有信。虽曰未学，吾必谓之学矣。"此句中学的含义是以好色之心好贤，极言学者应尊敬贤者，以及事父、事君、交友等方面的德行。意在强调学不在只读书。韦利将此句译作：

> Tzu-hsia said, a man who treats his betters as betters, wears an air of respect, who into serving father and mother knows how to put his whole strength, who in the service of his prince will lay down his life, who in intercourse with friends is true to his word—others may say of him that he still lacks education, but I for my part should certainly call him an educated man.

译文意思是说，尊敬贤者、敬重他人、竭力事父母、以生命事君、交友有信这样的人，别人会说他没受过教育，但我会说他是受过教育的人。韦利特意为 education 作注："也就是礼、让，在适当的场合正确运用《诗经》中的诗句等"，把学解释成学文。把第一个学字这样解释是适当的，因为这是常人对学的理解。但第二个学字则是孔子自己心目中的修身之学。这是一种截然不同的理解。而译文仍然用 educate，其所传达的学的意思是关于知识的教育，所谓 educated man，也就是受过教育，知识和智力得到提高的人，而不必是行为与人格高尚的人。educate 与 teach、train、discipline 的最大不同就是它主要是指"以智力上的发展为目标的教育（educate：implies development of the mind-more things than formal schooling serve to educate a person）"①那么，译文就意味着孔子心中的学仍然指脱离实际行动的书本知识。这就违背了孔子的原义。而从韦利对"学"的翻译所作的注本身来看，它与上下文也自相矛盾。这句译文虽仍可看作修身之道，但本质上与孔子的本义仍然有别。

在不少情况下，韦利也用 study 来翻译学字。例如《论语·宪问》：子曰："古之学者为己，今之学者为人。"韦利译作：The Master said, in old days men studied for the sake of self-improvement; nowadays men study in order to

---

① 见 https：//www.merriam-webster.com/dictionary/educate。

impress other people. 孔子的原义是慨叹古今学者的本质区别，所以原文中前后两个学字的所指并不相同。前者的学是知与行合一，而后者的学则是空谈学问，学者学了圣人之道而不践行，只满足于讲给别人听或只管以所学到的教条去要求别人。Study 的意思主要是读书或研究，其对象是知识或理论。所以后者更接近 study，而前者不然。又如《论语·阳货》：子游对曰："昔者偃也闻诸夫子曰：'君子学道则爱人，小人学道则易使也。'" Tzu-yu replied saying, I remember once hearing you say, "A gentleman who has studied the Way will be all the tenderer towards his fellow-men; a commoner who has studied the Way will be all the easier to employ." "学道"并非纯粹知识性或学科性的学习或研究，而是实践性地学习。以 study 翻译学字，更突出了这种以获得知识和创造理论而为"学"的观念，从而不知不觉中削弱了其中身体力行的内涵。

刘殿爵没有用 educate，而用的是 instruct 和 teach。但译文所传达的思想与韦利的很类似。刘殿爵的译文是：Tzu-hsia said, "I would grant that a man has received instruction who appreciates men of excellence where other men appreciate beautiful women, who exerts himself to the utmost in the service of his parents and offers his person to the service of his lord, and who, in his dealings with his friends, is trustworthy in what he says, even though he may say that he has never been taught." 其意思是说不好色而好贤、事父尽力、事君献身、交友诚信的人可谓是受到了好的教育与训练，即使别人可能说他没有受到教育。译文中的 instruction 是指知识传授和技巧性训练，比 teach 正式些。古人所说的学不是指技巧等方面的训练和学习，而是指学习圣贤之德。结尾处孔子所说的学，必然不仅仅是知识教育或技巧训练。其实，与"学"意思比较接近的是 learn，因为 learn 的意思包含从知识的增长到技能的提高等各种意义上的学。

译文对儒家"学"的观念的更改十分隐蔽，对于英美国家读者来说，更难于察觉。孔子原来以知行合一为根本宗旨的学，在译文中变为以知识为根本的学，虽然译文仍是在讲人的修养问题，却已经变为以知识为崇高和快乐的传统的西方德性伦理学观念。

从以上对比分析来看，儒家伦理学思想与西方德性伦理学在概念意义上有不少具体出入。但尽管如此，毕竟两者都是以培养人的品格为目的，并强调伦理的实践性。所以，两者之间的隐喻和融合似乎是必然结果。

第三节　译本中的德性伦理学特性及其不和谐因素

德性伦理学概念的使用，可以奠定用德性伦理学的思维方式，即用德性伦理学隐喻的方式来传译儒家的伦理思想的基础。那么，在这样的德性伦理隐喻思维方式之下，英语译本能否传达儒家以人格培养为本质特征的，强调具体实践性的儒家伦理思想呢？我们通过几个方面的问题来进行讨论。

（一）意义抽象的词所产生的影响

孔子的仁学思想是儒家的核心思想。孔子在谈到仁的时候，有时是回答弟子的问题，对仁进行具体解释，有时是对弟子提出要求，有时是在谈自我修养的体会，有时在对自己提出仁的要求，还有的时候是解说仁的一般内涵。但在任何情况下，孔子关于仁的话语都是在指向人格的培养问题，而并不是在讲一般性原则，更不是在讲伦理规范。理雅各将仁译作 virtue，或 perfect virtue，即译成德性或至德，虽然不能与孔子的仁的内涵意义十分吻合，在功能上却基本是一致的，即 virtue 也被亚里士多德用来描绘人格属性。韦利将仁译作 good 或 goodness，其作用与理雅各的 virtue 是一致的。因为 good 或 goodness 作为"善"，也是描绘了人格的高尚品质。然而，如果译文使用了命令的语气，那么即使使用 virtue 或 goodness，也会羼入一种道德说教的意味，从而使话语的性质发生一些改变。例如，《论语·颜渊》："仲弓问仁。子曰：'出门如见大宾，使民如承大祭。己所不欲，勿施于人。在邦无怨，在家无怨。'"韦利译作：

> Jan Jung asked about Goodness. The Master said, Behave when from home as though you were in the presence of an important guest. Deal with the common people as though you were officiating at an important sacrifice. Do not do to others what you would not like yourself. Then there will be no feelings of opposition to you，whether it is the affairs of a State that you are handing or the affairs of a Family.

译文中用 Goodness 来代替仁将两者等同起来。作为概念，Goodness 和仁两者在内涵上的不一致上文已经分析。如果从伦理思想的性质来看，译文和原文之间有出入。原文仲弓问仁，并非问仁的一般道德意义，或者仁的一般道德行为，而是向导师孔子请教一个人如何才能成为仁人。这是一个修行的问题。但译文中的 Goodness 则是一个意义高度抽象的词，那么 Jan Jung asked about Goodness 的意思应当是，仲弓向孔子询问 Goodness 的一般性抽象道德意义。在此语境下，孔子的回答就成为对 Goodness 的定义。译文中的 you 就不再是具体指仲弓，而是一个具有泛指意义的代词，其所指是任何一个人。由于孔子的答语所使用的是祈使句，那么这些回答就像先知布道的一条条道德律令，充满了普遍意义上的道德规范性。其结果是这段对话不再是孔子关心弟子人格成长的谈话，而是在向弟子讲授抽象的道德行为知识。我们需要思考的是，这段对话虽然今天可以被我们当作关于道德行为的一般知识，但在当时孔子师徒对话的语境下，这段对话的意义却很可能有具体的所指，那就是仲弓本人的修养问题。

（二）道德判断词对译文所产生的干扰

孟子的四端说是其关于人性的著名学说，具有对人性发端追根溯源的性质，也有讲求修养自身以"充之"，关怀人格培养与发展的性质。孟子在《公孙丑上》首先提出四端说。这一思想在刘殿爵的译本里情况是怎样的呢?

我们先看原文：

> 人皆有不忍人之心。先王有不忍人之心，斯有不忍人之政矣。以不忍人之心，行不忍人之政，治天下可运之掌上。所以谓人皆有不忍人之心者：今人乍见孺子将入于井，皆有怵惕恻隐之心；非所以内交于孺子之父母也，非所以要誉于乡党朋友也，非恶其声而然也。由是观之，无恻隐之心，非人也；无羞恶之心，非人也；无辞让之心，非人也；无是非之心，非人也。恻隐之心，仁之端也；羞恶之心，义之端也；辞让之心，礼之端也；是非之心，智之端也。人之有是四端也，犹其有四体也。

刘殿爵的译文是：

> No man is devoid of a heart sensitive to the suffering of others. Such a sensitive heart was possessed by the Former Kings and this manifested itself in compassionate government. With such a sensitive heart behind compassionate government, it was as easy to rule the Empire as rolling it on your palm.

> My reason for saying that no man is devoid of a heart sensitive to the suffering of others is this. Suppose a man were, all of a sudden, to see a young child on the verge of falling into a well. He would certainly be moved to compassion, not because he wanted to get in the good graces of the parents, nor because he wished to win the praise of his fellow villagers or friends, nor yet because he disliked the cry of the child. From this it can be seen that whoever is devoid of the heart of compassion is not human, whoever is devoid of the heart of shame is not human, whoever is devoid of the heart of courtesy and modesty is not human, and whoever is devoid of the heart of right and wrong is not human. The heart of compassion is the germ of benevolence; the heart of

shame, of dutifulness; the heart of courtesy and modesty, of observance of the rites; the heart of right and wrong, of wisdom. Man has these four germs just as he has four limbs. ①

　　这段译文论述了以下几个观点：第一，人皆有恻隐之心，恻隐之心可以表现于富有同情心的政治；第二，凡人天性中皆有同情心、羞耻心、礼让心、对错心；第三，以上四种天赋之情感分别是仁、责任心、遵礼、智慧的发端；第三，任何人都不可否认自己拥有以上四种天赋，也不能否认其君主有以上四种天赋。由此看来，刘殿爵基本传达了儒家关于伦理的产生这一元伦理学问题，也传达了儒家认为伦理观念和行为来自人的天性，并由天性进一步发展和完善的观点。但是，刘殿爵在这段译文中也使用了 right、wrong 和 dutifulness 这样的道德判断词，使孟子的义成为一种责任心或义务感。而在西方读者来看，这是道德意义上的责任心或义务感，它要么来自对上帝的忠诚之心，要么是来自人的理性，其中智似乎成为道德判断的能力或标准。这与原来的孟子思想不相符合。

　　在《告子》中，孟子与公都子辩论人性善的问题时，孟子又一次论述了四端说为人性善的根本依据。

　　　　公都子曰："告子曰：'性无善无不善也。'或曰：'性可以为善，可以为不善。是故文武兴，则民好善；幽、厉兴，则民好暴。'或曰：'有性善，有性不善。是故以尧为君而有象；以瞽瞍为父而有舜；以纣为兄之子，且以为君，而有微子启、王子比干。'今日性善，然则彼皆非与？"孟子曰："乃若其情，则可以为善矣。乃所谓善也。若夫为不善，非才之罪也；恻隐之心，人皆有之；羞恶之心，人皆有之；恭敬之心，人皆有之；是非之心，人皆有之。恻隐之心，仁也。羞恶之心，义也。恭敬之心，礼也；是非之心，智

---

① D. C. Lau: *Mencius*. London: Penguin Group, 1970: 82—83.

也。……"

刘殿爵将这段文字译作:

Kung-tu Tzu said, "Kao Tzu said, 'there is neither good nor bad in human nature', but others say, 'Human nature can become good or it can become bad, and that is why with the rise of King Wen and King Wu, the people were given to goodness, while with the rise of king Yu and King Li, they were given to cruelty.' Then there are others who say, 'There are those who are good by nature, and there are those who are bad by nature. For this reason, Hsing could have Yao as prince, and Shun could have the Blind Man as father, and Ch'i, Viscount of Wei and Prince Pi Kan could have Tchou as nephew as well as sovereign.' Now you say human nature is good. Dose this mean that all the others are mistaken?" "As far as what is genuinely in him is concerned, a man is capable of becoming good," said Mencius. "That is what I mean by good. As for his becoming bad, that is not the fault of his native endowment. The heart of compassion is possessed by all men alike; likewise the heart of shame, the heart of respect, and the heart of right and wrong. The heart of compassion pertains to benevolence, the heart of shame to dutifulness, the heart of respect to the observance of the rites, and the heart of right and wrong to wisdom…"[1]

这段译文比较准确地传达了公都子与孟子之间关于性善的论辩,也传达了孟子的性善论观点。孟子不承认恶人是因为其天性恶,且肯定了善要靠每个人自己发挥善的天赋,善并非由外部力量铸成,而是本来就在自己内心,求之则可得。孟子谈知善恶、辨是非,是指一个人修身的内在要求,而非规定一

①　D. C. Lau：*Mencius*. 162–163.

种外在道德标准。然而，dutifulness（责任心），right 、wrong（对、错）这三个词却是外在的道德准则，有道德判断意味，犹如三个不和谐的音符，仍然干扰了孟子这段性善论的和谐性。

所以，刘殿爵的这两段译文，一方面传达四端说和性善论，并较好地体现了儒学的德性伦理性质，一方面又把孟子学说表现为讨论道德准则的规范伦理学，其中的矛盾性是客观存在的。

（三）普遍化与具体化的矛盾

孔子的思想究竟有无道德性、原则性和道德普遍化意义？回答是肯定的。但孔子在当初表达其伦理观念的时候，却不是以普遍化论述的方式进行的，而基本上是所指明确，以近譬远。而其道德性、原则性，以及儒家伦理道德普遍化意义都是隐含性的。其伦理话语中既没有道德一词，没有伦理一词，也没有西方伦理学所惯用的"对、错"等道德判断词。《论语》中孔子对伦理思想的表达，往往都是寄寓在他与弟子及其他人的对话当中，以小喻大，以具体寓普遍。如果翻译时不能明辨儒家伦理表达的这一方式，那么儒家以培养人为出发点的伦理思想就会失真。例如《论语·颜渊》："颜渊问仁。子曰：'克己复礼为仁。一日克己复礼，天下归仁焉。为仁由己，而由人乎哉？'韦利译作：Yen Hui asked about Goodness. The Master said, "He who can himself submit to ritual is Good. If（a ruler）could for one day 'himself submit to ritual', everyone under Heaven would respond to his Goodness. For Goodness is something that must have its source in the ruler himself; it cannot be got from others. "要论译文得失，必得先看古训。所谓"问仁"，究竟是什么意思？是问"仁德"？问践行"仁德"？问"如何做仁人"？朱熹《四书章句集注》解此处仁为"本心之全德"①，其中有宋明理学式的义理阐发；杨伯峻译仁为

---

① 朱熹：《四书章句集注》，中华书局 2014 年版，第 133 页。

"仁德"①，其中大概含有现代伦理学意味的解读。程树德《论语集释》发现，《孟子·万章上》引《论语》作"问为仁"②。那么，"为仁"似乎既可解为问如何做仁人，也可解为如何践行仁德。而从后文的"为仁由己"看，其义最好解为"做一个仁人要靠自己"，因此，"为仁"还是解为"做仁人"最为合理。那么，颜回问仁，则是在向导师询问，他本人如何学着去做一个仁人。这符合孔子"古之学者为己"的一贯主张。由此观之，译文中用Goodness 显然是将仁当作抽象的关于善的知识，而非为颜回自我修身之问。而孔子并没有对颜回作抽象的回答，而是将"仁德"之理，寓于具体的言行之中。且看杨伯峻的现代汉语译文："孔子道：'抑制自己，使言语行动都合于礼，就是仁。一旦这样做到了，天下的人都会称许你是仁人。实践仁德，全凭自己，还凭别人吗？'"③孔子的回答本来是教颜回如何做一个有仁德之人，而韦利英语译文则将答语泛化为对执政者的普遍道德要求。究其原因，具体来说，可能是与译者将归字误解为响应有关，也可能与邢昺的《疏》有关。邢昺疏此句为："此篇论仁政明达、君臣父子、辩惑折狱、君子文为，皆圣贤之格言，仕进之阶路，故次先进也。"④ 但从大处而言，韦利这样翻译，还是与其对孔子伦理思想及其表达方式的整体认识有关。理雅各也没能把握好孔子师徒之间对话的这种具体性和实践性，译作 Yen Yüan asked about perfect virtue. The Master said, "To subdue one's self and return to propriety is perfect virtue. If a man can for one day subdue himself and return to propriety, all under heaven will ascribe perfect virtue to him. Is the practice of perfect virtue from a man himself, or is it from others?" 这也将孔子的回答知识化和普遍化了。安乐哲和罗思文对孔子所表达的伦理思想的具体性有较客观的认识，但他们的译文也没有充分把握住这一对话的特性。安乐哲、罗思文把

---

① 杨伯峻：《论语译注》，中华书局 2006 年版，第 121 页。
② 程树德：《论语集释》，中华书局 2006 年版，第 817 页。
③ 杨伯峻：《论语译注》，中华书局 2006 年版，第 121 页。
④ 邢昺：《论语注疏》，中华书局 2009 年版，第 5436 页。

本句译为：Yan Hui inquired about authoritative conduct（ren 仁）. The Master replied,"Through self-discipline and observing ritual propriety（li 礼）one becomes authoritative in one's conduct. If for the space of a day one were able to accomplish this, the whole empire would defer to this authoritative model."① 译文中的"authoritative conduct"显示了仁的行为性，译者把儒家伦理定性为"模仿论"，即以古代圣贤为道德楷模的伦理思想。对归字的理解，也影响了其对孔子答语的具体性的把握，而将仁者泛化为任何一个人。这也使得师徒间的对话陷入了具体化和普遍化的矛盾。不仅如此，安乐哲和罗思文总体上以孔子的表达方式上的具体性，完全否定了孔子伦理思想中所蕴含的原则性和道德属性，也是错误的。关于这一问题，后文将专门论述。然而，尽管有上述普遍化和道德说教的不适因素，以上译文，尤其是韦利和理雅各的译文，仍然表现了较明显的德性伦理学特征。

儒家思想究竟是不是哲学？对于这个问题，黑格尔虽然给出了否定的回答，但更多的哲学家却做出了肯定的回答。原因很简单，哲学是关于人和世界的学问，难道儒家论证人与宇宙的问题，因为不使用西方话语体系，就不是哲学？同样的道理，儒家哲学是不是伦理学？回答也是肯定的，但儒家伦理思想的表达，所使用的并不是西方伦理学话语体系。如安乐哲和罗思文说，孔子从没有论述"道德原则"问题；森柯澜说，孔子从来没有论述普遍"人性"（humanity），他们指的是儒家思想在语言形式上没有使用西方哲学、伦理学话语体系而已，实质上，儒家思想所论的正是人的本性、品质、培养、道德行为，以及人与人的关系等一系列伦理问题。其核心问题在于人以及人的培养，尤其在于人的自身修养，所以它与苏格拉底、柏拉图和亚里士多德等人以讨论人的善与德性及其实现活动的德性伦理学有本质上的相似性。成中英先生认为，儒家伦理思想是德性伦理学，但与西方传统的德性伦

---

① Roger T. Ames, Henry Rosemont Jr.: *The Analects of Confucius: A Philosophical Translation*. New York: the Ballantine Publishing Group, 1998: 152.

理学有所不同。这是因为，儒家思想所关怀的伦理问题以及伦理观念与亚里士多德的德性伦理学有所不同，尤其是两者所用的话语体系及其内涵也有较大的差别。这一判断是客观而准确的。

从认知科学的角度来说，由己及人，由近及远，由已知到未知，这是人类认知的基本规律。既然儒家伦理思想与德性伦理学有相似之处，那么西方译者在西方哲学与伦理学理论基础上认知儒家伦理，并采用西方伦理学术语翻译《论语》等儒家经典，是再自然不过的事，对此我们不可妄加指责。西方译者把德性伦理学的观念和概念系统投射到儒家思想体系上，便使后者染上了德性伦理学的色彩。然而，儒家伦理理论毕竟不同于德性伦理学。一方面，两者的思想内容不同，另一方面，两者的表达方式有较大差别。内容上的不同，上文已作论述。仅就表达方式而论，也有重要的差别。其一，前者多是以对话形式表达的，所论多是直接指向听话人的，其话语意义常常受具体的语境限制，因此多是具体的，或就事论事，言近旨远，或以近譬远，且话语往往是片段性的，意义不够连贯，而后者是理论性的论述，逻辑严密，语篇连贯。其二，前者以教人学做人为旨归，话语总是指向人的行为及其标准，具有较强的实践性特征；后者则是一方面强调德性知识，兼之德性实现活动，即道德行为，因此是知识性兼实践性的。前者是具体的、实践性的，所以所使用的术语，意义往往是具体的；后者运用逻辑推理的方式论述德性伦理学问题，所以其概念是明确的，意义往往也是抽象的。因此，两者从概念层次上就有差异，而在表达方式上就差异更大。既然存在这些差异，译者如果在翻译时使用了德性伦理学术语和概念，那么必然错讹迭出，毫厘千里；或张冠李戴，或生搬硬套，不一而足。比如 good 和仁之间的错位，其实就是生搬硬套的著例。What is right、right 与"义"之间亦复如此。

就已有儒家经典的各种译本来看，其与原文相悖处，不仅止于概念上的似是而非，还在于思想特性上的不同。儒家学说的宗旨在于具体地教人做人，译本则往往偏向于普遍性说理，其道德规范性更强，似乎孔孟是侃侃而谈的道德家和布道者。然而，尽管孔孟与对话者所言是具体的，但其所蕴含的理论普遍性是客观存在的，尤其是孟子，更长于以小论大，以具体喻普遍。所以，在翻译的时候，这些具体性背后的普遍性应该不应该得到阐释和发明就成为一个问题。适当的处理方式应该是在保持原有表达方式的基础上，体现儒家的伦理思想，即用原来的话语系统去隐含儒家的伦理理论和普遍性观念。在翻译对话的时候，这一点尤其重要。但是，我们如何去保持原有的话语形式？按照玄奘"五不翻"的原则，儒家的关键术语应该使用音译的方法，并适当作说明或注释，因为每个术语是多义的，内涵是丰富而深远的，且没有一个儒家术语能与西方伦理学理论术语完全一致。从长远看，这种方法可以行得通，因为儒家所论是人间大道，也是人间达道；等到我国物质文明与精神文明到达一定程度，其自身优势加之整体中华文明外传的强大势能，必然会使儒家的伦理术语、词汇为其他语言所吸收。正如今天我们的哲学研究吸收了众多其他哲学的术语、词汇一样。但是，在一般的论述中，比如《尚书》《易经》《礼记》这样的非对话体文本中，有些道德意义可以适当加以阐释。如果进行阐释，就必然使用当代伦理学的术语，包括德性伦理学词汇，比如 justice，亚里士多德伦理学中广泛使用，罗尔斯的《正义论》中也广泛使用。如果翻译阐释时使用这些伦理学词汇，译文自然就会有西方伦理学色彩，但色彩毕竟不能改变事物的本质，儒家思想毕竟在本质上还是伦理学思想。这是翻译的尴尬和无奈，但唯有这种借他人之口来说自己的话的方式，才是儒家思想对外传播初期阶段的现实而有效的表达方式。所以，典籍翻译传播应当尊重历史发展进程。

第三章 儒家经典的义务论伦理学阐释

由前文可知，西方译者对中国文化的理解总是带有隐喻的性质。中西文化交流的历史也证明了这一点。从儒学的翻译史看，儒家经典中的宗教因素，让麦都思、裨治文、理雅各、苏慧廉等传教士译者不自觉地将早期儒家伦理思想与基督教伦理联系起来。儒家的德性伦理学的内涵，让韦利、理雅各、刘殿爵等人将早期儒家伦理思想与苏格拉底、柏拉图和亚里士多德的德性伦理学关联起来。儒家伦理的实践性，比如仁作为人的品质和情感，礼作为仁者知行合一的行为方式，孝作为子女对父母的自发情感和行为等，被部分西方译者和研究者赋予了道德规范的意义，这使得他们把早期儒家伦理同康德的义务论伦理学联系起来，从而让孔子成为道德规范的制定者，甚至是阐述道德理论的哲学家。西方汉学界从康德义务论的角度去理解儒家，主要是因为在他们看来，儒家都从本体论的角度把仁、义、礼、孝、忠、恕等规定为人的义务。譬如，仁源自人与人之间的关系，那么人之间的相互关系决定了仁必须成为道德义务和行为规则；孝源自长幼之间的依赖和被依赖的关系，这种依赖关系决定了孝必定成为子对父的道德义务和行为规则。我们研究儒家经典在西方的翻译和传播，不能不关注儒家经典翻译的这种义务论伦理学化倾向，找出问题，同时也研究探讨其合理成分。因为这代表了儒家思想在西方世界的一种传播模式。那么，西方译者究竟为何将儒家和康德联系起来，又是如何用康德的义务论观点去解读和翻译儒家经典的呢？

第一节　义务论伦理学与儒家思想的相似性

在现代学科视野下，作为中华民族古老的伦理学说之一，儒家伦理思想具有哪些伦理学属性？是德性论，义务论，还是两者兼而有之？这是儒家经典翻译应该看清楚的问题。从当代儒家思想研究的观点来看，有人坚持认为儒家伦理思想是德性伦理学，有人则认为是义务论伦理学。成中英先生就持前一种观点，但持后一种观点者也为数不少，如马振铎①等。在我们看来，儒家伦理不是纯粹的德性伦理学或义务论伦理学，因为就整体而论，它毕竟不属于西方伦理传统，根本不属于其中任何一个伦理理论体系。准确地说，儒家伦理思想是两者兼而有之。它不具备两者知识体系的完整性，却兼有两种理论体系的特征，即既是德性论的，也是义务论的。那么，儒家伦理思想与康德的义务论思想有哪些相似性呢？为了方便后面的翻译探讨，我们先来讨论一下这个问题。

有的学者对义务论伦理学的特点做了如下五点总结：

（一）以维护社群整体利益为出发点，提出对个体的道德规范要求。重视社会道德规范体系的建构，并把这些道德规范是否被遵守作为评价个体行为正当性的依据。（二）从个体方面来说，把履行社群提出的道德规范作为一种不可推卸的道德义务，也把学习和实践道德规范作为个体获得社群成员资格认可的必要条件。（三）在对道德规范（或道德义务）正当性的论述中，不仅从社群生活的伦理关系出发，还从自然规律或超自然的信仰对象中寻找依据。（四）在道德认识上，把"实然"与"应然"、求"真"与求"善"结合起来。在道德价值上，强调社群利益高于或先于个人利

———————————

① 马振铎：《孔子的尚义思想和义务论伦理学说》，《哲学研究》1991 年第 6 期，第 54—60 页。

益，坚持重群体轻个体或先群体后个体的价值导向。在道德实践上，重视道德教育和道德评价的他律作用。（五）由道德规范所体现出来的道德义务，既可以是个体的，又可以是群体的。并且使道德规范与其他的社会规范相交织。①

具体来说，义务论伦理学始自康德。康德的道德义务论包括善良意志、道德命令、意志自律、善恶观念、道德情感以及至善的道德理想等基本要素。康德义务论伦理学的基本特点是在先验唯心论的基础上，以理性自律为基本方法，以普遍立法、人是目的、意志自由三大绝对命令为表现形式，强调动机的纯洁性和至善性。义务就是责任，来自人的内在理性。其要义是一切道德价值来自理性自律，反对任何感性的参与，反对以任何功利为目的建立道德法则，其目标是完成社会道德体系的建立，其使命在于正民心民风，为社会确立起道德责任，维护社会公正。

在康德的义务论伦理学中，第一个问题是道德责任问题。"责任就是由于尊重法则而产生的行为必要性。"② 道德产生于内在责任；责任分为内在和外在两种，内在责任来自自由意志，而外在责任来自法权，只有"自由意志所承担的责任"③ 才有道德价值。自由意志具有无条件的善，集中体现为道德的善，即善良的意志。善良的意志受理性的规定，康德说："我们终究被赋予了理性，作为实践能力，亦即作为一种能够给予意志以影响的能力，所以它的真正使命并不是去产生完成其他意图的工具，而是去产生在其自身就是善的意志。"④ 理性为自由意志确立法则，即自主性法则。意志为行为确立准则，如果这些准则不是为了利己的目的，自身没有矛盾或自相矛盾，则可以普遍化为普遍性法则，这些普遍性法则就是道德法则。康德伦理学的根本

① 孔润年：《论中国伦理的"德性论"与"义务论"之分野》，《宝鸡文理学院学报》2000年第1期，第28—32页。
② 龚群、陈真：《当代西方伦理思想研究》，北京大学出版社2013年版，第233页。
③ 龚群、陈真：《当代西方伦理思想研究》，北京大学出版社2013年版，第225页。
④ 龚群、陈真：《当代西方伦理思想研究》，北京大学出版社2013年版，第226页。

宗旨就是确立普遍性法则；普遍性法则服从两个绝对命令，其作用是规范人的社会行为。所以，康德义务论伦理学的特点是通过天赋理性为人的社会行为立法。其次，它虽然以内在责任为道德的起点，强调"只有出于责任的行为才具有道德价值"，而行为"合乎责任也没有道德价值"①，但其仅仅关注人的行为，为行为立法，却不曾涉及人性的修养以及如何培养人的责任心和理性，似乎两者都是天然地自足而崇高。

那么，孔孟伦理思想与康德义务论伦理学究竟有无相似性呢？成中英先生给出了肯定的回答。成中英先生认为，康德伦理学的义务来自善良意志，出于善良意志所规定的义务的行为有道德价值；孔孟伦理学的义务来自良心，即仁爱之心，仁爱之心赋予人以义务感并产生某种相应行为，这样的行为被儒家称赞为高尚的道德行为。所以，出于善良意志的义务和出于仁爱之心的义务，两者之间有本质上的相似性。可以说，"康德与儒家对道德和人性的理解是一致的。作为人性的决定性内核的道德原则就是变成完美的义务，亦即完美的仁德（virtue of Humanity）。对康德来说，这个过程可以是义务的'德性化'，因为义务就是由德性经过义务化而来。因此，善良意志并非仅是先验的义务原则，也是内在的仁德。"②

在我国，也有学者对孔子伦理思想的义务论性质进行过探讨。马振铎认为，"孔子伦理学说的理论意义在于，他把主体的意志在道德中的地位突出了出来"③。孔子的伦理要求"人们要以自己的仁爱之心去辨别是非善恶，而不要以君主或宗主的是非为是非；要按自己的意志行事，而不要按君主或宗主的意志行事。"④ 既以仁爱之心判断善恶，又要根据自己的意志去为自己的行为制定法则，并根据法则去行动。这个法则就是"尚义"，即以义行事。而且，行义仅仅是道德主体按其仁爱之心所作出的裁决行事而已，其中"不

---

　　① 龚群、陈真：《当代西方伦理思想研究》，北京大学出版社 2013 年版，第 229 页。

　　② Chung-ying Cheng：*Incorporating Kantian Good Will*（2）*—A Confucian-Kantian Synthesis*. Journal of Chinese Philosophy，December，2011：602–638.

　　③ 马振铎：《孔子的尚义思想和义务论伦理学说》，《哲学研究》1991 年第 6 期。

　　④ 马振铎：《孔子的尚义思想和义务论伦理学说》，《哲学研究》1991 年第 6 期。

含任何对功利目的的追求"①。从心所欲不逾矩，是一种极高的道德境界，这一境界意味着人"彻底获得了道德上的自由"②。这一切，都体现了儒家伦理思想的义务论特性。

第二节　义务论伦理学思维状态下的儒家经典翻译

康德义务论伦理学理论思维，主要有五种主要标志：第一，原则性（principle）。康德认为，一定的道德行为必定有一定的原则可遵循。具体地说，康德的伦理原则就是道德至上原则，道德至上的原则产生道德义务或责任，道德义务"服从于实践理性的规定"③。第二，理性特征。对原则的遵循就是义务或责任。在康德看来，是理性，或者说是"纯粹实践理性决定了人的特性或人的行为的道德特性。人作为一个现实的存在，既是后天的经验性存在，但更为重要的，是在先天意义上的纯粹实践理性的存在。"④ 人的实践理性所体现的道德的善，最集中地体现为善良意志的特性。人的实践理性，即善良意志，为自己立法，这些立法就是道德法则（law）；人的实践理性或善良意志规定人应当去遵守这些立法，这就是人的内在责任或义务。康德所说的义务是人的内在责任，即"作为人而言，尽人的本分是你应有的责任"⑤，不是来自社会或上帝的规定的义务。第三，规范性。人的实践理性或善良意志依据两个绝对命令为自己立法。所确立的法则即道德法则。道德法则的基本功能，就是去规范人的社会行为。第四，普遍性。从由个人的"爱好"⑥ 出发所建立的主观行为准则和由绝对命令建立的客观道德行为法则之

① 马振铎：《孔子的尚义思想和义务论伦理学说》，《哲学研究》1991 年第 6 期。
② 马振铎：《孔子的尚义思想和义务论伦理学说》，《哲学研究》1991 年第 6 期。
③ 马振铎：《孔子的尚义思想和义务论伦理学说》，《哲学研究》1991 年第 6 期。
④ 马振铎：《孔子的尚义思想和义务论伦理学说》，《哲学研究》1991 年第 6 期。
⑤ 马振铎：《孔子的尚义思想和义务论伦理学说》，《哲学研究》1991 年第 6 期。
⑥ 马振铎：《孔子的尚义思想和义务论伦理学说》，《哲学研究》1991 年第 6 期。

间的本质区别可以看出，康德伦理学试图建立的是可以普遍化的道德法则。其目标是为人类社会建立一种世俗的道德行为法则来规范人的行为，并为人类社会带来秩序和安宁。第五，抽象性。由于康德伦理学建基于理性，崇尚先验的纯粹实践理性，反对经验，如情感因素等非理性因素的干扰和参与，追求普遍性，这就决定了康德伦理学从概念到观念都有极高的抽象性，所以本质上是一种形而上的形式主义伦理学。康德提出了道德的三个命题①：一、只有处于责任的行为才具有道德价值。即使是呵护责任也没有道德价值；二、一个处于责任的行为，其道德价值不取决于它所要实现的目的，而取决于它被规定的准则；三、责任就是由于尊重法则而产生的行为必要性。其中，责任是抽象的，它是因尊重法则而产生的行为上的必要性。法则是什么呢？康德认为，道德活动是主动的、原发性的，不为任何人以外的权威所决定的理性自律活动。"理性自律就是，道德主体自己服从自己制定的法则。理性向自身提出的法则，就是道德法则，服从道德法则就是服从理性自己。"② 理性、责任、法则的先验性决定了康德义务论的抽象性。它不针对任何具体的社会生活行为，也不关心建立具体的行为道德规范，而是抽象的普遍道德法则，它是至高无上的命令。

康德哲学自成体系，本来是与儒家思想体系泾渭分明的。但先哲的微言大义皆以探求人与宇宙的真理为要，所以，虽然话语方式有别，但思想内容必有诸多相似。追溯儒学英译史可见，将儒家伦理观念道德化的翻译并非起始于今天，而是近二百年前就有。裨治文、理雅各以及许多其他西方译者的儒学译本中也混杂着康德的义务论观点。这种现象，与康德哲学产生以来对欧洲思想界所形成的巨大影响有很大关系。在此先以"礼"的翻译为例试作分析。

---

① 马振铎：《孔子的尚义思想和义务论伦理学说》，《哲学研究》1991年第6期。
② 刘伏海：《康德伦理学形式主义的实质和特点》，《湖南师范大学社会科学学报》1990年第2期，第48页。

　　马振铎认为，孔子是中国和世界上"最早提出义务论伦理学说的思想家"①，儒家伦理是义务论伦理学。梁启超认为，礼是由仁生出的"一切行为的轨范"②。礼和法差不多，但"（一）法不过事后消极的裁制，礼才是事前积极的裁制，直接的效果，已经悬殊；（二）法的裁制力是他动，礼的裁制力是自动，间接的效果，影响非巨。"③ 所以说，孔子的"礼教，就是从情欲的基础上建设出来。但他以为情欲虽不可无，却是要节。"④《礼记·乐记》所谓"礼节民心"，就是礼之用。梁启超据"礼也者，义之实也"，认为礼并非纯粹实践性的，而"于仪式之外，另有抽象的礼意"⑤，所以不必拘泥具体的仪式的礼。理雅各翻译《礼记》中的礼，基本上是以"the rules of propriety"（礼法）来翻译，颇与梁启超所解释的作为"轨范"的礼相吻合。例如，《礼记·礼运》这样描述小康社会：

　　今大道既隐，天下为家，各亲其亲，各子其子，货力为己，大人世及以为礼，城郭沟池以为固，礼义以为纪，以正君臣，以笃父子，以睦兄弟，以和夫妇，以设制度，以立田里，以贤勇知，以功为己，故谋用是作，而兵由此起。此六君子者，未有不谨于礼者也。以著其义，以考其信，著有过，刑仁讲让，示民有常。

理雅各的译文是：

Now that the Grand course has fallen into disuse and obscurity, the kingdom is a family inheritance. Every one loves (above all others) his own parents and cherishes (as) children (only) his own sons. People accumulate articles and exert their strength for their own advantage. Great men imagine it is the rule that their states should descend in their own

① 马振铎：《孔子的尚义思想和义务论伦理学说》，《哲学研究》1991年第6期。
② 梁启超：《梁启超论儒家哲学》，商务印书馆2012年版，第133页。
③ 梁启超：《梁启超论儒家哲学》，商务印书馆2012年版，第134页。
④ 梁启超：《梁启超论儒家哲学》，商务印书馆2012年版，第135页。
⑤ 梁启超：《梁启超论儒家哲学》，商务印书馆2012年版，第136页。

families. Their object is to make the walls of their cities and suburbs strong and their ditches and moats secure. The rules of propriety and of what is right are regarded as the threads by which they seek to maintain in its correctness the relation between father and son; in its harmony that between elder brother and younger; and in a community of sentiment that between husband and wife; and in accordance with them they frame buildings and measures; lay out the fields and hamlets (for the dwellings of the husbandmen); adjudge the superiority to men of valour and knowledge and regulate their achievements with a view to their own advantage. Thus it is that (selfish) schemes and enterprises are constantly taking their rise, and recourse is had to arms; and thus it was (also) that Yü, Tang, Wǎn and Wû, King Khǎng, and the duke of Kǎu obtain their distinction. Of these six great men every one was very attentive to the rules of propriety, thus to secure the display of righteousness, the realisation of sincerity, the exhibition of errors, the exemplification of benevolence, and the discussion of courtesy, showing the people all the normal virtues. ①

原文所谓"礼义以为纪,以正君臣,以笃父子,以睦兄弟,以和夫妇,以设制度,以立田里,以贤勇知",全面论述了礼的道德规范作用。如同原文一样,译文中的 rule 和 rules of propriety,都强调了礼是规则,并强调了其规范性,把礼作为用途广泛的法则,在大道不行的小康社会的规范作用真切地传达出来。

《礼记》中所讲的礼对情感的节制作用,也被理雅各如实翻译出来。例如:

---

① James Legge: *The Sacred Book of China*, in the *Sacred Books of the East*, edited by Max Müller. Oxford: The Clarendon Press, 1885: 366.

孔子曰："夫礼，先王以承天之道，以治人之情。故失之者死，得之者生。"

Confucius said："It was by those rules that the ancient kings sought to represent the ways of Heaven，and to regulate the feelings of men. Therefore he who neglects or violates them may be（spoken of）as dead，and he who observes them，as alive."①

故圣人所以治人七情，修十义，讲信修睦，尚辞让，去争夺，舍礼何以治之？

Hence，when a sage（ruler）would regulate the seven feelings of men，cultivate the ten virtues that are right；promote truthfulness of speech，and the maintenance of harmony；show his value for kindly consideration and complaisant courtesy；and put away quarreling and plundering，if he neglects the rules of propriety，how shall he succeed？②

译文中 those rules，从前文看，就是 rules of propriety。

《礼记》中也讲礼的修养作用和政治作用，这在理雅各译本中也得到了很好的体现。例如："故唯圣人为知礼之不可以已也，故坏国、丧家、亡人，必先去其礼。"理雅各译作：

It was on this account that the sages knew that the rules of ceremony could not be dispensed with，while the ruin of states，the destruction of families，and the perishing of individuals are always preceded by their abandonment of the rules of propriety. ③

又如："是故夫礼，必本于天，殽于地，列于鬼神，达于丧祭、射

①　James Legge：*The Sacred Book of China*，*in the Sacred Books of the East*. 367.
②　James Legge：*The Sacred Book of China*，*in the Sacred Books of the East*. 380.
③　James Legge：*The Sacred Book of China*，*in the Sacred Books of the East*. 389.

御、冠昏、朝聘。故圣人以礼示之，故天下国家可得而正也。"

Therefore those rules are rooted in heaven, have their correspon-
dences in earth, and are applicable to spiritual beings. They extend to
funeral rites, sacrifices, archery, chariot-driving, capping, marriage,
audiences, and friendly missions. Thus the sages make known these
rules, and it became possible for the kingdom, with its states and clans,
to reach its correct condition. [①]

以上两部分译文中，节民情、治国家的礼，实质上都是礼法，也就是礼
的道德法则，译者将其一律当作 rules。

对于礼法的道德作用，理雅各判断基本都比较准确，但有时礼法作为规
则的作用，在理雅各译本中甚至被夸张。比如以下讲礼与义的关系的一段文
字，被译者解释成经世治国的政治规则。

> 为礼不本于义，犹耕而弗种也；为义而不讲之以学，犹种而弗
> 耨也；讲之于学而不合之以仁，犹耨而弗获也；合之以仁而不安之
> 以乐，犹获而弗食也；安之以乐而不达于顺，犹食而弗肥也。

Therefore to govern a state without the rules of propriety would be to
plough a field without a share. To make those rules without laying their
foundation in right would be to plough the ground and not sow the
seed. To think to practise the right without enforcing it in the school would
be a to sow the seed and not weed the plants. To enforce the lessons in
the schools, and (not) insist on their agreement with humanity, would
be to weed and not to reap. To insist on the agreement of the lessons with
humanity, and not give repose to (the mind of) the learners by music,
would be to reap, and not eat (the product). To supply the repose of

---

① James Legge: *The Sacred Book of China*, *in the Sacred Books of the East*. 367.

music and not proceed to the result of deferential consideration would be to eat the product and get no fattening from it. ①

实际上，句首"为礼"的意思，并非一定指 to govern a state（治国），也可以指个人在自身修养过程中，遵礼应该以义为动机和依据。

关于礼和法两者的体用关系的一段论述，译者这样来翻译：

> 故圣人作则，必以天地为本，以阴阳为端，以四时为柄，以日星为纪，月以为量，鬼神以为徒，五行以为质，礼义以为器，人情以为田，四灵以为畜。

> Thus it was that when the sages would make rules（for men），they felt it necessary to find the origin（of all things）in heaven and earth；to make the two forces（of nature）the commencement（of all）；to use the four seasons as the handle（of their arrangements）；to adopt the sun and stars as the recorders（of time），the moon as the measurer（of work to be done），the spirits breathing（in nature）as associates，the five elements as giving substance（to things），rules of propriety and righteousness as（their）instruments，the feelings of men as the field（to be cultivated），and the four intelligent creatures as domestic animals（ to be reared）. ②

所谓圣人作则，其中一则即是礼之则，即"礼义以为器"。所以礼是 rules of propriety。又如：

> 是故夫礼，必本于大一，分而为天地，转而为阴阳，变而为四时，列而为鬼神。其降曰命，其官于天也。

> From all this it follows that rules of ceremony must be traced to their origin in the Grand Unity. This separated and became heavens and

① James Legge：*The Sacred Book of China*，*in the Sacred Books of the East*. 390.
② James Legge：*The Sacred Book of China*，*in the Sacred Books of the East*. 383.

earth. It revolved and became the dual force (in nature). It changed and became the four seasons. It was distributed and became the breathings (thrilling in the universal frame). its (lessons) transmitted (to men) are called its orders; the law and authority of them is in Heaven. ①

根据译文来看，礼法的根源在于天地生成之前的混沌宇宙，其管理的权力和律法由天来掌握。这给予了礼以无上的神圣性。但这一句中礼的意义被译得过于具体，因为礼被译作 ceremony（仪式）而使礼法的"礼"被等同于仪式，意思过于狭隘。

理雅各在译本中多以礼为道德准则，故以西哲伦理学术语（rules of）propriety（礼法）来翻译礼，确是译出了其中的道德意义，显示出了儒家伦理的部分义务论属性。但作为礼法的礼，理雅各并没有统一地用 rules of pro-priety 来翻译，而是在不少地方代之以 rules of ceremony 或 propriety，从而忽略了礼作为法的属性。这不可不谓是一个缺憾。这种情况反映出，翻译过程中理雅各的义务论伦理观大概有一定的自发性，而非完全出于鲜明的义务论伦理学的学科意识或目的，也就是说，将礼当作一种规范或制度来表达，并没有上升到翻译策略的层面。

与礼相近，儒家的孝道也是最具实践性的伦理规范之一。但对孝的义务论性质，要在翻译过程中彻底把握好，也不那么容易。接下来我们再以《孝经》翻译为例，对儒家经典翻译中的义务论伦理因素做进一步的分析。

为了方便讨论，我们先看孝的所指是什么。就字义而论，"孝，善事父母者。从老省，从子，子承老也。"（《说文》）即子女"善事父母"。从词源来看，"孝"早见于《尚书》《诗经》《国语》《论语》《礼记》，源远流长。从观念的起源而论，孝的观念萌发于血缘关系，养于血亲家庭。自商周以来，小农自然经济在我国古代逐步形成。在这种经济形式下，家长以技术骨干、生产指挥者、占有者的身份形成家长权威，以此为基础，产生了"崇

---

① James Legge: *The Sacred Book of China*, *in the Sacred Books of the East*. 386-388.

敬、侍奉家长的要求，并且这种要求转化为一种官道的责任和道德义务，于是'孝'的完全意义便大体上具备了"①。殷人重鬼治轻人治，尚未形成"孝道"伦理，孝敬双亲仅用于维持宗族团结、协调人际关系。至周代，完善的宗法分封制度建立，周公明确提出孝的观念及"孝养"的观念。如《书经·酒诰》："小子，唯一妹土，嗣尔股肱，纯其艺黍稷，奔走事厥考厥长。肇牵车牛，远服贾用，孝养厥父母，厥父母庆，自洗腆，致用酒。"至春秋，孔子创仁学，强调仁之实质在爱，仁之本在孝，并指出孝源自"子生三年，然后免于父母之怀"，突出了仁、孝的情感内涵。而至《孝经》"夫孝，德之本也，教之所由生也。"孝成为一切道德与教化的根本。据徐儒宗的研究，孝道包含"物质上的孝养和精神上的孝敬"，具体说来即"事亲以礼""父母唯其疾之忧""事父母几谏""立身行道，扬名显亲""继志述事"等②。这是对孝的本体论意义的总结。

那么，西方译者对孝道思想及其价值怎么看呢？从理念上来说，裨治文③和理雅各把孝理解为类似于上帝要求子民对他的那种至高的敬意（piety），同时还把孝理解为一种类似于上帝要求子民为他忠实履行的义务（Duty）。从功用上看，理雅各把孝理解为行为法则（rule of conduct）④。对于孝的渊源，玛丽·莱拉·曼科拉的观点比较有代表性，她认为孝源自家庭内部的关系，由于有家庭内部的相互奉献的约定，"家庭以最紧密团结的形式建立起来，而这种团结构成了中国社会的基础"⑤。她把中西方家庭与社会进行对比："西方家庭建立在夫妻关系之上，中国家庭建立在父子关系之上；西方更关心年轻人，中国更关心老人；西方鼓励个人自由与独立，中国更强调家庭团结和相互依存。"⑥家庭是孝的发源地，孝是品德之源。罗思文、安

---

① 徐儒宗：《人和论——儒家人伦思想研究》，人民出版社 2006 年版，第 193 页。
② 徐儒宗：《人和论——儒家人伦思想研究》，人民出版社 2006 年版，第 199—237 页。
③ James Granger Bridgeman：*The Chinese Repository*. Vol. IV—December, 1835, No. 8, p. 44.
④ James Legge：*The Sacred Book of China*. Oxford：The Clarendon Press, 1879：465.
⑤ Mary Lella Makra：*The Hsiao Ching*. New York：St. John's University Press, 1961：VIII.
⑥ Mary Lella Makra：*The Hsiao Ching*.

乐哲在前言中对这一问题的论述较为深入。两位译者从历史角度指出中国文化传统中的"家"与当代西方的核心家庭不同。

在孔子时代，中国虽然已经进入铁器时代，但仍处于农耕社会，家庭是社会经济最基本的生产、分配和消费单位。早期儒家对家的看法源自其对世界的看法，从而对家庭成员也有不同看法。家庭成员是由相互间的特别关系决定的，家庭成员就是他们相互之间拥有的意义。孝是儒家的基石，如果没有家庭成员之间的敬意，没有子女对父母的敬意，道德上的仁人和社会政治上的君子就不可能出现。罗思文、安乐哲认为，重要的是"儒家角色伦理学"滥觞于家庭情感并辐射到社会中去；家庭情感构成子女对父母，以及兄弟姐妹之间的关系和他们的生活角色。"为了培养适当的'孝'（family reverence）的态度并适当予以表达，一个人有必要生活在一个或大或小的家庭，且这个家庭必须是为了实践'孝'。"① 罗思文、安乐哲指出，西方启蒙运动改变了亚伯拉罕宗教传统，尤其改变了西方人的家庭观念，因为人从此被看成自由、理性、自治的个体。不少人认为，当下的家庭形式应该消失。西方女性主义者和一些社会改革者以各种理由对家庭进行批评；也有一些人甚至认为："儒家所提倡的家庭是最糟糕的家庭，因为儒学建立在独裁主义之上。"② 今天的西方，社会机构取代了中国式的和西方早期家庭的功能。教育、法制系统、社会安全、医疗，以及其他公共保健工作以前都是由家庭来承担。而现代社会机构为人们所担当的，远不如以前的家庭为人们所担当的多。当代西方家庭的重要性减弱，使西方社会付出了重大代价。因此，"农耕社会时期的儒家家庭观念，对当今工业社会和后工业社会仍有重要意义"③。以上这些认识有一个共同特点，那就是孝是一种义务，也是一种行为准则。但孝的义务的来源对不同的译者来说有所

---

① Henry Rosemont Jr. , *Roger T. Ames：The Chinese Classic of Family Reverence—A Philosophical Translation of the XiaoJing.* Honolulu：University of Hawai'i Press，2009：1.

② Henry Rosemont Jr. , *Roger T. Ames：The Chinese Classic of Family Reverence—A Philosophical Translation of the XiaoJing.*

③ Henry Rosemont Jr. , *Roger T. Ames：The Chinese Classic of Family Reverence—A Philosophical Translation of the XiaoJing.* 30-31.

不同。对裨治文和理雅各而言，这种义务有神圣的规定的性质；而对罗思文和安乐哲而言，孝的义务则是出自个人在家庭及社会中所担任的角色，属于世俗的和外在的义务，且其中含有功利目的与关系。

对孝的这种认识，在多家译文中都体现了出来。例如《三才章》："夫孝，天之经也，地之义也，民之行也。"请看以下几家译文：

裨治文：It（filial duty）is the grand law of heaven，the great bond of earth，and capital duty of man.

理雅各：Filial piety is the constant（method）of the Heaven，the righteousness of the Earth，and the practical duty of Man.

程艾凡：Filial duty is the constant doctrine of Heaven，the natural righteousness of Earth，and the practical duty of man.

曼科拉：Filiality is the first principle of heaven，the ultimate standard of earth，the norm of conduct for the people.

罗思文、安乐哲：Indeed，family reverence is the constancy of the heavenly cycles，the appropriate responsiveness（yi）of the earth，and the proper conduct of the people.

这些译文中分别出现了 duty、law、principle、norm、standard、constant doctrine 等西哲概念。所使用的语言属于义务论伦理学话语体系。其所作的判断说明，裨治文、程艾凡把孝看作义务（duty）；理雅各把孝看作子女对父母的神圣义务（filial piety），因为 piety 的本意是上帝规定的选民对上帝所持有的崇拜和献身的义务；曼科拉把孝看作是一种较抽象的观念和准则。那么，译文中孝就成了较为抽象和理性的原则、规范、准则、规则、法则。从本体论意义上说，儒家的孝究竟是不是纯粹的义务？前文已经阐明，儒家的孝产生于亲情，然后是更高层次的爱和敬以至政治上的忠顺，孝所产生的行为远远高于义务或责任的标准。换言之，一个有义务或责任感的人并不一定是孝者。孝是高尚的道德情感，然后才是观念；它是行为的根本原则，也是

行为本身，但不仅是罗思文和安乐哲所谓的"对家人的敬意"（family rever-
ence）和"适当的行为"（proper conduct），而是"有常之德"，所以它有康
德义务论中的 principle（原则）、law（法律）或 norm（规范）的属性，但又
与其有别。在儒家那里，孝是"天经地义"，却非出自康德所谓的纯粹理性。
孝虽然有道德责任和行为法则的性质和作用，但它本质上是一种道德情感和
行为修养，其要义在于实践性。邢昺在《孝经正义》说："言孝为百行之
首，是人生有常之德，若日月星辰运行于天而有常，山川原隰分别土地而为
利，则知贵贱虽别必资孝以立身，皆贵法则于天地。"① 以上译文都没有揭示
出孝的本体论意义，这大概与孝的情感、观念、行为三重性以及复杂的内涵
有直接关系。

　　裨治文在《孝经》译本中，通篇都把孝理解为 Duty，从而使孝从主观的
敬爱，变为被动的客观的义务。将儒家的孝道解释为子女对父母的义务，也
是出于康德道德义务论的观点。这样的解释是对以敬爱为孝之根本精神的儒
家孝道的最大误解。康德"对'自愿尽义务者'重感情的道德体系，像对
功利伦理学一样讨厌"②。他认为，义务出自理性，与幸福与快乐无关。而儒
家恰恰要求人要以孝为乐、为荣。

　　孝不仅是 Duty，还是 principle。例如，《孝经·开宗明义章》："先王有
至德要道，以顺天下，民用和睦，上下无怨，汝知之乎？"裨治文译为：Do
you understand how the ancient kings，who possessed the greatest virtue and the
best principles，rendered the whole empire so obedient that the people lived in
peace and harmony，and no ill-will existed between superiors and inferiors?③ 译
文在同一语境中出现了 virtue 和 principle。看来 virtue 和 principle 也只能都按
康德义务论来理解。亚里士多德也讲 virtue，但同一句话里译者一般不会采
用两种伦理观念，所以这里不能将 virtue 理解为亚里士多德所论的德性。那

---

① 阮元：《十三经注疏》清嘉庆刻本，中华书局 2009 年版，第 5543 页。
② 梯利：《西方哲学史》，葛力译，商务印书馆 2001 年版，第 463 页。
③ James Granger Bridgeman：*The Chinese Repository. Vol. Ⅳ—December*，1835，No. 3.

么，本句译文的意思是，先王拥有最伟大的道德，并依此为自己制定了最高尚的道德原则，并用它们来治理天下。康德伦理学中的 virtue，是后天获得的能力，永远不会完美，即 virtue 作为后天获得的道德品质，不可能像实践理性那样成为道德法则的根本理由。那么，即使先王具备了这种"最高的德（highest virtue）"，也非儒家之"至德"，又何以"顺天下"！这里的矛盾十分突出。

在裨治文的译文中，孝道作为原则，似乎是君王制定出来的。例如《孝经·孝治章》："明王之以孝治天下。"裨治文将此句译为：The illustrious kings governed the empire on the principles of filial duty.（明君用孝的原则治理国家）。从译本来看，个人道德也需要受到这样的外在原则的约束。例如《开宗明义章》："立身行道，扬名于后世，以显父母，孝之终也。"裨治文将此译为：And when we acquire for ourselves a station in the world, we should regulate our conduct by correct principles, so as to transmit our names to future generations, and reflect glory on our parents: this is the ultimate aim of filial duty. 译文中的"行道"，就是"根据正确的原则来规范我们的行为"，那么道就是一种原则。

当然，把孝翻译成原则在《孝经》整个译文中很难取得整体上的一致性。如把 love 和 principles 一并使用，似乎是在把道德定性为原则，却又缺乏义务论的一致性，因为义务论伦理学以理性为基础，认为道德反对情感的参与和控制。又如《孝经·三才章》："先王见教之可以化民也，是故先之以博爱，而民莫遗其亲，陈之于德义，而民兴行。"裨治文译作：

> The ancient kings saw that such a mode of instruction was calculated to reform the people; therefore they placed before them an example of universal love, and people never cast away their parents; they laid open to them the principles of virtue, and the people hastened to put them in practice."

译文中"德义"是约束性的道德原则（principles of virtue），人民争相践行，用以约束自己。同时，先王也以身示范博爱（universal love），使民不弃双亲。这样，三才章的意旨就变成了既以情感化子民，也以道德原则约束子民的孝道伦理。这种译法，虽然从译文整体上看不够和谐，但确实译出了儒家孝道的道德法则性质，所以有它的合理性。

第三节　关于其他带有义务论倾向的翻译的讨论

在儒家经典的译者中，有意识地使用哲学术语对儒家思想进行表述的译者，当数当代美国译者大卫·亨顿。从亨顿《论语》译本术语的使用情况可以看出，译者对源语文本思想的认识，基本上是康德义务论伦理学隐喻，译本从整体上有明显的义务论伦理学化的痕迹。原文本中义、仁、德的翻译就是著例。刘殿爵虽然把儒家主要当作教人做人的哲学来翻译，但也羼入了不少的义务论思维元素。亨顿和刘殿爵的《论语》《孟子》译本值得讨论。

先来看亨顿的《论语》和《孟子》译本。亨顿的《论语》译本是一个将儒家思想义务论化的典型。《论语》原文中仁字共 109 见，其中 37 见被译作 humanity。义字共 20 见，其中 12 见被译成首字母大写的 Duty。德字共 40 见，其中 29 见被译成首字母大写的 Integrity（正直）。

为了呈现亨顿译文的整体面貌，在此我们将亨顿对仁的翻译状况全面摘录并分析。为了行文方便，我们对义和德的翻译状况不再在正文中摘录（原文和译文见附录），仅对翻译结果进行分析。

《论语》中仁共 109 见，意思多样。表示人格意义的仁有 50 多处，其中 37 处被亨顿译作 Humanity。所有相关原文和译文如下：

出处	原文	译文
《雍也》	子曰："回也，其心三月不违仁，其馀则日月至焉而已矣。"	The Master said："Yen Hui can empty his mind of everything but Humanity for three months, and never falter. Others may cling to it for a day or month, but that's all." (p. 57)①
《雍也》	仁者先难而后获，可谓仁矣。	The Humane master the difficult parts before expecting any rewards—that can be called Humanity. (p. 60)
《雍也》	宰我问曰："仁者，虽告之曰：'井有仁焉。'其从之也?"	Tsai Yü asked："Hearing that Humanity's down in a well, wouldn't a Humane person jump in after it?" (p. 61)
《雍也》	子贡曰："如有博施于民而能济众，何如? 可谓仁乎?"子曰："何事于仁!"	Adept Kung said："How would you describe a person who sows all the people with blessings and assists everyone in the land? Could such a person be called Humane?" "What does this have to do with Humanity?" replied the Master. (p. 62)
《雍也》	夫仁者，己欲立而立人，己欲达而达人。能近取譬，可谓仁之方也已。	As for Humanity：if you want to make a stand, help others make a stand, and if you want to reach your goal, help others reach their goal. Consider yourself and treat others accordingly：this is the method of Humanity." (p. 62)
《述而》	子曰："志于道，据于德，依于仁，游于艺。"	The Master said："Devote yourself to the Way, depend on Integrity, rely on Humanity, and wander in the arts." (p. 68)
《述而》	求仁而得仁，又何怨?	They devoted themselves to Humanity, and so became Humane. How could they harbour any resentments? (p. 70)
《述而》	子曰："仁远乎哉? 我欲仁，斯仁至矣。"	The Master said："Is Humanity really so far away? We need only want it, and here it is!" (p. 74)
《述而》	子曰："若圣与仁，则吾岂敢? 抑为之不厌，诲人不倦，则可谓云尔已矣。"	The Master said："That I've become a sage and mastered Humanity? How could I say that of myself? I work at it and teach it, never tiring. You could say that much. But no more." (p. 75)
《泰伯》	君子笃于亲，则民兴于仁；故旧不遗，则民不偷。	When noble-minded leaders honor their parents, the people feel called to Humanity. And when leaders never forget old friends, the people live open and true. (p. 81)

---

① 括号内为亨顿《论语》英文译本 David Hinton：*The Analects. Washington*,*DC*.：*Counterpoint*,1998. 的页码。下同。

续表

出处	原文	译文
《泰伯》	仁以为己任，不亦重乎？死而后已，不亦远乎？	When Humanity is your burden, is it not indeed heavy? And when the Way ends only at death, is it not indeed long?
《泰伯》	子曰："好勇疾贫，乱也。人而不仁，疾之已甚，乱也。"	The Master said: "If courageous people suffer from poverty, they'll soon tear the country apart. Unless they've mastered Humanity, anyone whose sufferings are great would tear it apart with abandon." (p. 84)
《子罕》	子罕言利与命与仁。	The Master rarely spoke of profit or destiny or Humanity. (p. 91)
《颜渊》	颜渊问仁。子曰："克己复礼为仁。一日克己复礼，天下归仁焉。为仁由己，而由人乎哉？"	Yen Hui asked about Humanity, and the Master said: "Giving yourself over to Ritual—that is Humanity. If a ruler gave himself to Ritual for even a single day, all beneath Heaven would return to Humanity. For doesn't the practice of Humanity find its source first in the self, and only then in others?" (p. 127)
《颜渊》	仲弓问仁。	Yan Yung asked about Humanity. (p. 127)
《颜渊》	司马牛问仁。子曰："仁者，其言也讱。"曰："其言也讱，斯谓之仁已乎？"	Szu-ma Niu asked about Humanity, and the Master said:"The Humane speak with slow deliberation." "So, those who speak with slow deliberation can be called Humane?" (p. 128)
《颜渊》	夫闻也者，色取仁而行违，居之不疑。在邦必闻，在家必闻。	A person of renown makes a show of Humanity, but acts quite differently. And he never doubts himself. That is the kind of person who gains renown among the people and the great families." (133–134)
《颜渊》	樊迟问仁。子曰："爱人。"	Fan Ch'ih asked about Humanity, and the Master said: "Love people." (p. 134)
《颜渊》	子夏曰："富哉言乎！舜有天下，选于众，举皋陶，不仁者远矣。汤有天下，选于众，举伊尹，不仁者远矣。"	"Oh, there's such bounty in those words," replied Hsia. "When shun possessed all beneath Heaven, he recognized Kao Yao and raised him up, thus leaving those without Humanity far away. And when T'ang possessed all beneath Heaven, he recognized Yi Yin and raised him up, thus leaving those without Humanity far away." (p. 135)

出处	原文	译文
《颜渊》	曾子曰："君子以文会友，以友辅仁。"	Master Tseng said："The noble-minded use cultivation to assemble their friends, and friends to sustain their Humanity."（p. 135）
《子路》	子曰："如有王者，必世而后仁。"	The Master said："Even if a true Emperor arose, it would still take a generation—but then Humanity would rule."（p. 143）
《子路》	樊迟问仁。	Fan Ch'ih asked about Humanity.（p. 145）
《子路》	子曰："刚、毅、木、讷近仁。"	The Master said："Enduring, resolute, simple, slow to speak—that's nearly Humanity."（p. 147）
《宪问》	"克、伐、怨、欲不行焉，可以为仁矣？"子曰："可以为难矣，仁则吾不知也。"	Never domineering or arrogant, free of resentment and desire—is that Humanity?" asked Yüan. "It's certainly difficult," replied the Master. "But I don't know if it's Humanity."（p. 153）
《宪问》	曰："未仁乎？"子曰："桓公九合诸侯，不以兵车，管仲之力也。如其仁，如其仁。"	"In this," he added, "Kuan Chung fell short of Humanity, did he not?" It was Kuan Chung's strength that allowed Duke Huan to unite the nine lords without force, and so save the empire," replied the master. "What Humanity! What amazing Humanity!"（p. 158）
《卫灵公》	子曰："志士仁人，无求生以害仁，有杀身以成仁。"	The Master said："As for noble officers of purpose and Humanity—they never wound Humanity to secure life. Indeed, to perfect Humanity, they often endure death."（p. 173）
《卫灵公》	子贡问为仁，子曰："工欲善其事，必先利其器。居是邦也，事其大夫之贤者，友其士之仁者。"	Adept Kung asked about the practice of Humanity, and the Master said："If a craftsman wants to do good work, he must first sharpen his tools. If you want to settle in a country, you must cultivate its wise ministers and befriend its Humane officials."（p. 173）
《卫灵公》	子曰："知及之，仁不能守之，虽得之，必失之。知及之，仁能守之，不庄以涖之，动之不以礼，未善也。"	The Master said："You may understand it, but if you can't sustain it with Humanity, it will slip from your grasp. You may understand it and sustain it with Humanity, but if you don't govern with solemn dignity, there'll be no reverence among the people."（p. 178）

续表

出处	原文	译文
《卫灵公》	子曰："民之于仁也，甚于水火。水火，吾见蹈而死者矣，未见蹈仁而死也。"	The Master said："Humanity is more essential to the people than fire and water. I've seen people die trying to purify themselves by walking through fire or over water. But I've never seen anyone die because they've walked in Humanity."（p. 179）
《阳货》	子张问仁于孔子。孔子曰："能行五者于天下，为仁矣。"	Adept Chang asked about Humanity, and Confucius said："There are five essentials. If you can put them into practice throughout all beneath Heaven, then you've mastered Humanity."（p. 197）
《阳货》	好仁不好学，其蔽也愚	"To love Humanity without loving learning：that's the deception of foolishness."（p. 198）
《微子》	微子去之，箕子为之奴，比干谏而死。孔子曰："殷有三仁焉。"	The Lord of Wei fled the Tyrant Chou. The Lord of Chi became his slave. Pi Kan tried to advise him and was put to death. Confucius said："In them, the Shang has three men of great Humanity."（p. 207）
《子张》	子夏曰："博学而笃志，切问而近思，仁在其中矣。"	Adept Hsia said："Broad learning with resolute purpose, earnest inquiry with attentive reflection on things at hand—therein lies Humanity."（p. 218）
《子张》	子游曰："吾友张也为难能也，然而未仁。"	Adept Yu said："My friend Adept Chang can master the most difficult things, but he still hasn't mastered Humanity."（p. 221）
《子张》	曾子曰："堂堂乎张也，难与并为仁矣。"	Master Tseng said："Chang is great venerable indeed：it's impossible to work beside him cultivating Humanity."（p. 221）
《尧曰》	择可劳而劳之，又谁怨？欲仁而得仁，又焉贪？	If you work people hard, but always according to their ability, how can anyone resent you? If you wish for Humanity and Humanity is realized, how is that greed?（p. 231）

    按照亨顿在前言中的解释，Humanity 是孔子所使用的一个术语，其意义被引申为对他人的幸福安康的一种"无私而恭敬的关心"[1]。Humanity 来自

---

[1] David Hinton：*The Analects. Washington D. C.：Counterpoint*，1998：XXXIV.

human，表示一个人。由于汉语的仁字是由立人旁和"二"构成，所以"Humanity 是指人之所以为人的社会性品质"①。"确切地说，遵守礼仪，作为社会礼仪网络关系中不可分割的一部分而生存就是仁"②。显然，Humanity 的内涵是一种人对待人的伦理品质和人之所以为人的本性，这种本性就是人必须成为礼仪网络关系中不可分割的一员，自觉遵循礼仪的规定，亦即其社会性。所以，Humanity 的所指比较复杂，既是人的品质，又是人的社会本性，还是内在道德责任，它要求人遵礼。这样看来，humanity 放在《论语》中，就很像康德伦理学中的最高原则，即理性。其唯一区别是，孔子所说的人必须是社会的，且从主动担当社会责任出发而进行各种行为；康德所说的人则是从理性出发，其一切行为受实践理性的支配，遵守理性的自我立法。可见，Humanity 中义务论伦理学思维模式明显。

那么，通过将仁翻译成 Humanity 和 Humane，作者究竟对仁做了何种解释呢？从英译文的叙述来看，Humanity 是一种关于法则的知识，或是一种形而上的原则，或者近乎抽象的人性原则。例如，Yen Hui can empty his mind of everything but Humanity for three months, and never falter。其中的 Humanity 似乎本是可以被清除的外物，而只是能被颜回牢记在心中而已。梁启超认为，仁是抽象的人格，不是具体的情感，如爱人，也不是行为。他说："什么叫做人格呢？孔子用一个抽象的名词来表示它，叫做'仁'。"③ 钱穆论仁，以仁为在内为仁心、在外为仁道。他说："自内部言之，则人与人相处所共有之同情曰'仁心'。自其外部言之，则人与人相处所公行之大道曰'仁道'。"④ 又说："人群当以真心真情相处，是仁也。人群相处，当求各得其心之所安，亦仁也。仁字之义，不出此二者。"⑤ 胡慕贤则明确提出仁就是康德的道德理性。他说："作为道德本体，诸德所从出的根源的仁本身不是

---

① David Hinton：*The Analects*, 1998：XXIV.
② David Hinton：*The Analects*, 1998：IXIXIV.
③ 梁启超：《梁启超论儒家哲学》，商务印书馆 2012 年版，第 130 页。
④ 钱穆：《四书释义》，九州出版社 2010 年版，第 55 页。
⑤ 钱穆：《四书释义》，九州出版社 2010 年版，第 62 页。

一种具体德行，也不是各种具体德行的总和，而是德性，即道德理性。"①
Humanity 具备梁启超所说的仁的抽象性、钱穆所说的内在性，也有胡慕贤所
说的理性特征。上表中第（31）、（35）两例中的叙述清楚表现了 Humanity
是人后天获得的德性。也就是说，Humanity 是可以通过某种方式被学会和掌
握的对象。但有的时候，仁在译文中又变成了原则。如"当仁，不让于师。"
亨顿将其译作 The noble-minded are principled，but never dogmatic. 这句译文
中仁被确定地解释为 principle，即仁者总是依照原则灵活行事，不拘泥于教
条。像康德把理性作为最高原则一样，似乎译者是把孔子的仁当作了至善的
人性（Humanity），所以它便成为规范一切行为的道德原则。第（2）、（3）、
（4）例中，Humanity 就像梁启超所说的人格，意思比较抽象。但 Humanity
作为人格，还不像仁一样已达最高境界，它本身竟还有高下之分。如（33）
中有 great Humanity 的表述，意思当是伟大的人性。至于伟大的人性由何而
来，则从上下文中无法找到依据。但有一点可以确定，即 Humanity 不是先验
的，而是可以由后天经验改变的东西。所以，亨顿对仁的解释，虽然总体上
渗透着一定的义务论伦理学思维，但在前后文中，其内涵明显地自相矛盾。
朱熹指出："孔子说仁，多说体。孟子说仁，多说用。"② 所以，"仁即人道，
亦即人的本质。这一意义上的仁，不是一种与诸馨行并列的具体'德行'，
而是万善的总根源，诸种具体德行所从出的'德性'。③"亨顿在其整个《论
语》译本中，既没法将仁翻译成康德伦理学中的道德法则一样的东西，也没
能保持仁原有的德性含义。毕竟，孔子所讲的仁是一种不断发展的人的高尚
品格，它不是理性，同样也不是抽象的、固有的 humanity。

　　义与仁一样，也是儒学的核心概念之一，但其概念内涵也比较丰富，所
以翻译时并不容易把握。《礼记·礼运》篇："仁者，义之本。"义自仁而

---

①　胡慕贤：《浅析孔子的义务论伦理学说》，《理论界》2007 年第 4 期。
②　朱熹：《朱子语类》卷六。
③　马振铎：《孔子的尚义思想和义务论伦理学说》，《哲学研究》1991 年第 6 期，第 54 页。

出，不仁也就不义。而同时义对仁有制约作用。朱熹说："义者，仁之断制。"① 又说，"仁虽似有刚直意，毕竟本是个温和之物。但出来发用时有许多般，须得是非、辞逊、断制三者，方成仁之事。"② 义的"断制"作用，也就是"行为的内在节制机制"③ 或德行。义作为儒家核心概念当然是译者翻译处理的重点之一。亨顿在其《论语》译本中将义主要翻译成 Duty。例如④：

> 有子曰："信近于义，言可复也。恭近于礼，远耻辱也。因不失其亲，亦可宗也。"
>
> Master Yu said： "Make standing by words your Duty, and your words will last and last, make reverence an everyday Ritual, and you'll stay clear of all disgrace—then kindred spirits remain kindred, and you're worthy to be their ancestor. "
>
> 子曰："非其鬼而祭之，谄也。见义不为，无勇也。"
>
> The Master said： "Sacrificing to the spirits of ancestors not your own is mere flattery. And to recognize a Duty without carrying it out is mere cowardice. "
>
> 子曰："君子之于天下也，无适也，无莫也，义之与比。"
>
> The Master said： " In their dealings with all beneath Heaven, the noble-minded do not themselves favor some things and oppose others. They form judgments according to Duty. "

按照亨顿的译后术语说明，Duty 是指把"礼的规范运用于具体场合的能力"，Duty 因此也是"仁（Humanity）的特殊伦理体现"⑤。但是实际上，在

---

① 朱熹：《朱子语类》卷一。
② 朱熹：《朱子语类》。
③ 马振铎：《孔子的尚义思想和义务论伦理学说》，《哲学研究》1991 年第 6 期。
④ 限于篇幅，此处仅列 3 例。
⑤ David Hinton：*The Analects*. 248.

英文语境中，duty 的首字母被大写，这种形式本身就使 duty 成为一种具有普遍伦理意义的符号；在 Duty 所在的译文语境中，这种被译者规定的概念意义并不是指"能力"，而更像是一种普遍法则，凡有西哲知识修养的人就会自然联想到康德的源自理性的"责任"。比如，上述译文中"把以言立身当作义务（Make standing by words your Duty）"，用康德绝对命令的观点来看，"以言立身"完全可以普遍化为一般法则。再如，"to recognize a Duty without carrying it out is mere cowardice.（认清了义务而不去履行就是懦夫）"。这里的 Duty 明显是指根据某条法则而应该做的事，并非能力。又如，"They form judgments according to Duty（他们根据义务做出判断）"，其中 Duty 也应该是指一种法则，而非"能力"。其他如 The noble-minded are clear about Duty（4.16）[1]、knowing Duties（7.3）、love Duty（13.4）、think of Duty upon seeing profit（14.12）、The noble-minded put Duty into practice（16.11、18.7）、Devotion to perfecting your Duties toward the people（16.21）、lover of Duty（12.20）、The noble-minded honour Duty above all（17.22）等等，都与康德的自觉遵循理性，亦即遵循善良意志的绝对命令，进行意志自律的道德义务的理论观点十分相似。儒家的义并非义务之义。朱熹说："义者，心之制，事之宜也"；王阳明解释义为"在物为理，处物为义""处物为义，是吾心之得其宜也"[2]；段玉裁解义为"义必由中断制也"[3]。这说明，义首先在心为德。《书·洪范》："无偏无陂，遵王之义"，其中的义即中正的道德规范。徐儒宗说，仁是爱人之心的延伸，而义则是根据具体情况衡量爱人是否恰如其分的标准，二者须相互结合。亦即义是仁外化成的行为准则，但它是"根据具体情况衡量爱人是否恰如其分的标准"[4]，是具体的标准，而并非抽象的普遍法则。

---

[1]　括弧内为亨顿《论语》译本中的篇章标记。下同。
[2]　见王阳明：《与王纯甫》。
[3]　见段玉裁：《说文解字注》。
[4]　徐儒宗：《人和论——儒家人伦思想研究》，人民出版社 2006 年版，第 45 页。

仁、义的翻译既如此，亨顿又把《论语》中的德字都译作 Integrity，这也颇值得注意。如：

1. 曾子曰："慎终追远，民德归厚矣。"

Master Tseng said："Be thorough in mourning parents, and meticulous in the ancestral sacrifices, then the people's Integrity will return to its original fullness."

2. 子曰："为政以德，譬如北辰，居其所而众星共之。"

The Masters said："In government, the secret is Integrity. Use it, and you'll be like the polestar：always dwelling in its proper place, the other stars turning reverently about it."

3. 子曰："道之以德，齐之以礼，有耻且格。"

The Master said："…But if you use Integrity to show them the Way and Ritual to keep them true, they'll cultivate remorse and always see deeply into things."

据统计，亨顿如此翻译义，全文达 29 处之多。integrity 是指人有诚实的品德和道德原则，自觉按自己所奉行的信念、价值观和原则行动，表里如一，所指即人的正直的品德。这种品德并不完全是儒家所称的德，而更像康德所倡导的德性。它本质上依附于外在的价值和原则，缺乏内在的实体性。儒家的德首先是一种内在的修养，是由内而外产生道德力量和行为。比如，儒家讲"中庸之为德，其至矣乎"，意思是说中庸是人的品德的最高境界。又"主忠信，徙义，崇德也"，即忠、信、义是人的高尚道德境界。这些都是说，德是因为人具有了好的内在修养，并非因为遵循了某种外在的原则或标准。可见，用义务论道德概念翻译儒家由内而外的德虽有合理之处，但儒家的德是一个表示伦理范畴的概念，有高下之分，把它翻译成表示美德的integrity，实际上是有一定的片面性的。

亨顿翻译的《论语》是义务论色彩较浓厚，且时有过分之嫌的译本之一。另有一些译文中也经常可以见得类似不太和谐的翻译。

再看刘殿爵的《论语》和《孟子》译本。刘殿爵在其两个译本的前言中，十分清晰准确地分析总结了孔子和孟子的思想体系和特点，尤其对比了中西哲学的主要区别，指出了儒家思想与西方哲学的性质和所关注的主要问题从根本上的不同。刘殿爵指出，中国传统的道德哲学家所关注的问题是"帮助人们成为圣人"①，西方道德哲学家所关心的只是"道德是什么的问题"②，而把人的"更好地成长的问题留给宗教布道者"③。但在中国，解决人的道德成长问题"总是哲学家的事"④。从刘殿爵的这些观点可以看出他另一个观点，那就是，中国和西方一样都有哲学，这与有些理论家否认中国有哲学的观点是截然不同的。其原因大概是，在刘殿爵眼里孔孟思想与西方哲学家所探讨的都是道德哲学问题。刘殿爵这样用英文论述孟子关于人的自然道德动机的观点：

> ...the emphasis on a natural moral motive, as distinct from one based on self-interest in the case of the man who sees a child creeping towards a well, touches on a basic tenet of Confucian thought—the distinction between morality and self-interest. The difference between a gentleman and a small man is that the former pursues morality with single-minded dedication while the latter pursues profit with equally single-minded dedication. There is never any doubt in Mencius' mind that when self-interest comes into conflict with morality, it is self-interest that should give way. ⑤

作为对孟子思想的分析与判断，刘殿爵的以上评论无疑是正确的。他在

---

① D. C. Lau：Mencius. 24.
② D. C. Lau：Mencius 24.
③ D. C. Lau：Mencius. 24.
④ D. C. Lau：Mencius. 24.
⑤ D. C. Lau：Mencius. 22.

论述中所使用的西哲术语，如 morality，可以看作是对儒家思想的道德属性的阐释。然而，刘殿爵不仅是用西哲的术语解析儒家思想，在叙述儒家观念时，其所涉及的伦理概念也同样使用了义务论伦理学等西方哲学话语中的词汇。例如：

> The only things that are left which we have a duty to seek because seeking makes a difference to our success are internal things. These are our original heart and, more generally, moral ends. ①

其中的"义"被说成典型的义务论概念 duty。这种把儒家思想当作道德论的认识，在很多情况下被译者几乎下意识地注入《论语》和《孟子》的译文当中。虽然刘殿爵的儒家经典译本基本上反映了儒家思想的德性论性质，但义务论伦理学的道德论术语在刘殿爵的《论语》《孟子》译本中的存在，把儒家思想的德性论性质大打折扣。

刘殿爵译本的第一个表现，是把义务论中对与错的观念引入了《论语》和《孟子》译本。例如《论语·季氏》："隐居以求其志，行义以达其道。"刘殿爵将"义"当作"对"（what is right）或者"道德的"（what is moral），他译作："I live in retirement in order to attain my purpose and practise what is right in order to realize my way."② 在孟子译本中，他也循此译法。如《孟子·万章上》："孔子进以礼，退以义，得之不得曰'有命'。而主痈疽与待人瘠环，是无义无命也，"他译作："Confucius went forward in accordance with the rites and withdrew in accordance with what is right, and in matters of success or failure said, 'There is the Decree.' If, in spite of this, he accepted Yung Chü and the royal attendant Chi Huan as hosts, then he would be ignoring both what is right and the Decree."③ 原文中的两个义，在译文中则变成了两个作

---

① D. C. Lau：Mencius. 23.
② D. C. Lau：Mencius. 141.
③ D. C. Lau：Mencius. 147.

为道德判断的标准（what is right）。我们已经清楚，对与错是外在道德标准衡量下产生的结果，义是仁心产生的结果，不是西方伦理学中 moral 或 morality 所指的"符合道德标准"。

第二个表现，是把孔孟的德等同于义务论的 morality 或 moral。在很多地方，刘殿爵将"义"还译作 morality 或者 moral。例如《论语·阳货》："君子义以为质，礼以行之，孙以出之，信以成之。君子哉！"刘氏译作：The gentleman has morality as his basic stuff and by observing the rites puts it into practice，by being modest gives it expression，and by being trustworthy in word brings it to completion. Such is gentleman indeed! 又如《论语》："君子喻于义，小人喻于利"，刘氏译作：The gentleman understands what is moral. The small man understands what is profitable. ① 这两种译法更加突出了本不属于儒家思想的抽象道德概念。

第三个表现，是把孔孟的义等同于义务论伦理学中的 duty。例如《论语·微子》："不仕无义。长幼之节，不可废也；君臣之义，如之何其废？欲洁其身，而乱大伦。君子之仕也，行其义也。道之不行，已知之矣。"刘氏译作：

> Not to enter public life is to ignore one's duty. Even the proper regulation of old and young cannot be set aside. How，then，can the duty between ruler and subject be set aside? This is to cause confusion in the most important of human relationships simply because one desires to keep unsullied one's character. The gentleman takes office in order to do his duty. As for putting the Way into practice，he knows all along that it is hopeless. ②

子路这段话中的三个义被翻译成 duty。如译者在《孟子》译本序言中所

---

① D. C. Lau：Mencius. 74.
② D. C. Lau：Mencius. 151.

介绍的，儒家认为一个人的生死、富贵，都是由天命注定,[①] 所以对此不必追求，如果有所追求，则只有道德了。那么，道德并非天命。如此而论，义务（duty）又是从何而来呢？在西方读者来看，他们只有按西哲义务论的道德理论思维，从本来就善的人性中寻求义务的来源。完善人性，就是履行道德义务，这才符合译文本身的逻辑要求。

第四个表现，是把孔孟的"智"等同于intelligence（智力）。刘殿爵在《论语》译本前言中说："intelligence是孔子极为重视的东西。他给了颜回极高的评价，说颜回不仅比学友道德品质高，而且智力也在其之上。"（Intelligence is something Confucius valued greatly. His highest praise was reserved for Yen Hui who was not only superior to his fellow disciples in moral attainment but also in intelligence. ）他的依据是《论语·公冶长》中子贡问孔子的一句话："子谓子贡曰：'女与回也孰愈？'对曰：'赐也何敢望回？回也闻一以知十，赐也闻一以知二。'子曰：'弗如也；吾与女弗如也。'"这段话其实讲的是"知"。孔子所谓"闻一知二""闻一知十"，究竟是不是指人理解事物的"智力"水平呢？朱熹曾解释说："子贡平日以己方回，见其不可企及，故喻之如此。夫子以其自知之明，而又不难于自屈，故既然之，又重许之。此其所以终闻性与天道，不特闻一知二而已矣。"[②] 可见所谓"知"指"闻性与天道"，而非关于事物的一般知识。程树德解释"知"更为真切透彻。曰："岂知回之所以为回，非徒知解也。潜心性命，学敦大原，一彻尽彻，故明无不照。赐则惟事闻见，学昧大原。其闻一知二，乃聪明用事，推测之知，与悟后之知，自不可同日而语。"[③] 所以把"知"等同于intelligence实则强调了西哲中所重视的智力因素，而忽略了"知"本身"闻性与天道"的品质与能力的本义。

除以上译本外，理雅各《大学》译文中，"正心"一段很有些"心"为

---

① D. C. Lau：Mencius. 23.

② 朱熹：《四书章句集注》，中华书局2014年版，第77—78页。

③ 程树德：《论语集释》，中华书局2006年版，第310页。

外在规则所约束的义务论意味。如"所谓修身在正其心者：身有所忿懥，则不得其正；有所恐惧，则不得其正；有所好乐，则不得其正；有所忧患，则不得其正。"理雅各的译文是：What is meant by, "The cultivation of the person depends on rectifying the mind? may be thus illustrated: —If a man be under the influence of passion, he will be incorrect in his conduct. He will be the same, if he is under the influence of terror, or under the influence of fond regard, or under that of sorrow and distress." 我们对这段文字的理解是，对于 mind（心），我们有一套既定的抑或先验的准则去衡量。因为 mind 不符合这种既定的或先验的外在准则，所以才去将它"rectify"。而且理雅各将"心"直接外化为行动（conduct）。而原文中的"正心"本来是一种内在的道德品质修养过程，是一个自主的和自觉的过程。

庞德的《大学》译文更是体现了人的行为被规范的观念。例如："欲齐其家者，先修其身；欲修其身者，先正其心；欲正其心者，先诚其意；欲诚其意者，先致其知；致知在格物。"庞德译作：

> Wanting order in the home, they first disciplined themselves; desiring self-discipline, they rectify their own hearts; and wanting to rectify their hearts, they sought precise verbal definitions of their inarticulate thoughts (the tones given off by the heart); wishing to attain precise verbal definitions, they set to extend their knowledge to the utmost. This completion of knowledge is rooted in sorting things into organic categories. [①]

译文中的动作 discipline，也需要一种外在标准，且这个标准指向行为。rectify 也需要外在规则，它指向的对象是心，其目的是约束，而不是修养。

将儒家伦理完全当作规范行为的法则体系，而不是修齐治平、修己安人

---

① Ezra Pound: *Confucius—The Great Digest, The Unwobbling Pivot, The Analects.* New York: New Directions Publishing Corporation, 1969: 31.

的德性伦理，也是义务论思维的突出表现。安乐哲、罗思文、郝大维等都曾批评西方译者用西方哲学曲解儒家哲学，这一观点对于儒家经典翻译十分可贵。他们反对将儒家的修身之学变成抽象的道德之学，但其翻译的《论语》《孝经》也时常不能摆脱义务论化的倾向。例如，《论语·里仁》"克己复礼为仁。一日克己复礼，天下归仁焉"。安乐哲译作：Through self-discipline and observing ritual propriety one becomes authoritative in one's conduct. If for the space of a day one were able to accomplish this, the whole empire would defer to this authoritative model. 这段译文所传达的思想是，一个人需要自律，而自律要有道德准则，要遵守礼义规则，然后他才会在行为上成为有权威性和影响力的人，只要他一天做到这一点，人们就会以他为模范，也就是说，他就会成为别人的标准。其思想实质就是，儒家的仁、礼等都是外在行为规范而已。这种曲解可谓是根本性的。

"中庸"思想是儒家关于人的品格构成和人格培养的思想，称中庸为人之至德，唯有君子才能达到这一境界。"和"是仁的行为修养。安乐哲当作规范或原则来翻译，实际上歪曲了中庸作为人的最高修养和理想德性的基本性质。例如《中庸》："喜怒哀乐之未发谓之中。发而皆中节谓之和。中也者，天下之大本也；和也者，天下之达道也。致中和，天地位焉，万物育焉。"安乐哲的译文是：

The moment at which joy and anger, grief and pleasure, have yet to arise is called a nascent equilibrium (zhong 中); once the emotions have arisen, that they are all brought into proper focus (zhong) is called harmony (he 和). This notion of equilibrium and focus (zhong) is the great root of the world; harmony then is the advancing of the proper way (dadao 达道) in the world. When equilibrium and focus are sustained and harmony is fully realized, the heavens and earth maintain their proper places and all things flourish in the world. ①

根据前后文，"中"为没有受到情绪影响时的安定心态，"和"为情绪在发生时应该有所节制，要符合一定的度，不能过分。罗思文和安乐哲把"中"解作 equilibrium（平衡），把"和"解作 harmony，都不太符合这里的意思。"中和"（equilibrium and focus、harmony）在译文中的意思仿佛是供大家来维护和追求的价值或原则，它们都是附加的东西，而非固有的存在。但朱熹说："喜、怒、哀、乐，情也。其未发，则性也，无所偏倚，故谓之中。发皆中节，情之正也，无所乖戾，故谓之和。"② 所以，中、和所指是一个事物的两个方面，中是情之性，是情的本质属性；而和是情之用，是附属于情的非本质属性。

第四节　理性看待儒家经典的西哲化翻译

儒家经典翻译中的义务论观点我们应该怎样去看待？首先，义务论伦理观点是儒学的基本属性之一，从义务论的观点出发对儒家思想进行传达，可以表现儒家思想的某些特征，这可以看作是对儒家思想的现代解释。但值得重视的一种现象是，已有儒家经典译本中有将儒家思想内容既德性伦理化又义务论化的做法。

例如，刘殿爵是将儒家思想主要当作德性伦理学来翻译的学者，但他也是将儒家思想西哲化的有影响的译者。其部分译文的主要特征之一就是把儒家思想看作一套行为规则或原则，不仅再现了儒家伦理中所隐含的义务论元素，而且在许多场合都嫁接了义务论伦理观念，将培养人的儒家思想变成了约束和规范人的思想。刘殿爵翻译的《论语》和《孟子》都有这一特点。

---

① Henry Rosemont Jr., *Roger T. Ames*：*The Chinese Classic of Family Reverence—A Philosophical Translation of the XiaoJing*. 89.

② 朱熹：《四书章句集注》，中华书局 2014 年版，第 18 页。

例如《孟子·梁惠王上》：

> 王欲行之，则盍反其本矣。五亩之宅，树之以桑，五十者可以
> 衣帛矣；鸡豚狗彘之畜，无失其时，七十者可以食肉矣；百亩之
> 田，勿夺其时，八口之家可以无饥矣；谨庠序之教，申之以孝悌之
> 义，颁白者不负戴于道路矣。老者衣帛食肉，黎民不饥不寒，然而
> 不王者，未之有也。

刘殿爵这样翻译了这段话：

> If you wish to put this into practice, why not go back to fundamen-
> tals? If the mulberry is planted in every homestead of five mu of land,
> then those who are fifty can wear silk; if chickens, pigs and dogs do not
> miss their breeding season, then those who are seventy can eat meat; if
> each lot of a hundred mu is not deprived of labour during the busy sea-
> sons, then families with several mouths to feed will not go hun-
> gry. Exercise due care over the education provided by village schools,
> and discipline the people by teaching them duties proper to sons and
> young brothers, and those whose heads have turned grey will not be car-
> rying loads on the roads. When the aged wear silk and eat meat and the
> masses are neither cold nor hungry, it is impossible for their prince not
> to be a true King. [1]

原文"谨庠序之教，申之以孝悌之义"本义是"认真做好乡校教育，反复
讲明孝敬长辈的道理"。反复讲明道理的目的，并不一定是对所教授的对象
通过某种理念或行为的外力强行改变某人的思想或行为。孟子在此的本意是
教民以孝道，然后民养成孝德，并自发行孝道。这才符合儒家以道修身的一
贯主张。而译文变成"对乡村学校提供的教育要谨慎，把应当承担的义务通

---

[1] D. C. Lau: *Mencius*. London: Penguin Group. 59.

过训练教给子弟"。译者把义译作 duties 虽然可能是出于失误，但这也反映出了他此处把儒家思想当作规范性义务论的认识。"申"有反复叮嘱之义，没有训练之义，译者用 discipline 翻译"申"字，明确表达了用某种既定的规则去改变某人的行为习惯的意思，这也是义务论思维所产生的结果。

我们应该怎么看待这样的现象？客观地看，过分以义务论伦理学观点来解读和翻译儒家经典对儒家思想的确有一定的歪曲。但这种歪曲，如果换一种眼光看，就不必是负面的，相反，它可能是儒家思想海外生存和发展的必然方式。因为以康德义务论为滥觞的西方义务论伦理学是普遍的和形式主义的，而儒家思想中也确实隐含着义务论观点，把它阐释出来，有利于其在西方当代社会发挥作用。用义务论的观点解读儒家思想，在某种程度上说也是必要的，更何况一种思想的远行，一路颠簸风尘，即使在穿越语言障碍的时候不发生变形，其在异乡土壤上生根发芽的时候，也需要吸收异域的水分和养分，它长成以后应该是一种新生事物，其躯体可能仍是中国的、儒家的，而血液和肤色却已然有了变化。大概这种混合的新生事物，在新的文化土壤里，才会有适合这方水土的生命力，才会健康成长，并具备能量，传宗接代，生生不息。

义务论的翻译视野，揭示了儒家思想的一部分本质属性，使儒家伦理在义务论伦理传统中更容易被认同、接受、成长和传播。我们无法、也不必去苛求儒家思想的原貌，苛求其"纯粹性"，因为所谓纯粹的孔孟思想本来是不存在的。时至今日，所谓儒家之"本义"何曾被确定？所谓"本义"最终证明还是一家之言，一种阐释方式，最多是共识，并不存在纯粹客观意义上的"本义"。当然，义务论式的翻译固然有其合理性和创造性，这并不说明这种译法是完美的。本章的分析已经显示，儒家英文译本中义务论伦理思维对译者来说基本上是自发的，或偶感式的，译者在翻译之前大概并没有对儒家伦理思想的这一属性作十分具体和深入的研究。这就决定了义务论的观点在整个翻译过程中不是一贯的、合逻辑的。有许多地方还存在着明显的自相矛盾。如何将儒家伦理思想的德性论和义务论的内核在语言上合理地解释出来，这应该成为我们必须面对和深入研究的课题。我们所面临的最大困难是，在研究、评论和阐释儒家思想的时候，可以借用现代的哲学理论，包括新儒学理论和西哲中的伦理学理论，但在翻译的时候，却无法毫无障碍、一以贯之地这样来做。因为儒家经典中语言的复杂性和中西哲学传统之间的差异性客观上设置了这样的障碍。我们必须考虑从哲学、历史学、翻译学理论、传播学相结合的角度出发，制定一个长期和系统的传译计划，才有可能系统和彻底地解决这一问题。

第四章　西方译者对儒家思想的
实用主义哲学化阐释

　　经济全球化和国际政治一体化趋势，为新时代人类和平与发展提供了一定的空间，但也大大加剧了全球性利益竞争。在这一过程中，世界正面临着一场史无前例的伦理危机。尤其是西方资本主义世界，已陷入不断加深的现代性危机，对资本主义社会发展产生了日趋严重的威胁。有学者认为，西方世界中长期以来一直"处于优势的经济和政治秩序正在发生结构重组，这对于受自由主义支配的现有的世界秩序形成了巨大的冲击。"① 在此种历史条件下，西方思想界试图在西方意识形态体系之外找到一条有效解决其伦理危机的道路。随着儒家经典在西方的传播，儒家仁、义、礼、孝等伦理观念已经进入西方思想界的视野，并逐渐成为解决其伦理危机的理论选项。西方思想界对儒家思想的态度不外乎三种：有的学者以西方伦理思想为本，运用西方伦理思想框架解释儒家伦理思想，从而将后者纳入西方伦理学传统，以丰富西方伦理学内涵；有的试图以儒家思想为基准，反思和改造西方伦理观念；有的则倾向于从《论语》《孟子》《荀子》和《礼记》等早期儒家经典中发现不同于西方伦理传统的伦理学价值，以求解决当下西方现代性问题。安乐

---

① 安乐哲：《儒家的角色伦理学和杜威的实用主义——对个人主义意识形态的挑战》，李慧子译，《东岳论丛》2013 年第 11 期，第 5—16 页。

161

哲与罗思文在其《论语》译本中所提出的"儒家角色伦理学",就属于第三种类型。他们的《论语》翻译代表了西方学者对儒学的实用主义阐释路径,即用实用主义的伦理观念阐释儒家哲学。他们认为,杜威的实用主义和"儒家角色伦理学"中有一种相当一致的"相互共鸣的正义模式"① 可以作为西方占意识形态主导地位的"个人主义之外的选择"②。这种阐释,迄今在西方和我国学界形成了一定的影响,尤其在我国儒学界,儒家角色伦理学已成为儒学研究的新视野。"儒家角色伦理学"反映了安乐哲与罗思文对儒家思想内容的基本认识,也是他们对儒家经典进行实用主义哲学解释的理论基础。鉴于译者视野中"儒家角色伦理学"与实用主义的密切关系,本章专门对安乐哲、罗思文对儒家经典的实用主义翻译阐释和研究进行探讨。

第一节 "儒家角色伦理学"的发展历史概述

为了更好地开展关于安乐哲和罗思文儒家经典翻译的讨论,我们首先把"儒家角色伦理学"理论的发展过程进行简要梳理。

一、"儒家角色伦理学"的发端与发展

"儒家角色伦理学"发端于 20 世纪末,迄今不过 20 年的时间。罗思文③在《拥有权利的个人与担当角色的个人》一文中首次提出与"拥有人权"(rights-bearing) 相对的"担当角色(role-bearing)"的伦理概念。罗思文指出,在儒家伦理思想传统中,一个人生活在几个社会角色之中,个人是不同社会角色的集合体,个性和身份不是完全由个人自己获得,而是在社会关系中由他人共同赋予的,因此是相对的。比如学生决定了教师的身份,妻子决

---

① 安乐哲:《儒家的角色伦理学和杜威的实用主义——对个人主义意识形态的挑战》。
② 安乐哲:《儒家的角色伦理学和杜威的实用主义——对个人主义意识形态的挑战》。
③ Henry Rosemont Jr.:"Rights-bearing Individuals and Role-Bearing Persons". In Herbert Fingarette (ed.):*Rules*,*Rituals and Responsibility*. La Salle,Illinois:Open Court,1991:71-101.

定了丈夫的身份；社会关系须遵"礼"，即用礼节、习俗、传统来调节，人们通过履行由社会关系所规定的义务实现人道；在关系中的行为为所有的行为赋予了美学价值；从履行对生者和逝者的义务过程中，先代儒者发现了一种真正的精神上的超然形式，即穿越生存环境的能力，并赋予我们的个性以普通的人性意义。罗思文希望建立一种伦理或政治理论，其中不再使用诸如自主个人、选择、自由、权利等概念，不再使用抽象原则，而是以早期儒家伦理思想取而代之。罗思文认为，这样做，不仅对西方伦理学研究是一个贡献，对重构西方哲学学科也是一个贡献。儒学能够回答一个社会在当前资源短缺的情况下，如何将生活必需品进行最优分配的问题。儒学经久不衰的巨大生命力和深远的影响力，已经充分说明它是世界上最伟大的哲学，绝不能以其古老为借口，将之弃若弊履。罗思文对个人生活角色的论述，可以看作是"儒家角色伦理学"的发轫，但他在这里尚未使用"儒家角色伦理学"（Confucian role ethics）的概念。

　　1998 年，安乐哲、罗思文共同翻译出版《〈论语〉的哲学诠释》一书。译本前言中，两位译者又一次提到"角色"（roles）的概念，认为在儒家观念中人在不断变换的相互关系中才能得以界定，因此都是具体的"礼节化了的人（ritualized persons）"，即担当一定角色的人，都是相互关系中的施惠者或受惠者。译者指出，人作为儿女、父母、朋友、爱人等，需要通过与别人之间的相互关系来表达自己的独特人格。尽管礼节化的角色（ritualized roles）和行为需要人格化，比如每一个当女儿的都是唯一的，正式的礼节，对人的成长和素质提高所具有的训练，作用巨大。比如孔子所说的君君、臣臣、父父、子子，就是儒家角色伦理观念的典型表达。① 以上论述是对"儒家角色伦理学"的进一步表达。

　　2009 年，罗思文发表《"儒家角色伦理学"——和谐 21 世纪的模式》一文，进一步论述了"儒家角色伦理学"的社会根源、基本内容和社会功

---

　　① Roger T. Ames，Henry Rosemont Jr.：*The Analects of Confucius：A Philosophical Translation*. 28.

用。对于当代西方的社会矛盾，罗思文的基本观点是：第一，资本主义不停地进行利益角逐，全球竞争日益加剧，使世界失去了正义。联合国虽然是目前世界上最理想的民主模式，但实际上，它仅仅是由大国操纵的机构，并无真正的民主可言。联合国实质上就是利益角逐的竞技场。第二，资产阶级自由和民主剥夺了他人的权利，使社会失去了应有的公正。罗思文把自由划分为"一代自由"（first generation freedom）和"二代自由"（second generation freedom）。长期以来，一代自由统治着美国的政治与经济，不降低一代自由的地位，就会阻碍二代权利的实现以及与之相伴的社会公正。第三，个人主义和利己主义的思想观念使社会陷入无休止的利益争斗，腐蚀了社会道德，社会正义沦丧，资本主义社会处在分崩离析的边缘。罗思文指出，"我们太容易忽视社会交往、对他人的义务，和共同人性；自由以牺牲社会公正为代价，民主成为相互竞争的利益集团决斗的竞技场"①。针对这些问题，罗思文指出：儒家思想是利他主义，利他主义可以穷尽道德可能性；儒家思想是拯救世界未来的哲学体系，有很强的适应性，可以把世界上各民族团结到一起。关于儒家伦理思想，罗思文的基本认识可以总结为四点：第一，儒家思想认为人在关系中生活，在关系中担当一定的角色。他说，每个人最初的和最基本的角色是孩子，孝是儒家伦理中最高的德。"我们从最初的孩子角色，慢慢成为父母，也学会了去担当许多别的角色和相应义务。这些角色之间的关系是相互的，最终可以一般化为施惠者和受惠者之间的关系。我们总是在施惠者和受惠者角色之间来回变动。我们生活着的所有角色综合在一起，使我们成为实实在在的人。我们担当与我们自己的角色相应的义务，他人担当与他自己的角色相应的义务，这使每个人拥有了尊严、满足和人生意义。"②第二，儒家也重视自我，但儒家的自我与西方的"个人"的观念不同。儒家的自我不是自由、自治的个人，而是关系中的个人。"我"是一个儿子、父

---

① Rosemont，Henry Jr.：*Confucian Role Ethics：A Model For* 21*st Century Harmony？Journal of East-West Thought*，2009：87-100.

② Rosemont，Henry Jr.：*Confucian Role Ethics：A Model For* 21*st Century Harmony？* 87-100.

亲、母亲、祖父、学生、老师、朋友、同事、邻居等等。"我"不是扮演这些角色，而是以这些角色进行生活，角色与角色之间的关系明确以后，"'我'也就成为一个彻底的公正而独特的个人，这样的个人几乎没有空间去组成一个自治的个体，并自由地与另一个人理性地签订互利的协议以获取各自的利益。"① 第三，社会的核心是家庭。儒家认为，中央政府是重要的，家庭和国家不是相互对立的，而是相辅相成的。两千多年前荀子就提出，政府为社会提供安全保障，并为穷人提供福祉。但是，如果社会福利一味让人们成为受惠者，它就会失去其作用。每个人如果要活的有尊严，都应该对社会有所作为，有所贡献。第四，"和"应该成为我们的目标。我们不必牺牲个人主义的积极因素，尤其是我们的独特个性，去实现这一目标，因为君子和而不同。"和"的主要意义是和而不同。比方说，乐曲要和谐，就需要不同的音质以及高低音的协和，做佳肴需要不同的食材佐料，所以"和"要有不同的元素。这些元素实际上就是人在社群中所担当的不同角色，还有人的不同个性。

2010 年，安乐哲发表《在"儒家角色伦理学"中获得个人身份：唐君毅论作为行为的人性》，强调人的修养和个性获得的重要性。这与先前罗思文关于人的个性和身份不是由个人自己获得，而是由社会赋予的观点正好相反。安乐哲认为，家庭的意义寓于其对家庭成员的教养和依赖，同理，宇宙的意义寓于其对家庭成员和社会成员的教养和依赖。个人价值是人类文化的源泉，而人类文化反过来成了为个人修养提供环境的资源集合。但是，对于修身的道德标准和原则，安乐哲似乎采取了实用主义的观点，认为孔子从不依靠形而上的假说和超自然的思辨，而是尽量把当天发生的事情用于有关如何提高个人价值的说教。所以孔子从来不试图建立人人须遵循的人格类型，而仅仅讲述人是如何在社会中修身并赢得尊敬。

2011 年，安乐哲、罗思文合作发表《早期儒者有美德吗?》一文，主张

---

① Rosemont, Henry Jr.: *Confucian Role Ethics: A Model For 21ˢᵗ Century Harmony?*

不可把一个与西方哲学完全不同的"儒家角色伦理学"改头换面，然后塞进某个西方伦理学框架。儒家伦理观念是并行性、交易性（transactional）和反射性的。而与此相应的康德伦理学则是单边伦理，依靠独立的、本质正义的、具体化的人性观念。在个体主义问题上，儒家伦理也不同于亚里士多德伦理学。前者把美德看作是关系性和交易性的"技艺"（virtuosity），而后者把美德看作是具体的个人能力。

2012 年，罗思文发表《〈论语〉读者指南》一文，再次论述儒家角色伦理观。他认为，儒家伦理不像西方伦理学那样是具有理论系统性的伦理学，但却揭示了人们在社会生活中以角色承担义务和接受利益的基本生活方式。儒家伦理以家庭生活为根本，以家庭成员关系为基本原型，揭示了人的角色及其变化和与之相应的义务与利益关系。在家庭意义上，一个人的角色会发生变化，比如可以从儿子的角色变成父亲的角色，相应地，其角色价值也从受惠者变为施惠者。把家庭培养出来的角色和关系观念推而广之，就可以成为社会上君臣之间、朋友之间、上下级之间等等关系的范例。在这里，罗思文回应了学术界对角色伦理学的批评，即角色伦理学缺乏普遍伦理原则和标准的问题。如臣在事君的过程中，发现君为昏君时，一般应该采取什么行动？他说，对此，儒家伦理理论中找不到普遍标准与抽象原则。臣究竟采会取怎样的行动，其决定取决于君是否能改正错误，能改过则臣可以继续事之；君若不能改过自新，则臣可以效法文王武王，对昏君进行革命；另一种选择是，若国无清明的政治，则臣可以退而修身。罗思文认为，儒家在决定臣的进退问题上没有普遍而万能的解决办法，但人们总能根据事情的具体情况找到适当的解决办法。这实际上否认了儒家伦理的原则性。

2013 年，安乐哲发表《儒家的角色伦理学与杜威的实用主义》，重申"儒家角色伦理学"的角色生活关系的观念和特色。首先，儒家角色伦理学强调："人总是在具体的关系中，由动态的多样性而组成的。""仁是在人的自我行为与身边的那些模范行为的互动过程中不断培养出来的，而不是在对抽象道德原则的直接行动中形成的。"① 安乐哲也重申了"儒家角色伦理学"的过程性和经验性。其"反对任何将个体身份与经验世界相分离的理论。角色伦理学超越和突破了'思想'与'语言'，而是进入经验，找出实际的经验语境中人的身份，通过人们在适当得体的角色和关系（礼）中演化发展"②。安乐哲对儒学的最高价值定位是，儒学没有像西方哲学那样将人简化和抽象化，"这种整体论的哲学建基于关系的首要性之上，而且挑战一种基础性的自由主义个人主义"③，所以能够维护真正的社会平等、民主和正义。

2014 年，安乐哲发表《〈论语〉中的孝——儒家角色伦理与代际承传之动力》，对家庭生活和孝对儒家角色伦理的根本作用，以及角色伦理的社会政治功能，做了较深入的论述。安乐哲认为，《论语》所崇尚的事实就是"人与人之间相互关联的生活"。④ 既然人的生活彼此相互关联，人们在家庭和社会上所担当的不同生活角色，也就规定了关联性生活的具体模式。如果我们将关联性生活状态视为一个简单事实，那么用以激发并促成人们在家庭、社会以及较宽泛的文化叙事中的角色生存技艺（virtuosity）的仁（perfect conduct），就是一个意义巨大的成就。家庭和社会角色本身会逐渐形成规范力，并成为人们应当如何继续生活和应当作什么的指导原则。安乐哲坦言，这种旨在利用关联性生活改善我们的生活角色和人际关系的过程，才使我们把儒家道德描述为角色伦理，并主张"儒家角色伦理学"是一种有别于西方哲学而自成一格的伦理学取向。比罗思文更进一步的是，安乐哲在这里谈到了关联性生活对于个人修身的依赖性。他说：

---

① 安乐哲：《儒家的角色伦理学与杜威的实用主义——对个人主义意识形态的挑战》，李慧子译，《东岳论丛》2013 年第 11 期，第 5—16 页。

② 安乐哲：《儒家的角色伦理学与杜威的实用主义——对个人主义意识形态的挑战》，李慧子译，《东岳论丛》2013 年第 11 期，第 5—16 页。

③ 安乐哲：《儒家的角色伦理学与杜威的实用主义——对个人主义意识形态的挑战》，李慧子译，《东岳论丛》2013 年第 11 期，第 5—16 页。

④ Roger T. Ames："Family Reverence（xiao 孝）in The Analects：Confucian Role Ethics and the Dynamics of Intergenerational Transmission". In Vencent Shen（ed.）：*Dao Companion to Chinese Philosophy*. 2014：119-122。

在这种持续前进、并行和不断辐射的关联性生活中，相互依存的人际关系像树冠，不断扩展，逐渐勾勒出家庭、世系、邻里、社区和村落等各种不同的社会层面，每一个层面都要求个体对其主流社会伦理有所贡献。这一切都植根于一个人在特定的、变化着的关系网中的独特修养。①

安乐哲明显把个人修养看作社会伦理的成分和基础，或者说社会伦理是个人修养之集合。此外，安乐哲引用《论语》中齐景公向孔子问政时孔子的回答"君君，臣臣，父父，子子"，论述了"儒家角色伦理学"对于社会政治的重要作用。他甚至进一步演绎说："如果我们不能有效地履行自己的角色义务的话，社会与政治秩序就会彻底崩溃。"②

二、"儒家角色伦理学" 的合理性与缺憾

经过二十几年的发展，"儒家角色伦理学"的理论形态似乎越来越趋于成熟。从概念本身来看，"儒家角色伦理学"的确属于创造，它被贴上了"儒家"的标签，似乎是纯粹的儒家传统思想。但从实质上看，"儒家角色伦理学"作为对儒家哲学的性质的认知和判断，有合理的一面，也有不足的地方。我们从以下几个方面来做讨论。

第一，"儒家角色伦理学"是对儒家伦理思想新的认知。

在罗思文和安乐哲的眼里，儒家讲究仁、孝、礼、和，所以注重生活关系，讲究人在家庭和社会中的角色和责任。于是有了"角色伦理学"的理论推演。按照角色伦理学的逻辑，人从一出生就生活在家庭角色与责任关系中，在家庭关系中培养了责任与义务意识，并将其在社群中推而广之。家庭和社会关系是责任与利益关系，每个人的角色在不停地转化，与角色相关联

---

① Roger T. Ames："Family Reverence（xiao 孝）in The Analects：Confucian Role Ethics and the Dynamics of Intergenerational Transmission"，119–122。

② Roger T. Ames："Family Reverence（xiao 孝）in The Analects：Confucian Role Ethics and the Dynamics of Intergenerational Transmission"，119–122。

的责任和利益关系也随之转化，并由此保持一种相对平等的关系。因此，儒家伦理是非个人主义的社群主义伦理。儒家所讲的仁、孝、礼、和等观念也都是为保持关系而必须有的模范行为。这些观点反映了儒家伦理思想的某些特征。在儒家思想中，人的内在修养是第一位的。仁则是人之所以为人的最高美德，在儒学传统中被认为是"本源性的""万物的根本"，是"形上之爱"，也是"形下之爱"①；孝是天经地义；礼是仁的外化，是人之所以有别于物的观念和行为，"和"是人与人相处最高的目标和准则；儒家以修身为本，和谐的生活关系则是个人修身所获得的自然结果，而且人在和谐的生活关系中相互之间并没有利益的诉求，而是要"己欲立而立人，己欲达而达人"。

因此，儒家思想中人与人之间的关系是基于非利益导向的、自然和谐的关系，并非只有消极的获得。而按罗思文、安乐哲所见，仁、孝、礼、和只是人在角色关系中的行为，儒家伦理只是为关系而关系，而且关系的本质是互惠互利。这实际上就违背了儒家道德的根本精神。"儒家角色伦理学"对"角色"的理解也较片面。如安乐哲常以齐景公与孔子的对话"君君、臣臣、父父、子子"为例证来明儒家的"角色伦理"思想，其实，这种理解忽视了《论语》的历史语境。齐景公与孔子这番对话的实际历史背景是，齐景公作为大国君主，到了向孔子问政之时，早已骄奢淫逸，尽失君主之德与政。《论语·季氏篇》称"齐景公有马千驷，死之日，民无德而称焉。"孔子以"君君、臣臣、父父、子子"回答齐景公，其用意是告诫他，当君主要尽到自己的本分，并无"角色"的含义。角色往往与扮演相联系，角色本质上有虚伪的性质。为了避免有的学者对"角色"怀疑，安乐哲强调，人是在角色中生活，不是在关系中"扮演"角色。然而，即使"儒家角色伦理学"的"角色"是"生活角色"，若没有普遍的道德原则可遵循，人们的生活也

---

① 黄玉顺：《论"仁"与"爱"——儒学与情感现象学比较研究》，《东岳论丛》2007 年第 6 期，第 113—118 页。

容易为物质利益所蒙蔽。斯蒂芬·C.安靖如对"儒家角色伦理学"的批评颇为中肯。他认为，"儒家角色伦理学"是安乐哲和罗思文杜撰的术语，与西方哲学所谈的角色伦理学没有谱系关系或概念上的联系。"儒家角色伦理学"是安乐哲和罗思文强调孔子儒学和西方道德哲学及德性伦理学之间的差异性，否定相似性，竭力避免中西比较哲学不对称性的结果。它强调儒学的反基础性、反本质性的过程性。这些都是从现代哲学理论观点出发而得到的独到见解。在安乐哲和罗思文的眼里，西方哲学是抽象的普遍主义，而儒家哲学的灵魂是强调事物的具体性和特殊性。但是，"儒家角色伦理学"强调一个父母必须以别的父母为榜样，一个孩子必须以别的孩子为榜样，那么其所面临的困难将是，如果天下所有的父母大都是不良父母，那么一个人就会不得不以不良父母为榜样。这样一个"没有基础道德原则的社会是无法健康发展的"①。近年来，安乐哲开始强调角色伦理学关于个人修身的重要性，但仅仅提到修身与个性完善的关系，却仍没有看到儒家的人格理想和目标是君子，而君子的道德准则是天地之道，即"天行健，君子以自强不息；地势坤，君子以厚德载物""儒家角色伦理学"发展到今天，其经验性、过程性以及无原则性日渐突出，强调"仁人"是叙事性的，不是分析性的，坚持"（仁）人在与周围的模范人物的互动行为中被不断熏染和教化后形成了一整套自己的行动，而不是按照抽象的道德原则去行动"。② 这里虽然有反对西方抽象道德原则及其所导致的非正义与不平等的旨归，但无奈又倒向了以"有效"论和相对主义为根本特征的美国新实用主义哲学。安乐哲说，"我们会发现，和康德、边沁、穆勒致力于研究的普遍性不同，儒家研究的是典型和彻底的独特性。因此要在儒家的文本中寻找一些普遍的道德原则，是根本不可能的。在中国经典文本中很难找到一种道德判断的根本基础，这正如

---

① Roger T. Ames："Family Reverence（xiao 孝）in The Analects：Confucian Role Ethics and the Dynamics of Intergenerational Transmission"，225—252.

② 安乐哲：《儒家的角色伦理学与杜威的实用主义——对个人主义意识形态的挑战》，李慧子译，《东岳论丛》2013 年第 11 期，第 5—16 页。

让一个康德主义者将具体的文化都考虑在内，并将其作为条件，使得绝对命令（Categorical Imperative）有效。"① 这道出了儒家哲学注重人格的培养，而不重视通过逻辑推理确立抽象道德原则的特性。但以儒家的这一特性去判定儒家没有原则，则是忽视了儒家思想的本质。事实上儒家的伦理原则和道德理想虽然没有上升到语言形式，却隐含在其思想内容之中。

第二，"儒家角色伦理学"是对西方抽象民主与自由，以及个人主义和利己主义意识形态的反思。

在安乐哲和罗思文看来，西方的公司资本主义、第一代自由、第二代权利、个人主义和利己主义等资产阶级意识形态，已经将西方社会推入严重的伦理危机，使社会公平正义面临着巨大威胁。罗思文②批评了西方民主与自由的抽象性与空洞性，揭露了资本主义世界极端个人主义与利己主义对社会及真正的民主自由的破坏性。安乐哲对西方资本主义社会中公平正义的缺失进行了批评："工业民主和世界上其他的大多数民主被公司资本主义所占据，这种公司资本主义更为注重程序上的正义，因为如此可以增加少数者的利益，而不利于多数人的分配正义。因此，学术和政治的力量在捍卫和保护道德上所做的努力越是成功，我们得到的社会正义就越少。换言之，从注重分配正义的杜威或从儒家思想的角度来看，享有精英和少数特权者的个人自由，是以牺牲世界上大多数人的社会正义为代价的。"③ 因此，西方世界所熟悉和一直占主导地位的意识形态，必须被西方文化传统之外某种思想所取代，以化解西方社会与道德危机。安乐哲与罗思文认为，儒家伦理学可以担当这一重任。在向西方介绍中国哲学和中国文化的过程中，他们试图通过使用常用的范畴，将这些古老传统理论化和现代化。安乐哲说：

---

①　安乐哲：《儒家的角色伦理学与杜威的实用主义——对个人主义意识形态的挑战》，李慧子译，《东岳论丛》2013 年第 11 期，第 5—16 页。

②　Henry Rosemont Jr.：*Confucian Role Ethics：A Model For 21ˢᵗ Century Harmony*？

③　安乐哲：《儒家的角色伦理学与杜威的实用主义——对个人主义意识形态的挑战》，李慧子译，《东岳论丛》2013 年第 11 期。

儒家角色伦理学是一种尝试。它尝试着表达一种道德哲学（sui generis moral philosophy），让这种传统发出自己的声音。这种整体论的哲学是建基于关系的首要性之上，而且挑战一种基础性的自由主义个人主义。这种个人主义将人定位为不相关联的、自治的、理性的、自由的、时时自利的个体。儒家角色伦理学从人的概念的关系构成开始，将家庭角色和关系作为发展完善道德的切入点，援引道德想象和在关系中的成长，作为人类道德的本质，其中包含以人为中心的宗教感……。①

这一判断可谓击中了西方社会政治与意识形态的弱点，也深刻指出了儒家哲学的优点。

第三，"儒家角色伦理学"是个人主义意识形态与儒家伦理思想的结合。

但是，角色伦理学的弊端是十分明显的。罗思文和安乐哲既看穿了西方个人主义意识形态的弊端，却又不希望从根本上予以扬弃，而是试图以儒家思想对其进行改良。"儒家角色伦理学"作为两者调和的产物，并没有从根本上脱离西方个人主义的利益观。罗思文从一开始就希望在儒家"和"的思想与西方盛行的个人主义思想之间寻求共同点，并走出一条中间道路。他对儒家"和"的思想打了一个生动的比方："'和'只有在共同目标的基础上才能获得：熟练演奏的赞歌或交响乐，创造出的味觉上的快乐，家庭的兴旺，都是如此。在'和'的观念的基础上，别的目标也能成功获得，如突出文化价值的目标"②。这说明，罗思文并没有真正理解儒家"和"思想的本质。因为"共同目标"在他的眼里就是利益。罗思文将孔子"老吾老以及人之老，幼吾幼以及人之幼"看作是"在代际语境下以施惠者和受惠者的角

---

① 安乐哲：《儒家的角色伦理学与杜威的实用主义——对个人主义意识形态的挑战》，李慧子译，《东岳论丛》2013 年第 11 期。

② Rosemont，Henry Jr.，Roger T. Ames：*The Chinese Classic of Family Reverence—A Philosophical Translation of the XiaoJing*. 2009.

色与人际交往"①。在郝大维和安乐哲眼里，儒家思想是实用主义的，与美国新实用主义哲学有着本质的联系。东西方对话可能在新实用主义和儒学之间展开。"儒家角色伦理学"将儒家伦理经验化和过程化，突出其非普遍性特征。安乐哲称，"'儒家角色伦理学'反对未加批评的本质本体论。西方本体论深藏一种个体的观念，它要求行为主体与行为本身分离。仁的观念在'儒家角色伦理学'具有核心意义，它没有如本体论所谓的主体、行动二分"②。在其《论语》译本的前言中，安乐哲、罗思文将儒家伦理与杜威的新实用主义观点取齐。安乐哲在关于"儒家角色伦理学"的论述中直言不讳地指出："这两种哲学（指儒学与实用主义。作者注）都源于一种关系性的和动名词性的独特的人的观念，这种观念全然不同于一种基础的个人主义的观念。这两种哲学坚持认为，要对任何人类经验进行理论化，必须以经验为依据，并且在日常生活中找到其最终保证。这两种哲学在这个层面上达到了顶峰。"③　诚然，实用主义化的儒家伦理的确可以在一定程度上抵消西方抽象民主与自由所造成的社会不公，但实用主义的弊端是不言而喻的：尽管杜威实用主义反对极端个人主义，主张概念和理论的真理性的普遍特色和公众特色，但仍然把满足人的愿望和目标当作真理的标准。而人的愿望往往是与道德相矛盾的。以服务愿望为目的的伦理学岂能换来社会公平和人类的共同未来。所以，杜威实用主义的无原则性与儒家思想不在语言形式上确立伦理原则，有着本质的区别。

在当今世界伦理危机遍布的时代，"儒家角色伦理学"在西方产生是一个自然而然的哲学现象。从理论动机上来看，"儒家角色伦理学"的创生有善的目的，其最大目标是实现西方新实用主义和"儒家传统的实用主义"的

①　Rosemont，Henry Jr.，Roger T. Ames：*The Chinese Classic of Family Reverence—A Philosophical Translation of the XiaoJing.* 2009.

②　安乐哲：《儒家的角色伦理学与杜威的实用主义——对个人主义意识形态的挑战》，李慧子译，《东岳论丛》2013 年第 11 期。

③　安乐哲：《儒家的角色伦理学与杜威的实用主义——对个人主义意识形态的挑战》，李慧子译，《东岳论丛》2013 年第 11 期。

对话，并通过借鉴儒家思想来复兴实用主义哲学，解决世界范围内的"现代性"文化危机。从理论形态上看，"儒家角色伦理学"是在安乐哲、罗思文强调儒家哲学的独特性的视野下创立的，而实质上它是与美国新实用主义哲学联姻的结果。其在本质上并没有摆脱利己主义和个人主义的基本观念，因此，"儒家角色伦理学"实质上是实用主义化的儒学。从人性和社会发展的根本规律来看，"儒家角色伦理学"以其当前的理论形态，能否担当起从根本上拯救世界于道德危难的大任，引领全人类走向真正光明的未来，这个问题仍值得深入探讨。从文化传播的观点而言，我们应当继承和发扬儒学伦理思想的真义，建设有利于全世界长治久安和全人类社会健康发展的儒家"王道"伦理学。对此，中国哲学界、思想界、翻译界应该对此加以理性地审视。但是，我们也应该理解到，作为美国社会伦理思想历史性变迁的一种理论形态，无论"儒家角色伦理学"与儒学一致与否，它毕竟是美国伦理学历史发展逻辑中留下的一个深深的足迹。

总而言之，罗思文与安乐哲通过翻译和阐释《论语》《孝经》等儒家经典而创造的"儒家角色伦理学"，在当前整个世界，尤其是以美国为代表的资本主义世界所面临的"现代性"文化危机的形势下，其改革社会道德理论体系的诉求是明显的。从理论创造的动机上来看，"儒家角色伦理学"的主要目的是改良西方资产阶级民主观以及与此相伴的自由主义意识形态，建立一个儒家式的礼让、和谐和真正民主、自由的社会。但从内容实质上看，"儒家角色伦理学"并非纯粹的儒家思想；在理论形态上它是对儒家伦理思想的改写，在本质上它并没有摆脱利己主义和个人主义观念的束缚，而是把西方个人主义和利己主义意识形态与儒家伦理理想相调和。从世界性新儒学发展的观点来看，一方面，这是对儒家思想潜在价值的发明，有利于儒家思想在现代社会的复兴和发展，以及世界化儒学的建构；另一方面，其中个别方面的阐释也是对儒家根本精神的误读。他们实际上是在借儒家经典翻译的名义来表达自己的哲学理念。正确认识和评价罗思文、安乐哲的儒家经典翻译的这一特性，明辨其作为跨语言文化的《论语》《孝经》经典在英语世界乃至全世界可能产生的影响，甄别其合理因素与不合理因素，不仅对正确复兴和发展儒家思想有重要启迪，而且对建构新的世界化儒学，推动儒学世界性传播，都有重要意义。以下分几个方面来讨论安乐哲、罗思文的儒家经典翻译。

第二节　重构儒家哲学话语的事件性特点

在《论语》绪言中，安乐哲和罗思文对英语的静态性和汉语的动态性进行了比较。他们认为，属于印欧语系的英语本质上是实体论和本质主义的语言，而古代汉语更应该被看作是"事件性语言"（eventful language）①。如此，体验由碎片化的事件构成的世界和体验由相互关联的事物构成的世界会有不同。汉英语言上的差别，主要是为了解释英汉两种哲学传统里的人对世界的看法上的区别。他们举了树的例子来说明中国古人眼里的事物是变化的、关系性的，中国古人观察事物时习惯于关注事物的外表，而不像西方人一样热衷于探讨本质。在中国古人的眼里，一棵树是随着时间一直变化着的，它既可以被与季节及其他自然现象联系起来看，也可以被与观察者自己联系起来看，比如树可以在某段时间给我们提供阴凉等。而在西方人看来，一棵树尽管外表在一年中不断地变化，但藏在外表背后的本质却是不变的。亚里士多德所设定的范畴要求我们把经验具体化为事物、行为、事物特性、行为方式等不同的具体种类，于是有了名词、动词、形容词、副词等词类。因此，西方人遇到陌生事物的时候，第一反应就是按以上标准对它们进行归类。出于语言和认知习惯上的不同，翻译时从"事件性"的汉语走到本质主义的语言——英语，要表达原来的意思，就需要做一些引申。在翻译过程中，译者每每试图表现汉语的这一特点，但发现实际上很困难。例如，在翻译儒家核心概念时，仍很难摆脱西方习惯的认知方式和表达方式。安乐哲、罗思文《论语》译本中的概念列表如下：

---

①　Roger T. Ames，Henry Rosemont Jr.：*The Analects of Confucius：A Philosophical Translation*. 20.

仁	authoritative conduct，to act authoritatively，authoritative person
义	appropriate conduct，appropriate responsiveness，appropriate relationship
礼	observing the ritual propriety
知	to realize
信	making good on one's word
孝	filial conduct，family reverence
道	the way，the proper way，a way of becoming consummately and authoritatively human
忠	do one's utmost
恕	putting oneself in the other's place
正	proper conduct
德行	exemplary conduct
政	governing properly
教	teaching，education，instruction
敬	respect
顺	compliance

以上几种儒家概念的翻译，都是具体化了的（reified），因此无法再现原概念意义所拥有的语境性（contextualized）、关联性（relational）和概括性，换言之，无法再现语义上的不确定性和模糊性。例如，在译者看来，《论语》中的仁是不是行为？有时是，且仅仅是言语中所谈的那种行为。但不是被一般化了的某种行为，更不是抽象行为。仁是不是指人？有时确实是指人，但所指也是谈话中的那个或那些具体的人，而不是典型化了的，或者抽象化了的道德高尚的人。同样，"知"也不是简单的"realize"这样一个或者一种动作（action）；"道"也不是意义具体而固定的 the way。但由于英语语言的局限性，译者只能表达到这个程度。在我们看来，译者对儒家概念的处理，确实在一定程度上反映了其所认识到的汉语的"事件性""变化性"（ever-changing）和"关系性"（relational），但另一方面，却忽视了原文中概念的多义性和模糊性，而且，把这些概念翻译得过于具体，在很多时候令其失去

了其作为概念本来具有的概括性。这是安乐哲、罗思文过于否定古代汉语概念的概括性而在翻译中造成的不足。这一问题在译文的句子中看得更清楚。例如：

①志士仁人，无求生以害仁，有杀身以成仁。

For the resolute scholar-apprentice and the authoritative person, while they would not compromise their authoritative conduct to save their lives, they might well give up their lives in order to achieve it.

②能以礼让为国，于从政乎何有？不能以礼让为国，如礼何？

If rulers are able to effect order in the state through the combination of observing ritual propriety（li 礼）and deferring to others（rang 让），what more is needed? But if they are unable to accomplish this, what have they to do with observing ritual propriety?

③礼乐不兴，则刑罚不中；刑罚不中，则民无所措手足。

When the observance of ritual propriety and the playing of music do not flourish, the application of laws and punishments will not be on the Mark; when the application of laws and punishments is on the Mark, the people will not know what to do with themselves.

④今之孝者，是谓能养。至于犬马，皆能有养；不敬，何以别乎？

Those today who are filial are considered so because they are able to provide for their parents. But even dogs and horses are given that much care. If you do not respect your parents, what is the difference?

第①例中，"害仁""成仁"的仁显然都不是一个具体的权威行为（authoritative conduct），而是一种高尚的精神品格，它的意义是抽象的。如果像译文那样，将"害仁"解释为"舍弃模范权威行为"，把"成仁"解释为"获得模范权威行为"，那么此句的伦理道德意义将会变得十分浅薄，何以会经久不衰，以致成为中华民族的道德标准？所以，译者这句译文是失之于过分的具体化。同样的道理，第②例的"礼让为国"、第③例的"礼乐"、第④例的"孝"，都不仅仅是一种行为，更不是指某时某地某人的一个具体行为，而是一种观念或制度。而译文中的"observing ritual propriety（li 礼）and deferring to others（rang 让）""the observance of ritual propriety and the playing of music""filial conduct"恰恰是一种具体化行为。从前言来看，译者反对在翻译时使用这种范畴化和具体化的思维方式和表达方式，而上述例句证明，译者确实范畴化了儒家的概念，而且是另类的范畴化，是将原文中的伦理观念具体化为一种暂时性行为。而原文中所表达的伦理观念并非如此。我们观察到，具体化和行为化是安乐哲、罗思文在《论语》译本中所普遍采用的译法。在其《孝经的哲学诠释》译本中这种过度具体化的译法也同样存在。例如：

①夫孝，天之经也，地之义也，民之行也。

Indeed, family reverence is the constancy of the heavenly cycles, the appropriate responsiveness（yi）of the earth, and the proper conduct of the people.

②人之行莫大于孝。

In human conduct there is nothing more important than family reverence.

③君子之事亲孝，故忠可移于君。

It is only because exemplary person（junzi）serve their parents with family reverence that this same feeling can be extended to their lord as loyalty（zhong）.

以上三例中，罗思文和安乐哲一反在《论语》中的常用译法（filial conduct），把孝看作"对家人的敬"（family reverence）。这个"敬"译得很模糊，从它本身看不出是谁对谁的敬。family reverence 解释孝并不全面，孝不只是敬，而其中有明确的子女对父母的敬、爱、养、丧、葬、祭等内涵。孝的观念中蕴含着儿女对父母的牺牲精神和绝对义务，这有似于信徒对上帝的绝对敬奉和忘我精神。邢昺在《孝经正义》中说："言孝为百行之首，是人生有常之德，若日月星辰运行于天而有常，山川原隰分别土地而为利，则知贵贱虽别必资孝以立身，皆贵法则于天地。"[1] 所以，孝是人的美德，其本身的内涵十分丰富。第②例中，孝被当作单纯的行为，而非一种德行；第③例中，孝被当作情感（feeling）。这些都是对孝过于简单化和具体化的表达。family reverence 里有"敬"，但淡化了孝的忘我和牺牲精神。这是否因为译者考虑西方社会奉行个人主义数百年，已经不习惯类似于孝的观念中将"自我"置于"虚无"境地的利他主义精神，而故意将儒家的孝向西方个人主义观念靠近了一步呢？从翻译学的角度，这是个颇值得探究的问题。

　　从总体上来看，安乐哲和罗思文的儒家经典译本在语言上的确是尽量体现了汉语的特点，且在很多地方借以表达了其所认知的儒家哲学的变化性、过程性特点，但是，英语的高度语法化特性使其无法精确地表达儒家思想，而且其译文在语言上有过于具体化和过程化的倾向，这是一个客观的事实。从我们所考察的情况来看，有些表达上的问题是由译者主观造成的，与对原文的解读方式有很大的关系。

第三节　对儒家哲学的实用主义理解与表达

　　在安乐哲和罗思文看来，自古至今，中国的思想家和西方思想家不同。中国的思想家不注重寻求事物的本质，即所谓我们的感官所能感觉到的变化中保持不变的那个东西，而相信"唯一不变的是变化本身"[2]。但在西方哲学家的心目中，实在和表象两分法根深蒂固，习惯于区分永久与变化、形式与

---

① 阮元：《十三经注疏·孝经正义》，中华书局 2009 年版，第 5543 页。
② Roger T. Ames, Henry Rosemont Jr.：*The Analects of Confucius：A Philosophical Translation*. 23.

内容，因此会惊异于中国古代文献里从来没有对藏于表象背后的实体和变化。在中国哲学里，实在和表象是同一的，而实在就是一切都在变化：自然界在变，社会在变，个人也在变。大多变化是循环性的，而且是和谐一体的。有些变化是新奇的，有些变化是出人意料的。在一定的限度内，人可以影响变化过程，充分认识到变化的循环是层级性的，宗谱性的，不可逆性的。因此，中国古典文本中都比较注重一个事物与其他事物之间的关系，而不注重描述事物本身是什么（how things are）①。安乐哲指出，事物之间的关系不是彼此分离，而是你中有我，我中有你。注重关系可以进一步被解释为"任何事物、任何人都没有本质，只能在一定的时间条件下通过相互关系来界定，而相互关系在其他时间条件下是不相同的。"② 讲究科学的西方所谓的"实质"（basic stuff）类似于道德的、宗教的西方所谓的不朽自我（enduring self）或者灵魂；而中国人通过把人放入自然和社会过程的循环节奏中来认清个人身份。以孔子为代表的中国古代思想家把从宇宙到人生的一切，都视为有过程和变化。自然和社会中的事物以及人本身都在不停地变化。"在中国，人们致力于过程性、变化性和永远暂时性的经验，使得构成世界的万物，包括人类社会，一下子相互联系起来，同时也变得独一无二。"③

由此可见，安乐哲和罗思文对儒家哲学的理解是实用主义化的。这集中体现在对儒家思想进行经验性的、叙事性的论述，而非分析性的理解和表达上。

（一）叙事性而非分析性的理解与表达

在翻译过程中，译者的总原则是将看似对哲学原理或道德原则进行阐发的话语理解成为说话者对生活与外部世界的一种体验。这种体验是历史性的、具体的感悟，而非理论性的表达。例如，安乐哲、罗思文认为，对儒家

---

① Roger T. Ames，Henry Rosemont Jr.：*The Analects of Confucius：A Philosophical Translation*. 23.
② Roger T. Ames，Henry Rosemont Jr.：*The Analects of Confucius：A Philosophical Translation*. 24.
③ Roger T. Ames，Henry Rosemont Jr.：*The Analects of Confucius：A Philosophical Translation*. 30.

的仁的正确理解方式应当是，"仁是在叙事中被理解，而不是在对人的分析中被理解。仁在人自己的行为与身边的那些模范行为不断发生互动的过程中被不断培养出来，并不是在对抽象的道德原则的直接行动中达成。"① 这犹如杜威对真理的理解。他们说，"对杜威而言，真理是作为副词被理解的——作为一种行为方式，而非一个事物。"② 这如同说，真理不是一个固定而抽象的原则，而是一种正确的行事方式。这种理解方式使得译者对儒家思想的理解颠覆了传统的儒学研究观点，即传统上被认为是原则性、规范性的理性表达，基本上被描写成对经验或生命过程的感性表达，一个"发生在一个至关重要的自然、社会和文化语境中"的"经验性的事实"。③ 安乐哲、罗思文认为，《论语》中最能表现中国古代哲学关于变化的思想的一句话是"逝者如斯夫！不舍昼夜"。这句话充分体现了孔子的过程哲学思想。所以翻译时"逝者"被具体化为人生（life），强调了人生的过程性："The master was standing on the riverbank, and observed, 'Isn't that life's passing just like this, never ceasing day and night！'"皇侃《义疏》对此则有不同的解释："孔子在川水之上，见川流迅迈，未尝停止，故叹人年往去，亦复如此。向我非今我，古云'逝者如斯夫'者也。……日月不居，有如流水，故云'不舍昼夜'也。"④ 持这种慨叹观点的人还有孙绰、江熙。然而，朱熹《论语集注》解释说："天地之化，往者过，来者续，无一息之停，乃道体之本然也。然其可指而易见者莫如川流，故以此发以示人，欲学者时时省察而无毫发之间断也。"⑤ 这是把孔子的话当作一般的抽象哲理来解，这种抽象性正是程朱理学思想的特点。程树德也以《论语集注》为过分阐释："宋儒解经，每有过

---

① 安乐哲：《儒家的角色伦理学与杜威的实用主义——对个人主义意识形态的挑战》，李慧子译，《东岳论丛》2013 年第 11 期。（译文有改动。作者注。）

② 安乐哲：《儒家的角色伦理学与杜威的实用主义——对个人主义意识形态的挑战》，李慧子译，《东岳论丛》2013 年第 11 期。

③ 安乐哲、罗思文：《〈论语〉的"孝"：儒家角色伦理与代际传递之动力》，《华中师范大学学报》（人文社会科学版）2013 年第 5 期，第 50 页。（作者将该论文中的译名改为罗思文。）

④ 程树德：《论语集释》，中华书局 2006 年版，第 611 页。

⑤ 朱熹：《四书章句集注》，中华书局 2014 年版，第 113 页。

深之弊。"① 客观地说，孔子的这句话究竟是感叹世事多变还是感慨时光易逝，在没有具体历史语境的情况下，不易做出客观的判断，语境的缺失为这句话提供了多解的可能。译者把"逝者"确定为"人生（life）"，这与译者对儒家思想的具体化认识是一致的。在安乐哲和罗思文眼里，孔子所说的话不会是抽象的普遍哲理，只能是指具体事物，所以将"逝者"归结为说话者自己对生命时光易逝的一种特殊体验。

再如，《论语·乡党》第十章是一段讲述饮食的文字。原文是："食不厌精，脍不厌细。食饐而餲，鱼馁而肉败，不食。色恶，不食。臭恶，不食。失饪，不食。割不正，不食。不得其酱，不食。肉虽多，不使胜食气。唯酒无量，不及乱。沽酒市脯不食。不撤姜食。不多食。"朱熹注："割肉不方正者不食，造次不离于正也。汉陆绩之母切肉未尝不方，断葱以寸为度，盖其质美，与此暗合也。食肉用酱，各有所宜，不得则不食，恶其不备也。此二者无害于人，但不以嗜味而苟食耳。"② 经过朱熹的理论化，这段文字成为后世的饮食行为准则。但在译本中这段文字却仅是对日常生活经验的历史性叙述：

> In his staple cereals, he did not object to them being polished, and in his dishes, he did not object to the food being cut up fine. When the cereal was damp and mildwed, and tasted unusual, and when the fish and meat had spoiled and gone bad, he would not eat them. If the food was off in color or smelled strange, he would not eat it. When the food was not properly cooked or the dining hour had not arrived, he would not eat. He would not eat food that was improperly prepared, or that was lacking the appropriate condiments and sauces. Even when meat was abundant, he would not eat it in disproportionate amount to the staple

---

① 朱熹：《四书章句集注》，中华书局 2014 年版。
② 程树德：《论语集释》，中华书局 2006 年版，第 693 页。

foods. Only in his wine did he not limit himself, although he never got drunk. He would not eat store-bought wine or dried meats from the Marketplace. When he had eaten his fill, he would not eat more, even if the ginger had not yet been cleared. ①

本章中译者利用本篇第一章首句"孔子于乡党，恂恂如也，似不能言者。"提到孔子这一语境基础，在原文无明确主语的情况下用 he 来暗指孔子，从而使译文具备了对过去饮食生活过程叙述的语气。译文读来颇像孔子对食肉、饮酒等生活经验的回顾和总结，而不是一则训诫或者抽象的哲理论述。

这种译法确实抓住了儒家经典中话语的叙事性的基本特征，使读者从抽象哲学话语的期待视野中走出来，这对创造性地理解孔孟思想的确有很大帮助。

（二）"进入经验"的动态性表达

安乐哲认为，儒家"反对任何将个体身份与经验世界分离的理论""超越和突破了'思想'与'语言'，而进入了经验"②。所以在思考人的类本质时，倾向于一种"历史的、预期的、语境的以及过程性的阐释"③ 而不是假设人类本性是一些"可实现的、先于存在的理念"④。比如，仁即使在较抽象的意义上被提及，也不是"一些固有的、必须的元素"⑤，不是抽象的道德原则，而是"在人在与周围的模范人物的互动行为中被不断熏染和教化后

---

① Roger T. Ames, Henry Rosemont Jr.: *The Analects of Confucius: A Philosophical Translation*. 137.
② 安乐哲：《儒家的角色伦理学与杜威的实用主义——对个人主义意识形态的挑战》，李慧子译，《东岳论丛》2013 年第 11 期，第 14 页。
③ 安乐哲：《儒家的角色伦理学与杜威的实用主义——对个人主义意识形态的挑战》，李慧子译，《东岳论丛》2013 年第 11 期。
④ 安乐哲：《儒家的角色伦理学与杜威的实用主义——对个人主义意识形态的挑战》，李慧子译，《东岳论丛》2013 年第 11 期，第 14 页。
⑤ 安乐哲：《儒家的角色伦理学与杜威的实用主义——对个人主义意识形态的挑战》，李慧子译，《东岳论丛》2013 年第 11 期。

形成的一整套个性化行为"①。正义的能指也不是原则，而是从"家庭和社群关系中的正义行为中归纳出的一般"②。所以，儒家思想中类似理念的东西，都一律被阐释为一种行为。其在表达上的特点是使用动词、动名词或行为性名词。例如：

①礼之用，和为贵。先王之道，斯为美；小大由之。

Achieving harmony（he 和）is the most valuable function of observing ritual propriety（li 礼）. In the ways of the Former Kings, this achievement of harmony made them elegant, and was a guiding standard in all things large and small.

②信近于义，言可复也。恭近于礼，远耻辱也。

That making good on one's word（xin 信）gets one close to being appropriate（yi 义）is because then what one says will bear repeating. That being deferential gets one close to observing ritual propriety（li 礼）is because it keeps disgrace and insult at a distance.

以上两例中通过使用 achieving harmony，observing ritual propriety，achievement of harmony，making good on one's word，being appropriate 等动名词或动词转化成的名词形式，把原来静态的礼、和、信、恭等观念变为瞬间即逝的动作，这使译文的表达具有了过程性和变化性。从句中所使用的动词使句子的事件性突出，并形成完整过程。如例②表达了由三个事件的连续发生而构成的过程：making good on one's word 是第一个事件，它发生后的第二个事件是 gets one close to，导致第三个暂时状态 being appropriate，这是一个一连串事件发生的完整过程。

---

① 安乐哲：《儒家的角色伦理学与杜威的实用主义——对个人主义意识形态的挑战》，李慧子译，《东岳论丛》2013 年第 11 期。

② 安乐哲：《儒家的角色伦理学与杜威的实用主义——对个人主义意识形态的挑战》，李慧子译，《东岳论丛》2013 年第 11 期，第 15 页。

对于仁的理解，译者主张直接将其行为化。对译者来说，仁不是理念，而是做事，是某种具体行为，这符合译者对儒家哲学把表象与本质当作一体的理解。例如："仲弓问仁。子曰：'出门如见大宾，使民如承大祭。己所不欲，勿施于人。在邦无怨，在家无怨。'"译文为：

> Zhonggong inquired about authoritative conduct（ren 仁）. The Master replied，"In your public life，behave as though you are receiving important visitors；employ the common people as though you are overseeing a great sacrifice. Do not impose upon others what you yourself do not want，and you will not incur personal or political ill will."①

译者把仁解释为行为（conduct），而且这个行为是权威性的（authoritative）；仁之所以是权威性的，是因为这种行为具有模范性，模范的行为为他人所模仿和遵循，于是便具有了权威。从孔子的回答可以看出，孔子所讲的仁，全部是模范的行为。尽管从这些行为中可以阐释出仁的某些本质元素，但译者宁可只把仁当作行为表象，而不做分析性的解释。从这段文字的前后文来看，这种解释与后文的回答十分谐和。按照这种认识，译者甚至把较有抽象意义的仁也译作了行为。例如，"曾子曰：'士不可以不弘毅，任重而道远。仁以为己任，不亦重乎？死而后已，不亦远乎？'"其译文为：

> Master Zeng said，"Scholar-apprentices（shi 士）cannot but be strong and resolved，for they bear a heavy charge and their way（dao 道）is long. Where they take authoritative conduct（ren 仁）as their charge，is it not a heavy one？And where their way ends only in death，is it not indeed long？"

但在有的时候，译者仍然还是把仁译成了一种表示性质的形容词 authoritative。例如："其言也讱，斯谓之仁已乎？"安乐哲和罗思文译作：Does just

---

① Roger T. Ames，Henry Rosemont Jr. ：*The Analects of Confucius；A Philosophical Translation*. 153.

being slow to speak make one authoritative?①

　　甚至还有的时候，译者不得不用西哲的词汇来解释意义抽象的仁。例如："好勇疾贫，乱也。人而不仁，疾之已甚，乱也。"安乐哲和罗思文译作：A person fond of boldness who despises poverty will be a source of trouble; a person lacking in character who is despised by others will be a source of trouble. 此句中的 character 是典型的西哲词汇。这些译法上的变化表明，译者在判断抽象与具体，静态与动态的问题上也时而有些含糊。但在更多的时候，动态化的判断确实道出了原文的意思。例如："其身正，不令而行；其身不正，虽令不从。"句中的"身"似乎有些模糊和抽象，但"身"被译作自身的行为，显然是直击要害：If people are proper（zheng 正）in personal conduct, others will follow suit without need of command. But if they are not proper, even when they command, others will not obey. ② 对这句原文，程树德引淮南子注："是故人主之立法，先自为检式仪表，故令行于天下。"③ 看来"身"的确应该解释为"身"之行为，只是译文中的主语当为君王，而译者将其误解成了平民。

（三）叙事方式中表现出的实用主义哲学

　　译者拒绝把儒家哲学表现为抽象的"思想性"哲学，强调儒家哲学的动态性、经验性和过程性，归根结底是为了在译本中借儒家之口表达译者的实用主义哲学。原文中有些语句本来是多义的，可以读作省略了主语的陈述句，也可以读作祈使句。经学家一般乐于将其理解为一种行事原则或态度，而译者却明确将其理解为祈使句，利用它表达趋利避害的实用主义思想。例如，《论语·泰伯》："危邦不入，乱邦不居。天下有道则见，无道则隐。"

---

① Roger T. Ames, Henry Rosemont Jr.: *The Analects of Confucius: A Philosophical Translation*. 153.
② Roger T. Ames, Henry Rosemont Jr.: *The Analects of Confucius: A Philosophical Translation*. 163.
③ 程树德：《论语集释》，中华书局 2006 年版，第 901 页。

朱熹《论语集注》解释说:"君子见危授命,则仕危邦无可去之义,在外则不入可也。乱邦易危,而刑政纲纪紊矣,故洁其身而去之。天下举一世而言,无道则隐其身而不见也。此惟笃信好学,守死善道者能之。"① 可见,此句是道德高尚的君子的洁身之法。这句话与下句"邦有道,贫且贱焉,耻也。邦无道,富且贵焉,耻也。"联系在一起,作为君子洁身之法、行事原则的意思十分明确,毋庸置疑。安乐哲和罗思文则将其译作两个祈使句:"Do not enter a state in crisis, and do not tarry in one that is in revolt. Be known when the way prevails in the world, but remain hidden away when it does not." 这组祈使句译文让英语读者来看,就是说话人认为天下无道时有危险,所以要采取明哲保身的策略,待天下有道时再出来做事。这是一种趋利避害的态度。

又如《论语·宪问》:"邦有道,危言危行;邦无道,危行言孙。"《四书诠义》释曰:"言孙非畏祸也,贾祸而无益,则君子不为矣。知进退存亡而不失其正,亦时中之道也。"② 程树德解释说:"邦无道,则当留有用之身以匡济时变,故举动虽不可苟,而要不宜高谈以招致祸。"③ 这种行动的原则也是"不失其正",是君子之行。译者也将其确定地译作两个祈使句:"When the way prevails, be perilously high-minded in your speech and conduct; when it does not prevail, be perilously high-minded in your conduct, but be prudent in what you say." 与上组句子一样,这组祈使句也是典型的实用主义处世之道,与儒家传统中正直而舍生取义的高尚人格是背道而驰的,但"留有用之身"之义却在其中。还有的句子,由于译者做了历史性叙述,即把一般化叙述当作了对过去发生的事件的陈述,所以所传达的仍是一种实用主义哲学。例如《论语·卫灵公》:"邦有道,则仕;邦无道,则可卷而怀之。"此

---

① 朱熹:《四书章句集注》,中华书局2014年版,第540页。
② 程树德:《论语集释》,中华书局2006年版,第951页。
③ 程树德:《论语集释》,中华书局2006年版,第951页。

句是称赞蘧伯玉"仁而有智"① 的君子品格，是对蘧伯玉行事原则的一般化叙述。说话人的意思是蘧伯玉任何时候都坚持这样的行事原则。安乐哲、罗思文则使用过去式把这句话的意思变为对过去的个别经验的叙述："When the way prevailed in the state, he gave of his service, and when it did not, he rolled it up and tucked it away." 这样，说话人所传达的信息就变成：我是这样做的，因为我的行事准则就是这样的。这无疑就在无形中降低了说话人的思想境界和品格。而重要的是，译文中这些话语的默认说话人就是孔子，这岂不把孔子描绘成了一个唯利是图的"小人"？这样的例子在安乐哲和罗思文的译本中不在少数。

总之，在译者眼里，《论语》的世界是"事件性"的，在那里，"相互关联的人们不断地经历着那些事件"②。亦即世界上的一切都是过程性的、变化的，人的经验第一，对事物善恶的判断，一切皆由经验说了算。通过绪言的阐释和译文文本前后呼应，安乐哲和罗思文不仅丰富了其"实用主义哲学"，而且还以此否定西方哲学传统中的本质主义。译者欲宣示的实用主义哲学，通过其在《论语》译本中的动态性表达，被清楚地表现出来。但作为中国文化的传播者，我们所关心的最大问题是，儒家哲学本质上是实用主义哲学吗？从儒家经典的经学诠释传统看，并非如此。所以，对孔子思想做实用主义哲学诠释，就认为是还原了儒家经典的本原意义，这种认识似乎值得商榷。

第四节　对社群主义与道德精英政治思想的阐发

西方多年来所奉行的自由主义意识形态，给现代西方社会造成的影响是巨大的。安乐哲认为，个人主义将人定位为"不相关联的、自治的、理性

---

① 程树德：《论语集释》，中华书局 2006 年版，第 1069 页。
② Roger T. Ames, Henry Rosemont Jr. : *The Analects of Confucius: A Philosophical Translation*. 65.

的、自由的、时时自利的个体"①。个人主义提倡个人利益至上，对社会冷漠无情，这使西方哲学界深感社会凝聚力的严重缺失，也深感西方的自由主义与民主政治陷入了"困境"②。安乐哲认为，自治性的"自由已经变成了仅仅属于那些为他们自己选择个人目的的公民的权利。而且美国的民主也变成了程序性的和中性的东西：它只提供并保障一个使人们能选择他们自己的价值和目的的权利框架，而政府既不鼓励也不反对任何关于什么是好的生活的特殊观念。"③ 这种唯意志论的自由观挖空了公共道德存在的基础，由此西方社会正为一场"现代性"文化危机所困扰。

有感于西方自由主义所造成的文化危机，安乐哲和罗思文在《论语》译本中力图发现并阐发了以仁、礼为代表的社群主义思想。安乐哲和罗思文认为，儒家的仁从语源学上解释，就是"人"和"二"，即两个人在一起；从伦理学上解释，就是"一个人无法单独成长为真正的人。我们从一开始就是不折不扣的社会人"④。而遵礼是个人将传统内化于自我的过程，需要将角色和关系个性化，并为自己"在社群中找到合宜的定位。"⑤ 安乐哲和罗思文对"礼"的认识是二维的，"礼既是包含意义的角色、关系，也是方便交流、培养社群感的制度，其范围包括所有礼仪形式，如餐桌礼仪、见面礼、告别礼、毕业典礼、婚礼、葬礼、手势礼、祭礼等。礼是法则，它为每个社会成员提供家庭地位、社群地位，以及社会政治地位"⑥。所以，任何个人都需要"全面参与礼仪化的社群，并要求将流行的风俗、制度和价值观个性化"⑦。安乐哲

---

① 安乐哲：《儒家的角色伦理学与杜威的实用主义——对个人主义意识形态的挑战》，李慧子译，《东岳论丛》2013 年第 11 期，第 5—16 页。

② 安乐哲：《儒家学说与社会进步——美国的"东方化"》，《东方论坛》2006 年第 6 期，第 10 页。

③ 安乐哲：《儒家学说与社会进步——美国的"东方化"》，《东方论坛》2006 年第 6 期。

④ Roger T. Ames，Henry Rosemont Jr.：The Analects of Confucius：A Philosophical Translation. 48.

⑤ Roger T. Ames，Henry Rosemont Jr.：The Analects of Confucius：A Philosophical Translation. 1998：50.

⑥ Roger T. Ames，Henry Rosemont Jr.：The Analects of Confucius：A Philosophical Translation. 51.

⑦ Roger T. Ames，Henry Rosemont Jr.：The Analects of Confucius：A Philosophical Translation. 51–52.

和罗思文主张，不能把仁、礼、孝等儒家伦理观念翻译成"humanity、ritual、filial piety"等抽象的西哲话语词汇，而应该分别译成"authoritative conduct、observing the propriety、appropriate conduct、filial conduct"等动作性词语。这种策略显然含有强调儒家关于个人应积极参与社会生活的社群主义思想动机。在译文中，译者借助经学注疏，着力突出社群观念。如"德不孤，必有邻"被译作"Excellent persons（de 德）do not dwell alone; they are sure to have neighbors"。这句译文的意思是有德者必然有邻居与之为伴，亦即有德者必然有追随者与之为邻。按朱熹的解释，这句话的意思是"德不孤立，必有类应，故有德者必有其类从之，如居之有邻也"①。而皇侃疏为"言有德者，此人非孤，然而必有善邻里故也"②。然而，经学史上有的学者对这种解释有所质疑，他们认为，历史上治世的确如此，但乱世却恰恰相反，有德者往往十分孤独。所以这句话起码有四种不同的解释，除朱熹、皇侃的解释之外，另有"敬义立而德不孤"的"非一德"说，以及"有德者居相邻近辅导之说"③等。显然，朱熹和皇侃正应了安乐哲和罗思文的社群思想诉求，所以译文以前者为依据。如此经营，这句话在译本中就成了孔子社群思想的证据之一。

社群观念需要一种与西方自由主义的个人自由不同的"自由"观念，即不是单纯的无压制状态，而是充分参与一种共享的社群理想的机会。儒家的社群生活首先是家庭生活，并从家庭生活向外延伸至社会生活。《论语·学而》中的"其为人也孝弟，而好犯上者，鲜矣；不好犯上，而好作乱者，未之有也。君子务本，本立而道生。孝弟也者，其为仁之本欤！"所说的是家庭生活中子弟对父兄应该有孝悌之德；在家有孝悌之德，就能使家庭生活和睦，而以孝悌之德到社会中生活，也不会有犯上作乱之行。安乐哲、罗思文译作：It is a rare thing for someone who has a sense of filial and fraternal responsi-

---

① 朱熹：《四书章句》，中华书局 2014 年版，第 120 页。
② 程树德：《论语集释》，中华书局 2006 年版，第 280 页。
③ 程树德：《论语集释》，中华书局 2006 年版，第 280 页。

bility（xiaodi 孝弟）to have a taste for defying authority. And it is unheard of for those who have no taste for defying authority to be keen on initiating rebellion. Exemplary persons（junzi 君子）concentrate their efforts on the root, for the root having taken hold, the way（dao 道）will grow therefrom. As for filial and fraternal responsibility, it is, I suspect, the root of authoritative conduct（ren 仁）.[1]译文中所表达的观念是，孝与悌是道德责任，其为仁行之根本；有此责任心者，会成为有德行、守秩序的社会成员。所以，孝悌是社群主义思想的基础品德。在家有孝悌，在邻里要有仁德。孔子曰："里仁为美，择不处仁，焉得知？"邻里是大于家庭的社群，人对于邻里有选择的自由；但孔子对选择邻里有仁的要求，即选择邻里时要选择有仁德之人，这样的邻里才是美好的，这样的选择才是智慧的。安乐哲、罗思文这样来翻译这段文字：The Master said,"In taking up one's residence, it is the presence of authoritative persons（ren 仁）that is the greatest attraction. How can anyone be called wise who, in having the choice, does not seek to dwell among authoritative people?"[2]译文突出了社群选择上的自由，但这种自由建立在仁德之上，且人应该以仁人为生活社群，并寻求在社群生活中成为仁人。译者认为，子曰：道之以政，齐之以刑，民免而无耻；道之以德，齐之以礼，有耻且格。"是对更高层级的社群思想的表达，即儒家以德治国的儒家民主观念。其中民以耻为内在道德压力来促使履行自己的社群角色。其译文是：The Master said："Lead the people with administrative injunctions（zheng 政）and keep them orderly with penal law（xing 刑），and they will avoid punishments but will be without a sense of shame. Lead them with excellence（de 德）and keep orderly through observing ritual propriety（li 礼）and they will develop a sense of shame, and moreover, will order themselves."[3] 译文所传达的观念就是在德治的清明政治环境中，

[1]　Roger T. Ames, Henry Rosemont Jr.: The Analects of Confucius: A Philosophical Translation. 71.
[2]　Roger T. Ames, Henry Rosemont Jr.: The Analects of Confucius: A Philosophical Translation. 89.
[3]　Roger T. Ames, Henry Rosemont Jr.: The Analects of Confucius: A Philosophical Translation. 76.

人民有羞耻之心，并以羞耻之心自治。这就是儒家的自由观，也是安乐哲、罗思文欲借鉴的有自我节制的自由观。这种自由观与个人利益至上的自由主义民主不同，它可以说是一种社群利益至上的社群主义民主。这种民主似乎离不开精英政治，更确切地说，是儒家道德精英政治，即由圣人、君子为主要代表的道德精英政治。

从深层历史文化背景来看，安乐哲和罗思文在《论语》翻译中所透露出的是西方思想界对西方民主政治的失望与厌倦。罗思文批评了西方民主与自由的抽象性，揭露了资本主义世界极端个人主义对社会及真正的民主与自由的破坏性。罗思文指出，资本主义不停地进行利益角逐，全球竞争的日益加剧，使世界失去了正义。资产阶级自由和民主剥夺了他人的权利，使社会失去了应有的公正。个人主义、利己主义使社会陷入无休止的利益争斗，腐蚀了社会道德，社会正义沦丧，资本主义社会正处在分崩离析的边缘。"我们太容易忽视社会交往、对他人的义务和共同人性；自由以牺牲社会公正为代价，民主成为相互竞争的利益集团决斗的竞技场"①。他认为，在这种视野下，中国古代以士、君子、圣人为社会楷模和治国主体的道德精英政治，是颇有优势的国家治理形式。首先，儒家的君子是很多人的施惠者，同时也是许多和他一样的受惠者之一；君子性情安静、通礼乐，不仅艺术地、有尊严地、儒雅地发挥着各种角色作用，且以能发挥角色作用为乐；君子孝亲敬长，以天下为家，作为真实的人，其行为不免时常有过失，但在扮演自己的角色时，其行为绝对是适当的。总之，君子的生活既美且德，是修礼者，也是开人道者；君子在道上修行极高，是人生发展的最高目标（the highest goal），社会上的模范人物（exemplary person）。更重要的是，"君子仁爱礼让，因此在社群中享有权威性，其自身体现了传统的价值和风俗。其重要性和可见性（visibility）在山的隐喻中被表现出来：安静、泰然、宽容、高尚，

---

① Henry Rosemont Jr.：Confucian Role Ethics：A Model For 21st Century Harmony？

是当地文化和社会的标志。"① 所以，集仁、礼、孝、知、义、信等各种美德于一身的君子，是译者的社会文化理想中的模范人物和权威人物。君子作为这样的人物，"是社会其他人乐于顺从和仿效的，因为他们认可君子的成就"②。本着这样的观点，译者将《论语》全文中共出现的 107 次"君子"，除两次外，都翻译成了 exemplary person。以下句子散布在译文各处，确实有一种 exemplary person（君子）治国的政治景象：

> 子谓子产："有君子之道四焉：其行已也恭，其事上也敬，其养民也惠，其使民也义。"
>
> The Master remarked that Zichan accorded with the way（dao 道）of the exemplary person（junzi 君子）in four respects：he was gracious in deporting himself，he was deferential in serving his superiors，he was generous in attending to needs of the common people，and he was appropriate（yi 义）in employing their services.

> 君子之德风，小人之德草。草上之风必偃。
>
> The excellence（de 德）of the exemplary person（junzi 君子）is the wind，while that of the petty person is the grass. As the wind blows，the grass is sure to bend.

> 君子不施其亲，不使大臣怨乎不以。故旧无大故，则不弃也。无求备于一人！
>
> Exemplary persons（junzi 君子）are not remiss in family relations，nor do they give the great ministers occasion to harbor ill will because they are ignored. They do not，without some compelling reason，dismiss officials who have given long service，and do not seek all things from any one man.

---

① Roger T. Ames，Henry Rosemont Jr. ：The Analects of Confucius：A Philosophical Translation. 50.

② Roger T. Ames，Henry Rosemont Jr. ：The Analects of Confucius：A Philosophical Translation. 50.

君子信而后劳其民，未信则以为厉己也。信而后谏，未信则以为谤己也。

Only once exemplary persons（junzi君子）have won the confidence（xin 信）of the common people do they work them hard；otherwise，the people would think themselves exploited. Only once they have won the confidence of their lord do they remonstrate with him；otherwise，their lord would think himself maligned.

子路问君子。子曰："修己以敬。"曰："如斯而已乎？"曰："修己以安人。"曰："如斯而已乎？"曰："修己以安百姓。修己以安百姓，尧舜其犹病诸？"

Zilu asked about exemplary persons（junzi 君子）. The master replied，"They cultivate themselves by being respectful.""Is that all？" asked Zilu. "They cultivate themselves by bringing accord to their peers.""Is that all？" asked Zilu. "They cultivate themselves by bringing accord to the people. Even a Yao or a Shun would find such a task daunting. "

若按译文本身来理解，这些语句中的 exemplary person 就是社会楷模。他们因为有贤德，所以可以做一国之君，也可做事君治民之臣。反过来，为君臣者必须是 exemplary person，这样其修养和作为才会有以身垂范于一国之民的政治引领作用。这样的以 exemplary person 为群众领袖的政体，显然是精英政治的理想。准确地说，安乐哲和罗思文所发现的并非一般意义上的精英政治，而是道德精英政治。其译本中 105 次使用 exemplary person 所描绘的主要是敬人以修己、安人以修己的道德精英，而道德精英可以成为安百姓以修己的政治精英。但其修己与敬人、修己与安人、修己与安百姓的关系是颠倒的。从儒学中阐发精英政治，译者似乎希冀对包括美国在内的西方社会的过度民主化的政治倾向乃至时而抬头的民粹主义进行反驳。他们在《孝经》

英译本绪言中明确表达了对精英主义的肯定态度："尽管精英主义总是暗示着等级，但反过来则不能成立，也就是说，等级关系未必是强制性或压迫性的。一个健康的女孩绝不会因为社会期待她去关心自己的母亲而感到怨恨，而是会在这种关心中找到无上的个人快乐。"①

第五节　以关系相对性为人性发展根本和最高形态的伦理理论

按照安乐哲、罗思文的看法，中国古人把人一生中不同的生活阶段看作是扮演不同的角色。人在教化和关系交往中不断成长，成为不同的人，比如人要结婚，要为人父母等，角色在不停地变化。为了让人更好地扮演角色，就必须用角色伦理来调节各种角色关系。仁、孝、礼、义、和等儒家伦理概念都体现了人在社会中的角色和关系。"'仁'和'孝'是人的基本价值观，合乎礼的角色是人际关系的意义；礼是公共社会话语，人要达到礼所要求的角色和行为，需要不断地教化训练而使其人格化……遵礼是一个将传统内化于自我的过程，需要将角色和关系个性化，并在社群中为自己找到合适的定位。"②"'义'就是适当地扮演角色和遵礼，因为只有有了义，关系才在互信的社会中变得真正有意义。而适当地扮演角色，都是为了获得并保持'和'；但君子'和而不同'，'和'的同时要求有角色的独特性。"③绪言中对角色伦理的阐释受到了译本语言上的支持。译者将所有伦理术语一概用动作性词语翻译（见上文），暗示了动作者在社会中的"扮演"行为以及所"扮演"的角色。这些概念及相关语句散布在整个英文译本当中，加上绪言的解释和引导，足以描绘出《论语》的核心思想是角色伦理学的"事实"，

① Henry Rosemont Jr., Roger T. Ames: The Chinese Classic of Family Reverence—A Philosophical Translation of the XiaoJing. 9.
② Roger T. Ames, Henry Rosemont Jr.: The Analects of Confucius: A Philosophical Translation. 50.
③ Roger T. Ames, Henry Rosemont Jr.: The Analects of Confucius: A Philosophical Translation. 57.

从而完成了作者对儒家"角色"伦理从绪言到文本内部的完整表达。译文正文与绪言中对"儒家角色伦理学"的阐释是颇相一致的，例如：

齐景公问政于孔子。孔子对曰："君君，臣臣，父父，子子。"

Duke Jing of Qi asked Confucius about governing effectively（zheng 政）. Confucius replied，"The ruler must rule，the minister minister，the father father，and the son son."

子曰："君子和而不同，小人同而不和。"

The master said，"Exemplary persons seek harmony not sameness；petty persons，then，are the opposite."

君使臣以礼，臣事君以忠。

Rulers should employ their minister by observing ritual propriety（li 礼），and ministers should serve their lord by doing their utmost（zhong 忠）.

事父母几谏，见志不从，又敬不违，劳而不怨。

In serving your father and mother，remonstrate with them gently. On seeing that they do not heed your suggestions，remain respectful and do not act contrary. Although concerned，voice no resentment.

三年无改于父之道，可谓孝矣。

A person who for three years refrains from reforming the way（dao 道）of his late father can be called a filial son（xiao 孝）.

在此必须指出的是，人类社会中的角色划分是客观存在的，而《论语》原文中的角色意义是表面上的，并非儒学所要阐明的社会伦理思想本身。安乐哲和罗思文将《论语》的基本精神在文本中概括并表现为角色伦理学，与其说是发现，不如说是创造，更确切地说，是对儒家伦理思想的改写。成中英说："儒学是一种德性伦理学，不同于古希腊亚里士多德的伦理学，也不同于美国当代伦理学家麦金泰尔的伦理学，更不可成为时下相对主义者提出的所谓角色伦理。有的西方当代学者看到中国社会注重人际关系，甚至存在庸俗的拉关系现象，就断言儒家把有利于实现自我利益的关系看作高于一切，把角色看成人存在的最高或最基本的形态。这是一种消解与庸俗化儒学的观点。"① 西方汉学家对安乐哲和罗思文的"儒家角色伦理学"也多有批评。斯蒂芬·C. 安靖如认为，"儒家角色伦理学"是安乐哲和罗思文过于强调孔子儒学和西方道德哲学及德性伦理学之间的差异性，否定其相似性，竭力避免中西比较哲学不对称性的结果。它"过于强调儒学的反基础性、反本质性的过程性"②。韩振华认为，它"与其说阐明了早期儒家伦理的根本特征，莫若说自我指涉性地流露了其自身的理论限域：去本质化的过程哲学、以实践为先的新实用主义。"③ 沈顺福从儒学发展的角度指出，"儒家角色伦理学提出在关系中生成意义，否定了抽象性、终极性概念。它无法解释性命、天等儒家核心概念，因此未能够十分精准地描述儒家伦理学的基本精神。……可能有助于西方传统，但是它显然有害于中国传统儒家走向现代和未来。"④ 安乐哲和罗思文对儒学的演绎，单纯从翻译学角度来说无可厚非，也可以说符合不同哲学传统的交流与发展的基本模式与规律，而对儒学翻译和海外传播以及儒家思想在新时代的世界化发展来说，则同时具有正反两方面的意义，值得进行更深入的研究和探讨。

安乐哲、罗思文的《论语》和《孝经》译本包括三个不可分割的部分：绪言、正文和注释。此三者构成了一个较完整的伦理思想话语体系。纵观安乐哲、罗思文的两个儒家经典译本，其阐释的意图有两个方面：一是强调儒学是哲学，且它是不同于西方哲学的哲学；二是欲借儒家之名阐发实用主义

① 成中英：《着力建构新的世界化儒学》，《人民日报》2016 年 9 月 11 日第 5 版。
② Stephen C. Angle："The Analects and Moral Theory", In Amy Olberding（ed.）. Dao Companion to the Analects, 2014：225-252.
③ 韩振华：《早期儒家与德性伦理学：儒学研究中的相对主义话题——兼与安乐哲、罗思文商榷》，《伦理学研究》2012 年第 3 期，第 133 页。
④ 沈顺福：《德性伦理抑或角色伦理——试论儒家伦理精神》，《社会科学研究》2014 年第 5 期，第 10—16 页。

哲学及其儒家式的民主观和自由观，并以此来解决美国社会乃至全球性的文化危机。译者翻译时力图借《说文解字》对有些概念进行训诂，给了读者以还原本义的印象，但其所作的训诂主要是阐释性的，而非考证性的。所以，安乐哲和罗思文的翻译本实质上是以儒家学说的名义所做的实用主义哲学、新自由主义、社群主义，尤其是角色伦理学理论框架下的儒家式民主思想的阐发。从建构世界化儒学的角度看，实践伦理思想、社群主义思想、新实用主义的思想、人格培养的思想，以及道德精英政治思想等，都是较有益的阐发。安乐哲和罗思文反对将儒家思想简单地看作一种"无我"① 价值学说，而要在儒家关于个人与家庭、社群、社会的角色关系中看到个人不可或缺的角色作用。"成为一个儒者意味着在一个相互忠诚和承担责任的世界中获得一种成员资格，在这个世界中既施惠于人也受惠于人，这些忠诚和责任围绕着你、激励着你并且规定你自身的价值。"② 这是对西方长期处于意识形态统治地位的自由主义个人主义的批评和启迪。但是，其动名词性动态表达方式，忽视儒家"修己安人"的思想实质，忽视儒家思想所蕴含的伦理原则性，夸大儒学的过程性、变化性、关系性、经验性、事件性特征，并将之与实用主义相类比，这会从根本上改变儒家思想的本质，并在一定程度上将儒学庸俗化。从文化传播的角度看，《论语的哲学翻译》毕竟是美国现代性文化危机语境下的儒学研究与翻译，有它自己的目的和产生的逻辑，即它要为解决美国的社会问题服务，所以无法用我们的儒学发展标准来要求和衡量其价值。作为儒家思想海外传播的形式之一，《论语的哲学诠释》和《孝经的哲学诠释》作为两个儒家经典译本，其潜在的文化和政治作用是不可否认的。在跨文化传播的过程中，一种思想虽然所面临的是必然被化入本土文化的命运，但这种传播会成为进一步的文化整合的基础。作为儒学世界化发展模式，这种异域文化语境下的阐释，可以看作儒学新时代发展的一脉支流，

---

① 安乐哲：《儒家学说与社会进步——美国的"东方化"》，《东方论坛》2006 年第 6 期。
② 安乐哲：《儒家学说与社会进步——美国的"东方化"》，《东方论坛》2006 年第 6 期。

其代表着儒学世界化的一种形态，是儒学思想兴旺发展的表现。现代化儒学的建构不应该仅仅走"返本"的路线，而是应该发明其时代意义，放眼未来；与此同时，儒学应该走世界化的道路，让其时代发展的支流通往世界各个文化区域，并在当地滋润一方水土，养育一方人。儒学的新的时代发明能不断地为不同的社会文化解决新问题，这就是世界化儒学存在的一部分价值和意义。当然，儒学的世界化，并不意味着西方汉学家的翻译阐释应该成为未来儒学世界化发展的主导模式和终极意义。这一发展模式，实际上可以称之为"翻译儒学"，其实质是西化的儒学，是通过西哲思想对儒学思想的审视和通过西哲话语体系对儒学思想的改写，是西方哲学界和思想界通过翻译的方式对新的哲学思想的宣示。所以，它应该位居儒学世界化发展的支流地位。从根本上说，建构新的世界化儒学，应该本着始终推动人类精神发展，建设大同世界的总目标。这就需要世界范围内的儒学研究者时刻把握世界范围内儒学发展的脉搏，在儒学世界化发展过程中善于兼收并蓄。中国的儒学研究者尤其要强化自己的儒学研究和翻译，积极地与儒学世界化发展相沟通和呼应，积极创造世界性儒学话语，而不是仅为西方汉学界的儒学话语喝彩，为其所陶醉或吞噬，也不是置身事外，任其随意发展。儒学翻译传播是一项构建面向未来的当代世界性哲学思想的伟大使命。这一使命，需要我们有全球文化眼光和代表全人类先进文化的思想意识，通过科学的儒学经典翻译和先进的儒学研究，建立主导性的、新的世界性儒学话语体系，为构建和谐的人类命运共同体服务。

第五章　西方儒学研究及传播的话语模式

  儒家经典英译曾经受过两种动机驱动。一种是宗教研究动机的驱动。譬如，19世纪下半叶理雅各的儒家经典翻译，其直接目的就是研究和了解中国的宗教状况，包括中国先民的原始宗教状况。其各种儒学译本不仅成为当时西方比较宗教研究界研究儒教的蓝本，也成为当今西方宗教哲学界研究儒学的经典依据之一，经过一百多年来的承传，几乎形成了一种传统。另一种是哲学研究动机的驱动。尽管西方有些学者不承认儒家思想是哲学，但大多数的英美学者认为儒学思想是哲学，起码如安乐哲所说，是与西方哲学传统不同的自成一统的哲学。随着西方思想界对儒家思想的认识的深入，儒家思想的哲学性对他们来说已经是不争的事实，而且儒家思想事实上已经被列为人类思想史上最伟大的思想体系之一。所以，现当代西方译者翻译儒家各部经典，基本上都是为了哲学研究和传播的目的。这些译本也基本上都是比较严肃的。从出版发行后的流向来看，其主要在学者和受教育程度高的读者手中被阅读和研究，仅有一部分读者是对儒家感兴趣的普通大众。然而，由于翻译传统的惯性作用，几乎所有的译本都使用西方的哲学话语系统，所以它们在不通汉语的英美研究者手中往往会产生新的理解，甚至有的译者有意识地将原典中的思想用西方的另一种哲学视野去进行阐发，从而获得与西方思想传统较相吻合的价值。我们把儒家译本被思想界和学术界阅读、研究的这种状况称为儒学的深度传播。这实际上也就是日益活跃的西方汉学研究或中国学研究。西方研究者以其独特的学术视野，发明儒学的当代哲学、社会学、政治学等方面的价值。有些发明虽然与儒学的本体思想有出入，却构成了儒学在西方的现实理论形态，并为西方思想体系所吸收和利用，甚至成为其思想体系的有机部分。这是一个需要引起我们注意的儒学传播现象，因为儒学的思想价值以这种形式开始真正进入西方思想文化体系，并在西方社会中逐渐产生作用。不过，这个过程比较漫长。譬如从莱布尼兹吸收并弘扬《易经》所包含的二进制思想，到二进制被冯诺依曼（John von Neumann）1952年首次实际应用于计算机科学领域，这一过程经历了近三个世纪。这是因为，历史上无论是哪种形式的儒学话语，在西方知识话语史上声音都比较弱，不具备与西方知识话语平等对话的话语权。所以，今天中国的学者应当积极参与海外的儒学话语及其声音建构，并与西方学术界展开平等交流，以加强海外儒学话语的本体回归及儒家哲学国际地位的提升。

第一节　对孔子思想本义的探索及其传承

在致力于探索与承传孔子思想本义的西方学者当中，较早的当属美籍华人唐君毅、陈荣捷等。陈荣捷1963年编写《中国哲学文献选编》（*A Source Book in Chinese Philosophy*），书中介绍孔孟哲学思想，对其后数十年美国儒学研究界影响颇大。在非华裔学者当中，较早的当属查尔斯·穆尔（Charles A. Moore），其于1960年主编《中国人的思想》（*The Chinese Mind*）[1] 一书，收集了包括他自己在内的16位学者的论文，其中也有中国新儒家唐君毅、陈荣捷等人的文章。穆尔讨论了儒家的人性观问题，唐君毅、陈荣捷讨论了儒家的"个人"思想。此书后来成为后代儒学研究者重要的参考书。

---

[1] Charles A. Moore: The Chinese Mind—Essentials of Chinese Philosophy and Culture. Honolulu: East-West Center Press; University of Hawai'i Press，1960.

　　另一位较早投身儒学的非华裔研究者，是著名的美国哲学家赫伯特·芬格莱特，他是 20 世纪以来一位影响较大的儒学研究和传播者。芬格莱特 1972 年撰写并出版《孔子——凡而圣者》（Confucius—the secular as sacred）一书，批评了儒学译本把儒家思想西哲化的种种弊端。其所参考的文献除部分论著外，另有七个《论语》译本，分别是翟林奈译本、理雅各译本、林语堂节译本、庞德译本、苏慧廉译本、韦利译本和魏鲁男译本，并部分引用了韦利、陈荣捷、林语堂的译文。从作者的研究和论述中，可以看到儒学英译本对儒学思想传播所起到的重大作用。芬格莱特在《孔子——凡而圣者》中论述了五个方面的问题：（一）作为神圣礼仪的人类社会；（二）没有十字路口的大道；（三）人格的所在；（四）传统主义者还是空想家？（五）关于孔子的隐喻：对神圣的礼器的分析。这些问题的性质与其所参考的各译本都有着密切的关系。在此我们以芬格莱特的《孔子——凡而圣者》为例，分析儒家思想在西方传播是如何受到儒家译本话语体系的影响，并引发的一系列学术问题的。

　　在书的前言中，芬格莱特对《论语》的翻译做了基本的判断，他把 1972 年以前的《论语》译本归为三种类型。第一类分为两种：一种是由宗教界（天主教、基督教）人士所译，另一种由俗世学者所译。前者受蔽于他们的宗教视域，赞赏《论语》中能被解释成近似基督教伦理学与神学的理论，他们对待孔子有点近似于教会对待苏格拉底；第二类译者囿于其人类学背景，常常存在欧洲思想背景的假想观念或预设，以欧洲的观念以及个人主义和主观主义人学的观念诠解《论语》。第三类译者则把佛教和道教思想元素织入《论语》译本当中。他认为，没有一个译本是由职业哲学家完成的，主观-心理主义解读方式（subjective-psychologistic）几乎贯穿了每一个译本，充满了偏见，所以"没有一种翻译是受到了当代哲学思想和方法的启发而产生的结果"①。芬格莱特的《孔子——凡而圣者》欲以原文前十五章为依据，对孔子"凡而圣"的原貌进行研究和论述。然而，一方面他引用的多是二手资料，如韦利、陈荣捷、林语堂等人的研究和翻译成果，以及前面提到的译本；另一方面，其论述中所使用的仍然是西方哲学话语，比如社群主义；所以实际上无法做得彻底。

芬格莱特认为，孔子是令人景仰的先师——一位人生阅历丰富、智慧超群的思想导师。这是他对孔子思想地位的基本判断。芬格莱特对重要的儒家观念分别进行了研究。礼就是其重点研究的儒家观念之一。芬格莱特认为，礼的语言和形象是表达整个道德观念的媒介，或更确切地说是表达真正的传统和合理的社会习俗的媒介。孔子教导说，对于人的完善，尤其是属于人所特有的美德或力量而言，依礼而行的能力和克己复礼的意志都是最基本的要求。芬格莱特认识到，礼是孔子为了引起人们对整个传统和习俗的注意而采用的"祭礼意象"②。礼并非与生俱来，而是"要经过后天长期努力方能学得"③。一个人通过学礼除去身上的本能冲动，从而把自己修养成真正的人；因此礼是表达人类情感冲动的文明方式。礼是在人与人之间的动态关系中成就人性的特别形式，而不是纯粹形式主义的非人性化形式。礼并非"机械"或"自动化"的举止，而是有一定的自发性，即"自然地自己发生"④。礼中"有生命，因为行礼的人态度严肃而真诚"⑤。美而动人的礼仪需要人心"在场"（present）⑥，并与学来的礼仪技巧达到完美结合。芬格莱特指出了礼的政治作用：昏君喜欢用命令、恐吓、规章、法令治国，明君喜欢以礼治国。胁迫的力量是显而易见的，而礼的巨大而神圣的力量则是无形的。

---

① Fingarette Herbert：Confucius——the secular as sacred. New York，Evanston，San Francisco，London：Harper & Row，1972：ix.

② Fingarette，Herbert：Confucius——the secular as sacred. 7.

③ Fingarette，Herbert：Confucius——the secular as sacred. 6.

④ Fingarette，Herbert：Confucius——the secular as sacred. 8.

⑤ Fingarette，Herbert：Confucius——the secular as sacred. 8.

⑥ Fingarette，Herbert：Confucius——the secular as sacred. 9.

在对礼的观念研究之后，芬格莱特专门阐述礼的实践内容。他指出，行礼过程中人们通常注意不到"礼中的生命力"①，也注意不到行礼的双方互相之间"在场"。如孔子所说，礼总是需要相互之间的信任和尊敬，但是，相互尊敬并不是刻意的，因为刻意的相互尊重会令双方感到不自在。芬格莱特以西方习俗中的握手礼为例，说明行礼是一个自然的心理过程。

芬格莱特称礼具有"魔力"②。他说，《论语》在世俗的同时，也揭示了一种十分重要的"魔力"。所谓"魔力"就是某个人通过礼的手势和咒语实现想要达到的目的。孔子的有些话语强烈暗示了"魔力"。对于礼的"魔力"，芬格莱特做了这样的实用主义分析：

> 轻而易举获得的礼的力量可以用来达到物质性目的，尽管我们通常并不注意这一点。譬如，我想从我的办公室取一本书，假如我没有魔力，我必须一步一步地走到我的办公室，推开门，用我的手拿起书，然后带回来。但是，取书的愿望也可以用具有魔力的适当的"礼"的语言表达出来，然后不需要我自己费力就可以把书取回来。比如，我十分礼貌地，合礼节性地向我的一个学生表达我要取书的愿望。这就够了。我不需要强迫学生、威胁学生、欺骗学生。我什么别的事都不需要做。不一会儿，书就会自然来到我的手上。③

芬格莱特还阐发了礼的社会学意义。他认为，礼的言行举止本身虽然并不重要，但其道德意义深远。这些复杂而熟悉的举止标志着"人类最富有人性的相互关系"④：在这个世界上，当我们不再把人像物、兽、奴一样任意驱使、恐吓、强迫和操纵时，我们在品格上就远离了任何物。通过礼的意象看儒家礼节，我们就可以清楚地看到，神圣的祭礼就是日常文明交往的深化和在细节上的延伸。

---

① Fingarette, Herbert: Confucius—the secular as sacred. 9.
② Fingarette, Herbert: Confucius—the secular as sacred. 3, 4.
③ Fingarette, Herbert: Confucius—the secular as sacred. 10-11.
④ Fingarette, Herbert: Confucius—the secular as sacred. 11.

芬格莱特儒学研究的第二个重点是道。他把儒家的道称作"没有十字路口的道路"。芬格莱特认为，儒家的道就是道、径、路；通过比喻性引申，古人将其比作正确的生活道路、政治道路、理想的生存道路、宇宙之道等。道的观念与礼相适宜。从走正直的道路到适当地遵礼，这种意象转换简单而适当，甚至可以把礼看作一张地图或者特别的道路系统，这个道路系统就是道。要发展道路意象，并引入选择、决定和责任的观念很容易。应该把十字路口的意象引入道，这才是对道意象最详细的说明。芬格莱特认为，只有把宇宙看作一个确定无疑的、单独的秩序，才可能忽视在道的比喻中十字路口意象对行路者的挑战。儒家也追求单独的、确定的秩序，认为走正道之外的选择就是走邪道、走入迷途或者放弃前面的道路，即没有统一秩序，取而代之的就只有混乱。儒家的道并不引导行路者走向某个港湾或金色的城堡，相反，君子行道而达到一种境界而非地点。这种境界就是毫不费力地、适当地行道。君子达到一种安静的境界，这种境界源自其对行道本身的最终价值的欣赏。道意味着选择；选择与责任、罪恶、惩罚、忏悔等相联系。功利主义伦理学把责任看作是一种因果律，责任来自一个人所担任的社会角色。受功利主义伦理观的影响，西方总是把责任的问题看作因果论问题。责任的观念，中国古人早已十分熟悉，但他们从没有把道在可以被解释为"责任"（responsibility）的情况下进行讨论。孔子确实主张一个人应当根据什么是正确的准则去履行自己的义务，有关应该对违法者实施惩罚的字句确实让译者把这样的观念翻译成"惩罚"（punishment），这自然误导了不够细心的读者，让他们误认为孔子使用了我们所惯于使用的"惩罚"的概念。与功利主义伦理学不同，孔子所谓惩罚，不是因为某种行为产生了不良后果，而是一种道德反应。[①] 孔子的方法是，如果要让对先前所犯的道德错误负责的人远离惩罚、罪恶、忏悔，就要实施社会工程进行教育，而不是用强制性的道德法则进行约束。这就是孔子为什么反对惩罚而实施各种教化。孔子的教育包

---

① Fingarette，Herbert：Confucius—the Secular as Sacred. 24，25，26.

括学习礼的规则、文学、音乐和武艺。儒家通过圣人先师把人们吸引到道上。唯有道才有力量，而这一力量是无形而神奇的。《论语》的一贯主张是用德（virtue）、仁（humaneness）、礼（ceremonial propriety）、让（yielding）治人，而非用惩罚治人。然而，芬格莱特同时也误认为，"子曰：能以礼让为国乎，何有？不能以礼让为国，如礼何？"一句所主张的是，如果不能以礼让治国，也不要以礼自欺，可以采用惩罚措施。由于孔子缺乏任何道德罪恶及其所应受惩罚的依据等观念，他看不到"惩罚中潜在的仁慈成分"①。然而，构成孔子思想的语言和意象所呈现给我们的，是一幅完全不同却理智而和谐的图画。对孔子来说，核心的道德问题不是一个人为自己所选择的行为负责，而是他如何被授之以道，以及是否愿意勤奋地学道。对一个人来说，若言行违背了礼，其适当的反应不是自责，而是继续学习和修养，克服自我修养中的弱点。芬格莱特断言，《论语》中从来没有试图论述过"西方式的，因为个人不勤奋而引起的责任"问题。②

对仁的观念的阐发是芬格莱特所研究的第三个重点。芬格莱特认为，仁具有神秘性和矛盾性，没有一个西方式的明确定义或概念与之相应。比如，孔子说"先难而后获，可谓仁矣""杀身以成仁"，似乎是在说仁德难以获得，但又像在说"仁远乎哉？我欲仁，斯仁至矣"。但有一点无需怀疑，即仁对一个人的理想生活十分重要。芬格莱特认为，仁在本质上就是遵礼，仁和礼是一个事物的两个方面。礼是不变的行为准则，仁是表达个人取向（orientation）的行为。仁不能用任何西方哲学概念进行替换，尤其不能将其变成心理主义的术语，如态度、情感、愿望、意志、内心（inner states）等。仁不是"内在的自我（inner self）"③，其需要通过礼才能获得。仁难以获得是因为习礼所要求的文明交往的技巧很难，需要毅力。礼和仁两者缺一，一个人都无法得到完善。仁人通过礼使其力量映照四方，但仁的实质不在内

---

① Fingarette，Herbert：Confucius—the Secular as Sacred. 27.

② Fingarette，Herbert：Confucius—the Secular as Sacred. 35.

③ Fingarette，Herbert：Confucius—the Secular as Sacred. 43.

心，而在行动。仁的意象不是把仁的力量和仁的行为等同，而是要强调仁的力量的导向和目标特性，因为它不同于行为的最终和实际过程。仁是一种人性力量，它属于人类、指向人类且影响人类。芬格莱特指出，孔子所用的汉字仁没有严格区分特性、品质、定义、本质等概念，但仁经常直接和人相联系，并为人所拥有。芬格莱特提出，用以表达仁的观念的最佳西方意象，是物理学中的矢量概念。"仁就是一个行为中的力的矢量，在公共的时间与空间，力的矢量的起点是一个人，终点是另一个人"①。仁所包含的德性是"动态的和社会性的"②，如恕、忠、信等；而纯洁、天真等静态的、内在的德性不在《论语》讨论范围之内。总之，"仁就是为人之大道献身，就是走到边缘（walk to the edge）"③。

芬格莱特认为，孔子的学说总体上是"对社会矛盾与动荡所作出的富有想象力和创造性的反应，而不是执意无视那个时代的危机性质"④。孔子大谈恢复古代的和谐秩序，但其学说的现实意义是引导人们寻求新的方法，去解释和改善当地的传统，以建立一个普遍的秩序来取代当时的混乱秩序。孔子从鲁国文化中看到一种理想，即所有的民族如果共同遵守一套相同的行为习惯和观念，就可能团结起来并获得安宁。一般来说，形成习俗有三种方法：第一、通过行政命令；第二、通过全民同意；第三、通过传承传统。孔子认为以上三种方法都重要，但它最重视的还是古代圣贤留下的传统。孔子之所以选择传统，是因为传统是成就民俗的三种方法中唯一的一种"客观标准"（impersonal standard）⑤。这个传统就是礼。礼是人区别于野兽及非动物的行为习惯。合礼的行为习惯中具有内在的魔力，其不同于强制力、恐吓和命令。所以，孔子的理想在其祭礼意象中可以看得清楚，而"祭礼中的行为习

① Fingarette，Herbert：Confucius—the Secular as Sacred. 55.
② Fingarette，Herbert：Confucius—the secular as Sacred. 55.
③ Fingarette，Herbert：Confucius—the Secular as Sacred. 56.
④ Fingarette，Herbert：Confucius—the Secular as Sacred. 59.
⑤ Fingarette，Herbert：Confucius—the Secular as Sacred. 62.

惯，比其他行为习惯更深地植根于古老的传统。"① 芬格莱特强调，孔子所关怀的是人性的本质而非"个人"（individual）和"社会"。个人和社会是西方的范畴和偏见。孔子不把个人看作是社会的终极原子或证明灵魂不朽的场所，也不把社会看作契约式的、功利主义的"将个人快乐最大化的组织"②。在"君子不器"的比喻中，孔子暗示着人有祭器般的神圣性和尊严。祭器是神圣的，所以人是神圣的，因为人像祭器一样在神圣的祭祀礼中起着自己应有的作用。人有尊严，"人的尊严在于礼而不在于其个人的生物性存在"③。人通过参与"社群性的礼仪"而修养自我。当我们把人看作参加祭礼的个人而不是个人主义的"自我"时，人就有了一种新的祭器一般的神圣之美。所以，《论语》中的人虽非神圣，但也不是只为社会服务的"器"。社会没有参加者就成了一个孤立的实体，就像祭礼没有了祭器、祭坛和咒语一样。社会就是人们之间互相当人对待，具体而言，就是承担起礼所规定的权利和义务。因此，"孔子的主题不是去发现个人，或发现个人的终极价值"④。在孔子看来，"人仅仅是微不足道的，可锻造的、易碎的祭器，在生活这个祭礼的过程中变的辉煌而神圣。……孔子与基督教观点不同，人的神圣不是通过不依赖于任何别人而绝对拥有的一份神圣而不朽的灵魂。孔子所关注的也不是个人的兴旺发达，而是在人的礼仪行为中人性的兴旺发达。"⑤

有学者认为，芬格莱特"从哲学的视角，对孔子学说中的重要范畴如礼、仁、忠、恕、义、信、耻等作了细致的阐释"⑥。从上述情况来看，实情并非如此简单。

从芬格莱特的论述来看，他对孔子学说的理解在许多地方是正确的，且做了独到的阐发。在内容上，芬格莱特强调了礼的重要性，将其视为仁的实

① Fingarette, Herbert: Confucius—the Secular as Sacred. 63.
② Fingarette, Herbert: Confucius—the Secular as Sacred. 76.
③ Fingarette, Herbert: Confucius—the Secular as Sacred. 77.
④ Fingarette, Herbert: Confucius—the Secular as Sacred. 78.
⑤ Fingarette, Herbert: Confucius—the Secular as Sacred. 78.
⑥ 张晓淮:《人性视域中的孔子》,《中华读书报》2002 年 9 月 4 日。

现途径和仁的行为准则，并阐发了礼对于培养人的社群思想和人性完善的重要价值。在性质上，芬格莱特则突出了儒家思想的实践性，否定西方译者和学者通过西哲概念而赋予它的诸如心理主义、个人主义、功利主义等西方哲学的主题和抽象性，以及释、道、基督教和新儒学的哲学关怀。他认为，孔子的话语今天被曲解成经验主义、人道主义、现世（this-worldly）学说等，有时也被解读为类似于柏拉图理性主义的教条；孔子学说确实经常被看作是对迷信或过于倚重自然力量的抵制。这些都是十分独到的见解。但顾立雅（Herrlee Glessner Creel）认为，芬格莱特反对以西方哲学观点解读孔子，而他自己的解读所用的观点却"恰恰是西方的"[①]。他无法找到有效表达其理解的话语方式，所以他并没有将他的理解适当而有效地传达给英语读者。我们认为，其中的原因主要有两个：

一方面，芬格莱特所使用的术语误导了读者，给读者的理解造成了混乱。芬格莱特从存在的视角，试图详细分析孔子学说中如礼、仁、恕、忠、学、乐等重要范畴。但他在第一章中所使用的相应术语就是 rite、humaneness、reciprocity、loyalty、learning、music 等，并在其后分别标注音译 li、yen、shu、cheng、shueh、yüeh。在后文的论述中，以上儒家概念都用了上述音译加标注的方法来表示。芬格莱特本以为这样可以表示儒家概念的本义，岂不知这些术语在英语中的对应含义分别是：祭祀仪式、仁慈、相互关系、忠诚、学识、音乐。那么，芬格莱特对儒家思想的论述，在英语读者看来，就完全变成了对这些问题（rite、humaneness、reciprocity、loyalty、learning、music）的论述，而不是对礼、仁、恕、忠、学、乐等儒家思想范畴本身的论述。这是一个值得玩味的悖论。

另一方面，芬格莱特在论述过程中部分引用了韦利的论语译文，并且自己翻译了许多《论语》中的章句。两者的译文中有许多地方也歪曲了原文的

---

① Herrlee Glessner Creel：Discussion of Professor Fingarette on Confucius. Journal of the American Academy of Religion，1980：410.

思想。例如，"士不可以不弘毅，任重而道远。仁以为己任，不亦重乎？死而后已，不亦远乎？"韦利译作：The True knight of the Way must be great and strong；his burden is heavy，and his course is long. He has taken jen as his burden——is that not heavy？Only with death does his journey end——is that not long？又如，"克己复礼为仁，一日克己复礼，天下归仁焉。"芬格莱特将其译作：Self-disciplined and ever turning to li——everyone in the world will respond to his jen. 其中的问题的根本在于语言上的错位。士是 knight？道是 course？克己是 self-disciplined？君子是 noble man？当然都不完全是。但是，若不这样表达，还有什么更好的方法呢？儒家思想作为东方古老而独特的核心文化和思想传统，不可能与同样是扎根于西方文化传统的独特的西方思想传统共享同样的观念和表达方式。所以，芬格莱特的困难在于其心里明白这种语言上的错位，却苦于没有恰当的英语表达法把自己的思考和洞察表达出来。所以，芬格莱特对礼、让、仁、德、道等问题的讨论，从根本上是依靠翻译而展开的，其想讨论的问题无奈遭到了英文魔术般的转化。所以，在不知不觉中儒家的"士"变成西方的骑士；儒家的"克"变成另一种形式和意义上的自律。其全书所总论的仁，实际上是仁慈（humaneness），更近于孟子的仁，却不是孔子的仁。同样，其所论述的 rite 或 li、course 或 tao、character 或 te 等，也都无法与其欲论述的儒家思想内容精确对应。所以，所谓"芬格莱特还原了一个人性化的孔子，也是一个真实的孔子"[1]，其著作是"美国思想界扭转对孔子种种误读的开篇之作"[2] 等说法，并不十分准确。而《孔子——凡而圣者》影响了它问世近半个世纪以来美国中国思想文化研究的历史，这倒是一个事实。近 20 年来，芬格莱特的儒学观点持续受到了许多学者的关注和赞同，也受到了不少人的批评。而这些赞同和批评都被批评者当做了对孔子儒学本身的批评。

---

[1] 张晓淮：《人性视域中的孔子》。
[2] 周文彬、杨健：《美国人眼中的孔子之礼》，《中国教育报》2003 年 9 月 11 日。

　　《孔子——凡而圣者》出版 26 年后的 1998 年，安乐哲、罗思文的《论语的哲学翻译》一书出版，书中表达了译者对芬格莱特儒学观点的赞同。安乐哲和罗思文在书的前言中论述了《论语》的翻译与儒家思想，其中包含了芬格莱特的主要观点。这包括芬格莱特对儒家思想的现实意义的认识，对以往的《论语》译本在概念和思想内容上的基督教化和西方哲学化倾向的批评，关于儒家伦理的实践性和动态性的观点，以及还原性理解孔子思想的诉求。他们提出，"要理解中国文化，必须创造性地采取第三种立场"①。具体来说，芬格莱特对安乐哲和罗思文的影响有两种表现。一是表现在对仁的理解上。译者在其译本前言中引用了芬格莱特 1983 年关于仁的论述："对于孔子来说，除非至少有两个人，否则便没有人类"②；二是表现在安乐哲、罗思文受到仁的启发，进一步阐发了社群（community）观念，并由社群认识到了礼的社会实践意义和重要性，以及习礼、遵礼与实现仁之间的关系。但在安乐哲、罗思文论述过程中，仁和礼的语言形态不是芬格莱特所使用的 humaneness，也不是其他译者所用的 humanity、benevolence 等，而是转化为 authoritative person（权威之人）和 authoritative conduct（权威行为）；礼的语言形态也不再是 rite，而是转化成为 observing the ritual conduct，即遵守礼仪的行为。这些译法恰恰都是芬格莱特所批评的对儒家思想的经验化表达。

　　30 年之后的 2002 年，信广来在《论仁与礼》一文中也表示赞同芬格莱特关于礼在仁德修养上的作用的观点。芬格莱特认为，仁人就是礼仪修养完善的人，仁就是在礼仪中自我修养的过程，对孔子来说，礼是可以改进和修正的，一个人对礼应该保持一定的批评性和独立性。信广来称，芬格莱特关于仁和礼的关系的阐释与他自己的阐释"有近似之处"③。

　　芬格莱特认为，孔子是无神论者。齐思敏对此进行了批评。他认为，芬

---

① Ames Roger T. & Henry Rosemont Jr. : The Analects：A Philosophical Translation. 36.

② Ames Roger T. & Henry Rosemont Jr. : The Analects：A Philosophical Translation. 48.

③ Kwong-Loi Shun："Rén 仁 and L? 礼 in The Analects". In Bryan W. Van Norden（ed.）：Confucius and The Analects—New Essays. New York：Oxford University Press，2002：69.

格莱特把孔子的鬼神观描绘成了"经验性的、人道主义的和现世论的，或者将其与柏拉图理性主义教义相提并论"①。他引用康有为的观点指出，这种理解不是唯一可能的理解。

万百安（Bryan W. Van Norden）的《析〈论语〉的"一贯"》一文对芬格莱特关于忠、信、礼及其关系进行评述，尤其是对其关于忠的论述进行了较系统的分析和批评。万百安认为，芬格莱特最初把忠解释为近似于loyalty（忠诚）的意思，接着又说忠一般与信字连用，两个字的意思重叠，只是单个字的意思各有所侧重，而对忠本身没有做充分的解释，并且其所论述的忠、信本于道，体现于礼的观点"缺乏原本文依据"②。万百安引用道森的《论语5：19》的译文证明忠有广义，但其狭义就是loyalty（忠诚）。

Zizhang asked saying："Chief Minister Ziwen three times held office as chief minister, but showed no sign of delight; three times he was deposed, but showed no sign of resentment. He always reported to the new chief minister on the conduct of government of himself, the former chief minister. So what do you think of him?"

The Master said："He was loyal ［zhōng］ ."

"Was he humane?" said Zizhang.

"One cannot know yet," said the Master, "How could he be considered humane?"

道森翻译"忠"字，使用的词就是loyal。这大概是万百安把忠理解为loyalty的依据。但是这段译文中尽管附上了拼音zhōng，文中的loyal却并不是儒家的忠，humane也不是孔子所指的仁。

斯蒂芬·威尔逊（Steven A. Wilson）也对芬格莱特的儒学观点进行了批

①　Mark Csikszentmihalyi： "Confucius and The Analects in the Hàn". In Bryan W. Van Norden （ed.）： Confucius and The Analects—New Essays. 2002：150.

②　Bryan W. Van Norden："Weaving the 'One Thread' of Analects 4：15". In Bryan W. Van Norden （ed.）： Confucius and The Analects—New Essays, 2002：227.

评。其《顺从、个性和品德的本质：古典儒家对当代伦理反思的贡献》一文，对芬格莱特关于礼和仁及其关系的观点提出批评。芬格莱特认为，若要礼美而有效，就需要一个人"以娴熟的技巧参加某种仪式，礼的力量离不开仪式。"① 而威尔逊认为，芬格莱特把传统和习俗当作礼的唯一标准，这一观点过于武断而空洞。芬格莱特认为遵礼不是因为礼本身体现了仁（humaneness），而是因为礼体现了传统所认定的仁，这样"礼就退化成了一种用来进行社会调节的形式或礼仪"②。芬格莱特认为孔子"把鲁国的礼（rites）文化放在至高无上的地位，而不是将其作为人性（humanity）最高境界的体现"③ 的观点是错误的；所谓传统的中国人遵守传统礼仪，只是因为礼仪代表了做事的方式，这种观点损害了中国人的形象。

芬格莱特以反心理主义的名义认为仁不是一种心理状态（state of mind）。颜钟祜认为，仁既是修养情感的结果也是修养情感的过程。情感是人的行动的基础，行动包含着态度、愿望，所以行动也可以说是一种内心状态；而情感总是指向其外部的事物或人，所以也可以说，情感是人的外在方面。颜钟祜认为，情感是由一种更深层的核心组成，从根本上与内部或者外部状态所能表达的意思不同。这一情感核心就是孔子的仁的渊源。儒家的仁既适用于人类，也适用于所有"存在的存在"④。需要指明的是，颜钟祜在指称仁时，所用的词是 benevolence，即仁慈，不是孔子的仁。

但是，威尔逊对儒学所做的个人主义的阐释，后来受到了艾莱克斯·默克列德的批评。默克列德继承了芬格莱特的观点，认为仁不是个人的特性，

---

① Steven A. Wilson："Conformity, Individuality, and the Nature of Virtue：A Classical Confucian Contribution to Contemporary Ethical Reflection". In Bryan W. Van Norden（ed.）：Confucius and The Analects—New Essays，2002：96-97.

② Steven A. Wilson："Conformity, Individuality, and the Nature of Virtue：a classical Confucian Contribution to Contemporary Ethical Reflection"，2002：98.

③ Steven A. Wilson："Conformity, Individuality, and the Nature of Virtue：a classical Confucian Contribution to Contemporary Ethical Reflection"，2002：98-99.

④ Zhonghu Yan："Ultimate Reality and Self-Cultivation in Early Confucianism：A Conceptual/Existential Approach". In Vencent Shen（ed.）：Dao Companion to Classical Confucian Philosophy，369.

而是社群的特性，仁离开社群无法独立培养出来。仁与德性不同，不是通过自我修养而生成的，也不是个人的性情或感情特点或思想状态。默克列德指出，仁的"心理学和主观主义用途"① 是儒学发展到后来，尤其是受到朱熹的影响才获得的意义，不是《论语》中的原义。儒家的仁的道德价值，从芬格莱特到安乐哲、罗思文，再到李耶理，最后到默克列德，经过一系列演变，脱离了个人品德修养的道德属性，基本上形成了"社群特性"② 这一道德属性。这种所谓基要主义的解读实际上并没有真正把握孔子思想的本旨，也只是一种以古代历史为基本背景的文本分析而已。在方法论上属于分析哲学的范畴，而且，这种分析有解决当下社会问题的政治哲学诉求。

第二节　对儒家思想的解构主义解读

一、　对儒家思想的存在主义解读

儒家思想究竟有哪些内涵？在西方思想界，许多学者的观点与我们不同。他们倾向于用现代哲学的眼光去挖掘儒学的思想价值，往往能阐发出符合某种西方哲学框架的意义。对儒家思想的阐释，是西方现代哲学发展的需要，其初衷并不一定是发展儒学，也不是故意歪曲儒家思想。虽然在阐发过程中确实存在各种误读，却恰恰是这些误读才真正与西方某种哲学思想发展的需要相吻合。所以，对儒家思想的解读和阐发总体上是西方对包括儒家思想在内的世界文化资源的积极利用。我们从中可以看到儒家思想的世界性意义：它一直在帮助人类思想文化的成长。不仅如此，在这个过程中，儒学也在通过西方学者的研究向西方思想传统中扩散，不仅是儒学的内容，还有儒

---

① Alexus Mcleod："Ren as a Communal Property". Philosophy East & West，Volume 62，Number 4 October 2012：523.

② Lee Yearley："An Existentialist Reading of Book 4 of The Analects"，In Bryan W.Van Norden（ed.）：Confucius and The Analects—New Essays. 2002：237-270.

学的名义。西方研究者对儒学的解读是多种多样的，其中之一，便是存在主义解读。

　　较早采用存在主义解读视角的是韩国学者郑和烈（Hwa Yol Jung）。郑和烈认为，儒学本质上是"实践人本主义"[①]。儒学聚焦于人和人的行为，关注"作为行为者的人"而非"作为思想家的人"[②]，关注普通人的日常生活、规范伦理，以及应该如何生活的问题。儒家哲学的集中体现是仁。仁就是"爱所有的人"和"知所有的人"[③]。仁字的结构就意味着"人生活于相互关系当中，仁是社会关系的整体网络。一个人是整个人类的一员，日常生活中与他人相联系，无论在家族内、社区内、国家内，都不能例外。"[④] 孔子说："未能事人，焉能事鬼？""未知生，焉知死？"以及"不语怪力乱神"，这都说明，儒学是"现世哲学"[⑤]。不仅如此，儒学的实践性意味着其对人的行为有道德规范作用。人既然生活在相互关系中，那么相互之间必须遵循一定的行为规范，比如信要求人在社会生活中必须言行一致。孔子认为，语言有行为功能。"不知言，无以知人也。""有德者必有言，有言者不必有德。仁者必有勇，勇者不必有仁。""君子耻其言之过其行。""名不正，则言不顺；言不顺，则事不成；事不成，则礼乐不兴。"语言在行为中才能最终得以实现，所以"行为的价值高于语言的价值"[⑥]。

　　郑和烈认为，儒学是关怀人的现世生活的哲学，所以它也是存在主义哲学，与克尔凯郭尔（Kierkegaard，1813—1855）和雅斯帕斯（Karl Jaspers，1883—1969）的存在主义一样有关怀人的生活的共性。但儒学与西方存在主义也有一定的区别，"其一是儒学植根于农业社会，而存在主义产生于现代

---

　　① Hwa Yol Jung："Confucianism and Existentialism：Intersubjectivity as the Way of Man", Philosophy and Phenomenological Research，Vol. 30，No. 2，Dec.，1969：191.

　　② Hwa Yol Jung："Confucianism and Existentialism：Intersubjectivity as the Way of Man"，191.

　　③ Hwa Yol Jung："Confucianism and Existentialism：Intersubjectivity as the Way of Man"，191.

　　④ Hwa Yol Jung："Confucianism and Existentialism：Intersubjectivity as the Way of Man"．191.

　　⑤ Hwa Yol Jung："Confucianism and Existentialism：Intersubjectivity as the Way of Man"，192.

　　⑥ Hwa Yol Jung："Confucianism and Existentialism：Intersubjectivity as the Way of Man"，193.

西方科学技术文化背景之下，其二是儒学强调秩序和和谐，而存在主义最重要的主题是异化或者说人作为人的身份丧失"①。克尔凯郭尔的存在主义来自上帝，强调人的个性和内向性，否定社会生活的价值。雅斯帕斯则强调人与人的交流沟通，亦即人的社会性。儒学不但没有主观主义倾向，而且仁强调人的生活具有社会性，这与主张共生共存（co-existence）的存在主义哲学家的观点十分相似。仁不仅表达人性关怀，而且"对现代人来说具有全球性世界观（cosmopolitan outlook）和普世性魅力（universal appeal）"②。

那么，对郑和烈来说，仁究竟是什么呢？郑和烈说，仁常被翻译成"universal virtue、benevolence、golden rule、love、compassion"③ 等，仁包括其他德性如"righteousness（i）、propriety（Ii）、wisdom（chih）、faithfulness（hsin）、conscientiousness（chung）、altruism（shu）"④，除此之外，郑和烈没有对这些概念做任何其他形式的解释或说明。显然，仁的含义在郑和烈的文章中是模糊的。其所阐发的不是孔子的仁的全部意义，但其所发挥的确实是仁的部分意义，这毫无疑问。

李耶理的《〈论语·里仁〉的存在主义解读》是从存在主义哲学角度，对《论语·里仁》的一章有关仁、道、孝、死亡等思想内容的解读。李耶理认为，对经典文本的解读主要有两种方式。一种是基要主义的，即还原作者在当时的历史语境下的话语的意义。另一种是试图把经典文本当作仍然当下切实可行的学说，这些学说仍然可以指导我们当今的生活。作者把《论语》与《圣经新约》做比较，认为这些经典一直在指导，并且应该继续指导人们的生活。阐发经典的当下意义，比揭示其所谓原义更为重要。保罗大主教和但丁不与耶稣同时代，但他们懂得耶稣教义的现实意义，这比耶稣同时代的人自认为揭示了耶稣最早的言行的意义更为重要。因为这些历史伟人的微言

---

① Hwa Yol Jung："Confucianism and Existentialism：Intersubjectivity as the Way of Man"，190.
② Hwa Yol Jung："Confucianism and Existentialism：Intersubjectivity as the Way of Man"，202.
③ Hwa Yol Jung："Confucianism and Existentialism：Intersubjectivity as the Way of Man"，194.
④ Hwa Yol Jung："Confucianism and Existentialism：Intersubjectivity as the Way of Man"，194.

大义中包含着对以下问题的探索：人是谁？人如何认识世界，如何思考？这些也都是海德格尔和克尔凯郭尔所关怀的问题。当然，李耶理并不曾说孔子是一个存在主义者。他只是运用存在主义的方法，解读和探讨《论语》中在他个人看来所包含的存在主义命题。

如其所言，李耶理解读《论语·里仁》，首先运用基要主义的方法对《里仁》的思想内容进行分析。他认为，《里仁》是一个由几部分内容构成的结构相对完整的语篇，表现了独特的逻辑和敏锐而富有挑战性的视角。《里仁》集中讨了六个问题：一、德性的特性；二、德性完美的人如何具体表现其德性；三、德性完美的人与政治；四、德性完美的人如何行孝道；五、德性完美的人的言行；六、道德力量问题。

李耶理在刘殿爵的翻译的基础上，参考理雅各和韦利的翻译给出了自己的见解。其把《里仁》重新按主题划分的六个部分如下：

第一部分，1 至 7 句：论"德性"的特性。

4. 1 Of neighbourhoods virtue is the most beautiful. How can the man be considered wise who, when he has the choice, does not settle in virtue?

4. 2 One who is not virtuous cannot remain long straitened circumstances, nor can he remain long in easy circumstances. "The virtuous are attracted to the virtuous because he feels at home in it." The wise are attracted to virtue because he finds it profitable.

4. 3 It is only the virtuous who are capable of loving or hating others.

4. 4 If one fixes one's intention on virtue, one will be free from evil.

4. 5 Wealth and high station are what men desire, but if I could not do so while following the Way (dào 道) I would not remain in them. Poverty and low station are what people dislike, but if I could not

do so while following the Way, I would not try to escape from them. If nobles (jūnzǐ 君子) forsake virtue, how can they make names for themselves? The nobles never desert virtue, not even for as long as it takes to eat a meal. If they hurry and stumble, one may be sure that it is in virtue that he does so.

4.6 I have never met one who finds virtue attractive or a man who finds the absence of virtue repulsive. A man who finds virtue attractive cannot be surpassed. A man who finds the absence of virtue repulsive can, perhaps, be counted as virtuous, for he could not allow what is not virtuous to contaminate his person. Is there a man who, for the space of a single day, is able to devote all his strength to virtue? I have not come across such a man whose strength proves insufficient for the task. There must be such cases of insufficient strength, only I have not come across them.

4.7 In their errors people are true to their type. Observe the errors and you will know their virtue.

第二部分，8 至 11 句：论有德性者与其他人的不同。

4.8 If one hears about the Way in the morning, one may die in the evening.

4.9 There is no point in seeking the views of Nobles (shì 士) who, though they fix their intention upon the Way, are ashamed of poor food and poor clothes.

4.10 In his dealings with the world nobles are not invariably for or against anything. He is on the side of right (yì 义).

4.11 While nobles take to heart moral force (dé 德), petty people take to heart land. While nobles take to heart sanctions, petty people take to heart favours.

第三部分，12 至 17 句：论有德性者与政治。

4. 12 If one is guided by profit in one's actions, one will incur much resentment.

4. 13 If one is able to govern a state by observing the rites and showing deference, what difficulties will one have? If he is unable to govern a state by observing the rites and showing deference, what good are the rites to one?

4. 14 Do not worry because you have no official position. Worry about the manner in which you get a position. Do not worry because no one appreciates your abilities. Seek to be worthy of appreciation.

4. 15 （interpolation）

4. 16 The noble understand what is right（yì 义）. The petty person understands what is profitable.

4. 17 When you meet people better than yourself, turn your thoughts to becoming their equal. When you meet people not as good as you are, look within and examine your own self.

第四部分，18 至 24 句：论有德性者与孝。

4. 18 In serving your father and mother you ought to dissuade them from doing wrong in the gentlest way. If you see your advice being ignored, you should not become disobedient but should remain reverent（jìng 敬）. You should not become resentful even if in so doing you wear yourself out.

4. 19 While your parents are alive, you should not go too far afield in your travels. If you do, your whereabouts should always be known.

4. 20 If, for three years, one makes no changes to his father's

ways, he can be said to be filial (xiaò 孝).

4. 21 One should not be ignorant of the age of father and mother. It is a matter, on the one hand, for rejoicing and, on the other, for anxiety.

第五部分，12 至 17 句：论有德性者的言行。

4. 22 In antiquity people were loath to speak. This was because they counted it shameful if their person failed to keep up with their words.

4. 23 It is rare for a man to miss the Mark through strictness (yuē 约).

4. 24 The noble desires to be halting in speech but quick in action.

第六部分，结论。

4. 25 Moral force (dé 德) never stands alone. It is bound to have neighbours.

4. 26 (interpolation)

李耶理修改过的译文，作为其对《论语》的一种理解，反映出了如下几个问题。第一，李耶理对《论语》的理解受到了前辈译者的重大影响，在很大程度上是对前人儒学阐释的承传。例如，刘殿爵将译文中的"礼"再现为 observing the rites（遵守礼仪）；理雅各在译文中将儒家的仁译作 virtue（德性），将孝译作 filial piety；韦利在译文中将儒家的德译作 moral force（道德力量）；白牧之与白妙子在其《论语》译本中认为，4. 15 和 4. 26 两章是错简。李耶理在译文中接受了前译的这些理解，但他对前译的选择是经过了深思熟虑的。譬如，他说像韦利那样将仁翻译成 goodness，或像刘殿爵那样翻译成 benevolence，都不妥，因为很容易造成混淆，只有翻译成 virtue，才适合表现仁的内涵。他认为，《论语》中从来没有全称判断，比如"所有的人都是 X""这类人都是或表现出 X"这样的概括性判断。这就否定了孔子学说是普遍性伦理理论的观点。第二，他对儒家思想的理解仍然不准确，因为没有跳出西方哲学的藩篱。第三，因为受到英语概念的影响，他对儒家思想表达也不够准确。在这样的条件下，他对《论语·里仁》的所进行的存在主义阐释也就不是对儒家思想本身的阐释，而是对西方译者和对其自我理解的阐释。那么，李耶理是如何用存在主义的方法解读《论语·里仁》的呢？

孔子说，"唯仁者能好人，能恶人。"李耶理从中看到了"纯粹的"憎恶甚至愤怒对于维护正义的作用。存在主义认为，好恶是人类最基本的情感，对于大多数人来说仅是反射式的反应而已。而孔子认为只有仁者才有能力和资格对身边的事物产生好恶，因为他们是有德性之人，"苟志于仁矣，无恶也。"既然内心已经没有了恶念（evil），所以他们的好恶，是真正意义上的好恶，他们已经超越了狭隘的个人好恶。孔子说，道德高尚的人面对世界时不是一味赞同或者反对某个事物，而总是站在正确的一边。孔子的这些话语反映了彼得·阿伯拉尔（Peter Abelard，1079—1142）和把奥古斯丁"一个人应该根据自己的愿望去爱和做事"奉为圭臬的哲学家们所说的世界，甚至也反映了萨特（Jean-Paul Sartre，1905—1980）所说的问题成堆的存在主义世界。当然，其他《论语》章句也指出了各种不符合德性的行为，如"耻恶衣恶食"、不孝、言行不一等。关于恶行的观念在西方也能找到。比如，经过托马斯·阿奎纳发展了的阿伯拉尔和奥古斯丁的观念就是如此。鲁道夫·布尔特曼（Rudolf Bultmann，1884—1976）等人的存在主义观念也认为，一个人所作出的选择一定有固定的支持，比如性格的支持。对于这些问题，《里仁》并没有给出解决的方法，但它确实强调了人需要选择适当的态度和行为，并相信这些态度和行为会使人养成德性。但《里仁》同时也表明，有德性的人有永远不选择某种行为和态度，或总是选择某种态度和行为的品质。李耶理认为，尽管《里仁》没有提供解决以上问题的明确答案，但却可以从中找到一套间接的解决办法，这也是本卷书的核心诉求之一，即表现性德性：德行、孝行、理解死亡的准则。

关于德性的性质，李耶理认为，德性有两种，一种是表现性的（expressive），另一种是获得性的（acquisitive）。表现性美德行为的动机是道德行为本身表现了善的理念；获得性美德行为的动机是这种行为有助于行为者得到所需求的东西。这两种美德在《论语·里仁》中都没有得到明确论述。在后代儒家的著述里，在语言上通常得以表现的是获得性美德，但也论述了一个人如何选择一种表现其善的观念的行为或生活方式。

李耶理通过《里仁》篇第 22 至 24 章讨论了孝对人生的起源或根源作用，以及人应该行孝的理由。这实际上是对孝行所进行的本体论研究。李耶理认为，在孝的观念的最核心是人生有数个起源或根源的观念。其中最明显的根源是父母，他们既是生物性根源，也代表了家庭这个基本单位，它提供了产生人的社会机制。孝不仅是一系列的行为，也是一种观念，需要为孝去神话色彩，并为其找到行为上的理由。在大多数人际关系中，人们之间互相付出和接受，所接受的都能够予以偿还，两者总能处在一个平衡状态，而唯有欠给父母的债无法偿还。此外，这种负债感释放了心理力量，它使人认识到了自身的弱点和依赖性。两者加在一起所导致的唯一反应就是"感激、尊敬和一连串相关行为，这些行为就是孝行"①。这是李耶理为孝找到的根源性理由。

根据"朝闻道，夕死可矣"，李耶理论述了《论语》中关于死亡的"主题"。存在主义者认为，人们的正常视野中并没有重视死亡，甚至连死亡的概念都没有，即人们的正常视域不强调或者经常不包括死亡。当然，人们都知道人是注定要死的，但仅把死亡看作是生命的本体论结构的一部分，且这种理解没能够以一种足以改变人的视野的方式被把握。对于生命，人们所拥有的仅是生存意义上的而非存在主义的理解。用存在主义的话语来说，人们还不愿意选择死亡。当真正面对死亡时，人们的视野变了。那些变化反过来影响他们如何看待和应对具体的事件。视野的变化可以是有意的，甚至可能

---

① Lee Yearley："An Existentialist Reading of Book 4 of The Analects". In Bryan W. Van Norden（ed.）：Confucius and The Analects——New Essays，261-262.

是破坏性的，也可能是解放性的、建设性的，它能导致生活的扭曲，也能使生活更加兴盛。视野的改变可以改变人们的生活态度，也可以产生一种理解使我们以一种新的、更加现实的方式生活，即过一种存在主义所谓"更加真实的生活"①。

李耶理认为，在孔子时代，经验丰富的人不会一致认为，生物性死亡意味着意识或生命在任何意义上的结束。但死亡一般的意义似乎清楚：只要朝闻道，就能使一个人晚上面对死亡时有这样的态度："满足、接受、无悔、不在乎、明白了死亡没有什么，或者是明白了一生没有白活"。② 儒家的闻道与面对死亡催生了一种信心，它使拥有美德的人既能看到他们需要弥补的弱点和需要获得认可的行为，又能继续拥有那些他们已经拥有的意义。拥有美德的人可以依靠表现性美德而非获得性美德而生活。他们完全可以生活于世界而又不属于世界，因为他们抓住了世界的偶然性、问题性的特性，也把握了品德和追求品德的意义。对死亡和道的这种理解，提高了品德高尚的人的品格和抱负。这种理解使偶然但仍令人满足的德性生活的特性得到了认同。"理解那种特性使品德高尚的人完全具有了他们所拥有的品质，并给了他们道德力量，这种力量使他们既不孤独，也能受到有益的影响。"③ 不过，值得指出的是，李耶理的这一观点，是在把"朝闻道，夕死可矣。"理解为陈述句的基础上得出的。这种理解在西方译者中比较流行。例如以下几个译文：

魏鲁男：If you have learned about System in the morning, you may let yourself die that evening. （Ware，1955：35）

亨顿：If you hear the way one morning and die that night，you die content. （Hinton，1998：35）

道森：If one has heard the Way in the morning，it is all right to die in the evening. （Dawson，1993：14）

---

① Lee Yearley：An Existentialist Reading of Book 4 of The Analects，265.
② Lee Yearley：An Existentialist Reading of Book 4 of The Analects. 263.
③ Lee Yearley：An Existentialist Reading of Book 4 of The Analects，266.

苏慧廉: He who heard the truth in the morning might die content in the evening. (Soothill, 1910: 30)

李克曼: In the morning hear the way; in the evening die content. (Leys, 1997: 16)

白牧之、白妙之: If one morning he should hear of the Way, and that evening he should die, it is enough. (Brooks, 1998: 15)

理雅各: If a man in the morning hear the right way, he may die in the evening without regret. (Legge: 1870: 25)

刘殿爵: He has not lived in vain who dies the day he is told about the Way. (Lau, 1870: 73)

以上译文的意思都是说孔子认为道重于生命，或说话人对道的渴望之迫切。显然译者都是将这句话当作一般的陈述句来对待，即若已闻道，那么死而无憾。这与朱熹的解释颇相吻合。朱熹：“道者，事物当然之理。苟得闻之，则生顺死安，无复遗恨矣。朝夕所以甚言其时之近。”（朱熹，2014：71）而从唐以前注疏来看，事实并非如此。何晏《论语集解》注：“言将至死，不闻世之有道也。”（程树德，2006：244）皇侃《论语集解义疏》：“诚令道朝闻于世，虽夕死可也。伤道不行，且明己忧世不为身也。”（程树德，2006：244）何晏所注，意思为孔子叹自己“年已垂暮，道犹不行，心甚不慰，世治而死，乃无憾也”。（程树德，2006：244）这种解释近乎表达孔子急于闻道的心情，颇有道理，但实不可考，因为孔子此言的时间无可考证。看来，面对不同的经学注疏，抑或更是在英语翻译的影响下，李耶理选择了朱熹，这为其作存在主义的阐释提供了空间。

李耶理对《论语·里仁》所进行的存在主义研究，实际上就是对孔子的学说去神话的探索。在他看来，他的理解仍然使用了西方哲学传统中的概念和方法。他坦言，要理解一个文本，必然要借助一些概念，而这些概念在一定意义上来说必须是我们自己的概念，而并不一定是共享的概念，但它们一定是按照我们的视角能够得到的概念。更何况，人类的经验有足够类似的地方，尤其是在"关于德性这样的经验、概念和观点上"①。对经典的解读可以运用新基要主义（new fundamentalism）的方法，致力于还原经典的本义，也可以运用自由主义的方法将经典与现实联系在一起解读，以指导当下生活。而最佳的方法是将两者合二为一，即"既尊重经典的本文意义的历史性，看到其中的缺点，又力求发现对人的生存有指导意义的东西"②。客观地说，李耶理的解读确实与《论语》的本义相差较大。比如，仁并非西方哲学传统中的德性，"朝闻道，夕死可矣。"也不是讨论死亡的主题，所以他是在有意无意地曲解的基础上借题发挥。然而，李耶理对《里仁》的专题解读，确实代表了西方思想界儒学研究和传播的一种模式。

无独有偶，西方学者除了从存在主义视角解读儒家思想之外，也从女性主义视角进行解读，这是带有当代解构主义思潮色彩的另一种西方思想界儒学研究模式。

二、 对儒家思想的女性主义解读

儒家思想的女性主义研究，是从女性的家庭与社会生活的视野出发阐发儒家思想的当代伦理价值。其中有改变女性家庭与社会生活地位的诉求，也有反康德纯粹理性伦理学的理论诉求，所以社会实践意义和伦理学理论意义都是明显的。从文化间性的角度来看，女性主义研究也传播了儒家的某些观念，虽然所传播的内容并不纯粹，然而也显示了西方伦理思想的儒化倾向。

罗莎莉（Li-Hsiang Lisa Rosenlee）对儒家的孝道所进行的女性主义研究是用儒家伦理修正西方女性主义的著例。罗莎莉以理雅各和安乐哲、罗思文的《论语》《孝经》译本为依据指出，"孝是人性的根本所在"。孝表明人需要相互依靠，"相互依靠有利于人类繁荣"③，所以女性应该孝敬公婆，无论

---

① Lee Yearley：An Existentialist Reading of Book 4 of The Analects，254.

② Lee Yearley：An Existentialist Reading of Book 4 of The Analects，239.

③ Amy Olberding：Dao Companion to the Analects，313.

从伦理角度还是从女性主义角度来说，都该如此。

　　当然，罗莎莉的研究目的并不完全在于女性是否应该孝敬公婆这一具体问题，而更深层的目的在于讨论伦理的情感问题，并进一步阐发"女性主义关怀伦理"（feminist care ethics）①。罗莎莉直接对将一切情感因素排斥在道德之外的康德主义纯理性伦理学进行批评。她指出，西方文化价值崇尚个人自治，个人自治是在一切善之上的最高善，许多人认为孝敬父母没有道德意义，而且男性眼中的道德论只关心处理公共事务。罗素（Russell）甚至认为，孝是儒家伦理最大的弱点，也是整个儒家思想体系背离人类常识的一点。目前，"西方学术界贬低儒家孝道的学者仍大有人在"②，他们认为孝是"腐朽的、过时的、狂热的"③ 观念。斯娄特（Walter Slote）认为孝是维持儒家"专制主义"④ 的"主要工具"⑤。郝兹曼（Donald Holzman）称孝为"特别的激情，一种对父母的极端的奉献，其在中国十分流行，在西方却鲜为人知"⑥。郝兹曼甚至认为，孝就像基督教徒对上帝的虔诚一样，是一种宗教狂热行为。赫尔（Ranjoo Seodu Herr）认为，儒家对父母应对其子女所承担的义务保持沉默，却自始至终要求子女对父母孝敬，这似乎"十分古怪"⑦。以上观点都是康德理性主义伦理学的论调。作者批评说，康德伦理学声称道德意志与情感倾向没有关系，但情感是生活着的个人的基石，情感关系是自我感实现的基础，情感使生活充实；没有情感，则生活会变得空洞，人将"丢失对生活本身的信念"⑧。康德的自我仅从理性和普遍性的角度思考，而不考虑世俗世界中的关系和情感，不承认具体的个人是母亲、配偶、朋友或邻居。其理论上缺点是抽象。孔子则恰恰相反，他懂得人际关系的重

---

① Amy Olberding: Dao Companion to the Analects. 320.
② Amy Olberding: Dao Companion to the Analects, 320.
③ Amy Olberding: Dao Companion to the Analects. 320.
④ Amy Olberding: Dao Companion to the Analects. 320.
⑤ Amy Olberding: Dao Companion to the Analects, 320.
⑥ Amy Olberding: Dao Companion to the Analects, 320.
⑦ Amy Olberding: Dao Companion to the Analects, 319.
⑧ Amy Olberding: Dao Companion to the Analects, 324.

要性，而且主张要给予家族和情感关系以道德矫正意义，就要使它首先把生活变得有价值。

罗莎莉指出，儒家伦理不仅仅是适用于亲近的家族关系的家族伦理，其最高境界是以关怀不能自立者和弱者的能力为衡量标准的、和谐的大同社会（Great Community）。儒家的关怀范围不局限于家族，而是广延至整个人类相互之间的关系。对人与人之间的关系，儒家仅以程度划分，而不以类别划分。比如儒家所言的五种典型的社会关系（五常）即如此，每一种关系都有"相互性和互惠性"①的特点。仁是儒家的全德，它包括亲（affection）、信（trustworthiness）、义（righteousness）、别（division of labor）。作为人的最高德性，仁只能通过人与人之间关系的巨大网络来实现。而建立在康德个人自治的自由原则之下，消除了主观性的理性的个人则不与任何人相联系，不依靠任何别的人，道德上也没有与任何人互惠的义务。② 儒家把对别人的关怀看作是由"道德心自发的行为"③，道德心把不能自立的人和弱者的需要内化于己，并以最大的诚意对他们的需要作出反应。孝道对女性主义的贡献是其将人类生活中相互依靠和个人力量脆弱的事实进一步规范化，承认幼需要老的呵护，老也反过来依靠幼才能继续生活下去。所以，"关怀不以性别而论，男女皆有关怀别人的义务"④。罗莎莉最后的结论是，按照孝的要求，"不同辈分之间的人提前付出，不仅是公平合理的，而且是符合道德要求的，透过我对别人的关怀，我看到自己的女性主义自我正在成长。"⑤

对儒家思想进行女性主义研究的学者，除罗莎莉外还有莉莎·拉弗尔斯（Lisa Raphals）。她在《一位懂礼的女性》（*A Woman Who Understood the Rites*）一文中，通过《列女传》《礼记》《战国策》所记载的孔子对鲁敬姜的评论，探讨了鲁敬姜的身份和人格，以及孔子对鲁敬姜的看法。作者肯定

---

①　Amy Olberding：Dao Companion to the Analects，327.
②　Amy Olberding：Dao Companion to the Analects，325.
③　Amy Olberding：Dao Companion to the Analects，327.
④　Amy Olberding：Dao Companion to the Analects，328.
⑤　Amy Olberding：Dao Companion to the Analects，331.

和赞扬了鲁敬姜在家庭生活和国家政治上所具有的超群知识及所发挥的作用。并以此为根据指出，孔子所提倡的礼（propriety）并"不排斥对妇女进行教育"①。然而，《礼记》虽如此，其他儒家经典中记录的有些事例却表明，互不相关的男女之间也有教训、劝诫和争论。例如，孔子与他的男性弟子的关系是施惠者和受惠者关系，而与妇女的关系则是上下级关系。这些事例虽不足以表明孔子对女性的全部立场，却也似乎让人看到，孔子对人性完善和自我修养的观点可能是"跨阶级的，却不是跨性别的"②。

罗莎莉和拉弗尔斯在论述中都不可避免地使用了各种译本中的儒学术语。现在我们再来看语言的媒介在罗莎莉的论述中的作用。从论述过程看，作者文中所使用的孝等观念的对应表达法是汉语拼音，如 xiao，但所涉及的其他学者对儒家观念的表达法则表现了至少三种不同的话语传统。第一种是理雅各传统，即孝是 filial piety，即子对父如同选民对上帝一般的爱和虔敬。作者在文中引用罗素的一段话即属于这一话语传统：

> Filial piety, and the strength of the family generally, are perhaps the weakest point in Confucian ethics, the only point where the system departs seriously from common sense. ③

赫尔（Ranjoo Seodu Herr）对孝的评论也属于理雅各话语传统，实际上是对 filial piety 的批评：

> If we consult The Analects and The Mencius, the central question with respect to intimate relationship is how to express love and respect for one's parents. In contrast to the almost complete silence with respect to parent's obligations toward children, the constant demand for filial piety

---

① Lisa Raphals： "A Woman Who Understood the Rites", In Bryan W. Van Norden （ed.）: Confucius and the Analects—New Essays. 285.

② Lisa Raphals："A Woman Who Understood the Rites", 285.

③ Amy Olberding: Dao Companion to the Analects, 318.

seems almost bizarre. ①

作者本人在论述过程中实际上指出了理雅各话语传统给西方学者带来的误解，说莉莎·拉弗尔斯对孝的本质及其所涉及的修养问题的思考集中体现在其一部讨论 filial piety 的综合选集中，不幸的是，她把儒家的孝当作了"陈旧的文化表达方式"②。

以上西方学者对孝的评论指向儒家的孝，但就具体论述内容而论，其所反对的却实际上是 filial piety，而不是儒家的孝本身。在西方读者眼里，filial piety 无异乎意味着一种宗教狂热，所以郝兹曼的批评尤其激烈：

> I believe the sometimes exaggerated and fanatical behaviour we have seen in the anecdotes above show us that we are in the presence of the kind of fanaticism we are more familiar with in the West as associated with religion and，in particular，with the actions of Christian saints who attempts to show their absolute devotion to Christ and to God by performing acts of total self-abnegation and altruism，acts that are often at least as shocking and or as repulsive as those performed by the Chinese saintly sons and daughters... we have just seen. ③

郝兹曼把孝归于狂热的宗教情感，当主要是因为受到了理雅各 filial piety 的影响。

第二种话语传统是曼科拉（Makra）传统，即把孝理解为一种理念或观念，英文是 filiality。曼科拉在其《孝经》译本中这样翻译"孝"：

> 夫孝，德之本也，教之所由生也。
>
> Filiality is the foundation of virtue and the root of civilization.

---

① Amy Olberding：Dao Companion to the Analects，319.
② Amy Olberding：Dao Companion to the Analects，319.
③ Amy Olberding：Dao Companion to the Analects，319.

夫孝，天之经也，地之义也，民之行也。

Filiality is the first principle of heaven, the ultimate standard of earth, the norm of conduct for the people.

教民亲爱，莫善于孝。

There is nothing better than filiality for teaching men love for one another.

拉弗尔斯在一段论述中也使用了 filiailty 这个术语：

In filiality, like *accidie*, an emotion whose time has come and gone, artifact of a strongly hierarchical Confucianism that is obsolete? Or can (and should) it be reconceived in ways yet to be determined, and is it being done, as we speak here?①

这可以作为曼科拉的《孝经》译本术语被沿用的证明。

第三种是安乐哲、罗思文话语传统。作者在谈到"君子"时，就借用了安乐哲、罗思文的翻译"人的典范"。还引用了其《论语》译本中的一段翻译："主忠信，无友不如己者。过则勿惮改。"

As said in The Analects in regards to the moral cultivation of the junzi 君子 (exemplary person), "Take doing your utmost and making good on your word (xin 信) as your mainstay. Do not have a friend anyone who is not as good as you are. And where you have erred, do not hesitate to mend your ways".②

安乐哲、罗思文在其《论语的哲学翻译》中将"君子"主要解释为 exemplary person。例如，子路问君子。子曰："修己以敬。"译文是：Zilu asked about exemplary persons (junzi 君子). The master replied, "They cultivate them-

---

① Amy Olberding: Dao Companion to the Analects, 319.
② Amy Olberding: Dao Companion to the Analects, 319.

selves by being respectful. "罗莎莉不仅借用安乐哲、罗思文的术语，其关于儒家仁、孝、忠、信等伦理观念的社会性、关系性以及儒家伦理实践性的观点，也与安乐哲、罗思文的观点一脉相承。这些现象中，似乎蕴含着一种儒家思想传播的规律，颇值得我们注意。

第三节　西方儒学研究与当代西方德性伦理学复兴

一、孔子与苏格拉底

在西方汉学中，将儒学与西方历代哲学进行对比研究并阐发其现实意义，一直是西方汉学研究的一个重要方面。在西方，孔子被描述为中国伦理学的奠基者，并将儒学与西方文化传统中苏格拉底创始的西方伦理学传统相提并论。这种类比发生在中西比较哲学领域，其中比较典型的学者之一是余纪元。中西比较哲学研究者往往试图找到孔子和苏格拉底在伦理学创始上的共性，同时也力图指出两者之间的不同。从效果上来看，这种比较研究的目的基本已达到，但由于受到前译和术语的影响，其论述过程和观点仍时常显得前后矛盾。

余纪元《伦理学之滥觞：孔子与苏格拉底》[1] 一文，通过比较孔子和苏格拉底所提出的伦理问题及其观点，指出两者分别是东西方文化中伟大的伦理学奠基者。孔子称天下无道已久，故受天命而甘为天下之木铎（The world has long been without the way [dao]. Heaven is about to use your Master as the wooden tongue for a bell.）。古人普遍认为天自有道，每一事物也自有其道，是天道的具体化。孔子称天道不行，天授命于他来唤醒民众并复兴道，故世人不理解他，只有天知道他。在此，余纪元一方面把天描绘成客观（impersonal）存在，一方面又仿佛在暗示天有类似于人的意志。与孔子受天命相

---

① Jiyuan Yu: "The Beginning of Ethics: Confucius and Socrates". Asian Philosophy, Vol. 15, No. 2, July 2005: 173-189.

仿，苏格拉底也称神（god）把他与他所在的城市紧密联系在一起，阿波罗神庙的神欲把苏格拉底当作牛虻来催促苏格拉底胯下的这匹大马—苏格拉底的城邦—前行。

余纪元的第一个论点，就是中西伦理学的创始究竟是以理性还是以神性为基础。他说，孔子的神圣使命（divine mission）"使我们怀疑他究竟是天的使者还是理性的哲学家"①。苏格拉底的神圣使命也令我们怀疑其伦理学是否源于理性。这里作者似乎明确了天的神性。其结论是，孔子所言的"使命是宗教和哲学的混合物"②。在孔子对伦理的探索过程中，"天的作用是有限的，且天的观念多出自传统"。③ 而苏格拉底通过神谕使者接受了神的谕旨，让他一生检查自我和他人。④ 但是，关于天命，孔子没有直接得到天的谕示；关于神谕，苏格拉底也没有得到神的直接命令。他们都是通过各自的理解而获得了对于奠基伦理学的信念。

在这一问题上，余纪元显然是把孔子和苏格拉底刻意地宗教化和神性化了。当然，其所使用的 Heaven 和 God 帮助了他的论证。而实际上，《论语》中的"天"和《申辩篇》（Apology）中的 God，并非是真正意义上的人格神。

在论述了孔子和苏格拉底伦理学的宗教哲学性之后，余纪元继而探讨苏格拉底的幸福观与孔子的道的异同。苏格拉底认为，幸福、德性和灵魂相关。德性是灵魂的最高境界，它是与幸福相关的一切，值得用生命去换取。苏格拉底的幸福观显然受到了神的启示，但神对于什么是幸福的问题只字未提，是苏格拉底通过自己的检查，使幸福与德性的关系成为古希腊伦理学的主题。与苏格拉底相比，孔子被称为伦理学奠基者的原因是他提出了使人成为人的道在哪里，即作为天道的具体化的人道在哪里。由此而往，这一问题成为中国历代古典哲学家们共同寻找和创立道的起点和终点。道以仁为中

① Jiyuan Yu：The Beginning of Ethics：Confucius and Socrates. 174.
② Jiyuan Yu：The Beginning of Ethics：Confucius and Socrates. 176.
③ Jiyuan Yu：The Beginning of Ethics：Confucius and Socrates. 180.
④ Jiyuan Yu：The Beginning of Ethics：Confucius and Socrates. 176.

心，道即忠恕，孔子说，"我道一以贯之，忠恕而已矣"。孔子还提出了核心儒家观念——仁。余纪元指出，仁在英文中经常被翻译成 benevolence、good、love、humanity、humaneness、virtue、complete virtue，因为仁不是天生的人性（humanity），而是后天获得的品质，所以仁"最好翻译成 virtue 和 human excellence"。仁是一个人的"全德"（general quality），比生命还重要。① 正如孔子所言，君子可以"杀身以成仁"，并提出获得仁的方式是"克己复礼"（return to li）。

余纪元认为，孔子和苏格拉底有许多相似之处。第一，两者都思考人一生的问题，而非生活中的个别行为。苏格拉底审视的是人的幸福；孔子思考的是人道。第二，两者的伦理都以德性为中心。苏格拉底以德性论幸福；孔子以仁论道。对两者来说，他们的伦理使命都是神圣的，永远不能放弃。两者也有不同之处。第一，对传统价值和社会价值的态度不同，前者持批评态度，后者持发扬态度，认为道寓于传统。第二，关于德性的观念不同。前者认为德性的修养就是一个智力过程。既然德性是灵魂的最高境界，而灵魂的完善是拥有智慧和真理，那么知识就是德性；有德性就足以幸福，故有知识就足以幸福。后者则不承认德性纯粹是知识问题，仁需要发展成熟的道德个性，需要学会遵礼、爱人、孝悌，并知义，即懂得如何适当地具体运用传统价值观。

余纪元对孔子和苏格拉底的对比立意颇高。作者试图把两者之间的异同做较为清楚的说明。但作者所受到的困扰是，在用英文表述儒家思想的时候，找不到适当的表达方式。为了保持儒家思想观念的本义，作者每每对儒家术语使用拼音加英文的音意合译的方式，如"dao（way）"，但恰恰是这种方式令作者无法把儒家思想的本来面貌说清楚，因此对孔子与苏格拉底所进行的对比就并不清晰和彻底。例如，作者在文中说孔子，"By asking this question，he introduces the concept of dao（way）as the starting point of ethical

---

① Jiyuan Yu：The Beginning of Ethics：Confucius and Socrates. 179.

reflection. From him on，it becomes the common starting point and goal for the classical Chinese philosophers to find and establish the dao. "①。那么，道是什么？通过这段论述，在英语读者眼里，道就是 way，而 way 原有的真正哲学含义是狭隘而模糊的。再如，余纪元文中一方面说孔子的伦理学的核心问题与苏格拉底的一样是德性，一方面又说孔子的德性与苏格拉底的不同，孔子所说的德性包括对仁的追求和礼的修养等。而又说，"仁最好翻译成 virtue 或者 human excellence"②。这就把 virtue 和仁混淆了。下面这段话可以看出，余纪元的表述，仍然没能摆脱西方哲学话语的藩篱，因此难以把细节问题说清楚。

> In contrast，Confucius does not regard virtue as being purely an intellectual matter. For him，the pursuit of ren（human excellence）involves a full-fledged development of moral character. It requires to cultivate traditional ritual practices（Analects，12：1），to love his fellow men（12：22）that is rooted in filial piety and brotherly love（1：2），and also to develop an intellectual aspect of knowing what is appropriate in applying the general requirement of traditional values in particular circumstances（4：10）. ③

作者不仅在自己叙述时仍然使用西哲话语，而在为读者提供进一步查证礼、爱人、弟、义等含义的文献时，又把读者导向了刘殿爵的《论语》译本。此不再赘例。

提姆·墨斐（Tim Murphy）和拉尔夫·韦伯（Ralph Weber）④ 认为，余纪元把孔子的伦理思想和苏格拉底伦理学相提并论，都看作是"神圣使命"

---

① Jiyuan Yu：The Beginning of Ethics：Confucius and Socrates. 179.

② Jiyuan Yu：The Beginning of Ethics：Confucius and Socrates. 179.

③ Jiyuan Yu：The Beginning of Ethics：Confucius and Socrates. 185.

④ Tim Murphy，Ralph Weber："Confucianizing Socrates and Socratizing Confucius：On Comparing Analects 13：18 and the Euthyphro"，Philosophy East & West，Vol. 60，No. 2，Apr. 2010：187-206.

（divine mission），把天（tian，Heaven）描绘成具有治理力量（ordering force），以及把孔子的伦理思想描绘成理性主义的产物，这些都缺乏详尽而有力的论证，是在把孔子"苏格拉底化"[1]。这些推论与余纪元所用的术语有直接关系。例如 Heaven，尽管余纪元承认其作用有限，其意志需通过观察和理解而被获知，且这是"孔子从 Heaven 获得神圣使命感"的途径，尽管 Heaven 什么都没说，也没有明确发布任何命令，余纪元仍然暗示"天有自己的意志，并且与孔子的使命的神圣性有一定的关系"[2]。最终，余纪元还是把孔子敬传统等同于敬 Heaven，从而把孔子的"神圣使命"降格为有一定神性的使命，这就退到了与芬格莱特和安乐哲、罗思文相同的观点。芬格莱特认为孔子是"凡而圣者"，安乐哲和罗思文也认为，孔子并"没有严格意义上的超自然观念"[3]。这些关于儒家思想的观点，似乎形成了西方哲学界中国哲学研究的一种传统。

二、 孔子与柏拉图

辛·赫士曼（Hynn Höchsmann）[4] 通过对孔子的仁和柏拉图的爱进行分析和对比，阐发了其西方当代社会伦理学应当以爱为根本的伦理观点。这一观点反对将情感完全排除在伦理之外的绝对客观伦理学，主张将情感纳入伦理范畴。赫士曼在文中不仅讨论了一个国家立国的道德基础问题，而且其讨论对德性伦理学的发展也有理论意义。

赫士曼认为，孔子的仁和柏拉图的爱，虽然其内涵不尽相同，如孔子的仁主要指爱人，而柏拉图的爱主要是指爱善和美，但两者都有道德目的，即

[1] Tim Murphy，Ralph Weber：Confucianizing Socrates and Socratizing Confucius：On Comparing Analects 13：18 and the Euthyphro，197.

[2] Tim Murphy，Ralph Weber：Confucianizing Socrates and Socratizing Confucius：On Comparing Analects 13：18 and the Euthyphro，200.

[3] Tim Murphy，Ralph Weber：Confucianizing Socrates and Socratizing Confucius：On Comparing Analects 13：18 and the Euthyphro，200.

[4] Hynn Höchsmann："Love and the State in Plato and Confucius". Dao：A Journal of Comparative Philosophy，Global Scholarly Publications，Dec. 2002，Vol. II，No. 1：97-116.

爱构成人作为社会个人和政治个人的道德基础，而爱及其道德力量决定了一个国家的伦理基础。

孔子和柏拉图的共同性在于，两者都主张个人应该拥有正确的价值观以利于社会，以及承担社会道德责任。两者合在一起，就构成了有关国家的基础在于发展爱的道德性质的理论。孔子和柏拉图的爱的根源有所不同。对孔子来说，仁内在于人的本性，是人性的本质。仁是道德的开始，其最初含义就是以敬、惠、善良为内容的爱。仁的行为的充分发展对仁的道德品质和道德生活十分重要。孔子是把爱作为人的本质进行论述，并从爱中发展出个人行为和公共道德的道德纲领的第一人。对柏拉图来说，爱由低到高分阶段发展，爱始于拥有美的美学欲望，发展到爱美、爱真理、爱善的道德情感。孔子和柏拉图把爱从个人感情经历提升为具有广泛而深刻的道德功能的行动。当爱发展成为立国之本之后，人们把爱从个人之间的关系升华为没有私情的爱，爱便成为国家的伦理关系和正义的基础。

赫士曼认为，把孔子和柏拉图进行对比，目的就是把中西道德认识联系到一起。孔子和柏拉图都认为，道德的发展不会止于个人关系的狭隘天地，而在于创造社会和谐。由孔子和柏拉图关于爱的观念，可以找到普遍伦理学（universal ethics）的基础。

赫士曼的中心论点在于爱与国家道德基础的关系。然而，孔子学说中并没有国家道德基础的观念，在这个意义上，赫士曼对孔子学说的阐释显然是羼入了柏拉图的国家观念，并使其整个观点都偏向了西方传统伦理学一边。

赫士曼对孔子思想的运用，主要体现在他抽取了孔子思想中仁的思想，而关键的问题是他把仁的意义核心定格在了"爱"。这恐怕都与赫士曼所参考的译本有关。

在论述过程中，赫士曼经常在无意中受到语言上的困扰。如在意指仁时，赫士曼总是使用拼音 ren，这似乎有助于保留仁的原义；但每当对仁的意义进行解释时，就不可避免地使用了西方伦理学话语，如仁的道德含义先后被其解释为 benevolence、beneficence、humaneness、goodness、good will、 love 等。其中，humaneness 即人之所以为人的品质，这是《论语》中并没有直接论及的元素。goodness 是典型的西方哲学和基督教哲学范畴中的善，也改变了儒学的原有内涵。再如，赫士曼认为，"忠、恕是仁在社会语境下的表现"[Conscientiousness（zhong 忠）and altruism（shu 恕）are the expressions of ren in social context.]。① 这个英文句子中，conscientiousness 实际所指是良知；altruism 是利他主义。这些表达法都是沿用了陈荣捷的译法。这样，这句话的实际意思是说，"良知和利他主义是善在社会语境下的表现"。指忠时，在 conscientiousness 之后标注的拼音 zhong 及汉字"忠"，指恕时，altruism 之后标注的拼音 shu 及汉字"恕"，等等，这些形式都无法保留忠、恕的儒学原义。不仅如此，作者在其后文中再次提到忠、恕时，就直接用拼音 zhong 和 shu，这无异于使后文的相关论述全部衍变成了关于良知和利他主义的论述。作者在文中对于其他问题的论述，也受到了同一个问题的困扰。

三、 孔子与亚里士多德

20 世纪中期以来，随着亚里士多德德性伦理学在西方哲学界的复兴，这一趋势更加明显，儒家哲学成为德性伦理学复兴的重要思想资源。

乔治·马胡德（George H. Mahood）通过研究儒家学说，对新德性伦理学进行阐发。其《人性与孔子和亚里士多德学说中的德性》② 一文探讨孔子所论的德性（virtue），并以此检验麦金太尔关于道德概念研究的历史主义观点。作者对亚里士多德的德性观念和孔子的德性观念进行对比，并依据麦金太尔的道德标准分析究竟应该理性地挑选哪一种德性观念。马胡德认为，根据陈荣捷的诠释，仁是全德（inclusive virtue），包含孝（filial piety）、知（wisdom）、礼（propriety）、勇（courage）和对政府的忠诚，体现为恭（earnestness）宽（liberality）、信（truthfulness）、敏（diligence）、惠

---

① Hynn Höchsmann："Love and the State in Plato and Confucius".

② George H. Mahood："Human Nature and the Virtues in Confucius and Aristotle". Journal of Chinese Philosophy，1974：295-312.

（generosity）。儒家的核心德性是孝，它对整个中国道德观来说都十分重要。孝原被认为是家族内的伦理准则，而实际上孝可以延伸为悌，悌的意义再扩大为年少者对年长者的顺从。这就使孝"超越了家族的界限，成为社会伦理"①。孔子认为，孝不是机械地表达敬意的形式，而是包含一种内心的态度，一种适当的精神，这样孝才能成为仁的一个方面。信（hsin）虽然被译作 truthfulness 和 sincerity，但信的观念内涵比 sincerity、truthfulness 广，它需要体现为语言和行为的一致性。信还与忠（loyalty）、义（righteousness）相联系。礼也是孔子思想的重要特点。礼有两个方面的含义：一方面是十分具体的行为，即礼节形式；另一方面是德性，它是各种被称为道德或德性行为的精神实质。就礼与仁的关系来说，礼从属于仁。如孔子说，人而无仁，如礼何？（If a man be without the virtues proper to humanity what has he to do with the rites of propriety?）所以，礼"并不像许多西方中心主义哲学家们所理解的那样，只是狭隘的迂腐礼节"②。孔子曾说，"礼云礼云，玉帛云乎哉？乐云乐云，钟鼓云乎哉？"马胡德认为，在中国伦理理论中，制度化的规则就是礼，且礼作为制度化规则拥有权威性。无所不包的礼的观念中，也包含着对个人所选择的道德规范、德性与评价规范是否真正具有权威性进行判断的需要。麦金太尔究竟是要建立超越文化差异的普遍性道德与社会标准，还是要建立有效适用于任何一种文化的普遍性道德观念和德性，其目标显得模糊不清。但是，中国的思想则是将两种方法糅合到一起。这就是礼。礼所体现的制度性规则有本体论依据，而且其中没有麦金太尔伦理学中可见到的相对主义的困扰。③ 简言之，中国人承认人性中有一定的自然需求。但马胡德也承认，满足那些需求的道德规则的普遍化是一个前提，"纯粹个人的经验感受需要得到礼所提供的普遍性的认可"④。

① George H. Mahood：Human Nature and the Virtues in Confucius and Aristotle. 302.
② George H. Mahood：Human Nature and the Virtues in Confucius and Aristotle. 305.
③ George H. Mahood：Human Nature and the Virtues in Confucius and Aristotle. 306.
④ George H. Mahood：Human Nature and the Virtues in Confucius and Aristotle. 307.

余纪元的论文《德性：孔子与亚里士多德》①，也是通过对比孔子伦理思想和亚里士多德德性伦理学来复兴和发展后者的典型一例。作者主要对比儒家的核心观念仁和亚里士多德的德性观念之间的异同。这与儒学英文译本中将仁翻译为 virtue 有直接关系。例如，理雅各的《论语》译本把仁主要翻译成 virtue。这种译法让德性伦理学研究者看到仁与德性之间似乎有同一性，同时也感到了一定的困惑。所以，将两者进行对比，并作进一步的阐发，正符合建立新的德性伦理学的哲学目标。

余纪元指出，从词源上看，virtue 是由拉丁语词 virtus 翻译过来，virtus 则是希腊语 arete 的翻译；arete 和 vir 的字面意思就是男子气概。有的学者怀疑，仁更早出现于《诗经》的狩猎诗，也是用来描写高贵的狩猎者的男子气概。因此，"仁与 virtue 两者在词源上有明显的相似之处"②。

但仁与 virtue 后来在用法上出现了差异。仁字由一个单人旁和二组成，分别表示人和二，其字义指向多人，并进一步引申为指人际关系。孔子从没有给仁下过确切定义。人们一般认为仁包括"爱人"和"复礼"两个方面。爱人首先是在家爱父母兄弟，然后是在社会上爱他人。礼是祭礼、礼仪、礼节等，是仁的另一个方面。爱是仁的核心内容，没有仁则礼会成为形式，从而变得没有意义。仁是"复礼"，但"复礼"不是简单地在行为上符合礼的要求，而是要回归到周礼的传统，并坚持不懈。德性则是指一个事物的优秀品质，其与该事物的功能直接相联系，换言之，德性就是属于该事物的典型的标志性行为。一个有德性的某物就是充分发挥其功能的某物。反过来说，某物只要能够充分发挥其应有的功能，那么该物就具有德性。就人而论，德性就是人类在发挥人应有的作用上的优良品质或善。德性分为两种，与人类灵魂的理性部分相对应的叫理智德性，与灵魂中非理性但又服从理性的部分相对应的叫伦理德性。理智德性就是运用理智的优秀品质，伦理德性就是服

① Jiyuan Yu："Virtue：Confucius and Aristotle". Philosophy West & East, Vol. 48, Number 2, Apr., 1998：323-347.

② Jiyuan Yu："Virtue：Confucius and Aristotle", 1998：323.

从理性的优秀品质。所以亚里士多德说，人的善就是"表现德性的灵魂的活动"。亚里士多德发现，理性无法成为区分人性善恶的标准，理性的行为并不等于善的行为。但是，人本质上是"政治动物"，伦理德性是人服从理性的灵魂活动，与人的品质有直接关系；而人的品质是由社会文化习俗养成的。既然人是社会动物，亚里士多德不同意苏格拉底的极端理智主义伦理观，而是把伦理学研究范围从道德知识与理性研究扩大到情感与行为的良好习惯发展研究。所以，对亚里士多德来说，理智德性和伦理德性之间的区别就不仅是导源于灵魂的理性和非理性两个部分，而是导源于人既是理性动物也是社会动物。这样，亚里士多德的理智德性和伦理德性与孔子的仁和礼一样，都关注一个人如何在社会中生活的问题。亚里士多德注重一个自主的人如何生活，而孔子的礼是一个理想的社会制度，他所关心的是一个人如何服从礼制。更进一步说，孔子的礼制，即非礼勿视，非礼勿听，非礼勿言，非礼勿动，也就是全社会可以接受的行为习惯的总和，这与亚里士多德的ethos，也就是传统社会风俗习惯，是相吻合的。

孔子认为周礼是良好的伦理和政治秩序的基础。孔子似乎"相信礼具有出自天和道的神性"。礼只要具备了道或天道精神，就有了德，所以孔子说周德是崇高的。因此，一个人在生活中如果遵礼，那么他就是有德。

亚里士多德认为，一个人的生活无法与社会脱节。要在社会上成为有德性的人，就要有实践智慧。伦理的主题是不确定的，普遍原则不够灵活，不能处理各种具体情况。实践智慧所关注的是行为，而行为总是具体的。亚里士多德由实践智慧进而谈到选择、责任、无节制等。孔子基本上也谈到了这些问题，因为礼和无序之间没有其他选择。

余纪元最后说，德性伦理学的复兴需要借助孔子的孝的观念，要复兴德性伦理学，若不发展亚里士多德的理性观念在衡量和激活传统上的作用，就毫无建设性意义。

那么，余纪元的上述观点在英语中的传播效果如何呢？首先，余纪元对儒学的理解是不存在问题的。余纪元作为知名的华人哲学家，现任美国纽约州立大学布法罗分校哲学系教授，是国际知名的古希腊哲学专家和伦理学家，对儒学也有深厚的造诣。在论述过程中，对儒学的关键术语，余纪元都特意使用拼音的形式，比如 ren、yi、li 等。但是，其对德性哲学的对比研究，仍与前人的翻译有密切关系。应该说，余纪元通过把孔子仁、礼、义、智、道、孝等伦理观念与亚里士多德的德性伦理学进行深入的比较，试图解释说明许多重要的儒家伦理观念。但客观地说，余纪元的论述在一定程度上仍然受到了西方儒学话语传统的影响。西方哲学的基本概念在其论述和儒学原义之间形成了基础性的隔阂。他指出，仁被很多人解释为 virtue，这首先是指仁被许多西方译者翻译成了 virtue，例如，理雅各将仁主要翻译成 virtue，有的西方学者也就随着翻译在其论述儒学过程中用 virtue 取代 "仁"。余纪元在其论述过程中纠正了几处翻译的问题，如 "忠" 的翻译，他认为刘殿爵的翻译 "do one's best" 为最好。"恕" 被陈荣捷翻译成 "altruism"（利他主义），被韦利翻译成 "consideration"，被道森翻译成 "reciprocity"，这些都不正确。恕就是 "己所不欲，勿施于人" 和 "己欲立而立人，己欲达而达人"。余纪元说，其文中所用的译文除特别注明者外，全部使用了刘殿爵的译文，同时也参考了陈荣捷、芬格莱特和安乐哲、郝大维的观点。这难免会影响其观点表述的一致性。例如，作者所提供的《论语》译文中仍夹杂着前译的术语：

> 1：2：The gentleman nourishes the roots, for once the roots are established, the dao will grow therefrom. Filial piety and brotherly love are the roots of ren.

> 12：22：Ren is to love humanity.

这两句所引用的译文里，余纪元虽然把道、仁两个术语改成了拼音，但君子、孝、人等三个术语仍然分别沿用了理雅各、韦利、陈荣捷、亨顿的译文术语。理雅各、韦利、亨顿的翻译术语的问题前文已经提到，在此我们看一下陈荣捷的翻译，如：

①Confucius seldom talked about profit，destiny（ming or the Mandate of Heaven），and humanity. （子罕言利与命与仁。）

②Confucius said，"The superior man considers righteousness（i）as the most important."① （君子喻于义）

翻译术语的使用，显然扰乱了余纪元的话语的透彻性和一致性，使其所论述的儒学思想不可避免地掺杂了西方思想的元素，影响了其在孔子和亚里士多德之间所作的比较无法的准确性。

四、 儒家思想的神学解读

在西方的儒学研究领域有一个重要的侧面，那就是宗教与神学研究。这种研究传统可以追溯到16世纪的罗明坚和利玛窦时代。在英语世界，开启这种研究模式的学者当算麦都思、裨治文和理雅各。受此传统影响，一批当代学者仍然用宗教或神学眼光观察、发现儒家经典中有宗教和神学色彩的思想。作为统治东方世界的伟大思想体系，儒家思想被西方学者当作宗教或神学研究对象是正常现象，且这一研究也已构成了西方神学研究的重要组成部分。当代学者把儒学当宗教进行研究在很大程度上已经与当年传教士的目的不同。传教士的翻译和研究是为了帮助本国统治者和国民了解中国古代历史和文化，尤其是了解中国先民的宗教起源和现状，以达到宗教殖民的目的，并为其后来的文化殖民和经济殖民服务；而当代学者的研究则有宗教学或神学目的，在很大程度上属于比较宗教研究的性质，也有宗教哲学史研究的性质。这两种研究方式都起到了一种附带作用，那就是，它们都以各自的方式传播着儒家思想。尽管研究者们在论述过程中所引用的翻译文本本身的出入和研究者们表达上的出入致使所传播的内容并不是纯粹的儒家思想，这却仍

① Wing-Tsit Chan：A Source Book in Chinese Philosophy.New Jersy：Princeton University Press，1969：
47.

是儒家思想传播的一种方式。

　　西方对儒家思想进行的宗教研究主要集中在三个方面。第一，儒家思想的性质。儒家究竟是不是宗教，孔子信不信神。第二，儒家的宗教性质和特点。儒家究竟是像犹太教和基督教一样的一神教还是多神教。第三，儒家怎样理解天。在当代汉学研究者中，对儒家较早进行宗教研究的是安乐哲和郝大维等。安乐哲、郝大维认为，儒家是无神论者，但有宗教思想。儒学集无神论和宗教于一身，是一个没有基督教上帝（God）的宗教。儒家思想中不存在超自然存在的观念，只有天无处不在。但天不是独立于思考和现象之外的存在。换言之，儒家思想"既是无神论，也有深刻的宗教性"①。杜维明认为，儒家思想中绝对不存在亚伯拉罕传统中的上帝（God），而只相信人类社会和自然界中无处不在的"超自然存在"。② 迈克尔·皮埃特（Michael Puett）认为，孔子既非一神论者，也非无神论者，因为"《论语》文本中包含对祭神鬼者的批评，但仍没有充足的理由相信孔子完全拒绝有关神灵和天的传统信仰"③。艾文贺（Philip J. Ivanhoe）认为，早期儒家"并不相信有一个独立于自然秩序之外的神从无中创造了宇宙，并通过启示让世界了解其意志。有些大儒把伦理要求建基于天，认为是天赋予了人类以特别的伦理天性并于在世时有符合伦理的行为"④。克莱恩（E. M. Cline）对儒家的宗教思想和行为进行研究，认为儒家不是没有可能有与基督教和杜威同样的宗教观念，但"由于文化和历史的原因，儒家的宗教观念很可能与后两者不同"⑤，所以，在研究过程中应该彻底考察儒家经典文本依据和历史文化依据，以免

　　① Roger T. Ames："Li and the A-theistic religiousness of classical Confucianism". In Confucian Spirituality I, ed. Tu Weiming and Mary Evelyn Tucker. New York：Crossroad，2003：165-166.

　　② Tu Weiming："Transcendent and yet Immanent：The unique features of Confucian spirituality"，in The Collected Works of Du Weiming, Wuhan：Wuhan Publishing House，2002：43.

　　③ Michael Puett："To Become a God：Cosmology, Sacrifice, and Self-Divinization in Early China". Cambridge：Harvard University Asia Center，2002：97.

　　④ Philip J. Ivanhoe："Heaven as a Source for Ethical Warrant in Early Confucianism"，Dao：September 2007，Volume 6，Issue 3：211-220.

　　⑤ E. M. Cline："Religious Thought and Practice in The Analects"，In Amy Olberding（ed.）：Dao Companion to the Analects，289.

在儒家思想中仅看到我们自己的思想。

从西方思想界儒学宗教研究的传承来看，其对儒家经典中宗教问题的关注，与麦都思、裨治文和理雅各的儒家经典翻译和研究有直接关系。麦都思在《尚书》中译"帝"为 god；裨治文的《孝经》译本中，把"帝"译作 spirit，把"天"译作 Heaven；理雅各在十部儒家经典的翻译中把"帝、上帝"直接翻译成 God，把"神"翻译成 spirit，把"天"翻译成 Heaven。理雅各不仅把"帝"翻译成 God，而且在其译本前言和研究著作中极力证明上"帝"和 God 的一致性。[1] 而实际上，Heaven 在《圣经》中就经常被借以指 God。[2] 理雅各的儒学翻译与研究在儒学的宗教问题上早已经误导了几代西方读者，更不能不引起西方思想界的注意。God 在译本中使用，自然会使读者将儒学和基督教联系在一起。大写的 Heaven 的使用，也会使读者自然联想到 tian（天）就是一个人格神。理雅各曾经说，Heaven 的口头称呼就是 God，God 和 Heaven 实际上是同一个最高神。[3] 安乐哲说，天"既是创造者，也是万物的田园"[4]。

前人的翻译和研究，对后代研究者的影响是不可避免的。克莱恩在其研究中梳理了自理雅各以来一直到皮埃特的观点，并且引用了刘殿爵和森柯澜的《论语》《孟子》译本。在其研究论文中所引用的译文以及自己的翻译，都沿用了西方译本所使用的英语话语。例如：

> 子曰："不然。获罪于天，无所祷也。"
>
> Not true！If you incur blame with Heaven，there is no one to whom you can pray.（3. 13）
>
> 不怨天，不尤人。
>
> Neither complain against Heaven nor blame others.（14. 35）

---

① 李玉良：《理雅各儒学翻译：宗教情结与宗教比较研究》，《国际汉学》，2017 年第 1 期。

② Roger T. Ames & Henry Rosemont Jr.：The Analects：A Philosophical Translation，47.

③ 李玉良：《理雅各儒学翻译：宗教情结与宗教比较研究》。

④ Roger T. Ames & Henry Rosemont Jr.：The Analects：A Philosophical Translation，47.

二三子何患于丧乎？天下之无道也久矣，天将以夫子为木铎。

You young men should not worry about your present bad luck. For a long time now the world has been without the Way. Tian is going to use our Master as a wooden-clapped bell. （3.24）

天生德于予，桓魋其如予何？

Tian has implanted this virtue in me. Huan Tui—what can he do to me？（7.23）

以上译文中 Tian、Heaven 仍然是核心词汇。克莱恩在文中解释说，"Tian 经常被翻译为 Heaven"①。从论文的参考书目来看，在其 39 项所参考的论文和著作中，只有一项是朱熹的汉语《四书集注》。这说明，克莱恩的理解和论述仍在西方儒学译本和研究术语范围之内，其所思考的问题也没有超越西方儒学研究与翻译的视野。

五、 儒学新义的发明

斯蒂芬·威尔逊在其《顺从、个性和品德的本质：古典儒家对当代伦理反思的贡献》一文中批评了芬格莱特关于礼和仁的观点。芬格莱特认为，美而有效的礼需要亲自以娴熟的仪式技巧参加仪式，礼的力量离不开仪式。威尔逊则认为，芬格莱特关于礼的观点"过于武断而空洞"②。威尔逊也批评了安乐哲。安乐哲认为，尽管修身者被他们的传统和礼仪所遮蔽，但是修身者必须通过评估和改变传统来追求对"礼"（appropriateness）的适当地理解③。威尔逊则认为，安乐哲的这一观点忽视了儒学关于人类全面繁荣的共

---

① E. M. Cline："Religious Thought and Practice in The Analects"，In Amy Olberding（ed.）：Dao Companion to the Analects，289.

② Steven A. Wilson："Conformity，Individuality，and the Nature of Virtue：A Classical Confucian Contribution to Contemporary Ethical Reflection"，96-97.

③ Steven A. Wilson："Conformity，Individuality，and the Nature of Virtue：A Classical Confucian Contribution to Contemporary Ethical Reflection"．98.

同方面。礼不是创造性地修饰早已形成的自我的一种形式，而是通过一个社会共同尊崇的先在标准进行自我修养的方式。安乐哲没有看到，如果没有那些"在传统中早已存在的可供选择的公共意义，一个人就无法从传统的利益中获取个人所需的意义。"①威尔逊认为，在儒家关于礼仪的话语中可以找到人类繁荣源自人的绝对个体感的根据。一方面，这种形式的个人主义有利于人类繁荣，另一方面，这种形式的个人主义又与鼓励孔子所说的真正意义上的道德的种种原因不可分割。②儒家把似乎一切正确的东西都注入他们的人格当中。但是他们认为，有关人在自然和社会中的位置的真理是古代圣王们发现的。弗兰克佛特（Frankfurt）和泰勒（Taylor）提出，人之所以为人，是因为人有能力培养和形成二阶欲求（second-order desires）并能摆脱本能欲求（desire simpliciter），而我们的理想人性则与我们自己的欲求、倾向或者选择无关；相反，它是判断这些欲求和选择的标准。在儒学语境中，就是那些蕴含在古代圣王身上的形而上的、本体论的、心理学上的和认识论上的标准为人们提供了标准框架。在这个框架当中，道德评价标准变得明白易懂。威尔逊最后说，在经典儒学的语境中，真正的道德有两个组成部分，一是为善行本身去做善事，二是为享受善行去做善事。因此，品德教育必须尊重和培养人的个性，以防丢失培养品德的可能。一个人达到一定的品德境界时，就能只为修身而享受做善事，不把修身当作达到另一目的的工具。③ 不过，威尔逊关于儒家的个人主义的观点，后来受到了阿莱克瑟斯·默克列德的间接批评。后者强调，仁是《论语》中所提出的一种公共德性（communal property）④。

---

① Steven A. Wilson："Conformity, Individuality, and the Nature of Virtue：A Classical Confucian Contribution to Contemporary Ethical Reflection"，101.

② Steven A. Wilson："Conformity, Individuality, and the Nature of Virtue：A Classical Confucian Contribution to Contemporary Ethical Reflection"，106.

③ Steven A. Wilson："Conformity, Individuality, and the Nature of Virtue：A Classical Confucian Contribution to Contemporary Ethical Reflection"，109.

④ Alexus Mcleod："Ren as a Communal Property"，Philosophy East & West，Volume 62，Number 4 October 2012，505-528.

与罗伯特·劳顿相比，库珀曼（Joel J. Kupperman）对"自然性（natu-ralness）"思想的阐发，也给人印象深刻。库珀曼认为，西方哲学家可以从孔子那里学到很多，其中之一就是孔子对自然性（naturalness）的偏爱。有趣的是，"自然性"一词是源于苏慧廉和韦利对《论语》的两处翻译。一处是《论语·学而》："礼之用，和为贵，先王之道，和为美。"苏慧廉的译文是："In the usage of decorum it is naturalness that is of value." 另一处是《论语·雍也》："质胜文则野，文胜质则史，文质彬彬，然后君子。"苏慧廉的译文是："When nature exceeds training, you have the rustic. When training exceeds nature, you have the clerk. It is only when nature and training are proportionally blended that you have the higher type of man." 作者又引韦利译文："When natural substance prevails over ornamentation, you get the boorishness of the rustic. When ornamentation prevails over natural substance, you get the pedantry of the scribe." 库珀曼用 naturalness 来翻译"和"和"质"当然不能表达孔子的真意。且不论两位汉学家的译文是否准确，重要的是，这些译文倒是为作者提供了关于"自然性"的思想资源。作者由此认定，礼的灵魂在于自然性，进而将其与亚里士多德和尼采的思想相比较，并由此断定伦理抉择在亚里士多德和尼采的哲学中只是个人游戏，而在孔子哲学中则是多人游戏。他说："什么是自然性？这个词暗示着一种行为上的自由自在，毫无紧张感：行为者对自己的行为感到理所应当，舒适自如，在行为和行为者正常状态之间没有丝毫矛盾冲突。"① naturalness 与 harmony 两个词虽然翻译方式不同，但所表达的思想大致相同。"自然性"不仅在礼仪中是重要的，作为个人关系的风格特点是重要的，而且在政治上也是重要的。从广义上说，如果伦理学对生活是重要的，那么它就必须对人的发展过程给予足够的关

---

① Joel J. Kupperman："Naturalness Revisited：Why Western Philosophers Should Study Confucius". In Bryan W. Van Norden（ed.）：Confucius and The Analects—New Essays. Oxford University Press, Inc, 2002：44.

注，因为对于人来说，"建设性的思想和行动风格已经变成一种自然而然的事"①。库珀曼关于自然性的一切论述，都是由"和"与"质"两个字被翻译成 naturalness 而引起，而《论语》中的"和"和"质"本身并不等于"自然性"。这一研究可谓也是典型的借题发挥。

六、 儒家经典译本是西方儒学研究的重要蓝本

从论著内容来看，大多西方汉学家的儒学研究与儒家经典的各种译本都有十分密切的关系。在研究过程中凡涉及原文的地方，研究者一般要引用某种译本。以《论语》研究为例，他们涉及英文译文的方式有两种，一种是以考证原文古义为目的对《论语》原文进行语文学讨论，一种是以探讨章句的道德伦理含义为目的而作为论据引用。研究者对译本的引用并没有十分客观的标准，主要看译本的翻译方式是否符合其研究目的。例如，库珀曼的《自然性再探》主要引用了韦利的译本，次数多达 13 次；白牧之和白妙子的《〈论语〉9：1 文字和文本语文学研究》主要探讨《论语》中章句的字义，所以库珀曼在文中引用其译本《论语辨》（*The Original Analects*）多达 38 次，对其他各英语译本也都有所引用。而从总体来看，汉学家们的儒家思想研究总是要借助于《论语》的本文，所以一般需要阅读和引用某一种译本的译文；有时为了使讨论更加客观和准确，也不得不同时引用几种译本的译文。以《孟子》译本对世界儒学研究的影响为例。经检索发现，1980 年到 2014 年间，西方研究者用英语撰写的《孟子》研究论文有 23 篇，由于网络授权所限，其中可查的 18 篇对《孟子》译本的引用详情见表格如下：

---

① Joel J. Kupperman："Naturalness Revisited：Why Western Philosophers Should Study Confucius". 51-52.

文章名	作者	期刊名称	发表时间	所引用的《孟子》英译本
The Concept of YI（义） in the Mencius and Problems of Distributive Justice	Sor-hoon Tan	Australasian Journal of Philosophy	2014	D. C. Lau, 1984. Mencius, Hong Kong：The Chinese University Press.
Assessment of Li 利 in the Mencius and the Mozi	Wai Wai CHIU	A Journal of Comparative Philosophy	2014	D. C. Lau, 2003. Mencius. Hong Kong：The Chinese University Press.
Cultivating the Seeds of Virtue in Mencius and Thoreau	Ronald P. Morrison	East-West Connections	2009	D. C. Lau, 2003. Mencius, London：Penguin Books.
The "Mandate of Heaven"： Mencius and The Divine Command Theory of Political Legitimacy	A. T. Nuyen	Philosophy East & West	2013	Translations of the Mencius are adapted from various sources.
The Way of Heart： Mencius' Understanding of Justice	Huaiyu Wang	Philosophy East & West	2009	James Legge：Mencius. New York：Dover, 1970.
What's Ignored in ITō Jinsai's Interpretation of Mencius？	HUANG Chun-chieh	A Journal of Comparative Philosophy	2013	D.C.Lau, 1979. Mencius, Vol.2. Hong Kong：Hong Kong University Press.
The Bridge of Benevolence：Hutcheson and Mencius	Alejandra Mancilla	A Journal of Comparative Philosophy	2013	Mencius. Revised, trans. by D. C.Lau.Hong Kong：The Chinese University Press, 2003.
An Aristotelian Doctrine of the Mean in the Mencius？	Howard J. Curzer	A Journal of Comparative Philosophy	2012	D. C. Lau, 1970. Mencius. Harmondsworth, New York：Penguin Books.
Mencius and Dewey on Moral Perception, Deliberation, and Imagination	Amit Chaturvedi	A Journal of Comparative Philosophy	2012	D. C. Lau, 1970. Mencius. London：Penguin Books.

续表

文章名	作者	期刊名称	发表时间	所引用的《孟子》英译本
Mencius on Management：Managerial Implications of the Writings of China's Second Sage	Charles A. Rarick	Journal of Comparative International Management	2008	D. C. Lau，2004. Mencius. London：Penguin Books.
Confucian Constitutionalism：Mencius and Xunzion Virtue，Ritual，and Royal Transmission	Sungmoon Kim	The Review of Politics	2011	D. C. Lau，1971. Mencius. New York：Penguin.
Manufacturing Mohism in the Mencius	Thomas Radice	Asian Philosophy	2011	1. D. C. Lau，1970. Mencius. New York：Penguin. 2. James Legge. The Works of Mencius. New York：Dover，1970.
Universality and Argument in Mencius IIa6	R. A. H. King	Proceedings of the Aristotelian Society	2011	1. James Legge.1992.Mencius. In The Chinese Classics，Vol. 1. Taibei：smc. Original publication. 2. D. C. Lau，1970. Mencius：Works. Harmondsworth：Penguin.
Xunzi's Systematic Critique of Mencius	Kim-Chong Chong	Philosophy East & West	2003	D. C. Lau，1984. Mencius. Hong Kong：Chinese University Press.
Naturalizing Mencius	James ehuniak，Jr.	Philosophy East & West	2011	Alan K. L. Chan，ed. Mencius：Contexts and Interpretations. Honolulu：University of Hawai'i Press，2002.
Politics and Interest in Early Confucianism	Sungmoon Kim	Philosophy East & West	2014	D. C. Lau，1970. Mencius. London：Penguin Books.
Mencius on International Relations and the Morality of War from the Perspective of Confucian Moral Politik	Sungmoon Kim	History of Political Thought	2010	1. D. C. Lau，1970. Mencius. New York：Dover. 2. James Legge，1990. The Works of Mencius. Toronto：UTP.

续表

文章名	作者	期刊名称	发表时间	所引用的《孟子》英译本
On Translating Mencius	David S. Nivison	Philosophy East and West	1980	1. James Legge, 1861, 1875, 1893, 1895. Mencius. 2. W. A. Dobson, 1959. Mencius: A New Translation Arranged and Annotated for the General Reader. Toronto: University of Toronto Press. 3. D. C. Lau, 1969. Mencius. New York: Dover. 4. Arthur Waley, 1949. "Notes on Mencius", Asia Major, New Series, I. 5. Ch'u H. Chai and Winberg Chai, 1965. The Sacred Book of Confucius, and Other Confucian Classics. New York: University Books.

以上 18 篇论文中主要引用刘殿爵 1984、1970、1979、2003、2004 年版英译本的共 13 篇,引用理雅各 1861、1875、1893、1895、1970、1990、1992 版《孟子》英译本的论文 3 篇,引用杜百胜(W. A. Dobson)1963 年版《孟子》英译本的论文 1 篇,引用布鲁姆 2009 年版《孟子》英译本的论文 1 篇。

西方的研究论著中,研究者一般也需要引用儒家经典某种译本的译文来进行研究。例如,以下 21 部著作与论文集经常引用《论语》《孟子》等译本。列表如下:

顺序	书名	著/编者	出版社	出版时间
1	The Political Principles of Mencius	Cho-min Wei, Zhuo-min Wei	University Publications of America	1916
2	A Source Book in Chinese Philosophy	Wing-Tsit Chan	Princeton University Press	1963

续表

顺序	书名	著/编者	出版社	出版时间
3	The Chinese Mind—Essentials of Chinese Philosophy and Culture	Charles Moore	East-West Center Press	1967
4	Confucius—the Secular as Sacred	Herbert Fingarette	Harper & Row	1972
5	The World of Thought in Ancient China	Benjamin Isadore Schwartz	The Belknap Press	1985
6	Mencius in the Ming Dynasty: the Moral Philosophy of Wang Yang-Ming	Philip John Ivanhoe	Stanford, CA: Stanford University	1987
7	Mencius and Arquinas—Theories of Virtue and Conceptions of Courage	Lee H. Yearley	Sate University of New York Press	1990
8	Chinese Texts and Philosophical Texts	Henry Rosemont Jr.	Open Court	1991
9	Emotion and Ethical Theory in Mencius	Manyul Im	University of Michigan Press	1997
10	Confucianism and the Family	Walter H. Slote, George A. De Vos	Sate University of New York Press	1998
11	Confucianism and Ecology—The Interrelation of Heaven, Earth, Humans	Mary Evelyn Tucker, John Berthrong	The President and Fellows of Harvard College	1998
12	Mencius, Hume, and the Foundations of Ethics	Xiusheng Liu	Aldershot: Ashgate	2003
13	Mencius on Becoming Human	James Behuniak Jr.	State University of New York Press	2005
14	Thomas Jefferson and Mencius: On Human Nature and Democracy	David Daowei Phillips	Hilo: University of Hawai'i	2007
15	The Book of Mencius and Its Reception in China and Beyond	Junjie Huang, Gregor Paul, Heiner Roetz	Otto: Harrassowitz Verlag	2008
16	Confucius Now—Contemporary Encounter with The Analects	David Jones	Open Court, Carus Publishing Company	2008
17	An Introduction to Chinese Philosophy	Karyn L. Lai	Cambridge University Press	2008
18	Warring States Papers—Studies in Chinese and Comparative Philosophy	Alvin C. Cohen, Donald E. Gjertson, E. Bruce Brooks	Warring States Project	2010

续表

顺序	书名	著/编者	出版社	出版时间
19	Ethics in Early China：An Anthology	Chris Fraser，DanRobins，Timothy O'Leary	Hong Kong University Press	2011
20	Mencius and Masculinities：Dynamics of Power，Morality，and Maternal Thinking	Joanne D. Birdwhistell	Albany：Suny Press	2012
21	Contemporary Confucian Political Philosophy——Toward Progressive Confucianism	Stephen C. Angle	Polity Press	2012

　　上述研究的主题是孔孟的义、利、仁、中庸、人性等思想。也有学者用孔孟思想来分析探讨现代性问题，如分配公平、政治合法性、国际关系、战争、生态等。其中还有对孔孟与其他中西哲学家的对比研究，如孔子、孟子、墨子、荀子与卢梭、亚里士多德、柏拉图、托马斯·阿奎纳、杜威等之间的对比研究。

　　如上所述，儒家经典各种译本虽然对原文有各自的独特解读方式，而且其中不乏对原文的误读和扭曲，但它们却以各自不同的方式，一直在影响着英语世界的儒家思想研究，其作用和价值是不容否认的。因为这些译本的影响不仅在于是否准确地传达了儒家思想，还在于是否引发了哲学界对儒家思想的新的阐释和发明，这两种方式都在扩大儒家思想的影响。令人欣慰的是，以译本为基础的儒学讨论常常不是沿着一个单一的路线进行，而是以古义考证为目的的语文学研究和以学理性和当代应用性研究为目的的研究常常交织在一起，呈相互促进的态势。在这个过程中，儒家思想的真谛最终在研究与传播中愈来愈得以显现，儒家思想的当代阐释和应用也愈来愈具有时代性特点。从这一点上来看，加强儒家经典的当代翻译工作，也仍然具有十分重要的意义。

　　综观西方学者的儒学论述，无论是新加坡、韩国、中国台湾、中国香港等亚洲学者还是欧美等国家的学者，他们对儒家思想的研究论述一般都需要以儒家经典的英文译本为蓝本。由于每种英文译本都存在各种问题，所以以这些译本为基础的各种研究的结果并不一定符合儒学的本义。但是,哲学研究的意义并不仅仅在于考据和证明,而更在于阐释和发明。客观上,西方汉学界的儒学研究既丰富和传播了儒学,也丰富和发展了西方哲学。

第四节　对《论语》的认知颠覆与探索

20 世纪 60 年代兴起于欧洲的解构主义思潮,大大影响了美国的汉学研究,包括美国的儒家哲学研究。20 世纪 90 年代,美国接连出版了三个《论语》译本:大卫·亨顿译本、安乐哲译本和白氏夫妇(E. Bruce Brooks & A. Taeko Brooks)译本。三者都不同程度地带有冲破儒学传统的冲动。西方解构主义大潮,加之历史上柳宗元、胡寅、崔述、韦利等人对儒家经典的怀疑态度,成为美国汉学家白牧之、白妙子夫妇对《论语》的怀疑论的直接动力和依据。白氏《论语》译本名为《论语辨》,实质上是一部集翻译与著述于一身的书,书中充分反映了译者对《论语》的怀疑论观点和对《论语》思想内容的见解。《论语辨》1998 年面世以来,以其怀疑的精神冲击了儒学传统,在国际儒学界反响较大。可以说,《论语辨》所反映的不仅仅是译者自己的态度和观点,也在一定程度上反映了 20 世纪 90 年代以来部分西方汉学家对待儒家思想的态度。前些年,有的学者把《论语辨》中的"层累论"①(Accretion theory,以下称"层积论")作为国外儒学研究的一种动向,进行了较为深入的研究和批评。指出了白氏《论语》研究的创新性,也论述了其不彻底性和否认孔子的历史性存在的不合理性。但是,"层积论"尚不是《论语辨》的全部内容。在当今世界文化竞争的语境下,《论语辨》作为一种独特的翻译现象,应当引起我们足够的重视,且有必要进行全面深入的探讨,以把握中国文化国际翻译传播的动向和实质。本节从四个方面对《论语辨》进行分析,借以揭示海外儒学翻译和传播过程中值

---

① 金学勤:《论美国汉学家白氏夫妇的〈论语〉层累论成书说》,《四川大学学报》(哲学社会科学版)2009 年 2 期,第 19—24 页。

得我们注意的儒学异化动向。

一、白氏夫妇的层积论及其《论语》翻译

在我国历史上的经学怀疑论及西方学者所持的怀疑论的影响下,白氏1998 年于其《论语辨》中提出了《论语》的层积论。白氏层积论梳理了中西历史上学者关于《论语》成书方式和历史过程的观点:东汉郑玄之冉有、子游、子夏编纂《论语》说;唐柳宗元之曾子弟子参与《论语》编纂说;胡寅(1098—1156)之《论语》后 10 章不如前 10 章结构严谨,所以《论语》当分上下两部说;伊藤仁斋(1627—1705)之《论语》第 10 章是结尾章,之后的章节都是后来所添加说;崔述(1740—1816)之《论语》后 10 篇章节之间不一致,所以第 16—20 篇是最晚加入说;阿瑟·韦利之第 3—9 篇是《论语》最早的核心文本说;等等。白氏认为,如鲍格洛(Timoteus Pokora)所言,以上观点互相之间并不矛盾,可以将其结合在一起,形成一种新的推断。把韦利所主张的核心文本第 3—9 篇加上第 1、2 篇和第 10 篇,就可以得到与胡寅和伊藤同样的早期层积部分的第1—10 篇。根据崔述的观点,将后 10 篇一分为二:第 11—15 篇构成中期层积文本,第 16—20 篇构成晚期层积文本。第 1—10 篇核心文本构成上层层积文本,中晚期层积文本共同构成胡寅和伊藤所主张的中、下层(lower layer)层积文本。这样,就形成了白氏三层层积假说。如图:

层的分类	《论语》文本各层积期篇目	新的层积篇目
早期核心层	1、2、3、4、5、6、7、8、9、10	
中期累积层	1、2、3、4、5、6、7、8、9、10 11、12、13、14、15	11、12、13、14、15
晚期累积层	1、2、3、4、5、6、7、8、9、10、11 12、13、14、15、16、17、18、19、20	16、17、18、19、20

与此同时,白氏还对《论语》成书时间与方式,提出另一种假说。他们认为,从《汉书》记载的汉宫廷图书馆藏书目录看,三种《论语》版本都是齐鲁学

者公元前 191 年以后(汉室解除公元前 213 年秦对儒书之禁以后)凭记忆恢复写成的版本。这些版本中,有的包含 20 篇,有的包含 22 篇。其中古《论语》于公元 154 年在孔壁中被发现,含 21 篇,包括两个"子张"篇。古《论语》第 21 篇以鲁《论语》的"子张问"第二章开始。由此可知,鲁《论语》与古《论语》之区别仅在分篇方式不同,而内容是相同的。《汉书》还提到齐《论语》中含《王问》和《知道》两篇,这说明齐《论语》是由鲁《论语》扩展而成。如果鲁国儒者至公元前 249 年鲁国灭亡停止编著,而齐国儒者的编著活动一直活跃到公元前 221 年齐国灭亡,比鲁国晚停止 28 年。那么在齐国,长于鲁国的这 28 年的儒者编著活动,便是齐《论语》比鲁《论语》多出两篇的原因。白氏认为,这似乎暗示《论语》篇数增长的速度是 28 年增长两篇,即每 14 年增长一篇。以这个速度计算,鲁《论语》中较完整的 19 篇,成书时间会跨越公元前 249 年前的 266 年时间,一直回溯到公元前 515 年。这样,《论语》的成书时间就可能始于孔子在世的年代。这一粗略的初步推算,可以通过其他证据得到修改:《论语》中没有一章语录是孔子亲口说出的,因为《论语》中几乎每章语录都以"子曰"开头,所以不可能是在孔子逝世的公元前 479 年之前成文。如果公元前 479 年是《论语》核心语录第 3、4 篇的成书年份,那么其他 18 篇则会分布在 230 年之内,到公元前 249 年《论语》成书,每篇成书平均所占的时间是 12.7 年多一点,或者说是一代人(25 年)时间的一半,即 12.5 年。照此计算,那么鲁《论语》是以每代人两篇的速度层积而成。这一假说暗示,《论语》成书的确可能是在历史上的孔子在世的某一年。后来,"世袭的或者由前代指定的儒家领袖们,把更多的篇数加到先前的文本中,构成了不断增长的新文本"①。

在这两种假说的基础上,白氏提出第三种假设。白氏指出,从以上分析来看,每章语录是层积的单位。根据《汉书·艺文志》记载,《论语》成书时间十分漫长,应该以世纪,而非以年为单位计算。因此,可以这样假设:《论语》有个

① E. Bruce Brooks & A. Taeko Brooks: Original Analects—Sayings of Confucius and His Successors. New York: Columbia University Press, 1998: 203.

最早的核心,这个核心或许只有一篇语录构成,成文于孔子去世的公元前479年之后不久。这一篇在韦利的核心篇第3—9篇之内的开始或接近开始的位置。这就是韦利所标注的第3、4篇。其中第4篇似乎有几个早期特征:其一,篇内的每章语录都比其他篇中的短小,每章平均19字,而《论语》全文每章语录的平均字数是30字,最后一篇更是每章语录平均多达123字;其二,篇内除了两章语录之外,每章语录以"子曰"开头;其三,其他语录中经常使用的文学修辞手法在第4篇中没有出现;其四,篇内除两章语录以外,每章语录都没有提及别人,语录皆属于孔子本人。公元前479年孔子逝世,为了纪念圣人,弟子们便编纂了第4篇。在这篇语录中,不再使用商代以来人们一直沿用的金文和竹简纪年法。这就使得第4篇语录不仅成为《论语》中独特的一篇,而且这种独特性似乎对一篇出自公元前5世纪的核心文本来说是合理的。

为了证明《里仁》篇的核心地位,白氏对该篇进行了两个层面的语言学研究。

首先是古汉语的实词和虚词的用法研究。译者析出三个词汇特征,证明《里仁》篇属战国前的文字。一、"斯"的用法。斯,相当于"则",意为那么,用作连词。二、"於"用作独立动词,其他篇中仅用作"关于"之意。"於"作动词的用法在战国时期的文本里都无法找到。三、"处"用作动词,这种用法在其他篇里没有,而只用作名词表示处所之意。由此白氏断定,《里仁》不仅整体上风格独特,而且其特征比其他篇更能说明其语言所属的年代。这说明,该篇的语录是孔子亲口对弟子说过,并根据弟子的记忆写下的文本。同时也说明,"《里仁》可能是《论语》的原始核心语录或包含着《论语》的原始核心语录。其他篇在该篇的基础上经过长期层积而成。"①

其次是句法和话语风格研究。白氏认为,《里仁·章十五》可能属后来插入的内容,因为其中不仅提到了曾子的名字,而且曾子似乎还是讲话者。《里

---

① E. Bruce Brooks & A. Taeko Brooks: Original Analects—Sayings of Confucius and His Successors, 204.

仁·章二十六》不仅标有"子游曰"字样,而且字里行间有"子游讲话的特点"。另外,像"斯""於""处"等词语仅出现在《里仁》前17章,第18—25章中则没有,且《里仁·章二十一》中"则"与"斯"在用法上相互冲突。所以只能保守地认为,《里仁》第18至25章为后来所加。对于这一推断,白氏提出,《里仁》前17章中状语取动词之后的位置,句子以动词结尾,自第18章以后,状语取动词之前的位置,句子皆以名词结尾。在前17章的48个谓语中,有39个以动词宾语或其他名词性元素结尾,占总数的80%,而在第18—25章的15个谓语中,40%以名词结尾。这可以再次证明,《里仁》第18—25章为后来所加,第15章是后来插入的,只有第1至14以及16、17章,共16章,才可能是《论语》的最早期核心。

　　白氏又以历史事件为依据算出《论语》各章的成书时间。(下表中6:3表示第6篇第3章,以此类推;12—13表示第12至13篇,以此类推。18:5—7表示第18篇第5至7章。白氏表示,这些时间并非是完全确定的。)成书年代表如下:

篇目	成书时间	推断依据	相关推断
6:3	前469年后	出现哀公(469年卒)谥号	《里仁·章5》仍可能早于前469年
8:3	前436年后	描述曾子之死	
9:15	前405年前后	前411、412、408年齐鲁交恶,后结盟,故可能成文于前405	
12—13	前326或322年	孟子于前320年入孔门,结束于前321年。故此两篇成文于前326或322年	
16:1	前287年后	前286年齐克宋,故此篇可能始编于前287年	《季氏·章2、3》似诅咒前286年齐克宋后田氏僭越王位,故当成文于前285年
17:4	前270年后	17:4、6当为论僭王之下如何事君,因前272年楚降鲁君公爵位至侯	

续表

篇目	成书时间	推断依据	相关推断
18:5—7	前 262 年	与《庄子》诸篇相似或相应。该篇似已解决《阳货》篇中所面临的事君困境,于《阳货》篇成文之后不久即成文	
19	前 253 年	本篇中似有前 255 年楚亡后对荀子的委婉批评。荀子于前 254 年任兰陵令。故此	
20	前 249 年编纂中断	楚亡后,前 249 年鲁国被吞并。故此篇编纂被中断	

在以上假说和分析的基础上,参考孔子弟子及再传弟子的生活年代,白氏推出关于《论语》成书时间、每篇所含章数以及编纂者的"最终假说"①。

白氏"层积论"主要包含四个方面。一是"层"的划分;二是"层积速度";三是各篇章的成文时间;四是《论语》各章的编纂者。客观地说,这些观点虽然体现了白氏作为《论语》研究者和翻译者的探索精神,但却无一是确定的,而只是"假说"。这向世人展示了解决有关《论语》诸多历史问题的又一种可能性,却不是问题的最终答案。

从白氏的论证过程来看,"层积论"建基于柳宗元、崔述、伊藤、韦利、鲍格洛等人的怀疑论,古人怀疑《论语》的动机和依据在此且不论,而作者自己发现的唯一学术上的新证据是斯、於、处等字的用法。但是,这些证据十分脆弱,当不攻自破。如白氏指出,"斯"在《里仁》中作连词"那么"用,在其他篇表示"那么"的意思时,就换成了"则"。其实不然,"斯"作连词"那么"用的篇章还有:《公冶长》第 20 章:"再,斯可矣。"《述而》第 26、30 章:子曰:"圣人,吾不得而见之矣;得见君子者,斯可矣。"子曰:"善人,吾不得而见之矣;得见有恒者,斯可矣。亡而为有,虚而为盈,约而为泰,难乎有恒矣。""仁远乎哉?我欲仁,斯仁至矣。"《泰伯》第 4 章:"君子所贵乎道者三:动容貌,斯远暴慢矣;正颜色,

①　E.Bruce Brooks & A.Taeko Brooks,Original Analects—Sayings of Confucius and His Successors,200.

斯近信矣；出辞气，斯远鄙倍矣。笾豆之事，则有司存。"《乡党》第 1 章："乡人饮酒，杖者出，斯出矣。"《颜渊》第 3 章："其言也讱，斯谓之仁已乎？"《卫灵公》第 2 章："君子固穷，小人穷斯滥矣。"《子张》第 25 章："夫子之得邦家者，所谓立之斯立，道之斯行，绥之斯来，动之斯和。"《尧曰》第 2 章："尊五美，屏四恶，斯可以从政矣。"这些斯字不仅全当连词"那么"来用，而且还分散在第 4—20 篇各处。如果按白氏所论"斯"的用法相同则成篇年代相同的逻辑，这些篇章都应该出自同一历史时期，那么其"层积论"难免陷入自相矛盾。再者，《论语》全书用"斯"字共 70 处，其中作代词"这"来用的自《学而》至《尧曰》多达50 处。这是否可以反过来作为《论语》自头至尾为同一年代成书的证据？可见其"层积论"根本站不住脚。就所谓"层积速度"而论，其推算依据是齐《论语》与鲁《论语》的篇数差与齐与鲁亡国的时间差的平均值，即 28 除以 2 等于14，由此得出每篇成文所用的时间长度是 14 年。这种求成篇年数平均值的方法显然是不科学的。虽然齐国比鲁国晚亡 28 年，焉知齐《论语》比鲁《论语》多出的两篇，就不是在更短的时间内完成，比如一年内，乃至一月内，甚至与其他所有篇目同时完成？更何况，既然其他各篇的历史背景与此两篇并不相同，这一平均值何以适应其他各篇的成文时间？白氏却按其年数平均值逻辑，以14 乘以鲁《论语》的篇数 19，得出 266 年，再由鲁国灭亡的公元前 249 年回溯266 年得出公元前 515 年，于是得出《里仁》这一所谓核心篇可能是孔子在世时所亲口言说的结论，明显也存武断。值得注意的是，白氏自己也没有坚持这一推算出的结论，而在"最终假说"中又提出，《里仁》可能是"孔子本人说过的话"，是孔子在前 479 年殁后，其弟子子贡"为纪念孔子而编纂"①。

关于《论语》各篇的编纂者究竟为谁的问题，白氏认为，《里仁》前 16 章，是唯一出于孔子之口的语录，其他皆为他出。《论语》原第 2、12、13 篇，是出自诸子百家之手，因此将这三篇归为同一个部分，取标题为诸子百家。白氏在原

---

① E. Bruce Brooks & A. Taeko Brooks: Original Analects—Sayings of Confucius and His Successors, 208.

第12篇译文前加导言称:"这是诸子百家时期……这里包括了儒家和其他门派所关心的诸如个人生活、普通人的作用,以及名学等新的话题。"①又说:"孟子此时可能已属鲁国儒家学派,于公元前320年出仕。《孟子》的思想与《论语》第12篇中的部分思想类似,这说明他可能参与了此篇的编纂。其他各篇中有的与《孟子》的思想有别,可能出自另一儒家门派的领袖子京。这种状况或许暗示子京也已成为一个儒家较小门派的领袖,这个门派是儒家学说的一个过渡时期,并使孟子的思想成为诸家学说之一流。"②白氏在该篇后的"思考"(reflections)中又说,该篇有儒家思想"与道家和法家思想有联系的明显证据。儒家吸收了道家的思想,而法家思想则引起了儒家的反对和矫正"③。白氏通过篇前加导语、篇后加"反思"的形式,把该篇中明确标有"子曰"的语录的源出者篡改为孟子和子京以及道家、墨家、法家诸子等。白氏说,"这一篇不仅思想杂糅,而且有不同人格之间的斗争。"④大概"思想杂糅"和"人格之间的斗争",就是译者推断这一篇各章源出的依据。

白氏将各篇编纂者及成书时间列表如下:

篇目	成篇时间(公元前)	编纂者	该篇所含章数
4	479	子贡	16
5	470	子游	24
6	460	有子	24
7	450	曾子	24
8	436	曾元	4
9	405	曾元	24
10	380	子思	24
11	360	子上	24

① E. Bruce Brooks & A. Taeko Brooks:Original Analects—Sayings of Confucius and His Successors,89.
② E. Bruce Brooks & A. Taeko Brooks:Original Analects—Sayings of Confucius and His Successors,89.
③ E. Bruce Brooks & A. Taeko Brooks:Original Analects—Sayings of Confucius and His Successors,97.
④ E. Bruce Brooks & A. Taeko Brooks:Original Analects—Sayings of Confucius and His Successors,89.

篇目	成篇时间(公元前)	编纂者	该篇所含章数
3	342	子家	24
12	326	子京	24
13	322	子京	24
2	317	子京	24
14	310	子京	24
15	305	子京	24
1	294	子高	12
16	285	子高	12
17	270	子慎	24
18	262	子慎	5
19	253	子慎	24
20	249	子慎	3

那么,白氏是如何确定《论语》各篇的源出的呢?译者的第一种方法是,凡是《论语》篇章中有某种类似的思想成分,那么此篇章内容就可能是由历史上提出相应思想的某人所出。如白氏认为,"把《论语》第12、13篇看作早期孟子的证据可能会益处更大。我们很少有机会仔细研究一个中国思想家,《论语》中的大多数所谓'孔子',其实是为了某种方便而进行的虚构。"①再如,译者认为,第12篇中有与《道德经》和《管子》相关的内容,第12篇第22章"以古代、周以前的君王作为治国的完美榜样"②就是墨家思想。这一思想很快为后代儒家所采用,但在此处尚属新生事物。本篇第19章中使用了"善"的术语,尤其是"用墨家的爱来给儒家的仁下定义,充分说明此处有墨家哲学存在"③。第二种方法是,根据"年数平均值"推算出各篇年代后,再根据年代去对应活跃于

① E. Bruce Brooks & A. Taeko Brooks:Original Analects—Sayings of Confucius and His Successors,97.
② E. Bruce Brooks & A. Taeko Brooks:Original Analects—Sayings of Confucius and His Successors,97.
③ E. Bruce Brooks & A. Taeko Brooks:Original Analects—Sayings of Confucius and His Successors,97.

这一年代的孔子直系弟子或再传弟子。第三种方法是,在其他典籍寻找证据。例如第 11 篇第 3 章,译者认为《孔子家语》中有此学说,由此便推定"第 11 篇有可能是由子张牵头所写"①。但白氏所依据的这些资料明显不足信。梁启超在谈研究孔子学说所依据之资料的可靠性时说,晚出的"《孔子家语》《孔丛子》,应该绝对排斥"②。仅凭此章内容与《孟子》思想有相似之处,就断定孟子可能参与了此章编纂工作,也有武断之嫌。此外,译者在论述时多用"似乎"一词,语气犹豫不决,缺乏学术研究应有的确定性和严肃性,故其所言不足以构成学术证据。然而,白氏则恰恰是仅凭这样的"证据",就把儒家传统中的宗师孔子抹掉了。这里,值得思考的不仅是其学术的严肃性,还有其效果。抹掉孔子,就否定了《论语》出自孔子这一传统观点,从而把《论语》从崇高的伦理学说变成普通人的说辞,把《论语》赶出了中华传统核心思想的圣殿。然而,由以上分析可知,白氏层积论中的所有观点,若作为经学研究的一部分来看,相较于历史上的怀疑论来说似有创新,但总体上证据不足。尽管如此,层积论作为白氏认识《论语》的逻辑起点,对《论语辨》的翻译和译文注解都产生了巨大的影响。那么,作为研究者和译者,白氏是如何在《论语辨》中表达《论语》的思想内容的呢?

二、重解各篇主题

既然白氏认定冠以"子曰"的话语并非出自孔子本人,他便本着这样的认识把《论语》全书重新分为九个部分。每部分专门加标题,包含 1—3 篇内容,以时间先后为序。具体编排顺序如下图:

---

① E. Bruce Brooks & A. Taeko Brooks: Original Analects—Sayings of Confucius and His Successors, 69.

② 梁启超:《梁启超论儒家哲学》,商务印书馆 2012 年版,第 125 页。

Contents

　　从图的目录可清晰见得《论语》各篇内容的重新排序。其中"LY"是论语两字拼音的首字母,紧跟其后的数字是《论语》原来各篇的排序,再往后的括弧里是译者标注的原书各篇的年代,如 c0479,意思就是公元前 479 年。从《论语辨》整书的论述和所用参考书来看,对《论语》各篇内容的历史排序彻底颠覆了我国的儒学研究传统,但这种顺序属推测的结果,缺乏可靠的历史和考古证据,就连我国经学史上,也从来没有人做过这样明确的结论。例如,关于第 12篇的时间排序,白氏以为"修辞上的和语言上的证据证明,《孟子》的第 1 和第2 篇中数章的思想内容在《论语》第 13 篇中已经初步形成,比如《孟子》第 1 篇第 2 章第一句(1B1)中君王的恻隐之心被称为社会改革的发端,这一思想似乎已经反映在了《论语》第 12 篇第 22 章中"①。译者由此推断,《论语》第 12 篇第 13 章等为孟子所写,于是本章的年代随之被确定为公元前 326 年。其实,这些推断,仅从其论述的遣词上看,就有些穿凿。

　　白氏对《论语》的解读分为四个层次。第一层是《论语》各部分的主题,例如第一部分《论语·里仁》(LY4)的主题是"孔子本人",以导语进行介绍。导

---

　　① E. Bruce Brooks & A. Taeko Brooks: The Original Analects—Sayings of Confucius and His Successors, 97.

语的内容一般是对著者和语录源出者的推测,以及背景分析等。比如第一篇导语说此部分内容是子贡保存下来的唯一一部分孔子语录。导语之后,译者将这一部分内容下分为四个主题:A. 基本德性仁;B. 公共语境:道;C. 君子和小人;D. 出仕的准备。这是第二层次,是译者对主题的认识和概括。第三层次解读主要体现在各章译文和章后注解上。分章注解包括文字分析或历史背景说明。第四层次是附在一个部分的内容之后的"思考"(reflections)。译者在此提出自己的观点,或阐明自己的新发现。

相较之下,虽然第一、二层次解读反映了译者的整体性认识,但第三层解读最为具体而复杂。以《论语·里仁》第 14 章(LY4. 14)为例,其原文为:

> 子曰:"不患无位,患所以立。不患莫己知,求为可知也。"

译文为:

> The Master said, He does not worry that he has no position; he worries about whether he is qualified to hold one. He does not worry that no one recognizes his worth; he seeks to become worthy to be recognized.

该译文看似与原文并无异处,但值得注意的是,He 这个词改变了原文所指的范围。He 使译文从原句的全称缩小为一部分人。这就把原文中具有普遍性的伦理观念变为了部分贵族为做官而需首先培养和具备的观念。He 究竟是指谁呢? 白氏的注释里说得很清楚:

> Here is the essence of feudal, one-way obligations. There may be injustice in your being passed over for office, but that injustice is not your concern; it is a mistake, but one which it is not your business to correct. The feudal courtier(as * 14:26a 15b will later say) never acts, or thinks, above his station.

这段注解的意思是:这章内容是讲朝臣所承担的单方面封建义务的实质。虽然在世袭过程中可能存在不公正,但不必去加以纠正。封建官宦(如后文 14:26 要说的那样),无论是在行为上还是思想上,从来都不会越俎代庖。如此说来,He 就不是任何一个人,而是封建官宦。所以,译文就变成了专属于封建朝臣的特别伦理。如果说译文还没有对原文进行明显的篡改,那么其后的注解则完全否定了本章作为儒家伦理的观念和标准的性质。

从传统观点来看,译者对《论语》的解读颇为独到。如本书第四部分,即第 2、12、13 篇的主题是"诸子百家",意为本部分思想内容主要来自儒家、道家、墨家、法家,由儒家孟子参与编纂而成。《论语·颜渊》被译者进一步分为四个分主题;A. 隐晦的回答;B. 公开回答;C. 国家与人民;D. 学说与统治。译者肯定地指出,C 部分是以道家思想为基础,D 部分中有墨家思想痕迹。译者又根据修辞和语言上的特征,证明为什么第一部分是隐晦的回答。以本篇第 1 章为例:

> Yén Hwéi asked about rvn. The Master said, To overcome the self and turn to propriety is rvn. If one day he can overcome himself and turn to rvn, the world will turn to rvn along with him. To be rvn comes from the self; does it then come from others? Yén Ywæn said, I beg to ask for the details. The Master said, If it is improper, do not look at it. If it is improper, do not listen to it. If it is improper, do not speak to it. If it is improper, do not do it. Yén Ywæn said, Though it is not quick, he begs to devote himself to this saying. ①

译者为本章译文加了注解。认为这是孔子在"指责颜回。这段对话反映了师徒之间较为正式的对话风格。"②大概"指责"就是孔子这番话的隐晦之处。孔子不直接说颜回不够克己和不够遵礼,他隐匿自己的批评态度,仅指出颜回应该克己复礼。这在我国儒学研究史上是从未出现过的观点。

又如,译者认为,D 部分是讲学说和治国。其中第 19 章有"子欲善而民善

---

① E. Bruce Brooks & A. Taeko Brooks: The Original Analects—Sayings of Confucius and His Successors, 89.

② E. Bruce Brooks & A. Taeko Brooks: The Original Analects—Sayings of Confucius and His Successors, 89.

矣"一语,"善"表明该章受过墨子思想的影响;因为第 22 章有"爱人"一语,
"爱"表明这章是出自墨家的博爱思想。第 19 章译文为:

> Jì Kāngdz̀ asked Confucius about government, saying, If I kill those
> who have not the Way in order to uphold those who have the Way, how
> would that be? Confucius replied, You are there to govern; what use have
> you for killing? If you desire the good, the people will be good. The virtue
> of the gentleman is the wind; the virtue of the little people is the
> grass. The wind on the grass will surely bend it.

第 22 章的译文为:

> Fān Chí asked about rvn. The Master said, Loving others. He asked
> about knowledge. The Master said, knowing others.

仅仅因为文中有个善字,就断定是源自道家;有个爱字,便断定是源自墨
家;这种推断的依据甚为单薄。何况,墨子所讲的爱是世间博爱,而儒家讲的
是仁爱,两者何以与道家的善同日而语。

再如,本书的第七部分第 16 篇被译者划分为五个主题,其中第三个主题
是"数字罗列",包括第 16 篇第 4 章、第 16 篇第 5 章、第 16 篇第 6 章、第 16 篇
第 7 章、第 16 篇第 8 章、第 16 篇第 10 章,共六章。这六章内容分别包含数字
三和九:

> 益者三友,损者三友(16.4)
>
> 益者三乐,损者三乐(16.5)
>
> 侍于君子有三(16.6)
>
> 君子有三戒(16.7)
>
> 君子有三畏(16.8)
>
> 君子有九思(16.10)

据此,译者说:"本篇一系列的'三'在一个朝臣的'大九'(grand nine)①中达到顶峰。邹衍的星象——地球感应说,后来被描绘陆地上的现象的时尚所取代,可能与此有关。这些组合是其学说在伦理学中的延伸。'九'似乎是邹衍九倍地理学中的主要因素。如果这一点在此处被提及,那么第10章有可能是有意被用作朝臣伦理关系图。"②译者认为,从第4章到第8章中的数字3,到第10章时达到了最大数9,因为第10章说"君子有九思",那么"君子"所指的就是朝臣。译者通过数字,联想到邹衍的阴阳五行说,从邹衍的生活年代进一步推断这组语录的时间晚于孟子。上述推论新则新矣,然而其理据过于穿凿。

三、儒家观念翻译中的新探索

对白氏译本来说,儒家思想的译介当是重中之重。从译本整体来看,译者在这方面的态度是比较谨慎的,比如,译者译"仁",从头至尾采用音译 rvn,甚至在文本中把 rvn 同时当作名词和形容词来使用。但译者的谨慎态度似乎没有贯彻到底。从翻译和注解来看,译者倾向于表达自己的新见解,所以对儒家观念的译介就经常显得不够慎重,甚至出现舛误。在此试举仁和礼的翻译与解释为例,以观其大概。

(一)仁。《论语辨》第一部分开宗明义就是"根本德性'仁'"。译者以此作为本部分的标题,有突出仁作为最重要的儒家观念的作用。然而在翻译经文时,译者则常避重就轻,从而使对'仁'的论述变为其他主题。例如本部分第一章:子曰:"里仁为美。择不处仁,焉得知?"白氏译作:The Master said, It is best to dwell in rvn. If he chooses not to abide in rvn, how will he get to be known 本章原文本来旨在论仁,译者却在译文后添加注解,另立主旨。其英文注解

① E. Bruce Brooks & A. Taeko Brooks: The Original Analects—Sayings of Confucius and His Successors, 156.

② E. Bruce Brooks & A. Taeko Brooks: The Original Analects—Sayings of Confucius and His Successors, 156.

说:"朝廷命官是通过个人的知名度被挑选任用的,故以好的品质闻名是仕进的唯一途径。君主招贤纳士在后世一直是重要的主题。"①译者将智慧的"知",当作"知名"来解,就严重歪曲了本章的主题。

如果说这一章中仁被译作仕进的途径,那么,译者下一章是把仁变成了鼓励功利主义的理论根据:子曰:"不仁者不可以久处约,不可以长处乐。仁者安仁,知者利仁。"白氏译作:The Master said, He who is not rvn cannot for long abide in privation; cannot forever abide in happiness. The rvn are content with rvn; the knowing turn rvn to their advantage. 译文最后一句的意思是,有知识的人把仁变为利益。若与上句合在一起读,那么此句意思是对仁作为升官之途径的补充。"知者利仁"的本义为"聪明的人利用仁"②,即行仁本身不是目的,而是达到另一种目的的手段。这与把利益当作仁的唯一目的,意思并不完全相同。而译者则认为,"利"就是利益,是一个"全新的价值观"③。于是译文中仁的目的变得狭隘而功利,仁成为赤裸裸的获利工具。即"尽管一个人自己无法表现'仁'所具有的善的外在形式(good form),但有必要让他人看到自己的品质"。④这与朱熹所注解的"智者则利于仁而不易所守,虽深浅不同,然皆非外物所能夺"⑤有本质的不同。译者同时也承认,仁者无论是穷困还是成功,都一直十分坚毅。但又指出,仁没有对应的英文概念,其意思随上下文而变动不居。例如本书第四部分中的第3篇第3章后的注解说,旧的术语仁本来是指士族的品质,在此其含义已经从"男子汉"品质上升到了"人性"⑥。

紧接下去的一章,译者直接否定了仁作为至德的性质:子曰:"唯仁者能好人,能恶人。"白氏译作:The Master said, It is only the rvn who can like others;

① E. Bruce Brooks & A. Taeko Brooks: The Original Analects—Sayings of Confucius and His Successors, 13.
② 杨伯峻:《论语译注》,中华书局 2006 年版,第 35 页。
③ 杨伯峻:《论语译注》,中华书局 2006 年版,第 35 页。
④ 杨伯峻:《论语译注》,中华书局 2006 年版,第 35 页。
⑤ 程树德:《论语集释》,中华书局 2006 年版,第 229 页。
⑥ 杨伯峻:《论语译注》,中华书局 2006 年版,第 80 页。

who can hate others.

译者在译文后又加注解说,仁不是 niceness(善),而只是向善发展的品质。① 仁者既然能好人,能恶人,那么仁就给人以判断他人的能力。所以仁并非至上的美德,而是利己的工具。译者甚至提出,培养这种判断能力"是教育的目的"②。纵观以上三章译文及其注解,在译者笔下,仁的本质是工具性和功利性的,而其作为至德的性质已被弄得模糊。这种借题发挥式的新解,实质上是与儒家精神彻底背道而驰的。

(二)礼。礼在白氏译本中虽未被作为大的主题列出,但译者将第 3 篇集中编入第 4 部分,礼在译本中的地位似被有意突出。在翻译过程中,译者对礼的含义及其与其他观念之间的关系衍变进行探讨。而在性质上,译者则把礼看作从举止到仪式一类的外在性的礼仪,而非植根于人仁义的礼法制度。例如:子曰:"能以礼让为国乎,何有?不能以礼让为国,如礼何?"白氏译作:The Mater said,If you can run the country with courtesy and deference,what is the obstacle? But if you cannot run it with courtesy and deference,what good is courtesy? 译者认为,"仁是孔子思想的核心,礼是后代儒学的核心。但礼让是孔子的价值观之一,仅仅给它一个标志性地位,孔子是不会接受的。"③但礼究竟是什么?白氏说,礼就是"适当的礼节(ritual propriety)、礼貌(courtesy)"④。但白氏认为,到公元前 3 世纪,礼的意思发生了转变,自荀子以降,礼成为儒家思想的核心。白氏将书中对礼的论述集中改编到第 4 部分第 3 节,并为其重拟大标题为"孔子思想的转折"。第 3 节的分主题分别为:"僭礼""礼的基本原则""对礼的传统的阐释""遵礼""对古代礼节的赞扬与贬抑",这些主题似乎形成了一个礼的发展逻辑。这种主题分析有的有创新之处,有的则比较牵强。例如,以下两例较为中肯:

---

① 杨伯峻:《论语译注》,中华书局 2006 年版,第 13 页。
② 杨伯峻:《论语译注》,中华书局 2006 年版,第 13 页。
③ 杨伯峻:《论语译注》,中华书局 2006 年版,第 16 页。
④ 杨伯峻:《论语译注》,中华书局 2006 年版,第 16 页。

> 林放问礼之本。子曰:"大哉问! 礼,与其奢也,宁俭;丧,与其易也,宁戚。"

> Lín Fáng asked about the basis of ritual. The Master said, Great indeed is this question! In ceremonies;than lavish, be rather sparing. In funerals;than detached, be rather moved.

按白氏的分析,本章内容是《论语》文本中第一次解释礼之"本",并"论述了行礼的两个原则。本章提倡节俭和真实感情。仪式有了真诚才会有效,其本身无效"①。

再如:

> 定公问:"君使臣,臣事君,如之何?"孔子对曰:"君使臣以礼,臣事君以忠。"

白氏译作:

> Dìng-gūng asked, When a ruler employs a minister, when a minister serves a ruler—how should it be? Confucius answered, The ruler employs the minister with propriety;the minister serves the ruler with loyalty.

译者认为,这一章的进步性在于要求在臣忠的基础上加上君以礼待臣,解释了君礼与臣忠之间的平衡关系。这一分析肯定了礼作为原则及其平衡关系的功能。

下边一例的分析,虽似对我国的儒学传统有所继承,但其中穿凿的痕迹则比较明显。

> 子谓《韶》:"尽美矣,又尽善也。"谓《武》:"尽美矣,未尽善也。"朱熹《四书章句集注》:

> > 韶,舜乐。武,武王乐。美者,声容之盛。善者,美之实也。舜绍

---

① 杨伯峻:《论语译注》,中华书局 2006 年版,第 80 页。

尧致治,武王伐纣救民,其功一也,故其乐皆尽美。然舜之德,性之
也,又以揖逊而有天下;武王之德,反之也,又以征诛而得天下,故其
实有不同者。程子曰:"成汤放桀,惟有惭德,武王亦然,故未
尽善。"①

朱注并未释原文中有"贬抑"之意。而在译本中本章被列入"对古代礼节
的赞扬与贬抑"一节。白氏将其译作:The Master said of the Sháu that it was
wholly beautiful and wholly good. He said of the Wu that is was wholly beautiful,
but not wholly good. 本章原文尽管没有提礼字,但讲的却是礼。白氏在文后注
解中说,"韶"又称"集结乐"(music of summons),据说是用来为描写文王的剧
进行伴奏。"武"是歌颂武王战功的剧,"武"有可能是象征武王的武力征服。
又说,"正是因为这一点,孔子称其不尽善。因为当时鲁国的儒家在朝廷中一
直是反武力的一派。……这是以文王为代表的文化霸权悄然取得政治统治和
以武王为代表的直接使用武力进行征服的理论之间的争论"②。这种解释有违
儒学传统,实际上是在儒学传统基础上的臆测,表面上似有新意,但缺乏坚实
依据。另外,如果按这种归类标准,《八佾》第一章是抨击季氏僭越礼的行为,
亦当列入此节。可见译者的归类也不够科学。

四、《论语》的变形——误读、曲解、庸俗化

虽然《论语辨》将研究与翻译集于一身,但书中仍存在不少问题。主要问
题有三个:误读、曲解和俗化。下面举例分析。

(一)误读

误读多出自训诂不严,如不考古训,望文生义,古今混淆,句法不辨等原

---

① 朱熹:《四书章句集注》,中华书局 2014 年版,第 68 页。
② E. Bruce Brooks & A. Taeko Brooks: The Original Analects—Sayings of Confucius and His
Successors,85.

因。例如：

> 孔子于乡党，恂恂如也，似不能言者。其在宗庙朝廷，便便言，唯
> 谨尔。朝，与下大夫言，侃侃如也；与上大夫言，誾誾如也。君在，踧
> 踖如也，与与如也。"

白氏译作：

> In the county association he is hesitant, as though unable to speak; in
> the ancestral temple or at the court, he is forthcoming, but circum-
> spect. When at court, speaking with the lesser dignitaries, he is unassum-
> ing, when speaking with the greater dignitaries, he is formal. When the
> ruler is present, he is deferential; he is open.

原文中"恂恂""便便""侃侃""誾誾""踧踖"等，白氏的翻译都不适当。
如"恂恂"，郑玄注："恂恂，恭顺貌。"①何晏《集解》："恂恂，恭温之貌。"②朱熹
《集注》："信实之貌。似不能言者，谦卑逊顺，不以贤知先人也。"③白氏不从训
诂，却译作 hesitant，即犹豫不决。"便便"，何晏《集解》："辩貌"④；朱熹《集
注》："辩也"⑤，白氏却译作 forthcoming, but circumspect，即说话不犹豫不决，但
谨慎周到。"侃侃"与"誾誾"，何晏《集解》解之为"侃侃，和乐之貌。誾誾，中
正之貌。"⑥朱熹《集注》："侃侃，刚直也"⑦，"誾誾，和乐之貌。"⑧白氏从何晏，
将"侃侃"译作 unassuming，即不装腔作势；将"誾誾"译作 formal，即一本正经。
"踧踖"，何晏《集解》："恭敬之貌"⑨，朱熹《集注》："恭敬不宁之貌。"⑩两者相

① 程树德：《论语集释》，中华书局 2006 年版，第 635 页。
② 程树德：《论语集释》，中华书局 2006 年版，第 635 页。
③ 程树德：《论语集释》，中华书局 2006 年版，第 636 页。
④ 程树德：《论语集释》，中华书局 2006 年版，第 637 页。
⑤ 程树德：《论语集释》，中华书局 2006 年版，第 637 页。
⑥ 程树德：《论语集释》，中华书局 2006 年版，第 637 页。
⑦ 程树德：《论语集释》，中华书局 2006 年版，第 637 页。
⑧ 程树德：《论语集释》，中华书局 2006 年版，第 639 页。
⑨ 程树德：《论语集释》，中华书局 2006 年版，第 640 页。
⑩ 程树德：《论语集释》，中华书局 2006 年版，第 640 页。

比,当以朱熹注解见长,白氏却从何晏,将其译作 deferential(尊敬),没有译出不安的意思。

对于含义较深的字,白氏考察得不够详尽。例如:

> 子张问行。子曰:"言忠信,行笃敬,虽蛮貊之邦,行矣。言不忠信,行不笃敬,虽州里,行乎哉? 立则见其参于前也,在舆则见其倚于衡也,夫然后行。"子张书诸绅。

> Dž Jāng aksed about being successful. The Master said, If his words are loyal and faithful, and his actions sincere and respectful, then even in the states of the Mán and Mwò he will be successful. If his words are not loyal and faithful, and his actions not sincere and respectful, then even in his own region and village, will he be successful? When he stands, he should see this before him; when riding in his carriage, he should see it on the crossbar. If he does this, he will be successful. Dž Jāng wrote it on his sash. ①

本章译文有几个语言问题。其一是第 2、4、5 个"行"字。何晏《论语集解》中没有解释"行"。朱熹《论语集注》将其解释为:"犹问达之意也"②。"达"作何解? 再看《说文》:"达,行不相遇也。"《广雅》:"达,通也。"意即行事畅通无阻。所以,白氏的翻译可能参考了朱熹的《集注》,但却将"达"字解释为 successful(成功),亦即把"达"理解成行动达到目的(an action reaching its intended end③)的意思。达到目的显然非此处达字本义。其二是"蛮"和"貊"。此两字朱熹在《集注》中解释得十分清楚:"蛮,南蛮。貊,北狄。"④蛮、貊两字

---

① 程树德:《论语集释》,中华书局 2006 年版,第 132 页。
② 朱熹:《四书章句集注》,中华书局 2014 年版,第 163 页。
③ E. Bruce Brooks & A. Taeko Brooks:The Original Analects—Sayings of Confucius and His Successors,132.
④ E. Bruce Brooks & A. Taeko Brooks:The Original Analects—Sayings of Confucius and His Successors,163.

连用,当泛指未开化之地。白氏翻译时,却将两字分开,且将其当成具体地名,分别音译作 Mán 和 Mwò。其三是"州里"。朱熹《集注》解"州"为"两千五百家为州"①。何晏《集解》解"里"为"五家为邻,五邻为里"②。此处"州里"实际所指的意思与"蛮貊"相对,不宜分开理解,所以杨伯峻将其今译作"本乡本土"③,是适当的。而白氏将"州里"分开翻译成 region and village(地区和村子),未遵从经学训诂,意思与原文相悖。

有些经学上本来就有的难题,白氏在翻译之前没有充分研究训诂,而在前译的影响下有些不知所措,结果使译文意思模糊不清。例如:

> 子曰:"先进于礼乐,野人也;后进于礼乐,君子也。如用之,则吾从先进。"

白氏译作:

> The Master said, Those who first advanced were rustics in ritual and music; those who later advanced were gentlemen in ritual and music. If I were employing anyone, I would go with the "first advanced. "④

此处译文之误在于"先进""后进""野人",以及"用"字的具体所指。若说何晏《集解》所言不甚恰当,朱熹《集注》所解则可通:"先进后进,犹言前辈后辈。野人,谓郊外之民。君子,谓贤士大夫也。程子说:'先进于礼乐,文质得宜,今反谓之质朴而以为野人。后进于礼乐,文过其质,今反谓之彬彬而以为君子。盖周末文胜,故时人之言如此,不知其过于文也。'用之,谓用礼乐。孔子既述时人之言,又自言其如此,盖欲损过以就中也。"⑤刘宝楠《论语正义》别

---

① E. Bruce Brooks & A. Taeko Brooks: The Original Analects—Sayings of Confucius and His Successors.

② 程树德:《论语集释》,中华书局 2006 年版,第 1065 页。

③ 杨伯峻:《论语译注》,中华书局 2006 年版,第 162 页。

④ E. Bruce Brooks & A. Taeko Brooks: The Original Analects—Sayings of Confucius and His Successors, 69.

⑤ 朱熹:《四书章句集注》,中华书局 2014 年版,第 124 页。

解本章为："此篇皆说弟子言行,先进、后进即指弟子。……夫子以先进于礼乐为野人,野人者,凡民未有爵禄之称也。春秋时,选举之法废,卿大夫皆世爵禄,皆未尝学问。及服官之后,其贤者则思礼乐之事,故其时后进于礼乐为君子。君子者,卿大夫之称也。……夫子弟子多是未学,故亟亟以礼乐教之。所云兴于诗,立于礼,成于乐,即是从先进。"①杨伯峻基本上继承了刘宝楠说,他将本章今译为："先学习礼乐而后做官的是未曾有过爵禄的一般人,先有了官位而后学习礼乐的是卿大夫的子弟。如果要我选用人才,我主张选用先学礼乐的人。"②

白氏的译文没有明确的训诂观点,有三处疑惑。一是 advance 似指仕进,但前后文并无相关佐证。二是 rustics,意味粗鄙之人,既不从朱训,也不从刘或杨训。三是"我从先进",毕竟不是我录用先进者的意思,而作"赞同先进"来解更为妥当。白氏在译文后分别提到了理雅各、韦利和刘殿爵的译文,对三者颇感疑惑,最终竟不知所措,直呼 What to do?(如何是好?)而令人更为疑惑的是,他提到了三种译文作为参考,却只字未提《集解》《集注》《论语正义》等经学古训。此类不适之处,在白氏译本中不一而足。

(二)曲解

曲解多半是译者的目的性行为,似乎旨在颠覆儒学传统解释,迎合西方解构主义时尚。白氏译本常将原来的篇章重新组合,以表达其新出的主题或意思。如译者将第 10 篇第 6 章的末两句"羔裘玄冠不以吊。吉月,必朝服而朝。"与同一篇第 7 章首句"齐,必有明衣,布。"合编到一起,成为单独一章。其译文是:

He does not visit the bereaved in fleece robe or dark cap. On auspicious days, he always attends court in his court dress. When fasting, he al-

① 转引自程树德:《论语集释》,中华书局 2006 年版,第 738 页。
② 杨伯峻:《论语译注》,中华书局 2006 年版,第 109 页。

ways has clean clothes, and of linen.

这样,此章内容就变为专门讲吊唁时应着的服装,以及吉月,即在朝廷上"月初确定闰月"时应着的服装。从更深的层次看,其结果是把原文关于礼教的论述变成了关于先民生活服饰的普通文化人类学叙述。

白氏对原文进行曲解的另一种方法是在译文后的注解中进行别样的解释。而译者的新解对于《论语》传统来说常常是颠覆性的。例如:

> 子贡问曰:"有一言而可以终身行之者乎?"子曰:"其'恕'乎! 己所不欲,勿施于人。"

白氏译作:

> Dzgùng asked, Is there one saying that one can put in practice in all circumstances? The Master said, That would be empathy, would it not? What he himself does not want, let him not do it to others. ①

译者在文后的注释中说,本章可能"并非儒家学说"②,"恕"的思想当源自墨家。"同时代的墨家就有类似的观念,只是从没称作'恕'"③,如《墨子》第16章。后代儒家吸收了墨家思想,并将其与本篇第23章合到一起并将两者"系统化为恕"④的观念。那么,白氏所谓"类似的观念",就是墨子所主张的"兼"。将"恕"与"兼"跨越几百年而混为一谈,且将其规定为植根于"兼",这就从根本上篡改了恕作为儒家学说的性质。《墨子》说:"分名乎天下爱人而利人者,别与?兼与?即必曰兼也。"白氏的这种曲解,究其实质,是把儒家以

---

① E. Bruce Brooks & A. Taeko Brooks: The Original Analects——Sayings of Confucius and His Successors, 137.

② E. Bruce Brooks & A. Taeko Brooks: The Original Analects——Sayings of Confucius and His Successors.

③ E. Bruce Brooks & A. Taeko Brooks: The Original Analects——Sayings of Confucius and His Successors.

④ E. Bruce Brooks & A. Taeko Brooks: The Original Analects——Sayings of Confucius and His Successors.

修己安人为根本的德性伦理学变成功利主义伦理学,颇值得玩味。

(三)庸俗化

白氏俗化《论语》可能是出于两个方面的原因。一方面,译者对原文认识不足,因为误解而俗化了圣人之言;另一方面,译者把《论语》断定为孔子弟子及其他多人所写,认为其中的语录多半不是孔子本人之言,甚至孔子本人究竟存不存在都值得怀疑。因此,译本中有许多语录的主题被俗化,甚至其伦理思想价值也被否定。例如第10篇,译者仅将其学说看作是当时仕进贵族为做官而应该学习的礼仪,认为其中"没有伦理说教"①。该篇第5、6章的主题是"衣食",第16、17、18、19章的主题是"个人行为"。而事实上,礼教才是本篇的主旨,它既是个人修养的内在要求,也是社会交往应遵循的准则。例如:"乡人饮酒,杖者出,斯出矣。"白氏译作:When the county folk are drinking wine and the elders have left, he also takes his leave. 朱熹《论语集注》解此章为:"杖者,老人也。六十杖于乡,未出不敢先,既出不敢后。"②这属于儒家的尊老之礼法。白氏将其解释为,这是描写下流社会的欢宴社交场合。"一位君子出席此宴,在看到人们耽于饮酒嬉闹之后,他便离开了。"③译文像是在描绘一位贵族高傲的行为,其中丝毫没有礼教可言,与原文相比,落差巨大。在许多地方,白氏就这样把原文中的伦理价值消解了。又如:子曰:"事君,敬其事而后其食。"白氏译作:The Master said, In serving his ruler, he is attentive to his duty and negligent of his livelihood. 原文中有劝慰的语气,其中含有"应然"的意思,其作为道德修养准则的意义是十分清楚的。而译文则是平淡的陈述语气,意思是事君之人专注于工作而忽视了自己的生活。这似乎是在描绘一个有责任心的朝臣的工作

---

① E. Bruce Brooks & A. Taeko Brooks: The Original Analects——Sayings of Confucius and His Successors, 59.
② 朱熹:《四书章句集注》,中华书局2014年版,第121页。
③ E. Bruce Brooks & A. Taeko Brooks: The Original Analects——Sayings of Confucius and His Successors, 63.

态度,完全失去了其作为道德准则的意义。译者在译文后注释说:"除了反常地直接提到生活外,这是传统地再次断言,职责和事业可能是相互矛盾的。"①这就进一步俗化了孔子话语的道德意义。

综观《论语辨》,洋洋洒洒,译者在大量的文本细读和分析工作基础上提出了不少新的见解。首先,《论语辨》对语录的记录者及其年代、儒家与诸子百家之间的关系演变历史所进行的探讨以及语录字句的新解,无论准确与否,作为对《论语》进行研究的一种努力,其启发性是不可否认的。然而不难看出,译者的方法论是解构主义的。其目的有学术探究的成分,不排除学术上的创新之意,但与此同时,本书里的许多研究内容,尚不够严谨。译者的研究方法主要是文本分析法;所参考的文献,我国的国学著作在列者少,且其中有《孔子家语》之类不可为据的书。考古的方法从未被采用。《论语辨》的推论以偏概全者居多。如仅以一章语录之内容或特点就推定一篇中的所有语录的源出或年代;以个别字句,如善、爱、道等,就断定某些篇章属于针对墨、孟、荀、庄而发;这说明其局限性较大。此书在以语言和思想特点推断语录的源出,以语录源出者推定篇章的年代的基础上,认定《里仁》前17章(第15章为后羼入者)是孔子逝后最切近原意的最原始记录,其他则依篇次而下(置《学而第一》于《卫灵公十五》之后,置《为政第二》于《子路十三》之后,置《八佾第三》于《先进十一》之后)分别为弟子、弟子领导的学派,特别是鲁国的孔氏家族所不断扩充撰述,历时230年(公元前479—前249年),至鲁亡后方完成的结集。其中因世道变迁,各种新旧观念杂陈,因而各篇章之间常有相互抵牾乃至冲突;且篇章中羼入墨家、道家、法家以及与其相反对的各种观念,包括儒家不同学派之间的争论。如"礼云礼云,玉帛云乎哉。乐云乐云,钟鼓云乎哉",我国儒学传统以其为孔子本人所言,《论语辨》则认为此乃鲁国孔子学派为反对荀子而作。这些结论也都论据薄弱,缺乏应有的说服力。察其实质,此书迎合了20世纪

---

① E. Bruce Brooks & A. Taeko Brooks: The Original Analects—Sayings of Confucius and His Successors,135.

中后期兴起的解构主义学术新潮,事实上对"彻底解构《论语》,抹去作为中国
文化符号之孔子形象"①会起到一定的作用。然而,儒家传统历经风雨数千载,
欲对其进行颠覆,并非反掌之事。

第五节 《易经》翻译中的神秘主义倾向

自理雅各《易经》译本问世以来,《易经》翻译也已有了两个半世纪的历
程,产生的译本也有数十个。近年来,随着网络文化日益繁荣,网络《易经》译
本也有数个。据有的学者研究,理雅各的译本中有不少舛误,带有"明显宗教
化的倾向"②,近年来《易经》译本有"占筮派"③翻译,有粗制滥造的现象。这
些都是对《易经》的翻译现象和性质较为客观和深刻的描述。在此我们做进一
步的讨论。

一、翻译阐释的简单化

在西方译者的儒家经典译本中可以发现阐释简单化的现象。其中一种阐
释中有近代科学的影子。从认知语言学的角度来说,这是一种科学概念隐喻
式的翻译,很值得我们注意。以科学的视角理解《易经》的做法,从儒学英译史
来看,当与西方启蒙运动相关。启蒙运动不仅开启了近代科学之路,而且深刻
改变了人们的思维模式,乃至整个生活。所以,尤其是受过良好教育的西方译
者,其从西方的科学思维模式出发认识和翻译儒学经典,就是自然而然,合情
合理了。例如,在理雅各的眼里,《易经》的卦象,包括伏羲三爻卦和文王六爻
卦,都是几何图形,称它们是 trigrams 和 hexagrams。意思就是三线图形和六线
图形。称其中的爻为 line,阳爻叫 undivided line,阴爻叫 divided line。爻是符

---

① 见 http://blog.sina.com.cn/s/blog_63959b6d0101e76z.html。
② 吴钧:《论理雅各的易经英译》,《湖南大学学报》(社会科学版)2013 年第 1 期,第139 页。
③ 王晓农:《对理雅各卫礼贤之后的〈易经〉译本描述性评析——以蒲乐道为例》,《周易研究》
2016 年第 3 期,第 87 页。

号,有象征意义,每一爻可以单独象征某种意义。一卦的六爻合起来可以综合象征某种意义。理雅各在《易经》译本绪言中把《易》学所谓的"河出图"解释为"数学迷宫",是一个"既不难,也非超自然的数字游戏而已"①其《易经》爻辞翻译,读来就是一套几何图形的解释。卦中的每一爻的顺序和名称被简化成彼此独立且意义单一的符号。"六"变成 second/fourth/sixth line divided,"九"变成 first/third/fifth line undivided。其中不再保留"六""九"的阴阳含义。例如,《易经·大有》第四阳爻:"匪其彭,无咎。"理雅各译作:The fourth line, undivided, shows its subject keeping his great resources under restraint. There will be no error. 译文是说,第四条整线表示其主题为,守藏巨大的物力资源,这样就不会出错。该爻的《小象》说:"'匪其彭,无咎',明辨晰也。"译文中没有原文"九四"中阳不当位,居六五阴爻之下,不得刚中,故当藏等丰富的含义。第五阴爻:"厥孚交如,威如,吉。"理雅各译作:"The fifth line, divided, shows the sincerity of its subject reciprocated by that of all the others (represented in the hexagram). Let him display a proper majesty, and there will be good fortune. "意思是说,这个三线图示代表其人诚,诚则会得到别人的报答。让他表现出适当权威,吉。而《小象》说:"厥孚交如,信以发志也;威如之吉,易而无备也。"朱熹解此爻为:"大有之世,柔顺而中,以处尊位。虚己以应九二之贤,而上下归之,是其孚信之交也。然君道贵刚,太柔则废,当以威济之则吉。故其象占如此,亦戒辞也。"②译文中没有六五爻居中处尊,但受九四阳爻潜在威胁,须虚己以应九二阳爻之贤,并须"以威济之"的含义。这都是译文中缺乏阴阳概念,仅以数学几何图形象征造成的缺陷。此外,几何学原理中没有刚、健、中、正等概念,所以仅以几何图形的角度解释《易经》的《十翼》,不着边际。例如,《无妄·彖》:"无妄,刚自外来,而为主于内。动而健,刚中而应,大亨以正,天之命也。(其匪正有眚,不利有攸往。无妄之往,何之矣? 天命不佑,行矣哉?)"理

---

① James Legge:The Sacred Book of China——The Text of Confucius. Part II The Y? King. Oxford:The Clarendon Press. 18.

② 朱熹:《周易本义》,中华书局 2009 年版,第 84 页。

雅各的译文是："In Wu Wang we have the strong（first）line come from the outer（trigram）, and become in the inner trigram lord（of the whole figure）; we have（the attributes of）motive power and strength; we have the strong line（of the fifth place）in the central position, and responded to（by the weak second）:—there will be 'great progress proceeding from correctness; such is the appointment of Heaven.'"①《彖》辞所谓"自外来"，"外"指覆卦山天大畜卦的外卦阳爻；所谓主内，指山天大畜卦的外卦阳爻成为天雷无妄卦内卦的初爻。所谓"动而健"，是指内卦雷为动，外挂天为健，外卦乾卦阳爻为刚，居中位，应内卦震卦的中爻六二为阴。译文把"刚"解释为"强壮的线"，把"应"解释为与"柔弱的线"相对应的几何意义，与"性命之理"无法产生关联。

二、《易经》翻译的卜筮化倾向

儒学翻译的简单化现象在上文中已有讨论。《易经》翻译中还有一种倾向，那就是神秘主义倾向。新译本中有这种倾向者占比重更大，这似乎预示着西方个人社会生活及发展中存在着不断增长的不确定性。《周易·系辞》："易有圣人之道四焉，以言者尚其辞，以动者尚其变，以制器者尚其象，以卜筮者尚其占。"意思是说《易》有辞、变、象、占四个方面的圣人之道。言辞优美、义理深刻，变化神妙、周流六虚，象仿万物，占往知来。从《易经》翻译史看，译者所取之义主要有两个方面。一取变的哲学之义，二取卜筮之义。有的译本在翻译哲学内涵的同时兼顾卜筮之义；有的译本则专门翻译卜筮之义，乃至将《易》翻译成专讲风水的书，将《易经》之用庸俗化。刘光第翻译的《易经图典》（*The Illustrated Book of Changes*）是专注于"卜筮"的译本之一。该译本的卜筮特点，从以下几页书中可以看得清楚。如图：

---

① James Legge: The Sacred Book of China—The Text of Confucius. Part II The Y? King. 1882:235.

译者利用图画,比较详细地解释了卜筮的过程与方法,其中包含着一定的神秘性。象辞是该译本中唯一完整照录的内容。译本中不称象辞,而称"卜辞",相应英文为 explanation,即解卦之辞。几乎所有卦的爻辞都没有被完整抄录和翻译,唯有乾卦中的爻辞被逐条抄录,称之"断辞",对应的英文是 judgment。卦辞和爻辞的译文都比较通俗。例如,坤卦的卦辞译文是:

The original explanation of Kun is: The receptive brings about sublime success, furthering through the perseverance of a mare. If the superior man undertakes something and tries to lead, he goes astray. But if he follows, he finds guidance. It is favorable to find friends in the west and south. You should forego friends in the east and north. Quiet perseverance brings good fortune.

再如,乾卦九二爻辞的译文是:

The judgment of the fourth nine is: wavering flight over the depths; no blame.

后面紧跟的注解是:

"Fourth nine" has got out of danger and risen to the lower part of the upper symbol.

再看终卦《未济》卦的解释:

The upper symbol is "li," that is, fire, while the lower symbol is "kan," namely water. The fire is flaming upwards, and the water is flowing upwards: This is abnormal. So it indicates something unfinished.

且不看该译文是否符合经文原义,比较明显是其突出卦爻辞占卜吉凶功能的意图。从整体看,《易经图典》因偏于占筮一隅而庸俗化了《易经》大义,且其译文和图解也没有照顾到英文读者的文化背景,无法达到文化传播的目的。例如译文《讼》卦中译者以古代中国衙门门前立的高架鼓图案表示诉讼的意义,就是一著例。

蒲乐道是比较注重《周易》卜筮功能的外国译者。蒲乐道在译本绪言中明确地说:"我重新翻译此书的目的是用简易的语言重写一个供占卜用的译本,以便于以英语为母语、认真学习《周易》的人能用它来趋吉避凶。"①因为《周易》内容十分古奥,所以"只做一个卜筮方面的简单译文"②。当然,译者并没有将该书定位在算命手册的层次。他指出,这不是一本普通测算命运的手册。他并不愿此书使读者误以为命运不可改变,只能被动地等待,而是此书可以通过宇宙间的各种力量的相互作用而为读者提供建议,"告诉占卜者应该如何去

① John Blofeld: I Ching(The Book of Change). London: Penguin Books Ltd. ,1965:15.
② John Blofeld: I Ching(The Book of Change). 16.

应对将要发生的事情,而不是只预测什么事情将要发生"①。他甚至为该书定了更高的格调:"这是一本为那些把德性与和睦看得高于利益者写的书。它不会帮助我们致富,也不会帮助我们去报复我们的敌人。但他可以使我们与周围的一切环境和谐相处,从而把生活过得更有意义。"②那么,译者是如何实现自己的翻译目的的呢?

蒲译本的第一个特点是注重在每一个音译的卦名后注明该卦总的占筮意义。如屯卦意味着有困难,该卦卦名后注 DIFFICULTY(困难)。讼卦暗示着争讼,该卦卦名后注 CONFLICT(冲突)。蛊卦暗示蛊惑男子的淫邪女子,该卦卦名后注 DECAY(腐化)。升卦表示登高、攀升,该卦卦名后标 ASCENDING,PROMOTION(升迁)。有时,译文综合《彖》《象》等解释将某卦的意义标注在卦名后。如第 57 卦巽,意思是跪伏,《彖》《象》将该卦的含义解释为"进入",蒲译本将该卦辞译作:SUN WILLING SUBMISSION,GENTLENESS,PENETRA-TION。译者认为,通过这种方式,可以直接明示某一卦所暗示的意义,帮助占卜者完成占卜功能。但这样处理也容易使意义固化,失去事物当顺时事而"易"的根本性质。

蒲译本第二个特点是语言通俗简易,意义较明确。如在翻译爻辞时,不用"六""九"的阴阳概念,译者尽量将谶语式的原文翻出较明确的意义,并在其后适当配上象辞等的译文作为解释,以进一步明确意义。如《兑》卦,初九阳爻:和兑,吉。《象》为:"和兑之吉,行未疑也。"蒲乐道译作:FOR THE BOTTOM PLACE　Harmonious joy—good fortune! COMMENTARY　This indicates our being able to act without being troubled by doubts. 译文将爻辞和象辞合到一起,就足以说明此爻占筮的意思。《乾》《坤》两卦的爻辞翻译还同时配以《象》辞和《文言》的部分解释,以明其意义。例如《坤》卦六五爻辞:"黄裳,元吉。"蒲氏译作:

---

① John Blofeld:I Ching(The Book of Change).16.
② John Blofeld:I Ching(The Book of Change).16.

A yellow jacket—sublime good fortune.

The WEN YAN COMMENTARY: The superior man, yellow (virtuous) within, seeks to grasp life's fundamental principles and is contented with his prosperous condition. The beauty lying within him permeated his whole being with joy and influences all his undertakings. Such is supreme beauty!

THE MAIN COMMENTARY　The passage refers to inner (spiritual or moral) beauty. ①

爻辞的译文之后还加了《文言》的一部分。所对应的部分原文是与求卜者的事业相关的断词:"君子黄中通理,正位居体,美在其中而畅于四支,发于事业,美之至也。"但是,将意义解释得明确,常意味着译者一孔之见,如把"通理"译作"grasp life's fundamental principles"便显武断。这样似反而会令译文失去了卜筮的功能。

第三个特点是,整个译本的内容围绕占筮的目的而剪裁,对其他内容皆予以裁斥。例如,第六十四卦《未济》,译本中本页的图片如下:

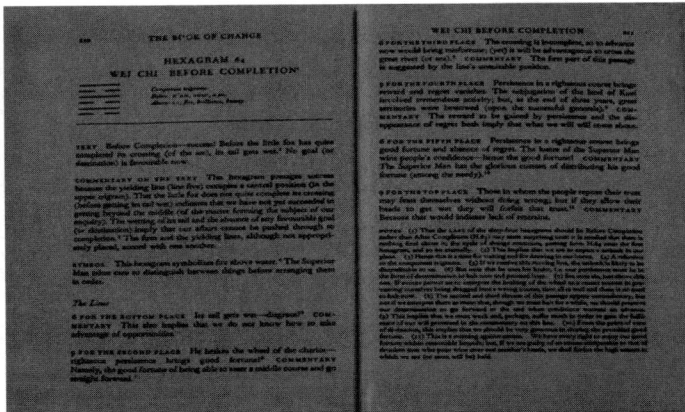

这种处理方式,总体上是较为急功近利之举,并不具备真正的占筮功能。

---

① John Blofeld: I Ching(The Book of Change). 92—93.

就效果而论,如果一位英语为母语的读者,一旦遇到困难,要想通过此译本达到译者所谓寻求建议、趋吉避凶的目的,可以说基本上没有可能。

另一位注重《周易》卜筮功能的西方译者是理查德·拉特(Richard Rutt)。拉特译本 The Book of Changes—A bronze age document translated with introduction and notes 是较晚出的《易经》译本。译者说,1923 年读卫礼贤《易经》译本时,相信卫礼贤所言:他的理解和翻译属于《易经》问世的那个时代。而不出十年时间,考古学和语文学研究证明,卫礼贤的翻译"被《易经》时代无人知晓的哲学所窒息"①了。75 年后,中国汉学家证明"《易经》确实是一本青铜器时代巫师使用的手册,用来占筮战争、人祭,以及向统治者提供建议。"②他说,美国汉学家夏含夷(Edward Shaughnessy)和理查德·孔斯特(Richard Kunst)也使他相信《易经》就是"一套(占筮)工具"③。拉特在译本前言中专门介绍了中国古代的卜筮,包括卜筮的定义、分类、历史,尤其详细叙述了商代和周代的龟壳火卜法。拉特指出,卜筮与祭祀有密切关系。他根据萨拉·艾兰(Sarah Allan)的研究,把卜筮分为三类,一是占卜"祭礼的方式和祭祀对象",二是占卜"朝廷要举行的大事是否吉利",三是占卜"发生的灾祸是由哪位先祖神降下的"。④

拉特以大有卦为例对筮法进行了较详细的解释,其中包括分法、挂法、揲法、扐法等的细节操作。还讲解了掷币占卜法。前言中的这些内容为译本的功能定了基调。其正文翻译与译者的意图也十分吻合。译者采取了几种手法,在正文中突出各卦的卜筮功能。

第一,使用大写突出每一爻吉、凶、悔、吝、无咎等断辞。使用斜体突出形

---

① Richard Rutt: The Book of Changes—A Bronze Age Document Translated with Introduction and Notes. 2002:1. 前言。

② Richard Rutt: The Book of Changes—A Bronze Age Document Translated with Introduction and Notes. 2002:1. 前言。

③ Richard Rutt: The Book of Changes—A Bronze Age Document Translated with Introduction and Notes. 2002:1. 前言。

④ Richard Rutt: The Book of Changes—A Bronze Age Document Translated with Introduction and Notes. 2002:148.

容性断词,如元、亨、利、贞等,复合断辞,如利涉大川、利见大人、利有攸往等。例如《乾》《坤》两卦,乾卦的九三"无咎"、九四"无咎"、用九"吉",坤卦的六四"无咎无誉"、六五"元吉"等都是全部大写。其他卦辞如元、亨、利、贞等以及各爻的复合断词,都使用斜体。

第二,在解释意义时,主要以利、害、得、失、幸、灾、危等观念解释断词。如"吉"译作 AUSPICIOUS,"元吉"译作 MOST AUSPICIOUS;"凶"译作 DISASTROUS, DISASTER;"无咎"译作 NO MISFORTUNE, NO HARM;"厉"译作 DANGEROUS 等。如下图:

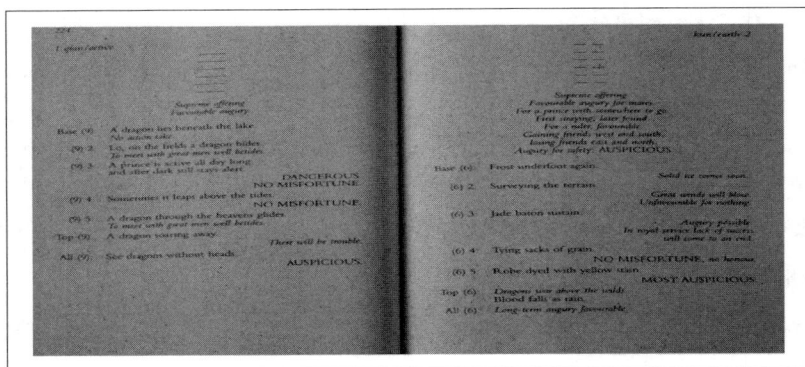

第三,淡化象辞、彖辞等的地位。译者认为,"《十翼》无助于把《易经》当作青铜器时期文献来解"[1],所以当把象辞、彖辞放在六十四卦经文正文之后与《十翼》一起翻译。象辞、彖辞中往往有哲学内涵,淡化两者就等于淡化其哲学内涵。第四,在爻辞经文正文中不做哲理化阐释。如泰卦六四爻辞:"翩翩。不富以其邻,不戒以孚。"拉特译作:Flutter, flutter. Not rich, because of the neighbour. Not watchful about captives. [2]译文中没有"信"等儒家哲理,也没有按古文

① Richard Rutt: The Book of Changes—A Bronze Age Document Translated with Introduction and Notes. 363.

② Richard Rutt: The Book of Changes—A Bronze Age Document Translated with Introduction and Notes. 234.

的意思来翻译。廖明春释原文中的戒为"革、改、除"①,释孚为信。那么"不戒,以孚"的意思是"坚持不改,因为要守诚信"②。廖明春把戒释为革、改、除,是参考了马王堆本把《周易·小过》九四爻辞"往,厉,必戒"中的戒字作革字。这可谓有考古证据可循。而在拉特的译文中"戒"被解为"警惕","孚"竟被当作"俘虏"(captives),最后一句的意思变成了"对俘虏不加警戒"。其只因循了某家注疏,却没有任何考古学依据据。可见,其译文没有遵循古义,也没有解释出现代哲学意义,更没有准确地再现占签功能。译者把本爻的小象译为:Flutter,flutter;not rich;all have lost what is solid. Not watchful,but reliable;wishes of the inmost heart.③(翩翩不富,皆失实也。不戒以孚,中心愿也。)也不可通。与之相比,理雅各的译文读来就有些伦理学意味:"'He comes fluttering (down),not relying on his rich resources:'—both he and his neighbours are out of their real (place where they are). 'They have not received warning,but (come) in the sincerity(of their hearts):'—this is what they have desired in the core of their hearts."④第五,译者翻译了《十翼》的内容,但故意删除了具有伦理哲学意义的内容,使《十翼》成为占卜的辅助工具。例如,《乾》卦后的《文言》与《象》《象》一样,主要是用来阐述儒家政治、伦理与个人修养等理论观点。但译者在翻译时几乎将这部分内容全部删除。限于篇幅,在此仅将《文言》的后半部分原文和相应的译文对比如下:

原文:

> 乾"元"者,始而亨者也;"利贞"者,性情也。乾始能以美利利天下,不言所利,大矣哉!大哉乾乎!刚健中正,纯粹精也。六爻发挥,旁通情也,时乘六龙,以御天也。云行雨施,天下平也。

① 廖明春:《〈周易〉经传十五讲》第二版,北京大学出版社2012年版,第78页。
② 廖明春:《〈周易〉经传十五讲》第二版,第78页。
③ 廖明春:《〈周易〉经传十五讲》第二版,第393页。
④ James Legge:The Sacred Book of China. (Max Müller ed.;The Sacred Book of the East) The Yi king. 1882:282.

……君子以成德为行,日可见之行也。"潜"之为言也,隐而未见,行而未成,是以君子弗用也。

君子学以聚之,问以辩之,宽以居之,仁以行之。《易》曰:"见龙在田,利见大人。"君德也。

九三重刚而不中,上不在天,下不在田,故乾乾因其时而惕,虽危"无咎"矣。

九四重刚而不中,上不在天,下不在田,中不在人,故"或"之,或之者,疑之也。故"无咎"。

夫"大人"者,与天地合其德,与日月合其明,与四时合其序,与鬼神合其吉凶。先天而天弗违,后天而奉天时,天且弗违,而况于人乎!况于鬼神乎!

"亢"之为言也,知进而不知退,知存而不知亡,知得而不知丧,其唯圣人乎! 知进退存亡而不失其正者,其唯圣人乎!

译文:

[Hexagram Statement] Qian begins everything as yuan, the source, and develops by heng, li and zhen give nature and essence.

From the beginning, Qian gives wonderful, benefiting all under Heaven. There is no word for such beneficence but 'great'.

How great is Qian: firm, strong, central and correct, pure and quintessential.

The hexagrams open up and parabolically explain the heart of all matters.

On occasion when these six-dragon-chariots are driven through the heavens, clouds move, rain falls, peace comes to all under heaven.

[Base Line] A prince fulfills his powers in action, action that should daily be seen. Beneath the lake means action that is hidden and unfinished:this is the action the prince is not to take.

[Line 2]A prince learns to collect information,enquire in order to sort out his ideas,is generous in attitude and benevolent in action.

Yi says:La,on the fields a dragon bides. To meet with great men well betides.

This means princely powers.

Line 3 whole:This is doubly firm;but neither in heaven above [Line 5],nor in the fields below [Line 2]. Therefore one is active as the occasion requires,and stays alert,though things are dangerous;yet he suffers no misfortune.

Line 4 whole:This is doubly firm;but neither in heaven above [Line 5],nor in the fields below [Line 2],nor with man between them [Line 3]. Sometimes implies uncertainty,but there is no misfortune.

[Line 5] The great man is at one with heaven and earth in powers, with sun and moon in brilliance,with the four seasons in regularity,and with the spirits in divining good and ill auspices. When he precedes heaven,heaven does not oppose him;when he follows heaven,he keeps to heaven's timing. If heaven does not resist him,how can man or spirits do so?

[Top line]Soaring away is knowing how to go forward,but not how to go back;how to live,but not how to perish;how to win and not how to fail. Only a sage knows how to go forward and to go back to live and to perish,and not lose his integrity. Only a sage…①

本部分《文言》原文中伦理学内涵是其主要内容,但译文对这些伦理思想

---

① Richard Rutt:The Book of Changes—A Bronze Age Document Translated with Introduction and Notes. 2-3.

内容轻描淡写,而尽力将其转化为占筮意义。原文中的君子、德、仁、大人等都是典型的儒家伦理概念,译者则把君子译作"a prince","君德"译作"princely powers",仁译作"benevolence","大人"译作"great man",尽量避开了西哲传统里如 virtue,excellence 等词汇。

蒲乐道并不满意自己的翻译。他认为,好的译本需要一个翻译群体的通力合作才能完成。他提到当年玄奘组织的佛经翻译译场,其中有印度高僧、懂藏语的高僧、擅长汉语写作的专家,以及既通梵语与佛学,又通汉语的双语专家。这样的合作才有望产生高质量的译本。而如今的翻译总是以出版后的销售量为首要考虑。所以,译者不禁感慨:"也许我们还需要等待很久才能见到一种完善的译本问世。"①译者的慨叹看似一种无奈,实则透露了一丝玄机。从中我们可以窥见读者的需求,也可以了解译者对翻译策略选择的依据。把《易经》翻译成占筮的手册,使其带上些超自然的、神秘主义的色彩,无疑会更好地迎合读者占问命运与前程的世俗要求,从而为译本找到卖点。这是否是译者与出版商潜意识中的功利主义呢? 拉特在他的译本中虽然对这一点没有明说,但其功利方面的考虑,恐怕也早已在其翻译策略当中潜藏。

对蒲乐道和拉特之专注于《周易》卜筮功能的现象,我们不妨做如下推断:20 世纪 60 年代以来的英美资本主义发达时期,人们在金钱至上的工商业活动以及社会生活中遭遇了许多困难和问题,人人在资本主义的竞争中争抢优势,可谓无所不用其极,资本主义的生产关系给人们的社会生活普遍带来了不确定性和危机感。这两个译本,大概就是在这样一个大的社会历史环境下以满足人们的生存需要乃至物质欲望为导向的产物。当然,这些译本对《易经》的阐释方式,也反映了人性中趋利避害的一般要求。

---

① 见蒲乐道《易经》译本跋语。

第六章　西方读者受儒家译本影响调查

西方学者通过儒家经典的译本对儒学中的哲学问题进行讨论,无疑是儒学传播最重要、最深刻、最全面,也是最有效的方式。因为西方哲学界的儒学研究,不仅可以全面、深入地探讨儒家哲学问题,而且可以通过这些探讨将西方近似于儒家观念的哲学思想加以儒化。西方传统哲学思想的儒化过程,实际上就是儒学思想深层的、隐形的传播过程。然而,儒学思想在西方的传播还有一个重要的过程和方式,那就是普通大众对译本的直接阅读和接受过程。这一过程会使儒学思想借助于普通大众的阅读,渗透到社会意识形态。

第一节　当代重要儒家经典译本抽样调查

所谓重要儒家经典译本,首先是指历史上起过重要作用,且在当代仍影响广泛的译本,其次是指 20 世纪以来产生的对西方思想界影响力巨大或产生过影响的译本,再次是当代颇受大众欢迎、流传较广的译本。在此把这些译本列表如下:

译者	书名	出版信息
Arthur Waley	The Analects of Confucius	London：George Allen & Unwin，1938.
Ezra Pound	Confucius：The Great Digest，The Unwobbling Pivot，and The Analects.	New York：New Directions，1951.
James Legge	The Chinese Classics，2nd ed. with a translation，critical and exegetical notes，prolegomena，and copious indexes. 1893.	Hong Kong：Hong Kong University Press，1960.
Mary Lella Makra	The Hsiao Ching（Classic of FilialPiety）	New York：St. John's University Press，1961.
W. A. C. H. Dobson	Mencius：A New Translation Arranged and Annotated for the General Reader	Toronto：University of Toronto Press，1963.
Burton Watson	Hsün Tzu：Basic Writings	New York，Columbia University Press，1963.
Richard Wilhelm	The I Ching，or Book of Changes. Eng. trans. Cary F. Baynes	Princeton：Princeton University Press，1967.
James Legge	The Sacred Books of China：The Texts of Confucianism. Sacred Books of the East，v. 3，16，27，28.	Delhi：Motilal Banarsidass，1968−70.
James Legge	Confucian Analects，The Great Learning，and the Doctrine of the Mean—with critical and exegetical notes，prolegomena，copious indexes，and dictionary of all characters.	New York：Dover，1971.（reprinted from The Chinese Classics）
D. C. Lau	Mencius	Harmondsworth；New York：Penguin Books，1970.
D. C. Lau	The Analects	Harmondsworth，Penguin Books，1979.
D. C. Lau	The Analects（Lun yü）—Confucius（Bilingual edition）	Hong Kong：Chinese University Press，1983.
D. C. Lau	Mencius（Bilingual edition）	Hong Kong：Chinese University Press，1984.
Arthur Waley	The Book of Songs（Shih Ching）	New York：Grove Press，1987.
John Knoblock	Xunzi（Hsün-tzu）—A Translation and Study of the Complete Works	Stanford：Stanford University Press，1988−1990.
Burton Watson	The Tso Chuan：Selections from China's Oldest Narrative History	New York，Columbia University Press，1989.

续表

译者	书名	出版信息
Raymond Dawson	Confucius：The Analects	Oxford，New York：Oxford University Press，1993
Richard Barnhart	Li Kung-lin's Classic of Filial Piety	New York：Metropolitan Museum of Art，1993
Richard John Lynn	The Classic of Changes：A New Translation of the I Ching	New York：Columbia University Press，1994
Richard Rutt	The Book of Changes（Zhouyi）：A Bronze Age Document	Richmond，Surrey：Curzon，1996
Edward L. Shaughnessy	I Ching：the Classic of Changes	New York：Ballantine Books，1997
Huang Chichung	The Analects of Confucius：A Literal Translation	New York：Oxford，1997
Simon Leys	The Analects of Confucius	New York：W. W. Norton，1997
E. Bruce Brooks and A. Taeko Brooks	The Original Analects—Sayings of Confucius and His Successors	New York：Columbia，1998
Roger T. Ames and Henry Rosemont Jr.	The Analects of Confucius：A Philosophical Translation	New York：Ballantine，1998
David Hinton	The Analects—Confucius	Washington，D. C. ：Counterpoint，1998
David Hinton	The Analects of Confucius：A New Millennium Translation	Bethesda：Premier Pub. ，1999
Roger T. Ames and David L. Hall	Focusing the Familiar：A Translation and Philosophical Interpretation of the Zhongyong	Honolulu：University of Hawai'i Press，2001
Andrew Plaks	Ta Hsüeh and Chung Yung（The Highest Order of Cultivation and on the Practice of the Mean）	London：Penguin Books，2003
Edward Slingerland	Confucius：Analects—with Selections from Traditional Commentaries	Indianapolis：Hackett，2003
Edward Slingerland	The Essential Analects：Selected Passages with Traditional Commentary	Indianapolis：Hackett，2006
Daniel K. Gardner	The Four Books：The Basic Teachings of the Later Confucian Tradition	Indianapolis：Hackett Pub. ，2007

译者	书名	出版信息
Bryan W. Van Norden	Mengzi—with Selections from Traditional Commentaries	Indianapolis：Hackett，2008
Robert Eno	The Analects of Confucius—An Online Teaching Translation	www.indiana.edu/~p374/Analects_of Confucius_(Eno-2015).pdf.，2015
Robert Eno	Mencius：Translation，Notes，and Commentary	www.indiana.edu/~p374/Mencius (Eno-2016).pdf.，2016
Robert Eno	Mencius：An Online Teaching Translation	www.indiana.edu/~p374/Mengzi.pdf.，2016
Robert Eno	The Great Learning and The Doctrine of the Mean：Translation，Notes，and Commentary	www.indiana.edu/~p374/Daxue-Zhongyong_(Eno-2016).pdf.，2016
Robert Eno	The Great Learning and The Doctrine of the Mean：An Online Teaching Translation	www.indiana.edu/~p374/Daxue-Zhongyong.pdf.，2016

以上各种版本的译本是西方国家图书馆馆藏的儒家经典重要资源，也是当前重要的网络儒家经典重要资源。这些译本在世界范围内的学术研究中的引用量、读者借阅量、馆藏量、销售量等在同类书籍中都是相对较高的，形成了儒家在西方影响力的重要来源。

第二节　当代西方读者接受状况抽样调查

一、儒家经典的译本在西方国家重点图书馆收藏情况调查

儒家经典在某个国家是否受到重视，其文化、教育机构是否收藏了儒家经典译本和相关研究著作及其数量的大小是重要的标志之一。图书馆有的属于政府机构开办，也有的属于大学和学术机构开办。这里储藏的儒家思想资源，构成了儒家思想传播的基础，由此可以推断儒家文化传播的可能性及力度大小。为此，本书以儒家经典译本做样本，就图书馆的藏书情况做调查。由于条件的限制，调查只能采取抽样的方式，以便为传播的定性分析提供必要的依

据。调查分三个方面:第一是收藏儒家经典译本的图书馆的数量、名称、国家分布;第二是世界上几个主要图书馆收藏儒家经典译本及儒家思想论著的情况;第三是图书馆藏书的借阅情况。

由于儒家经典英语译本众多且质量参差不齐,为了调查的可行性和有效性,本书特别从中选取了部分儒家经典的译本。在此就其在英、美、加国家图书馆、主要图书馆,以及以上几个国家著名大学的图书馆藏书情况、民众借阅和购买情况、民众评价情况等三个方面做调查。

1. 译本的选取情况。所选 19 种译本列表如下:

译者	书名	出版信息
James Legge	The Sacred Books of China	Oxford:The Clarendon Press,1882
James Legge	The Sacred Books of China	Oxford:The Clarendon Press,1885
James Legge	The Chinese Classics:with a translation,critical and exegetical notes,prolegomena,and copious indexes	London: Henry Frowde, Oxford University Press Warehouse,Amen Corner,E. C. ,1939
Leonard A. Lyall	Mencius	London:Longmans,Green and Co. ,1932
William Edward Soothill	The Analects or the Conversations of Confucius with His Disciples and Certain Others	London:Oxford University Press,1937
Lionel M. A. Giles	The Sayings of Confucius	London:John Murray,1907
D. C. Lau	The Analects	London:Penguin Group,1979
D. C. Lau	Mencius	London:Penguin Group,1979
James R. Ware	The Sayings of Confucius	New York and Toronto:The New English Library Limited,1990
Arthur Waley	The Book of Songs—edited with additional translations by Joseph R. Allen	New York:Grove Press,1996
Simon Leys	The Analects of Confucius	New York:W. W. Norton & Company,1997
David Hinton	The Analects	Washington D. C. :Counterpoint,1998

续表

译者	书名	出版信息
E. Bruce Brooks & A. Taeko Brooks.	The Original Analects	New York:Columbia University Press, 1998
David Hinton	The Analects	Washington D. C. :Counterpoint, 1998
Roger T. Ames, Henry Rosemont Jr.	The Analects of Confucius:A Philo-sophical Translation	New York:The Ballantine Publishing Group,1998
Ezra Pound	Poems and Translations	New York:Library of America,2003
Arthur Waley	The Analects of Confucius	Vintage,1989
Raymond Dawson	The Analects	Oxford, New York:Oxford University Press,1993
William Jennings	The Shi King—The Old "Poetry Classic" of the Chinese	London and New York:George Routledge and Sons,1891

经使用信息第一站（OCLC First Search）软件调查,全球范围图书馆藏书名称、数量和图书馆所在的国家分布情况,列表如下：

译者	藏书书名	收藏馆数量	收藏馆所在的国家
Roger T. Ames, Henry Rosemont	The Analects of Confucius: A.Philosophical Translation(1998)	373	中国、美国、英国、加拿大、澳大利亚、新西兰、以色列、瑞士、墨西哥、德国、荷兰、希腊、阿拉伯联合酋长国、以色列、菲律宾、新加坡
Raymond Dawson	The Analects(1993)	252	中国、美国、英国、加拿大、澳大利亚、爱尔兰、匈牙利、哥伦比亚、德国、日本、以色列、马来西亚、荷兰、新西兰、新加坡、土耳其、南非、瑞士、法国、西班牙
Lionel M. A. Giles	Sayings of Confucius (1907)	139	加拿大、英国、意大利、美国、澳大利亚、新西兰、黎巴嫩、南非、墨西哥、德国、西班牙、荷兰、中国国家图书馆
David Hinton	Analects(1998)	276	中国、美国、美国开罗图书馆、加拿大、英国、以色列、新加坡、塞拉利昂、法国

续表

译者	藏书书名	收藏馆数量	收藏馆所在的国家
James Legge	The Sacred Books of China（1885）	79	美国、英国、澳大利亚、波兰、德国、法国、瑞士、土耳其
James Legge	The Chinese Classics：with a translation, critical and exegetical notes, prolegomena, and copious indexes（1939）	4	法国、瑞士、加拿大
James Legge	The Sacred Books of China（1882）	29	德国、美国、澳大利亚、英国
William Jennings	The Shi King（1891）	176	澳大利亚、加拿大、英国、美国、爱尔兰、以色列、新西兰、荷兰、南非、埃及、丹麦、日本
Leonard A. Lyall	Mencius（1932）	89	中国、澳大利亚、加拿大、英国、美国、爱尔兰、荷兰、瑞典、马来西亚
Ezra Pound	Poems and Translations（2003）	1630	中国、澳大利亚、加拿大、英国、美国、捷克共和国、德国、爱尔兰、以色列、意大利、日本、黎巴嫩、墨西哥、尼加拉瓜、新西兰、卡塔尔、新加坡、南非、阿拉伯联合酋长国、新西兰、瑞士、法国、西班牙、哥伦比亚共和国、塞拉利昂、波兰
William Edward Soothill	The Analects or the Conversations of Confucius with His Disciples and Certain Others（1937）	280	中国、澳大利亚、加拿大、英国、美国、新西兰、法国、以色列、日本、尼加拉瓜、荷兰、泰国、南非、西班牙、瑞典
James R. Ware	The Sayings of Confucius（1990）	1	中国
Arthur Waley	The Book of Songs, edited with additional translations by Joseph R. Allen（1996）	238	中国、澳大利亚、加拿大、英国、美国、新西兰、新加坡、荷兰、南非、西班牙、瑞典、意大利、法国、埃及、阿拉伯联合酋长国、菲律宾
Bruce E. Brooks, Taeko A. Brooks	The Original Analects（1998）	548	中国、澳大利亚、加拿大、英国、美国、新西兰、新加坡、荷兰、南非、西班牙、瑞士、墨西哥、瑞典、意大利、法国、匈牙利、爱尔兰、以色列、日本、马来西亚、埃及、阿拉伯联合酋长国、菲律宾、泰国、塞拉利昂

译者	藏书书名	收藏馆数量	收藏馆所在的国家
D. C. Lau	The Analects(1979)	970	中国、澳大利亚、加拿大、英国、美国、新西兰、新加坡、荷兰、南非、西班牙、瑞士、墨西哥、巴西、瑞典、意大利、法国、匈牙利、爱尔兰、以色列、伊拉克、土耳其、日本、马来西亚、埃及、阿拉伯联合酋长国、菲律宾、泰国、塞拉利昂、阿富汗、巴巴多斯、塞浦路斯（其中英国图书馆58家）
Simon Leys	The Analects of Confucius(1997)	752	中国、澳大利亚、比利时、加拿大、德国、英国、爱尔兰、匈牙利、以色列、墨西哥、尼加拉瓜、荷兰、新西兰、新加坡、美国、瑞典、西班牙、意大利
C. F. R. Allen	The Book of Chinese Poetry—The Shi Ching or Classic of Poetry(1891)	142	中国、澳大利亚、加拿大、德国、法国、英国、荷兰、爱尔兰、日本、美国

从列表情况看,馆藏分布较广的经典译本分别是埃兹拉·庞德2003年版《诗歌与翻译》译本,其中含有中国的《诗经》译本,收藏馆数量高达1630家,分布于31个国家;刘殿爵1979年版《论语》译本,收藏馆数量达970家,分布于31个国家;李克曼1997年版《论语》译本,收藏馆数量达752家,分布于18个国家;白牧之、白妙子1998年版《论语》合译本,收藏馆数量达548家,分布于25个国家。安乐哲、罗思文1998年版《论语》合译本,收藏馆数量达373家,分布于16个国家。所有被调查的译本在英、美、家、澳、新西兰、新加坡等主要以英语为母语的国家都有收藏,且收藏馆数量最多。值得注意的问题有三个:一是庞德译本的收藏范围最广,说明其传播最广。庞德的《诗经》译本并不够忠实于原作①,却为什么传播最广?这可能与庞德的诗人声誉有较大关系,也可能与译文本身有较高的审美品质有关。庞德翻译《诗经》等汉语古诗几近创作,所以读者读其翻译作品,犹如读其所创作的意象主义诗歌。而读其

---

① 李玉良:《〈诗经〉英译研究》,齐鲁书社2007年版。

《大学》等译本,则犹如读其本人所发明的思想。当然,庞德这个译本被广泛收藏,还应该与其汇集了世界各国经典的译本有很大关系。二是各种《论语》译本的收藏范围都比较广,可见自儒学西渐以来,儒学的传播主要靠《论语》译本。三是晚近出版的《论语》译本,其收藏范围相对较广。这当是与语言的时代性有关。这些晚出的译本语言现代,有利于普通读者阅读,所以受到许多图书馆的青睐。从翻译的准确性来看,最具权威性的《论语》译本当属理雅各译本,而理雅各译本在世界上收藏范围和数量都是最小的。这说明了另一个方面的问题。我们是否应该这样看待这种现象:对于大众来说,儒家的传播不在传播内容是否真确,而在是否符合读者的文化口味和当下的社会需求。归化程度高的译本一般忠实程度低一些,但其为目的语读者所熟悉,所以反倒更受欢迎。刘殿爵《论语》译本在所有《论语》英译本中被收藏的范围最大,大概主要出于两个原因,一是语言的时代性较强,二是被公认为准确度较高,且符合西方读者的知识框架和期待视野。实际上,在我们看来,刘殿爵译本之所以颇受欢迎,主要原因大概还是因为其语言和义理的归化程度较高,而准确度与理雅各难分伯仲。白牧之和白妙子《论语》译本与李克曼《论语》译本忠实程度都不高,甚至对原作有一定的颠覆倾向,而其被收藏的范围却较广。李克曼译本的忠实程度虽然低得多,其被收藏的范围却高于白氏译本,其原因可能是白氏译本注解较多、学术性强,不易读,而李氏译本相对比较容易阅读。综观以上现象,我们得出的结论是,语言现代、内容和风格上更靠近目的文化的译本,无论忠实于原本的程度高低,在普通大众中都是相对较受欢迎的。这种状况值得我们注意。从馆藏的国别角度来看,美国是儒家经典译本收藏图书馆数量最多、分布最广的国家。这说明,当今美国是世界上儒家传播最活跃的地区,可谓是当代国际儒学传播的中心。

馆藏范围及分布情况已如上述,那么,具体馆藏情况如何呢?我们以世界上部分重要图书馆的《论语》《孟子》馆藏情况为例做调查。

1. 哈佛大学图书馆。哈佛大学图书馆搜索结果整理显示,《论语》译本藏书 35 种。《孟子》译本 11 种。①

2. 大不列颠图书馆。大不列颠图书馆搜索结果整理显示,大不列颠图书馆共收藏《论语》译本 49 种。《孟子》译本 13 种②。

3. 加拿大多伦多公立图书馆(Toronto Public Library)。加拿大多伦多公立图书馆搜索结果整理显示,《论语》译本 21 种,《孟子》译本 11 种。③

4. 澳大利亚国家图书馆。澳大利亚国家图书馆搜索结果整理显示,《论语》译本 32 种,《孟子》译本 18 种。④

5. 美国国会图书馆。没有收藏儒家经典译本。

6. 美国纽约图书馆。《论语》译本共 21 种,《孟子》译本共 21 种。⑤

从以上调查情况来看,西方主要图书馆的儒家经典译本馆藏数量不大,但品种尚齐全。

二、当代西方大众对儒家经典及儒学论著的阅读调查

译本馆藏是传播的基础,真正的传播在于大众对译本的阅读行为是否展开。大众阅读量是儒家文化传播状况的重要标志。在此,我们以大不列颠图书馆《论语》《孟子》图书借阅、复印等情况为例,就儒家经典及相关论著的大众阅读量进行调查。情况如下:

(一)《论语》及其相关论著阅读情况

据调查,2017 年 12 月 25 日 12 时 11 分查阅情况为:

请求购买译本复印人数:222 人;

阅览室阅读请求 179 人;

---

① 见附录Ⅰ(1)(2)。
② 见附录Ⅰ(3)(4)。
③ 见附录Ⅰ(5)(6)。
④ 见附录Ⅰ(7)(8)。
⑤ 见附录Ⅰ(9)(10)。

网上阅读《论语》译本者 116 人；

在线阅读人数 4 人；

阅览室藏书 2 本。

图书馆网页截图如下：

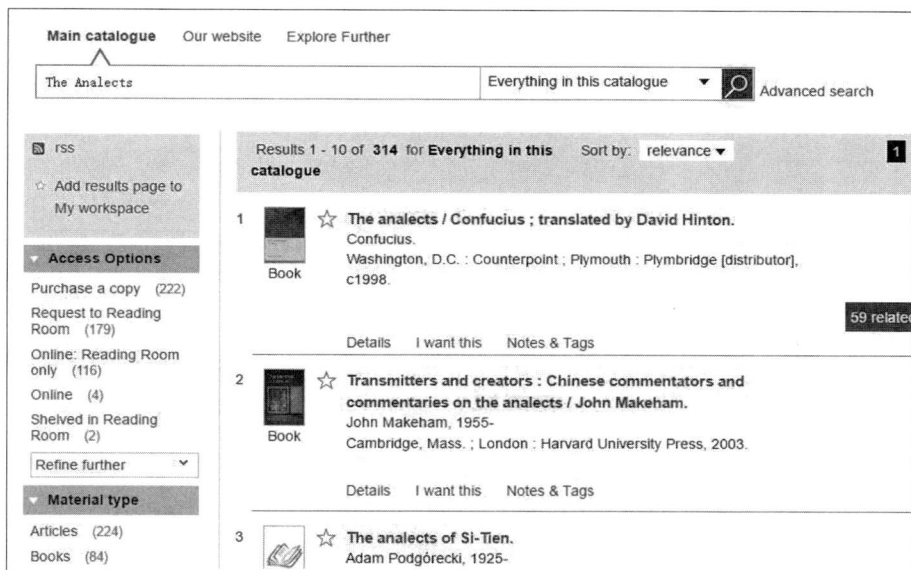

(二)《孟子》及其相关论著阅读情况

据调查,2017 年 12 月 25 日 12 时 11 分查阅情况为：

请求购买译本复印人数:218 人；

阅览室阅读请求 185 人；

网上阅读《孟子》译本者 92 人；

在线阅读人数 5 人；

阅览室藏书 3 本。

图书馆网页截图如下：

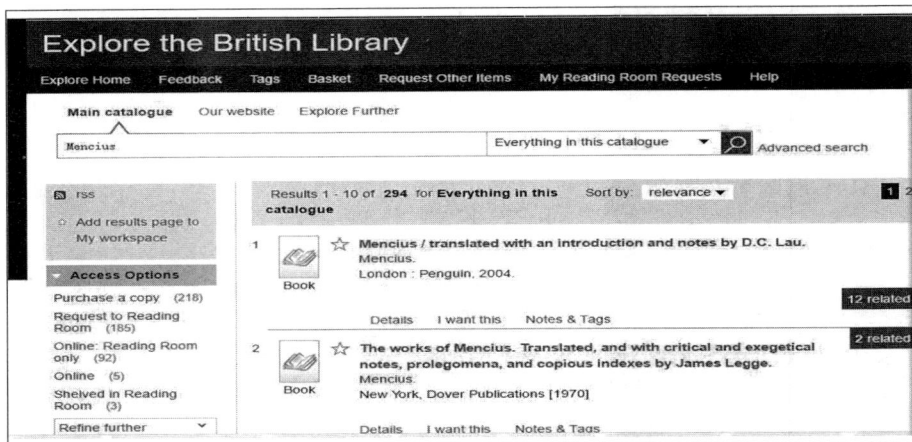

以上调查说明,儒学经典译本和儒学论著在英国尚有一定量的读者,但数量不大。从在美国和英国高校和公共场合进行的随机问卷调查显示,对儒家经典译本进行阅读的普通大众比例很小,对儒家思想了解程度仍然较低。①

三、儒家经典译本销售和西方读者反映调查

儒家经典翻译的价值在于传播中国优秀传统文化,其价值的实现在于传播。历史上的儒家经典译本的传播方式,除图书馆收藏和网上刊发之外,另一个重要的环节在于读者的阅读及反应。如果没有阅读行为和阅读后的反应与认识,那么儒家经典译本只能作为思想资源,而并没有对目的语思想文化发展起到任何推动作用。从上文的调查来看,一部分读者确实在阅读儒家经典译本,虽然阅读量并不大。那么,西方国家读者在阅读儒家经典的译本后对译本本身和儒家思想内容究竟有什么反应呢? 在此,我们以亚马逊图书销售网为平台,以《论语》《孟子》《易经》《尚书》《诗经》《礼记》等的部分译本为对象,对西方国家读者反应情况进行初步调查分析。亚马逊图书销售网以上六部经典的英译版本销售情况及译本所获得的正、负面评价情况如下:

——————————

① 具体情况见书后附录Ⅲ。

1.《论语》译本

刘殿爵 1979 企鹅版《论语》译本 The Analects（Penguin Classics）、雷蒙·道森 2008 牛津大学出版社版《论语》译本 The Analects（Oxford World's Classics）、韦利 2001 年人人图书馆版《论语》译本 The Analects of Confucius（Everyman's Library）、李克曼 1997 诺顿版《论语》译本 The Analects of Confucius（Norton Paperback）、翟林奈（Lionel Giles）1976 伊斯顿出版社版《论语》译本 The Analects of Confucius（EASTON PRESS The 100 greatest books ever written）共有读者评价 177 条,其中正面评价 131 条,负面评价 46 条。安乐哲、罗思文 1999 年版《论语》译本 The Analects of Confucius：A Philosophical Translation（Classics of Ancient China）,获网上正面评价 23 条,负面评价 5 条。正面评价占总评价数的 82%。理雅各 2017 年版《论语》译本,共获网上评价 48 条,其中正面评价 27 条,负面评价 21 条。正面评价只占总评价数的 56%。负面评价多认为译本语言表达方式陈旧,不宜于阅读。苏慧廉 1995 年多弗版《论语》译本（Dover Thrift Editions）,共获网上评价 37 条,其中正面评价 28 条,负面评价 9 条。正面评价占总评价数的 75.7%。森柯澜 2003 年汉凯特版《论语》译本 Analects：With Selections from Traditional Commentaries（Hackett Classics）,共获网上评价 24 条。除此以外,还有其他几种《论语》译本网上评论较少,说明其影响力偏小。列表如下:

译者	版本	好评占比	差评占比	总评数
Chichung Huang	The Analects of Confucius（Lun Yu）(1997)	13	1	14
Burton Watson	The Analects of Confucius（Translations from the Asian Classics）(2009)	2	1	3
James Legge	The Analects of Confucius：Bilingual Edition, English and Chinese(2016)	4	2	6
Nicholas Tamblyn	The Complete Confucius：The Analects,The Doctrine Of The Mean,and The Great Learning with an Introduction(2016)	16	4	20

续表

译者	版本	好评占比	差评占比	总评数
Annping Chin	The Analects (Penguin Classics) (2014)	3	1	4
Jim Roberts	The Analects of Confucius (2011 Audible Audio Edition)	2	0	2

上表显示,黄治中的《论语》译本 The Analects of Confucius (Lun Yu)在亚马逊图书销售网畅销书排行榜中总排名列第 493535 位,在汉语书籍销售排行榜中列第 49 位①。华兹生《论语》译本 The Analects of Confucius (Translations from the Asian Classics)在亚马逊图书销售网畅销书排行榜中总排名列第 233706 位,在儒学书籍销售排行榜中列第 41 位②。理雅各的《论语》译本 The Analects of Confucius:Bilingual Edition,English and Chinese 在亚马逊图书销售网畅销书排行榜中总排名列第 981356 位,在儒学书籍销售排行榜中列第 158 位③。Nicholas Tamblyn 的《论语》译本 The Complete Confucius:The Analects,The Doctrine Of The Mean,and The Great Learning with an Introduction 在亚马逊图书销售网畅销书排行榜中总排名列第 26773 位,在儒学书籍销售排行榜中列第 4 位,在 New Age & Spirituality 类书籍销售排行榜中列第 1034 位④。Annping Chin 的《论语》译本 The Analects (Penguin Classics)在亚马逊图书销售网

---

① 见 https://www.amazon.com/Analects-Confucius-Lun-Yu/dp/0195112768/ref=sr_1_fkmr0_1？ie=UTF8&qid=1517490333&sr=8-1-fkmr0&keywords=The+Analects+of+Confucius+%28Lun+Yu%29%EF%BC%881997%EF%BC%89。

② 见 https://www.amazon.com/Analects-Confucius-Translations-Asian-Classics/dp/0231141653/ref=sr_1_1？s=books&ie=UTF8&qid=1517490680&sr=1-1&keywords=The+Analects+of+Confucius+%28Translations+from+the+Asian+Classics%29%EF%BC%882009%EF%BC%89。

③ 见 https://www.amazon.com/Analects-Confucius-Bilingual-English-Chinese/dp/153358799X/ref=sr_1_1？s=books&ie=UTF8&qid=1517490938&sr=1-1&keywords=The+Analects+of+Confucius%3A+Bilingual+Edition%2C+English+and+Chinese%EF%BC%882016%EF%BC%89。

④ 见 https://www.amazon.com/Complete-Confucius-Analects-Doctrine-Introduction/dp/1519096933/ref=sr_1_fkmr0_1？s=books&ie=UTF8&qid=1517491268&sr=1-1-fkmr0&keywords=The+Complete+Confucius%3A+The+Analects%2C+The+Doctrine+Of+The+Mean%2C+and+The+Great+Learning+with+an+Introduction%EF%BC%882016%EF%BC%89。

畅销书排行榜中总排名列第 227148 位,在儒学书籍销售排行榜中列第 38 位,在东方哲学书籍销售排行榜中列第 2126 位①。吉姆·罗伯茨(Jim Roberts)的《论语》译本 The Analects of Confucius(2011 Audible Audio Edition)在亚马逊图书销售网音像图书排行榜中总排名列第 54389 位②。

2.《孟子》译本

译者	版本	好评占比	中评	差评占比	总评数
D. C. Lau	Mencius（Penguin Classics）(2004)	60%		40%	15
D. C. Lau	Mencius （Penguin Classics） Reprint Edition(2005)	80%		20%	40
David Hinton	Mencius(2015)	0	100%	0	不详
Philip Ivanhoe	Mencius（Translations from the Asian Classics）(2011)	100%	0	0	不详
James Legge	The Works of Mencius(2011)	50%	28%	22%	4
Bryan W. Van Norden	Mengzi: With Selections from Traditional Commentaries （Hackett Classics）UK ed. Edition	50%	25%	25%	4

上表显示,刘殿爵 2004 年企鹅版《孟子》译本在亚马逊图书销售网图书销售排行榜中列第 20675 位,在儒学著作销售排行榜中占第 3 位,在非西方著作销售排行榜中列第 127 位。2005 年刘殿爵《孟子》企鹅重印版译本在亚马逊图书销售网图书销售排行榜中列第 265462 位,在政治学著作销售排行榜中列第 43 位,在哲学著作销售排行榜中列第 1634 位。亨顿的 2015 年版《孟子》译本在亚马逊图书销售网图书销售排行榜中列第 2314008 位。在儒学著作销售排行榜中列第 323 位。艾文贺 2011 年版《孟子》译本在亚马逊图书销售排行

①　见 https://www.amazon.com/Analects-Penguin-Classics-Confucius/dp/0143106856/ref = sr _ 1 _ fkmr0_1？s = books&ie = UTF8&qid = 1517491779&sr = 1-1-fkmr0&keywords = The + Analects + %28Penguin + Classics%29%EF%BC%882014%EF%BC%89Annping+Chin。

②　见 https://www.amazon.com/The-Analects-of-Confucius/dp/B004QMIKSC/ref = sr_1_fkmr0_4？ s = books&ie = UTF8&qid = 1517492082&sr = 1-4-fkmr0&keywords = The + Analects + of + Confucius% EF% BC% 882011+Audible+Audio+Edition%EF%BC%89。

榜中列 1434728 位,在亚马逊图书销售网东方著作销售排行榜中列第 9920 位。理雅各 2011 年版《孟子》译本在亚马逊图书销售排行榜中列 314934 位,在亚马逊图书销售网哲学、历史著作销售排行榜中列第 657 位。诺顿 2011 年版《孟子》译本在亚马逊图书销售排行榜中列 219453 位,在亚马逊图书销售网哲学、历史著作销售排行榜中列第 563 位。

3.《易经》译本

译者	版本	好评占比	差评占比	总评数
Brian Browne Walker	The I Ching Or Book Of Changes: Use the Wisdom of the Chinese Sages for Success and Good Fortune(3 Feb. ,2011 Kindle edition)	82%	18%	193
Cary F. Baynes (Richard Wilhelm)	The I Ching, or, Book of Changes (Bollingen Series XIX) (Bollingen Series (General)) 3rd Edition	96%	4%	252
Alfred Huang	The Complete I Ching−10th Anniversary Edition: The Definitive Translation(2nd Edition)	97%	3%	84
R. L. Wing	The I Ching Workbook Paperback (December 19,1978)	96%	4%	120
Cary F. Baynes	I Ching or Book of Changes (Arkana) Paperback −29 Jun 1989	95%	5%	56
不详	Chinese Feng Shui I Ching Divination Coins for Success	94%	6%	33

上表显示沃克的 2011 Kindle 版《易经》译本在亚马逊图书销售网上的图书销售排行榜中列 19527 位;R. L. 翁 1978 年版精装本《易经》译本,在亚马逊图书销售网图书销售排行榜中列 44679 位。其他译本销售情况不详。

4.《礼记》译本

译者	版本	好评占比	差评占比	总评数
James Legge	The Book of Rites (Li Ji): English-Chinese Version(2013 Kindle 版)	100%	0	3
James Legge	The Li KI(1705、10 Sep. ,2010 版)	0	0	0

续表

译者	版本	好评占比	差评占比	总评数
James Legge	The Sacred Books of China：The LîKî，I–X（19 Aug.，2017 版）	0	0	0
E. Max Müller	The Li Ki-Volume XXVII-Sacred books of the East（1926）	0	0	0
James Legge	The Li Ki or Book of Rites，Part Ⅱ of Ⅱ（July 22，2012 年 Kindle 版）	0	0	0

　　上表显示,理雅各 2013 Kindle 版《礼记》译本,在 Kindle 版所有书籍销售排行榜中列 707629 位;理雅各 2012 年 Kindle 版《礼记》译本在亚马逊网所有书籍销售排行榜中列 22945 位。

　　5.《尚书》译本

译者	版本	好评占比	差评占比	总评数
Martin Palmer	The Most Venerable Book（Shang Shu）（2014kindle 版）	100%	0	2
Martin Palmer	The Most Venerable Book（Shang Shu）：Written by Confucius, 2014 Edition, Publisher：Penguin Classics（Penguin 2014）	0	0	0
James Legge	Book of Documents，Shangshu：Bilingual Edition, Chinese and English：Chinese Classic of History（2016kindle 版）	100%	0	3
W. H. Medhurst	The Shoo King, Or The Historical Classic：Being The Most Ancient Authentic Record Of The Annals Of The Chinese Empire：Illustrated By Later Commentators（2015 版）	0	0	0

　　上表显示,马丁·帕默 2014 年 kindle 版《尚书》译本在英国亚马逊网①所有书籍销售排行榜中列 631853 位,在该网的典籍书籍销售排行榜中列 18853 位。马丁·帕默译本 The Most Venerable Book（Shang Shu）2014 年企鹅版,在

---

　　①　见 http：//www. amazon. co. uk/ref＝bit_lnv_fav? tag＝Lenovo-abb-bm-uk-ie-21。

英国亚马逊网①所有书籍销售排行榜中列 2124496 位,在经典图书销售排行榜中列 48104 位。在文学类图书销售榜中排 57406 位。理雅各英汉对照本《尚书》译本在英国亚马逊网②所有书籍销售排行榜中列 1608760 位,在汉语类图书排行榜中列 450 位。麦都思《书经》译本亚马逊图书销售网上尚没有销售和评价信息。

6.《诗经》译本

译者	版本	好评占比	差评占比	总评数
Arthur Waley	The Book of Songs（1996）	100%	0	101
James Legge	Shijing, Book of Odes: Bilingual Edition, English and Chinese（Kindle Edition）	100%	0	2
James Legge	The Chinese Classics: With a Translation, Critical and Exegetical Notes, Prolegomena, and Indexes, Vol. 4 of 7（Classic Reprint, 2012）	0	0	0
James Legge	The Chinese Classics: The She King, Or the Book of Poetry（2012）	100%	0	1
James Legge	The Chinese Classics, Vol. 4 of 7: With a Translation, Critical and Exegetical Notes, Prolegomena, and Copious Indexes; Part II, Containing the⋯of the King-dom, the Greater Odes of the King（2017）	0	0	0
Ezra Pound	The Classic Anthology Defined by Confucius（1976）	0	0	0
Ezra Pound	Classic Anthology Defined by Confucius（1974）	0	100%	1
Ezra Pound	The Confucian Odes: The Classic Anthology Defined By Confucius（1959）	0	0	0
Ezra Pound	Shih-Ching: The Classic Anthology Defined by Confucius（1983）	0	0	0

---

① 见 https://www.amazon.com/Most-Venerable-Book-Shang-Shu/dp/0141197463/ref=sr_1_fkmr0_1? ie=UTF8&qid=1517465987&sr=8-1-fkmr0&keywords=The+Most+Venerable+Book+%28Shang+Shu%29%3A+Written+by+Confucius%2C+2014+Edition%2C+Publisher%3A+Penguin+Classics+%28Penguin+2014%29。

② 见 https://www.amazon.com/Book-Documents-Shangshu-Bilingual-Chinese/dp/153363937X/ref=sr_1_1? s=books&ie=UTF8&qid=1517466294&sr=1-1&keywords=Book+of+Documents%2C+Shangshu%3A+Bilingual+Edition%2C+Chinese+and+English%3A+Chinese+Classic+of+History。

续表

Ezra Pound	The Classic Anthology Defined By Confucius(1953)	0	0	0
Clement Francis Romilly Allen	The Book of Chinese Poetry: Being the Collection of Ballads, Sagas, Hymns, and Other Pieces Known as the Shih Ching or Classic of Poetry (Classic Reprint, 2017)	0	0	0
William Jennings	The Shi King: the Old "Poetry Classic" of the Chinese: a Close Metrical Translation, with Annotations (2004)	0	0	0
William Jennings	The Shi King: The Old Poetry Classic of the Chinese a Close Metrical Translation with Annotations Published by Kessinger Publishing, LLC (2010)	0	0	0
William Jennings	The Shi King, the old "Poetry Classic" of the Chinese: A Close Metrical Translation, With Annotations(2017)	0	0	0
Launcelot Cranmer-Byng	The Book of Odes (Shijing) Kindle Edition(2012)	60%	40%	15

上表显示,韦利 1996 年版《诗经》译本在亚马逊畅销书总销售排行榜中列
893733 位;理雅各 Kindle 版《诗经》译本在亚马逊畅销书总销售排行榜中列
579679 位;庞德 1976 年《诗经》译本在亚马逊图书销售排行榜中列 1959171
位;庞德 1974 年版《诗经》译本在亚马逊图书销售排行榜中列 2421689 位;威
廉·詹宁斯 2004 年版《诗经》译本在亚马逊图书销售排行榜中列 13780733
位;在典籍销售排行榜中列 5349 位;克拉默宾 2012 年 Kindle 版《诗经》选译本
在亚马逊 Kindle 商店图书销售排行榜中列 858230 位;其他近年出版的纸质版
本基本无读者评论或销售记录。上表中所列其他《诗经》译本均无销售或评价
记录。

从以上销售调查情况看,以上六经的各种译本在亚马逊图书销售网的销
量都十分有限。尤其是时间稍古的译本销售量更是微不足道。例如,詹宁斯
的《诗经》译本销售量排行竟达到 1300 万名以后。理雅各新版《诗经》的销售
量排行也达到了 50 万名以外。

四、西方读者对儒家经典各译本的评价状况

从亚马逊网所公布的读者评论看,普通读者对儒家经典的评论数量不多。例如,相对较受欢迎的韦利1979年版《论语》译本,数年来共获评论177条。这大致可以反映出西方读者对儒家译本的阅读程度和关注程度。

读者的评论主要分为两类。一类是对译本技术质量的评论,一类是对儒家思想内容或价值的评论。

技术性评论包括对编辑质量、文字质量等的评论。例如,有一位不具名的读者对刘殿爵2005年版企鹅版《孟子》译本评论道:"我不敢相信这本书竟然能够被允许出版。书中拼写错误连篇,译文仿佛至多是第一稿的译文。读此书的时候,竟然不知不觉地就拿起一只红笔。我打算把我修改过的一稿寄给出版商,但遗憾的是,书上竟然既没有出版商的署名,也没有译者的署名。"①

对译本内容的评论主要涉及译文忠实性和语言时代性的问题。例如,一位读者对诺顿的《孟子》译本的翻译质量提出了批评。他说:"(译文中)写作的成分过多。"②(There was much more writing in it than expected.)一位署名J. Kwon的读者评论刘殿爵《孟子》译本说:"与别的中国哲学经典相比,《孟子》不够好。书中有很多枯燥的对话,与《论语》相比,令人感觉苍白无力。我并非绝对反对大家读这本书,但我建议把它放在你要阅读的中国哲学经典书单的最末。"③有的读者对译本中的补充语境信息提出了要求。例如,一位网名为robert bliss的读者对理雅各2016版《论语》译本评论说:"书的确不错,但对当代读者来说相关语境信息不足。熟悉这个主题的读者会比初学者学到更多

---

① https://www. amazon. com/Mencius-Penguin-Classics/product-reviews/014044971X/ref=cm_cr_dp _d_show_all_top? ie=UTF8&reviewerType=all_reviews.

② https://www. amazon. com/Mencius-Penguin-Classics/product-reviews/014044971X/ref=cm_cr_dp _d_show_all_top? ie=UTF8&reviewerType=all_reviews.

③ https://www. amazon. com/Mencius-Penguin-Classics/product-reviews/014044971X/ref=cm_cr_dp _d_show_all_top? ie=UTF8&reviewerType=all_reviews.

的东西。"①也有的读者对译本语言的时代性提出了要求。例如,一位网名为 W. Bao 的读者评论理雅各 2016 版《论语》译本说,"我得到了这本书,它是免费的。我自学了古汉语,想帮人解释一下《论语》里的某些内容,但我不太喜欢这个译文。不知道这是否因为(它的语言)有些过时了。"②

在译本思想内容方面,大部分读者都持赞扬的态度。有的读者看重孔子思想的现代性价值。署名 Paul Haspelon 的读者评刘殿爵的《论语》译本说,"孔子所说的话和思想很现代,与现实有密切关系。"③署名为 C. Steven 的读者评论说,"(今天)在很多方面,基本的人生条件与孔子所处的时代没有太大区别。……因此,孔子关于修身和社会和谐的学说触及人性的本质,所以孔子对今天来说,和对他所在的时代一样重要。我建议在读《论语》的时候,不仅要将其与其他的哲学相联系,还要与其日常生活相联系。我相信,从这位古代智者的学说中还能学到许多东西。"④

总之,凡购买儒家经典的译本的读者,一般对孔子思想是感兴趣,甚至是认可或相信的。读者对译本的文字质量、排版、装帧质量都有较高的要求,而对译本的忠实程度有不同的要求。有的不喜欢改写成分大的译本,有的则喜欢当代价值较高的译本,这意味着翻译尚需要用西哲的话语来阐释儒家思想,起码在当前儒家思想翻译传播阶段,这种翻译策略还是必要的。

---

① https：//www. amazon. com/product-reviews/1535502630/ref = acr _ dpproductdetail _ text？ ie = UTF8&showViewpoints=1#.

② https：//www. amazon. com/product-reviews/1535502630/ref = acr _ dpproductdetail _ text？ ie = UTF8&showViewpoints=1#.

③ https：//www. amazon. com/Analects-Everymans-Library-Confucius/product-reviews/0375412042/ref =cm_cr_dp_d_show_all_top？ ie=UTF8&reviewerType=all_reviews.

④ https：//www. amazon. com/Analects-Everymans-Library-Confucius/product-reviews/0375412042/ref =cm_cr_dp_d_show_all_top？ ie=UTF8&reviewerType=all_reviews.

第三节 从西方儒学研究看儒家经典各译本的影响

对西方译者来说,儒家经典翻译的目的是儒家思想在西方世界能够被接受,并予西方传统思想的发展以启迪。上文已经提到,儒家经典在西方最重要的读者群之一是西方学术界和思想界。儒家思想对他们的影响,反映在各界学者对相关学术问题和思想问题的研究和讨论当中。当然,影响并不意味着全盘接受,乃至不意味着部分接受,而是碰撞与启迪。引用是学术讨论过程中的一种重要手段,通过引用,学者可以讨论被引用的内容,或者利用所引用的内容创立或说明自己的新观点、新见解。所以,学术论文中的引用,颇能说明作者与被引用内容之间的密切关系。在此我们通过 2010—2015 年美国哲学期刊《东西方哲学杂志》中发表的儒学论文及其引用情况做调查,以说明儒家经典的各种译本对儒学研究及研究者的影响作用。

2015 年,《东西方哲学杂志》发表英文儒学论文 6 篇,其中新儒学论文 3 篇,英文儒学著作评论 3 篇。例如,Song Won Kim 的《再论李退溪(李滉)新儒学中的互发论》(*A Reconsideration of the Mutual Issuance Theory in Yi T'oegye's Neo-Confucianism*)引陈荣捷的《中国哲学参考》(*A Source Book in Chinese Philosophy*),其中有部分《论语》《孟子》内容、新儒学以及老庄、墨子哲学等。默克列德①对罗思文所撰《〈论语〉读者指南》(*A Reader's Companion to the Confucian Analects*)进行评论,认为该书对不熟悉中国哲学的西方读者来说非常实用,其中还提及《礼记》《左传》《孟子》等。Sungmoon Kim② 对克莱恩(Erin M. Cline)所撰写的《孔子、罗尔斯与正义感》(*Confucius, Rawls, and the Sense of*

---

① Henry Rosemont Jr. A Reader's Companion to the Confucian Analects. New York: Palgrave Macmillan, 2013. Reviewed by Alexus McLeod.

② Erin M. Cline. Confucius, Rawls, and the Sense of Justice. New York: Fordham University Press. Reviewed by Sungmoon Kim, 2013.

Justice)进行评论。金成文在书中提到《论语》中"恕"shu(reciprocity)和"义"yi
(rightness)的概念,认同克莱恩关于罗尔斯和孔子有相同的正义概念的论点。
Tan Sor-hoon① 评李晨阳著《儒家和哲学》(*The Confucian Philosophy of
Harmony*)一书,评论中提到《书经》《易经》《中庸》中的"和""恕""中"等思想。
2014 年,《东西方哲学杂志》共发表儒学论文 14 篇。例如,香港大学的 Josaph
Chan 撰《"自我坎陷"与儒家民主》②,引刘殿爵《论语》译本中 humaneness、
righteousness、propriety、wisdom、faithfulness 等译法,对儒家的先进性和儒家"圣
人之治"中所蕴含的民主思想进行论述。Jung-Yeup Kim③ 分别引用理雅各《孟
子》译本:④ 安乐哲《中庸》⑤《论语》⑥《孝经》⑦译本以及史华慈⑧对"仁政"
(benevolent government)的译法,论述张载气哲学中的经济平等、井田制与礼的
关系。认为井田制有利于实现经济均等的目的,这与主张太和的张载气哲学
当中礼观念相一致。文中所使用的"井田制""和"等概念均来自理雅各、安乐
哲译本中的译法。例如,理雅各的《孟子》译文:"When those in a village who
hold land in the same well-field befriend one another in their going out and their
coming in, assist one another in their protection and defense, and sustain one
another through illness and distress, the hundred surnames will live together in af-

①　Chenyang Li:The Confucian Philosophy of Harmony. London and New York:Routledge. Reviewed by Sor-hoon Tan,2014.

②　Joseph Chan:"Self-restriction"and the Confucian Case for Democracy". Philosopphy East and West, Volume 64,Number 3,July 2014:785–795.

③　Jung-Yeup Kim:"Economic Equity, the Well-Field System, and Ritual Propriety in the Confucian Philosophy of Qi". Philosophy East and West,Volume 64,Number 4,October 2014:856-865.

④　James Legge:The Works of Mencius. New York:Dover Publications,1970.

⑤　Roger T.Ames, David L. Hall:Focusing the Familiar:A Translation and Philosophical Interpretation of the Zhongyong. Honolulu:University of Hawai 'i Press,2001.

⑥　Roger T.Ames & Henry Rosemont Jr. :The Analects of Confucius:A Philosophical Translation. Albany:State University of New York Press,1998.

⑦　Henry Rosemont Jr. & Roger T. Ames:The Chinese Classic of Family Reverence:A Philosophical Translation of the Xiaojing. 2009.

⑧　Benjamin I. Schwartz:The World of Thought in Ancient China. Cambridge,MA:Belknap Press of Harvard University Press,1985.

fection and harmony. "被整部分引用。Sungmoon Kim 的《早期儒家中的政治和利益》①一文,引刘殿爵《孟子》译文 16 次,引安乐哲《论语》译文 1 次,作者沿用刘殿爵译本中"仁(benevolence)""义(rightness)""天下(empire)"等译法,沿用安乐哲"义(appropriate conduct)"的译法,对利益与欲望的关系问题进行论述。Myeong-seok Kim 的《〈孟子〉中理智与感情有无区分?》(*Is There No Distinction Between Reason And Emotion In Mengzi?*)一文,讨论《孟子》中理智与情感的关系问题。其中义(What is right/right")、心(heart/mind)均采用韦利和刘殿爵《孟子》译本②中的译法和理雅各的译法(righteousness);③"行水"采用理雅各《尚书》中的译法 guiding the waters,也采用了高本汉(Bernhard Karlgren)的译法 deepened the channels and canals so that extra water could get into the rivers。④ 李晨阳的《儒家的自由观念》⑤引刘殿爵《孟子》译本和理雅各《论语》《大学》《中庸》译本论述儒家"择"中所蕴含的自由观念,沿用理雅各对"至善"的译法"the highest excellence"来说明"至善就是儒家最高形式的自由"⑥。其中在论及孟子"仁政"的概念时,作者使用了刘殿爵"Your prince is going to practice humane government and has chosen you for this mission. You must do your best. "⑦一句的译文。倪培民的《为生活的艺术而正心:功夫视角下的儒家人欲研究》(*Rectify The Heart-Mind for The Art of Living:A Gongfu Perspective*

① Sungmoon Kim:"Politics and Interest in Early Confucianism". Philosophy East and West, Volume 64, Number 2, April 2014:425-448.

② D. C. Lau:The Analects. New York:Penguin Books,1979;Mencius. Harmondsworth:Penguin Books,1970.

③ James Legge:The Works of Mencius. 2d ed. Taibei:SMC Publishing Inc,2000.

④ Bernhard Karlgren:The Book of Documents. Stockholm:Museum of Far Eastern Antiquities. Reprinted from The Bulletin of the Museum of Far Eastern Antiquities 22,1950.

⑤ Chenyang Li:The Confucian Conception of Freedom. Philosophy East and West, Volume 64, Number 4,October 2014:902-919.

⑥ James Legge:Confucius:Confucian Analects,The Great Learning and the Doctrine of the Mean. New York:Dover Publications,1893/1971.

⑦ D. C. Lau:Mencius. 1970.

On The Confucian Approach To Desire)①阐释了王阳明的心学,突出了儒家是关于如何艺术地生活,而非依靠外在的道德责任生活的哲学思想。作者参考了安乐哲《论语》《孝经》译本和刘殿爵《孟子》译本。

克莱恩在对孙安娜(Anna Sun)所著的《作为世界宗教的儒学:竞争历史与当代现实》(Confucianism as a World Religion:Contested Histories and Contemporary Realities)的书评中说,"麦克斯·缪勒和理雅各帮助推动了世界宗教话语,文中儒家是有机组成部分"②。文中所使用的一些表达法,如"礼俗"(ritual practices),也沿用了理雅各的译法。沃格特(Paul Nicholas Vogt)对 Michael David Kaulana Ing 所著的《早期儒家礼的功能失调》(The Dysfunction of Ritual in Early Confucianism)③一书进行评论。文中提及《礼记》中的"礼"时所使用的"ritual""rites"的译法均来自理雅各的儒学经典译本。维尔特(Hilde De Weerdt)评论保莱恩·C.李(Pauline C. Lee)的著作《儒学和欲望德性》(Confucianism and the Virtue of Desire)④时,德性一词借用了麦都思、裨治文、理雅各等对"德"的译法。麦都思在其《书经》译本中、裨治文在其《孝经》译本中、理雅各在其《四书》的译文中,均将"德"译作 virtue。可以说,国际哲学界将西方哲学与儒家联系到一起,起因就在于裨治文、理雅各将德、仁等儒家概念翻译成了 virtue。当西方学者将儒经译本中的 virtue 与西方当代 virtue ethics(德性伦理学)相提并论时,儒学与西方伦理学之间的比较研究便有了开端。

以上状况表明,外国作者对儒家经典思想的诠释,主要是依据各种儒学经典的译本而进行的,这说明儒家经典的译本对当代儒学研究起着重要作用,是儒学国际传播的核心构成部分。但值得注意的是,从研究队伍的组成来看,研

① Peimin Ni:Rectify The Heart-Mind for The Art of Living:A Gongfu Perspective On The Confucian Approach To Desire. Philosophy East and West,Volume 64,Number 2,April 2014:340-359.
② Anna Sun:Confucianism as a World Religion:Contested Histories and Contemporary Realities. Princeton:Princeton University Press,2013. xix + 244. Reviewed by Erin M. Cline.
③ Michael David Kaulana Ing:The Dysfunction of Ritual in Early Confucianism. New York:Oxford University Press,2012. xii + 292. Reviewed by Paul Nicholas Vogt.
④ Li Zhi:Confucianism and the Virtue of Desire. By Pauline C. Lee. Albany:State University of New York Press,2012. Ⅷ+ 186. Reviewed by Hilde De Weerdt.

究者们主要是来自亚洲各国,尤其是中国香港、中国大陆、韩国、新加坡和日本,而欧美洲裔研究者所占的比例较小。在西方,美国儒学研究在国际上处于领先地位,尤其是新儒学研究。

第四节 西方学术界儒学研究状况抽样调查

儒家思想在国外的传播,通过国外的学术期刊可以看出端倪。国际儒学界有 5 本重要的学术杂志,它们是国际儒学研究的重要基地,也是国际儒学话语构建的重要平台。这些杂志,除《亚洲研究杂志》(*Journal of Asian Studies*)外,都在美国境内。它们分别是:《中国哲学杂志》(*Journal of Chinese Philosophy*)。该杂志由夏威夷大学哲学系主办,1992 年创刊,成中英担任主编,主要发表中国哲学论文,其中每年发表数十篇儒学研究论文。《道:比较哲学杂志》(*DAO:A Journal of Comparative Philosophy*)。该杂志是唯一的网络版学术期刊,由美国中国哲学协会和香港中文大学哲学系主办,2001 年创刊,Huang Yong 担任主编,主要发表中国哲学论文,其中每年发表数十篇儒学研究论文。P. J. 艾文贺、杜维明、安乐哲、沈清松、信广来、余英时、刘述先等国际知名学者是该杂志的主要撰稿人。《亚洲研究杂志》。该杂志由亚洲研究协会主办,1941 年创刊,杰弗里·N. 瓦瑟斯特罗姆(Jeffrey N. Wasserstrom)担任主编,由剑桥大学出版社出版发行,每年发表少量的儒学研究论文。《东西方哲学杂志》(*Philosophy East and West*)由美国夏威夷大学主办,1951 年创刊,安乐哲(Roger T. Ames)担任主编,由夏威夷大学出版发行,每年发表数篇到数十篇不等的儒学研究论文。《中国宗教杂志》(*Journal of Chinese Religions*)。该杂志由美国中国宗教研究学会(Society for the Study of Chinese Religions)和加利福尼亚大学伯克利分校联合主办,1973 年创刊,菲利普·克拉特(Philip Clart)担任主编,由 Taylor & Francis 出版公司发行,每年发表少量儒学研究论文。这 5 种杂志发表了绝大部分的英文儒学论文,推动了儒学在国际上的传播。我们就以这 5 种杂志 2010 到 2014 或 2015 年之间发表儒学论文的情况进行了调查。

1.《中国哲学杂志》

从 2010 到 2014 年 5 年间,《中国哲学杂志》共发表儒学论文和儒学著作评论 71 篇。① 其中,2010 年发表儒学论文 18 篇,2011 年 8 篇,2012 年 25 篇,2013 年 10 篇、2014 年 10 篇。

2.《比较哲学杂志》

从 2010 年至 2015 年 6 年间,《比较哲学杂志》共发表儒学论文和儒学专著评论 133 篇。② 其中,2010 年发表 24 篇,2011 年 19 篇、2012 年 23 篇、2013 年 29 篇、2014 年 16 篇、2015 年 22 篇。

3.《东西方哲学杂志》

2010 年到 2015 年 6 年间,《东西方哲学杂志》共发表儒学相关的论文及书评 41 篇。③ 2010 年发表 5 篇,2011 年 6 篇,2012 年 6 篇、2013 年 4 篇、2014 年 14 篇、2015 年 6 篇。

4.《亚洲研究杂志》

2010 年至 2015 年 6 年间,《亚洲研究杂志》共发表儒学论文 10 篇。④

5.《中国宗教研究杂志》

2010 年到 2015 年间,《中国宗教研究杂志》共发表儒学相关的论文 7 篇。⑤

从以上学术期刊儒学论文发表情况来看,我们可以做出以下判断。第一,儒学在美国的传播已经具备一定的规模;第二,传播内容从先秦儒家思想到新儒学思想逐步呈顺应时代需求的趋势,儒学"开新"研究势头明显。学者对所有问题的探讨,几乎都指向当前美国国内社会问题或国际社会问题;新儒学以

①　论文具体情况见书后附录Ⅱ(1)。
②　论文具体情况见书后附录Ⅱ(2)。
③　具体论文发表情况见书后附录Ⅱ(3)。
④　具体论文发表情况见书后附录Ⅱ(4)。
⑤　具体论文发表情况见书后附录Ⅱ(5)。

其理论性优势占有更大的传播比重。第三,无论是先秦儒学传播还是新儒学传播,学者的叙述都无法脱离儒家经典各种译本中所使用的话语模式,这就导致了西方汉学界儒家哲学与西方哲学之间的比较研究。而且,对许多问题的讨论是在经典译本所使用的话语模式内展开的,不完全是对儒学本体问题的讨论,但这些讨论的名义却是对儒学的讨论。这意味着在国际儒学传播中,这是一个重要的惯常模式。第四,在西方儒学研究者中欧洲裔学者占少数,华裔学者占多数,另有一批韩国、新加坡等国的学者也在儒学国际传播者之列。传播主体的这种结构状况似乎说明,更多的欧洲裔学者深受欧洲思想文化传统熏染,儒家哲学思想在他们当中尚缺乏广泛认同。这种现象同时表明,儒家思想对西方人意识形态的影响力仍比较薄弱,范围也十分有限。这又一次证明,儒学传播工作任重道远。第五,中国学者,尤其是大陆学者,与西方国家学者的学术交流与对话已经展开,陈来教授等在西方学术杂志上所发表的文章就是一个很好的说明。如果将中国学者与西方学术界的直接交流与对话进一步发扬光大,儒家思想传播的质量和深度无疑会得到加强,儒学传播的进程会进一步加快。这种学术交流实际上包含着另一种形式的儒学翻译,中国学者应该注意加强儒家话语体系建构,不能满足于在论述中采用现有儒家经典译本的话语体系。建议逐步对儒家的专有概念,采用音译的方法来保全儒家思想的真实性和全面性,并通过整体讨论来全面阐发儒家专有概念的内涵,在此基础上,通过长期反复讨论推广儒家思想,并影响国际儒学研究。第六,中国儒家学者应该通过翻译积极参与西方学术界的儒家哲学探讨,把握西方儒家哲学研究的时代特点,了解当代西方哲学发展的内在社会需求,摆脱对西方学术界儒学研究的仰慕与模仿心态,同西方同行展开实质性平等对话,以加强学术讨论的儒学性质,而不是任其一味地西哲化。在西方,虽然西哲化的儒学传播模式是不可避免的,但我们有责任在这种传播模式中强化儒家思想的性质和比重,在与西方哲学思想结合的同时,努力把儒家思想的真谛逐步传播出去。

第七章 儒家思想海外传播的模式、层次、目标和机制

　　强大的文化实力是一个国家保持强盛的重要保障,继承与发扬我国传统文化是实现中国梦的重要保障。习近平主席在《创造中华文化新的辉煌——关于建设社会主义文化强国》的讲话中深刻指出:"一个国家、一个民族的强盛,总是以文化兴盛为支撑的。没有文明的继承和发展,没有文化的弘扬和繁荣,就没有中国梦的实现。"中华文化五千年,五彩斑斓,博大精深,而儒家文化是中华文化的脊梁。2014 年 9 月 24 日,习近平主席在《纪念孔子诞辰 2565 周年国际学术研讨会暨国际儒学联合会第五届会员大会》开幕会上的讲话中明确指出:中国人民正在为实现"两个一百年"奋斗目标而努力,其中全面建成小康社会中的"小康"这个概念就出自《礼记·礼运》,是中华民族自古以来追求的理想社会状态。使用"小康"这个概念来确立中国的发展目标,既符合中国发展实际,也容易得到最广大人民的理解和支持。[①] 由此可见,儒家思想的现实意义重大。

　　弘扬中华传统文化,其核心是弘扬儒家文化。然而,四百多年来的历史经

---

　　① 习近平:2014 年 9 月 24 日在《纪念孔子诞辰 2565 周年国际学术研讨会暨国际儒学联合会第五届会员大会》开幕会上的讲话。

验证明,儒家思想文化的对外传播是一项充满艰难曲折的事业。儒家思想作为宗教、哲学和中国数千年的国家意识形态,其对外翻译传播的性质必然不同于普通文化翻译传播。由于儒家思想在中国历史中所起到的伟大作用和所享有的崇高地位,其在中西文化交流史中所受到的西方知识与权力阶层的审视,也非其他任何中国传统思想所能相比,因此其传播过程和效果也充满各种复杂因素。从西方翻译和传播《论语》开始,传教士学者和统治阶层就以十分矛盾的心态对待儒家思想。他们一方面重视儒家思想的巨大精神力量,渴望了解它;另一方面又以一神论者的傲慢姿态贬低儒家思想,既不承认其宗教性质,又竭力将其当作宗教思想与基督教相提并论,并于其中寻得基督教教义的佐证。在传教士的手里,儒家思想一直是他们实行"合儒"传教策略的工具,并没有被当作伟大的宗教思想或哲学思想来学习和吸收。在传教士之后的汉学家眼里,儒家思想的性质仍然在宗教和哲学之间摇摆,直至今天才被学术界逐渐认定为含有宗教因素的哲学和具有不同于西方哲学特点的中国式哲学。[①]在国际学术界的讨论中,儒学思想开始与西方传统哲学思想比肩交融,如儒家伦理思想与苏格拉底、柏拉图、亚里士多德、康德、托马斯·阿奎纳、西方当代功利主义伦理学、西方当代后果主义伦理学等的比较与融合。儒家思想正在悄悄改变着西方伦理学思想的内涵。在社会大众层面,儒家经典的英语译本正为一部分对儒家思想感兴趣的西方读者所阅读,但受众数量和影响深度仍然十分有限。一个不容忽视的事实是,儒家思想虽然经历了四百年之久的翻译传播,却始终没有得到当代西方统治阶层的认同和接受,没有进入西方国家的意识形态体系和决策思想体系,而一直处在思想文化交流的层次。最为重要的是,儒家思想在西方一直遭受着权利话语阶层有意无意的忽视或拒斥。因此,在今天中国文化走出去的视野下,我们不得不重新思考和探索儒家思想翻译传播的有效模式。从传播学的观点来看,儒家思想的国际传播仍存在不少问题,诸如传播者、传播内容、传播策略、传播方式、文化冲突、受众状况等

---

① Roger T. Ames & Henry Rosemont Jr.:The Analects of Confucius:A Philosophical Translation,1998.

等,都还没有得到广泛而深入的调查研究。而儒家思想作为与佛教、基督教思想有同等重要性的伟大思想体系,其国际化传播问题不禁使我们联想到基督教和佛教在世界各地翻译传播的过程模式。佛教、基督教在中国的传播模式,以及儒家思想在日、韩等国的传播模式,可以为我们提供良好的借鉴。

第一节　宗教文化传播模式的启示

一、早期传教士基督教传播策略的启示

(一)走出纯粹性传播的误区

在人类社会发展的历史进程中,伟大的思想不可能永远囿于一隅,其必然影响深远;而伟大思想的传播,总是一个由冲突走向融合的过程,儒家思想的传播也不例外。

如果考察始于 16 世纪后半叶基督教的中传过程,可以从中获取一个重要的启示,即儒学传播应该走中西融合的道路,尊重传播的过程性,防止从一开始就追求传播过程中儒家思想的纯粹性。这一点,我们有很好的历史借鉴。在此,我们有必要简要回顾一下西方传教士"合儒"传教的策略及其效果。

1580 年,罗明坚向东方总巡察使范礼安举荐利玛窦到中国传播基督教。1580 年 4 月 26 日利玛窦从果阿启航,1580 年 6 月 14 日抵达马六甲,并在此停留两周。1580 年 7 月 3 日,利玛窦从马六甲启航前往澳门,1582 年 8 月 7 日抵达澳门港。1583 年 9 月 10 日,利玛窦与罗明坚进入中国境内,1584 年获准入居广东肇庆。他们对中国官员自称来自"天竺",以致被误以为是佛教徒。利玛窦向当地居民解释说,他们是从遥远的西方来的教士,仰慕中国,希望可以留下,终生在这里侍奉天主。后来他们获许在肇庆崇禧塔旁修建一座带有教堂的房子,建立了第一个传教驻地。在这里,利玛窦绘制出版第一份中文世界地图,并和罗明坚用中文起草《天主十诫》。利玛窦和罗明坚试图建立新驻地,

但没能成功。罗明坚被教皇召回罗马以后,利玛窦才在肇庆建立"仙花寺",并开始了传教工作。为了便于与中国人沟通和相处,利玛窦和其他传教士积极学习汉语和中国礼俗,日常生活中穿佛教僧侣的服饰,这使得当地居民更加相信他们是远道而来的僧人。他们把从西方带来的许多生活用品,如时钟、星盘、三棱镜等赠给当地官员,以博得他们的好感。

为打开传教局面,利玛窦所采取的最有力措施,是在中国官员中发展基督教徒。利玛窦在文士中大力"归化"有一定权威和影响的文士,方法之一就是通过传授当时西方先进的数学和天文知识,如翻译和传授欧几里得《几何原本》。李之藻和徐光启就是利玛窦的学生,是被利玛窦成功"归化"的典型。

从传播学角度来看,利玛窦的"合儒"策略符合传播学"一致性"的基本原理,即在传播者和接受者对所传播信息的认识和态度相互一致的情况下,传播会取得好的效果。利玛窦先利用表面文化身份上的一致,再利用科学知识取得与中国文士和官员的科学价值认同。然后,在此基础上积极地把这些认同扩大到宗教领域。后来利玛窦用汉语撰写的《天主实义》,便是其试图与中国读者在基督教和儒教上取得认同之举,其结果便是中国读者对基督教教义的认同,并最终在宗教信仰上被"归化"。

《天主实义》共有二卷八篇。利玛窦在序言中开宗明义,将天主和儒家经典中的上帝混为一体:"天主何?上帝也。实云者,不空也。吾国六经四子、圣圣贤贤曰畏上帝,曰助上帝,曰事上帝,曰格上帝。"利玛窦在《天主实义》的第二篇第七节以"天主是中国古人所说的上帝"为题,极力证明天主就是中国儒家经典中所说的上帝。第四节的主题为辩释鬼神及人魂异论,以解释天下万物不可谓之一体。利玛窦援引商周多部儒家经典来论证其观点。例如:

1. 以商代经典论证

(1)经典

①《盘庚》

《盘庚》曰:"失于政,陈于兹,高后丕乃崇降罪疾,曰:'何虐朕民？'"

又曰："兹予有乱政同位，具乃贝玉。乃祖乃父丕乃告我高后。曰：'作丕刑于朕孙。'迪高后丕乃崇降弗详。"

②《西伯戡黎》

《西伯戡黎》，祖伊谏纣曰："天子，天既讫我殷命；格人元龟，罔敢知吉。非先王不相我后人，惟王淫戏用自绝。"

（2）对经典的解释说明

①《盘庚》

盘庚者，成汤九世孙，相违四百鲰而犹祭之，而犹惧之，而犹以其能降罪、降不详，励己、劝民，则必以汤为仍在而未散矣。

②《西伯戡黎》

祖伊在盘庚之后，而谓殷先王既崩而能相其后孙，则以死者之灵魂为永在不灭矣。

2. 以周代经典论证

（1）周代经典

①《金滕》

《金滕》"周公曰：'予仁若考，能多才多艺，能事鬼神。'又曰：'我之弗辟，我无以告我先王。'"

②《召诰》

《召诰》曰："天既遐终大邦殷命，兹殷多哲王在天，越厥后王后民。"

③《诗经》

《诗》云："文王在上，于昭于天；文王陟降，在帝左右。"

（2）对经典的解释说明

周公、召公何人乎？其谓成汤、文王既崩之后，犹在天陟降而能保佑国家，则以人魂死后为不散泯矣。贵邦以二公为圣，而以其言为诳,可乎?①

第六篇论述天堂地狱赏善罚恶的理论,对天主教与佛教的天堂地狱说的区别进行说明,并论述天堂地狱、善恶报应说有利于教化,与儒家思想并行不悖,讨论了人生的归宿问题;其中第二节"劝善俎恶的利害之道"引《孟子》《春秋》《尚书》等多篇典籍以论证其观点。如:

西士曰:圣人之教在经传,其劝善必以赏,其俎恶必以惩矣。

《舜典》曰:"象以典刑,流宥五刑。"又曰:"三载考绩;三考,黜陟幽明。庶绩咸熙,分北三苗。"

《皋陶谟》曰:"天命有德,五服五章哉;天讨有罪,五刑五用哉。"

《益稷谟》曰:"帝曰:迪朕德,时乃功惟叙。皋陶方祗厥叙,方施象刑,惟明。"

《盘庚》曰:"无有远迩,用罪伐厥死,用德彰厥善。邦之臧,惟汝众;邦之不臧,惟予一人佚罚。"又曰:"乃有不吉不迪,颠越不恭,暂遇奸宄,我乃劓殄灭之,无遗育,无俾易种于兹新邑。"

《泰誓》武王曰:"尔众士,其尚迪果毅,以登乃辟。功多有厚赏,不迪有显戮。"又曰:"尔所弗最,其于尔躬有戮。"

《康诰》曰:"乃其速由文王作罚,刑兹无赦。"

《多士》曰:"尔克敬,天惟畀矜尔;尔不克敬,尔不啻不有尔土,予亦致天之罚于尔躬。"

《多方》又曰:"尔乃惟逸惟颇,大远王命;则惟尔多方探天之威,我则致天之罚,离逖尔土。"

此二帝三代之语,皆言赏罚,固皆并利害言之。②

第七篇所论述的是人性论和修养论。指出人性本善,后天要靠学习和修养才能行善成德,这与孟子性善论相一致。在整部书中,利玛窦大量援引先秦

① 利玛窦:《天主实义》,第45页。见http://www.foxitsoftware.com。
② 利玛窦:《天主实义》,第77—78页。见http://www.foxitsoftware.com。

儒家经典,系统论述了天主教的基本信仰和教义,同时从天主教角度出发,批评了宋明理学和佛老二家,体现了利氏的神学思想。

《天主实义》对天主教的传播起到了巨大的推动作用。该书问世后,"流传很广,多次刊刻再版,引起了明清宗教界和思想界的广泛注意和兴趣。不少人受该书影响而加入了天主教,为在华传教打开了局面。本书开辟了明清之际,援儒排佛的传教策略,为明清之际与耶稣会相关的中国信徒撰写传教护教著作奠定了基础。"①《天主实义》在中国文士中的认同感极强。李之藻为《天主实义》重刻本作序,力倡"天学合于儒学之旨"。李之藻在《序》中说:

> 尝读其书,往往不类近儒,而与上古《素问》《周髀》《考工记》《漆园》诸编默相勘印。顾粹然不诡于正。至其检身事心,严翼匪懈,则世所谓皋比,而儒者未之或先。信哉! 东海西海,心同理同;所不同者,特言语文字之际。②

汪汝淳万历三十五年所写的"重刻《天主实义》跋"语中明确指出《天主实义》合乎儒学之理:

> 持今日救世之微权,非挽虚而归之实不可。夫逃空虚者,得闻足音,跫然而喜,不亦去人愈久,悦人滋深乎? 今圣道久湮,得闻利先生之言,不啻昆弟亲戚之声,其恻也。③

虽然利玛窦的"合儒"之举并非完全出于诚意,但作为有效的传教策略,今天仍值得我们深思。这里所反映出的问题是,思想的传播不是一项简易的工程,其关系到世界观、价值观、人生观的转变与发展问题,其中所引发的态度上的对立、思想上的冲突、过程上的长短等问题,都值得我们进行认真的思考、把握,并进行深入细致的长远设计和谋略。我们应该看到,文化不可能单枪匹马

---

① 见上海大学历史系编:《明清基督教史》题解,见 http://ishare.iask.sina.com.cn/f/13311818.html。

② 利玛窦:《天主实义》,第8—9页。见 http://www.foxitsoftware.com。

③ 利玛窦:《天主实义》,第14页。见 http://www.foxitsoftware.com。

走天下,而是需要强大的国家硬实力的支持;我们应当正视儒学传播的弱势及其原因所在,看到西方各个阶层对儒家的轻视和拒斥的事实及其历史文化原因;同时也要看到,随着我国经济、科技与军事实力的不断增强,在我国的硬实力崛起的事实面前,西方各阶层,尤其是知识阶层,已经开始思考我国五千年历史文化能够上下绵延不绝的深层原因。21 世纪以来,西方哲学、伦理学界对我国儒家哲学的研究越来越多,并出现了前所未有的中西哲学对话的学术景观,这对儒学国际化传播来说是十分可贵的大好形势。我们应该以此为契机,鼓励我国学者加强与西方学术界的交流与对话,并在这一过程的基础上寻求最大化的传播动力、规模、方式和效果。我们不应该将儒家思想的对外传播看作一项仅用十年或二十年时间即可完成的短期工程,而要将其作为改变人类思想意识和精神状态的百年大计。儒学外译以来四百多年已经过去,如果我们为此再鞠躬尽瘁百年,国际社会通过对儒家的广泛接受而达到天下"大同",岂非世界人民之幸!而这一亘古未有的大业,大概需要以儒学和西学互通互鉴为开端,继而儒学在交流过程中不断发展和完善,并最终成为人类共同价值。我们相信历史对儒家思想的最终抉择。

(二)儒家经典翻译家中应该有中国译者——儒家经典"逆译"的实践基础与必要性

儒家思想对外传播需要依靠外国译者的力量,这是不争的事实。但是,从英美国家的儒学英译史来看,外国译者在翻译过程中所面临的语言文化上的困难都比较大,这对他们的译文产生了较大的影响,各个译本中存在的问题比较多,这些问题主要是由儒家思想的文化特性引起的。儒家文化源远流长、博大精深,很难为外国译者所彻底而精确地掌握,所以在长期的翻译传播过程中存在许多文化误读和思想误读,此外,西方译者的翻译方式比较单调,一般都是全译本,以及少数的选译本。那么今天,在西方并没有足够的儒家经典译者资源的情况下,要解决外国译者的翻译方式问题,我们应该怎么办? 西方传教士的做法或许会给我们一些启发。

据考察,罗明坚于1580年来到中国之后,先着手编纂《中国地图集》,后来撰写了《天主圣教实录》。实际上,这是对天主教教义的摘译加论述。罗明坚在这两部书里都提到了儒学,可见其对中国文化核心的定位是十分准确的。《天主圣教实录》将天主教教义与儒家思想不留痕迹地加以糅合,令人印象深刻。他在论述天主教的戒律时说:"第一,每个理性健全的人都应承认天主为一切的创造主,他是唯一的真天主,并应以至高的热爱来朝拜他;第二,这仿佛是人格的一个戒律,己所不欲,勿施于人;相反,己所欲,施于人。如果你遵守这两个戒律并勤勉奉行其中的所有要义,那么可以说你正在遵行这自然戒律。"[1]书中的第四戒条"爱亲敬长"[2]要求孝敬父母,尊老爱幼,尊敬师长,就近乎儒家思想的翻版。罗明坚在书中高度赞赏儒家的"仁、义、礼、知、信"的思想,称其为五种永恒的美德,并将仁、义、礼、知、信五个大字与拉丁文翻译对照刻在书的封面,可见其对儒家思想的尊重。《天主圣教实录》虽然是为中国教徒撰写的,但罗明坚在中西文化之间"求同"的态度无须赘言。[3] 这种深度的思想融合,虽然反过来对儒家思想向西方文化传播也具有影响力,但对天主教教义的传播,则是当时《天主圣教实录》的主要作用,达到了作者的目的。

继罗明坚之后,1584年,利玛窦翻译了《天主十诫》《主的祈祷》《圣母赞歌》《教理问答书》,用中文解释天主教的教义。利玛窦在肇庆居住六年,用中文直接翻译天主教教义,而且是在没有以汉语为母语的中国学者帮助的情况下,独立完成了翻译。

事实证明,这些翻译作品在天主教东传史上确实起到了巨大的作用。这再次说明,在特殊的历史条件下,翻译并不一定是由外语到母语的"顺向"翻译,而完全可以是由母语到外语的"逆向"翻译,而逆向翻译往往可以担当起特

---

① 转引自张西平:《儒学西传欧洲研究导论》,北京大学出版社2016年版,第41页。

② 上海大学历史系编:《明清基督教史》第30页。见 https://max.book118.com/html/2016/1018/59834413.shtm。

③ 上海大学历史系编:《明清基督教史》,第30页。见 https://max.book118.com/html/2016/1018/59834413.shtm。

殊的历史使命。当前,我们的儒学外译也正处在一个特殊的历史时期,儒学素养深厚的西方翻译人才缺乏,西方国家大众喜闻乐见的译本少,这亟须中国学者参与到儒学翻译的行列中来。当然,不容否认,中西合作是儒学外译的理想模式,既可以弥补以往西方译者在儒学与历史文化知识上的欠缺,也可以解决中国译者外文能力不足的问题。

(三)充分发挥西方学术界的作用

在基督教的中传过程中,有一个现象值得我们思考。利玛窦曾向他的同事建议,归化中士,原则是"宁缺毋滥"。利玛窦在去世前一年这样写道:"宁可少要几名好的基督徒,也不要一大批滥竽充数的人。"[1]他提出传教士应该把主要精力放在归化士大夫和官员阶层的人士上。因为需要他们"能够以其权威,使那些对这一新生事物[2]感到担心害怕的人放心。"[3]让那些害怕的人感到放心,是为了什么? 显然是为了利用这些人的权威和势力去影响和说服更多的中国民众信仰基督教。利玛窦通过教授数学等科学知识首先吸引了徐光启、李之藻、杨廷筠、王徵、孙元化等人,其中徐光启和李之藻还是当时的朝廷要员。实际上,这些官吏信徒不仅能使那些担心害怕的人放心,还能影响国家统治者。徐光启在给崇祯皇帝的奏疏中说,他信服利玛窦并不是因一时冲动,而是经过了很长时间的考察,看到传教士生活俭朴,待人谦和,学问渊博,在他们自己的国家都是"千人之英,万人之杰",与这样的人相处,不能不为之心动。万历四十四年(1616)发生"南京教案",他写奏疏为传教士辩护,公开说明了自己信仰天主教的理由:第一,仅靠伦理的约束不能解决人生的全部问题。历代统治者"空有愿治之心,恨无必治之术",在此种背景下,佛教才传入中国,但世道人心并未因此有任何进步。第二,传教士所介绍的天主教是一种理想的

---

① 谢和耐:《中国与基督教——中西文化的首次碰撞》,耿升译,上海古籍出版社2003年版,第28页。
② 注:这里利玛窦是指天主教。
③ 谢和耐:《中国与基督教——中西文化的首次碰撞》,第28页。

宗教,在西方行了上千年,人们"大小相恤,上下相安,路不拾遗,夜不闭关,其长治久安如此"①,所以,耶稣会"所传天学之事,真可以补益王化,左右儒术,救正佛法者也"②。徐光启在给皇帝的奏疏中提出,有三个办法可以验证他的说法,其一,让传教士把西学的书翻译出来,然后请天下的儒生来研究,如果这些书是旁门左道,自己甘愿受罚;其二,让传教士和中国寺院的大师、道观的天师们论战,如果传教士"言无可采,理屈词穷",立即将他们赶走,自己也情愿受罚;其三,在信天主教的地方做一个调查,三年中看犯罪的人里有没有教徒,如此便可知天主教究竟是好是坏。徐光启对皇帝的影响力,由此可见一斑。

就儒学传播问题而论,以美国为例,今天有一大批关注中国和研究中国的汉学家和"知华派",其中有相当数量的人对中国态度友好。他们分布在社会不同的机构,有的在政府机构部门,有的在政府支持的研究机构,有的在大学的院部。他们研究和翻译儒家思想,并通过不同的渠道发表研究成果。他们的声音以研究的名义影响着美国政府的政治、经济、文化决策,也慢慢地向大众阶层渗透。例如,美国资深政治与外交家基辛格,其所撰写的《论中国》影响了美国各大媒体。请看各家媒体对《论中国》所发表的评论:

> 极吸引人,言辞犀利……书中通过基辛格与中国几代领导人亲密直接的接触,描绘了一幅中国肖像。全书追溯了中国历史各阶段的局面……甚至还阐述了中国区别于美国的哲学性差异。
>
> ——《纽约时报》

> 亨利·基辛格不仅是一位正式出访中国的美国外交官,而且在此后的40年里,他陆续出访中国超过50次。从外交上讲,在解释中国这件事上,基辛格拥有某种特权。现在,这位年近88岁的国际问题专家出版了自己的新书《论中国》,用巨大的篇幅再次讲述这一非凡的历史,并表现出一个西方学者对中国特色的认可。

---

① 方豪:《中国天主教史人物传》,中华书局1988年版,第58—72页。
② 方豪:《中国天主教史人物传》,第58—72页。

——《纽约时报书评》

让人欲罢不能……在《论中国》中，政治家基辛格根据历史记录以及他 40 年来与中国四代领导人的直接接触，分析了中国古代与现代发展轨道的联系。这位帮助促成了现代东西方关系的历史见证者，展示了现在我们正面临着什么——既令人不安，又时而令人充满希望，并总是引人瞩目的局面。

——《芝加哥太阳报》

《论中国》中颇具深度的见解集中在心理方面。书中论述了可以从数千年历史中获取启发的中国人与只有两个多世纪历史可供借鉴的美国人之间的差别。

——《美国新闻周刊》

基辛格的新书《论中国》，引人入胜，视角敏锐，时而略显执着。不仅讲述了他在尼克松与中国建交过程中扮演的角色，还试图说明中国的古代和近代历史是如何影响了该国的外交政策和对西方的态度。这本书受惠于许多历史学家的开创性研究，但它对中国的刻画也源自基辛格对中国几代领导人近距离的了解。

——参考消息《中国的"务实主义"延续至今》

很难将基辛格的新书《论中国》归类于任何传统的框架或体裁。这一方面是因为这个有点儿谦逊的标题掩盖了这本书的雄伟目标，即对中国 2500 年来的外交和对外政策进行解读，通过回望过去来解释当下。在形式上，这本书也极为特殊，既不全是回忆录，也不全是专著或自传；相反，书中既有回忆，也有反思，既有历史，也有基于直觉的探究。借用时下的一个流行词，这本书就像一辆"混合动力车"。

——新京报《史景迁：基辛格和中国》

基辛格撰写的《世界秩序》甚至打动了当时在任的美国国务卿希拉里·克林顿。后者评论说：

历史的见证者和亲历者基辛格,视野广阔,眼光敏锐,总是能巧妙地将世界发展趋势与新闻标题结合起来——而这本书讲的正是一条极长的发展趋势线。他从《威斯特伐利亚合约》谈到微信息处理,从孙子说到推特……只有实现真正的国家间对话,我们才能重新达成政治共识,应对 21 世纪的挑战。基辛格的这本书充分说明了我们为什么必须这么做,以及怎么做才能成功。

——希拉里·克林顿①

政治精英是社会的领导力量,也是社会各阶层关注的中心,他们往往与社会各种媒体紧密联系,其话语和观点可以通过媒体迅速而广泛地传播,其深度也可以直达普通大众层面。

在美国这样自我标榜的民主国家,学者掌握着学术思想话语权,学术思想话语权可以在一定的历史条件下转化为影响美国政治经济的话语权。因为重要的学者往往和政府有密切的联系,其研究成果常是政府制定各种决策时的重要参考,甚至领导集团还经常需要各个领域的学术精英组成智库,对他们进行信息与知识指导,或在决策制定之前向他们进行咨询。所以,在某种程度上说,学术精英是社会思想的源泉,也是国家各项政策的发源地,其在思想传播过程中的影响力可想而知。例如,《软实力》的作者约瑟夫·奈(Joseph S. Nye)作为哈佛大学曾经的教授和克林顿政府全国情报委员会主席和助理国防部长,其《软实力》一书对克林顿政府外交战略的影响,以及对美国国际关系决策层的影响,不言而喻。再如美国哈佛大学终身教授,哈佛东亚研究中心创始人,著名历史学家、汉学家费正清,生前历任美国远东协会副主席、亚洲协会主席、历史学会主席、东亚研究理事会主席等重要职务。他致力于中国问题研究长达 50 年之久,是美国最负盛名的中国问题专家,被誉为美国的中国近现代史研究领域的学术泰斗,"头号中国通"。他曾任美国政府雇员、政策顾问,又是一位颇有声望的社会活动家,于 1999 年出版《美国与中国》,受到了媒体

---

① 参见 https://item. jd. com/11734170. html。

的热评。此列举数则评论如下：①

  费正清笔下的中国文明史，简明扼要，令人叹为观止。书中记载了中华文明自始至今的历史，附有地图、照片，还有长达 80 页的文献目录，是一本参考价值极高的学术巨著。（新共和评论）

  对于有思想的人而言，这部书是必不可少的选择。（纽约时报书评）

  该书于 1948 年首次问世，几经改版，其现实性与实用性依然如故。作者费正清（约翰·金·费尔班克）是美国从事中国研究最著名的学者。该书是针对一般读者的通俗读物，而非学术专著。书中囊括中国自古代一直到当代的政治形态，记录了极其敏感而复杂的历史时期中西方的交流与碰撞，又辅以一名地理学家所发表的观点和见解。然而，该书对历史学专家和业余爱好者都大有裨益。对历史学家而言，该书综述了中国近代史最新的科学分析；对学生而言，该书是强大的学习指南；而对外交官和商人而言，这部作品探讨了两国人民情感中，最难以捉摸而又影响深远的领域。而两国正常交往中的风险与造成脱节的因素就潜藏于此。（中国商务书评）

  该书综合介绍了中国的政治体系，堪称同类读物中的最佳选择。书中充满着博爱与大智。（柯克斯评论）

  该书历经四次修订，依然大放异彩。而最新的版本，可以说是介绍中国的各种语言出版物中最佳指南类读物。如今，美国等国家的非中文读者终于如愿以偿，可以纵情浏览中国人五彩缤纷的生活方式了。（亚洲每周文学评论）

  费正清超越学术题材，写成了一部可读性强，又不失权威，信息量大，见解深刻，且分析入理的中国题材著作，这是史无前例的。该

---

  ① 参见 https://www.amazon.com/United-States-China-Enlarged-American/dp/067492438X/ref=pd_ybh_a_1?_encoding=UTF8&psc=1&refRID=WMYCQ4T039AMWTHN84JC。

书对醉心于亚洲文化的人来说，可谓是必读之书。（亚洲邮报评论）

从这些评论当中可以看出费正清的学术著作的社会影响力，也可以推断出其影响的深度和广度。

费正清的《美国与中国》还影响了受过高等教育的读者。例如，一名网名叫 FrKurt Messick 的网友于 2003 年 7 月 14 日评论说：

> 随着中国的崛起和逐渐介入国际事务、贸易和军事问题，与中国能否和平相处还是个问题。费正清作为哈佛大学的历史学教授，一直被认为是中国历史专家，中国社会分析专家和中美关系专家。他的这部书中包含了所有这些问题。要深刻理解中国，对 CNN 有线电视新闻网的观众以及政治学和国际关系专业的学生来说，这部书是宝贵的学习资源。①

这名网友已经是大学毕业数年的社会青年，他的反应可以看作是费正清对一般社会青年的影响力的缩影。可见，学者对社会民众心理的影响不可小视。像费正清一样的汉学研究者还有不少，例如，芬格莱特、安乐哲、罗思文、郝大维、李耶理、齐思敏、白牧之、森柯澜、斯蒂芬·A. 威尔逊，以及生活在美国的华人学者林语堂、杜维明、陈荣捷、成中英、信广来等。他们把儒家思想研究论文发表在《东西方哲学》（*Philosophy East and West*）、《哈佛亚洲学杂志》（*Harvard Journal of Asiatic Studies*）、《亚洲学杂志》（*Journal of Asian Studies*）、《中国哲学杂志》（*Journal of Chinese Philosophy*）、《道：比较哲学杂志》（*DAO：A Journal Of Comparative Philosophy*）等英文学术期刊上，并以此为平台对儒家哲学及其与西方哲学的异同展开纵向的探索和横向的比较研究。这是将儒家思想通过学术途径向社会传播的有效渠道，其效果值得期待。可以预见，若假以时日，在一定的社会历史条件下，儒家思想可以通过他们和他们的学术活动，慢慢传播到社会的基层，最终化作改变西方民众精神与社会文化的思想动力，

---

① https://www.amazon.com/United-States-China-Enlarged-American/dp/067492438X/ref=pd_ybh_a_1?_encoding=UTF8&psc=1&refRID=WMYCQ4T039AMWTHN84JC.

并产生一定的推动思想革新和社会变革的力量,其重要性和必要性不言而喻。然而,我们如何去扩大这个传播群体呢? 这仍是个值得继续探讨的问题。

二、佛教在中国成功传播的启示

(一)统治者阶层参与儒学传播的力量

除基督教传播以外,佛教在中国的传播,对我们也有不小的启示。从传播学的观点看,其中最重要的启示是,最高统治者及其统治集团的参与与推行,是思想传播最快、最有效、最容易将传播进行到底的方式。关于这一点,东汉末年至唐的佛教发展与兴旺史,可以提供很好的借鉴。

佛教在东汉汉桓帝建和(147—149 年)初年自安息国传至中原后,经三国、魏晋时的发展,至南朝时得到迅速传播,并达到规模空前的鼎盛时期。至唐代再迎一次高峰,成为与我国传统儒、道并称,并内化为中国哲学思想和文化传统中的重要思想文化。尤其是在战乱频仍而又相对稳定繁荣的南北朝时期,特殊的历史环境使"佛教在全国范围得到了多方位的传播。它深入社会的各个阶层和生活的各个领域,与中国传统的思想文化冲撞激荡,参差交会,形成了独具中国历史特色的佛教思潮,影响甚至支配着南北朝一些大国的统治思想。"①佛教因为自传入起便受到历代统治者的支持和弘扬,所以最终成为对中国社会影响深远的宗教。起初,汉桓帝时佛教随支娄迦谶和安世高悄然进入中原,三国时支谦受孙权礼遇,在建邺解经译经,佛教遂兴;十六国时,后赵主石勒推崇神僧佛图澄,"大兴佛教",②至石虎即位,称"佛是戎神,政所应奉",致"中州胡晋略皆奉佛"③。352 年,前秦建国于长安。357 年,苻坚即帝位,随后征集各地高僧,并俘名僧道安至长安,"集僧众数千,大弘法化"④。394 年,后秦姚兴立,继续重视佛教义学。401 年"迎鸠摩罗什至长安,集沙门

① 杜继文主编:《佛教史》,江苏人民出版社 2006 年版,第 132 页。
② 杜继文主编:《佛教史》,江苏人民出版社 2006 年版,第 138 页。
③ 杜继文主编:《佛教史》,江苏人民出版社 2006 年版,第 139 页。
④ 杜继文主编:《佛教史》,江苏人民出版社 2006 年版,第 143 页。

5000 余人,一时名僧大德辈出,领南北中国佛学之先;其州郡事佛者,十室而九,声振西域天竺,吸引了更多的外来僧人进入内地传教"①。南朝时,佛教传播迎来第一次高峰。梁武帝萧衍"少而笃学,洞达儒玄",又好佛学,与当时文学之士沈约、谢朓、王融等抄《五经》、百家,纂《四部要略》,并集经师"讲经说法,造经呗新声"②。登帝位后,既尊儒,又兴佛。"礼佛诵经,吃素断酒肉,受戒持律,舍身佛寺等等,对朝廷上下和全国民众有很大影响。"③梁武帝笃信般若学说,称它"洞达无底,虚豁无边,心行处灭,言语道断,不可以数术求,不可以意识知,非三明所能照,非四辩所能论。此乃菩萨之正行,道场之直路,还源之真法,出要之上首"④。不仅如此,梁武帝还制定一系列政策兴隆佛教:(一)优待僧侣,奖励佛教义学。(二)广建佛寺,胜造佛像。(三)敕僧译编佛教典籍。⑤ 在其推动下,佛教在中国的传播达到史上鼎盛时期。据唐法琳《辩证论》卷三、唐道世《法苑珠林》(四部丛刊本)卷一百二十记载,梁朝有寺 2846所,僧尼 82700 人。⑥ 据《开元释教录》记载,梁代译著的经书 46 部 201 卷。南朝时,朝廷常举行法会,参加的僧尼常达成千上万人"。⑦ 而梁武帝到同泰寺讲《摩诃般若经》,与会的高僧上千人,僧俗 319642 人。⑧ 唐朝时,李世民出于宗教和政治的原因,绍隆佛教。贞观十五年 5 月,太宗临弘福寺,为太穆皇后追福,自称菩萨戒弟子,"以丹诚皈依三宝",并向寺僧解释道:"今李家据国,李老在前;若释家治化,则释门居上。"⑨贞观十九年,玄奘自印度留学载誉回国,"太宗立即召令到长安,并且组织了盛大的欢迎法会,倾城轰动。"⑩此后,玄奘成为太宗相知,恩遇优渥,玄奘的译经和讲经事业直接受到太宗的支持和

① 杜继文主编:《佛教史》,江苏人民出版社 2006 年版,第 139 页。
② 任继愈:《中国佛教史》,中国社会科学出版社 1993 年版,第 6 页。
③ 任继愈:《中国佛教史》,第 18 页。
④ 萧衍:《注解大品经序》。
⑤ 任继愈:《中国佛教史》,第 18—21 页。
⑥ 任继愈:《中国佛教史》,第 9 页。
⑦ 任继愈:《中国佛教史》,第 10 页。
⑧ 参见《广弘明集》卷 19 萧子显《御讲摩诃波若经序》。另见《续高僧传》卷 5《法云传》。
⑨ 任继愈:《中国佛教史》,第 95 页。
⑩ 任继愈:《中国佛教史》,第 96 页。

赞助,为法相唯识宗的建立创造了政治和经济条件。太宗之后,武则天把佛教推向了一个新的发展高度。692年,武则天派军队收复西域四镇,后遣使于阗,求访80卷本的《华严经》梵文本,并请译者实叉难陀回京。695年《华严经》译出于洛阳,武则天亲受笔削,并制序文。在其扶持之下,华严宗长足发展,成为历史上一大宗教派别。此外,武则天出于贬抑李氏宗系势力的政治目的,宣布"释教开革命之阶,升于道教之上",并请菩提流支、实叉难陀、义净法师等各方僧人译经。"又令神秀禅师入京行道,亲加礼拜,又征慧安禅师入禁中问道,待以师礼"[①],使禅宗在全国得到大发展。由于武则天的大力支持,佛教在唐朝达于极盛。玄宗礼遇印度高僧善无畏、金刚智、不空,为密宗发展奠定了基础,使佛教继续繁衍昌隆。

从佛教在中国的传播发展史,可见政治宗教的动力因素之外,还有统治者的榜样力量和权威力量。但就今天的儒学在西方社会的传播而言,则另当别论。原因有三:一、现代西方社会,制度不同,群众已有数百年的民主意识,不会再像封建时代一样以国家元首为唯一的榜样,总统也没有像皇帝一样的绝对权威和号召力。二、政治与历史文化背景不同,传播的内在动力不同。三、自汉至唐,虽有"灭佛"行为,佛教深为作为统治者和传播者的帝王们所笃信,而儒学思想在西方统治者心中则从来没有达到被笃信的程度。尽管如此,总统的个人威望和有限的权利,仍然可以通过其制度规定的行政手段,将一种思想大力提倡,而将另一种思想大力贬抑。毕竟,任何一个国家必定有一种意识形态,而总统的职责便是提倡和维护国家意识形态。比如,美国的国家意识形态就是资本主义,其哲学基础便是个人利益至上的西方现代哲学及实用主义传统。而且,曾经的国家与政治领袖,即使已经离开具体的领导岗位,其著作与讲话仍然有众多的响应者。希拉里·克林顿在2016年总统竞选失败之后,实质上已经脱离政坛,但当她回到其母校威尔斯利学院演讲时,仍然受到了母校师生热烈的欢迎,其演讲听众如云。里根、克林顿退出政坛后,其著作仍销

---

① 任继愈:《中国佛教史》,第96页。

路很广,大受读者欢迎。克林顿的著作《付出》(*Giving*, *How Each of Us Change the World*)①在美国首印 75 万册,一上市即位居亚马逊、《纽约时报》等非小说类畅销书排行榜榜首。奥巴马的传记《奥巴马·一幅亲密的肖像》(*Obama*, *An Intimate Portrait*)在亚马逊 100 本畅销书排行榜中名列第二。试想,如果这些西方领导人的著述中以儒家哲学为基本理论和原则,儒学在美国的传播岂非是另一番广阔的天地!然而,政治领袖虽然是理想的传播者,但在所谓的西方民主社会,更需要倚重的传播者可能是思想领袖和媒体领袖,他们才是更加真实的传播者。这需要我们进行深入研究。现在我们已经拥有了一批这样的传播者,那就是对华友好的西方汉学家,但数量远远不够,这支队伍需要大力扩大。当然,这一步目标并不容易达到。儒学虽然护佑了中华民族的团结数千年,但它仍需要自我革新和现代化,并以足够的力量证明其对现代社会发展的巨大指引和推动力量。这需要我们从自己的国家、自己的国民做起,让外国的领导者和广大民众看到儒学滋养下的中国社会的兴旺发达。当此时,西方社会上下将会被深深吸引,儒学将会以巨大的优势,以巨大的势能,以不可阻挡的千钧之力传播出去,并深得人心。

(二)意识形态层次上的传播是彻底改变民族思想的力量

从传播学理论来看,信息传播从信源到信宿,其关键在于效果。杰克·M.麦克劳认为,从内在性质上分,传播效果有"心理效果、文化效果、政治效果、经济效果"②等。他进一步把效果细分为五类:即宏观效果与微观效果,改变的效果与稳定的效果,积累效果与非积累效果,短期效果与长期效果,态度、认知与行为效果。佛教在我国的传播效果如何,我们今天追怀历史,应该十分清楚。在此可以再从传播学的角度试做分析,以便看得更清楚。首先,佛教的传播,短期效果明显,受众反应积极、强烈。其次,思想、政治效果明显。在梁武帝、

---

① 克林顿:《付出》,于少蔚、王恩冕译,中信出版社 2008 年版。
② 张国良:《传播学原理》,复旦大学出版社 2009 年版,第 228 页。

唐太宗、武则天和唐玄宗的推动下,中国统治阶级的思想形态从原来的儒道合一,变为儒释道合一。佛学思想在统治阶级的思想体系中占一席之地,直接进入了政治意识形态。再次,思想文化和受众行为发生了根本的改变。佛学术语逐渐进入政治与知识话语体系,甚至进入了普通百姓的日常生活用语,如世界、真理、大无畏、平等、现象、法宝、自由、智慧、导师、觉悟、习气等;我们看到,现代汉语中仍一直活跃着来自佛教的大量词汇:醍醐灌顶、十恶不赦、三昧、妄想、方便、烦恼、障碍、执着、泡影、心地、缘分、宿命、一丝不挂、皆大欢喜、昙花一现、不可思议、想入非非、抛砖引玉、水泄不通、三生有幸、大彻大悟、现身说法、刹那、摄取、开眼界、顿悟、过去、上乘、一尘不染、一厢情愿、三头六臂、口吐莲花等等,这些词汇是佛教思想在中国文化和百姓生活中扎根的标志,也是被佛教改变的中华民族思想状态的体现,它们对普通民众的生活态度和日常行为的影响作用也十分深远。比如,儒家自古倡导夫妇作琴瑟之和,夫唱妇随,而佛家"缘分"的观念使中国人的夫妇观,在儒家"和合"观的基础上,又增添了珍惜的成分,这一"缘分"心理,使中国的夫妻关系在人们的心中变得更加可贵和牢固。

重温基督教和佛教在我国的传播史,我们认识到,统治阶层参与的传播力量无比巨大。而传播的层次只有到达普通民众的思想和行为,一种思想的传播才算完成其应该进行的旅行。当然,传播者固然重要,传播是否能成功还有其他条件。一是被传播的思想必须具备闪光的价值和感召力。二是有利的社会历史环境。在这一方面,最重要的是接受方的历史需求和被传播的思想相对于接受者的思想状态所具有的优势,这是传播得以最终成功必不可少的势能条件。三是遍布民间的专门传播机构,比如在我国曾经遍布各个村镇的寺庙。四是家庭同代间传播和代际传播。反观我们的儒学对外传播,传播目的地在这些方面所应具备的条件,我们是否都做了认真细致的研究?我们是否做好了充分的准备?

三、儒家在韩国成功传播的启示——儒家成为海外民间习俗是可能的

释、耶两教既然在我国得到了深入的传播和发展,那么儒学能否在西方社会最终扎根并发展? 从儒学思想的本质来看,回答是肯定的,这在亚洲已经为历史的经验所证明。那么,如何扎根和发展? 儒学在韩国的传播与发展可以给我们启发。

从儒学在亚洲数千年的传播的效果来看,儒学以其深邃的精神内涵,在其他文化中是可以彻底传播的。以儒家孝文化为例,据有的学者研究,中国儒家孝道思想与韩国本土孝的观念相结合,在古代韩国就已经形成相对稳定的社会意识形态。"孝道文化在现代韩国的精神文化生活中占有主导地位,极大地影响着韩国国民的精神风貌和思想境界。"①在当代社会受到工业化冲击,社会道德失范的语境下,20 世纪 70 年代,韩国有识之士开展了推广孝道文化的运动。在政府和民间的共同推动下,孝道观念得到继承和发扬,渗透到社会生活的各个方面。孝道在当今韩国社会生活中占有重要地位,成为韩国人在社会中立身的必要条件。孝行倍受赞誉,如长者在家庭中具有较高的地位,长者的尊严被社会所尊重,特殊权利受到法律的保护,不守孝道被认为是缺乏教养,这使得"韩国拥有'充满孝的社会'的美誉。"②行孝道在韩国不仅是一种理念,而且已成为人们的行为习惯。

韩国民间流行这样的习俗:做子女的一般每天早晚都要向同住的长辈请安,同长辈讲话时必须使用敬语,要和颜悦色。晚辈和长辈一起用餐时,一定是长者在先,晚辈在后。子女以礼侍奉父母,遇事请教,征求父母意见。即使父母有错,子女只可规劝,婉转谏言,但不可不敬,甚至包庇父母之错也被认为是孝行。韩国父母一般会以身作则、孝敬长辈,在家庭中给子女做出表率。此

---

① 宫丽艳:《论韩国孝道文化传承对中国的启示》,《学术交流》2014 年第 9 期。

② 宫丽艳:《论韩国孝道文化传承对中国的启示》。

外,年轻人在公共场所要主动与长者打招呼,在公共交通上主动给长者让座,等等。可以说,在培养子女养成孝顺父母、敬老亲老的品格方面,韩国父母的教育"丝毫不逊于古人"。①

据研究,儒家伦理规范已经深入到韩国社会的婚丧礼俗。比如婚俗中的六个程序就是遵循儒家"六礼"的风俗:纳采、问名、纳吉、纳征、请期、亲迎。韩国的婚俗中的六个程序是:纳采、四柱单、婚礼上的信任见面、在娘家度过大礼后的两天、币帛礼、觐亲。这与我国古代婚俗几乎没有什么差别。其中"四柱单"的习俗比较典型:

> 韩国传统婚俗不仅在整体结构因袭了儒家治家礼,而且在具体内容上也蒙上了儒家色彩,其中最典型的是"四柱单"。男方通过媒人向女方求婚,女方父母应允后,男方权辈或媒人则把新郎的生辰八字写在字条上,用丝绸包好,送至女家,这个白条叫四柱单。女方家接了四柱单,两家即定亲,只等女方父亲择吉日完婚。②

这种情况说明,韩国社会的民间意识形态和风俗习惯实际上已经被深度儒化。

那么,韩国社会的儒家思想和行为传统由何而来? 显然,韩国社会孝道教育如此深入,主要得益于孝道教育的深入开展;儒家思想融入整个社会的思想教育体系,是其根本所在。首先是家庭教育。父母言传身教,以身作则,对子女从小就"教育其孝敬父母、尊重长辈、关爱他人,让子女懂得孝顺父母是做人最基本的品德。"③其次,韩国政府将以孝道为核心的儒家伦理教育列入自幼儿园至大学教育。在幼儿园设有朗读《孝经》班,在小学、中学都开设专门的孝道文化课程,孝道文化课外实践活动也丰富多彩、形式多样;高校当中,如成均馆大学、首尔大学、高丽大学、世宗大学等都设置了以孝道为核心的儒学课程。

---

① 宫丽艳:《论韩国孝道文化传承对中国的启示》。
② 姜文华、洪杰:《韩国婚俗中的儒家思想影响》,《民俗研究》1996 年第 2 期。
③ 宫丽艳:《论韩国孝道文化传承对中国的启示》,《学术交流》2014 年第 9 期。

韩国自上至下的儒家文化教育措施取得了改变人们精神与行为的效果,就连韩国部队的政治思想教育也以智、仁、德、忠、勇作为军官素质培育的理念基础,忠勇、信义"成为韩国军队的精神支柱"[①]。韩国政府对儒学的大力提倡和推动措施,为儒家思想在民间的传播提供了政治与文化基础和前进动力;而将儒家思想纳入国民教育的措施,则从根本上实现了儒家伦理精神的本土化,并使韩国社会意识形态呈现儒家思想的特性,这必然使韩国社会实现对儒家文化的高度认同。

第二节　儒家思想对外翻译传播的四种主体

反观释、耶中渐的历史,今天儒家的对外传播,我们所面临的最大问题有三个:一是传播者的问题,二是传播渠道的问题,三是传播效果的问题。在此,我们专门讨论传播者的问题。

基督教在我国的传播,最初的发起者是西方传教士,翻译者和传播者也是传教士。传教士生活在中国,慢慢从文士官员到社会大众,与中国社会各界接触。他们建教堂,归化信徒,召集礼拜活动,宣讲教义。中国的文士和民众被归化后,便开始加入基督教传播者的行列,开始向同胞传播基督教教义。有的被选为教堂的教士,以教堂为平台归化民众,传播基督教;有的则在民间以街巷邻里、走家入户的形式传播。四百多年过去,基督教不仅打开了中国的宗教大门,而且在我国已经成为官方正式认可的宗教。今天中国基督教信徒人数已高达"2300万—4000万之间,约占我国总人口的1.7%—2.9%"[②]。佛教最初的传播者也是天竺高僧维祇难、竺将炎,波斯高僧安世高,西域鸠摩罗什等外来高僧。他们亲自译经、讲经,并很快归化了统治者阶层,佛教传播高峰迭起,速度、广度和深度皆远远高于基督教,传播效果也远超基督教。显然,两种

---

① 薛海玲:《儒家文化对韩国军队精神教育的影响探析》,《外军观察》2012年第4期。

② 参见 http://politics. people. com. cn/n/2014/0806/c1001-25409597. html。

宗教在我国的传播过程中所遇到的不同局面,是由各自所处的历史文化条件所决定的。佛教传入时正当东汉末年,统治者昏庸无道,战乱频仍,民不聊生,新的统治者寻求治国之道,普通民众需要灵魂的安慰,这为佛教的传播创造了十分有利的政治和社会环境。基督教于葡萄牙殖民主义者在澳门建立通商点之后传入。葡萄牙商人的傲慢与奸诈,当时引起了中国民众的厌恶和排斥;罗明坚、利玛窦等长胡须、蓝眼睛的传教士,也被当地民众划归"弗朗机"人之流,被当作不可轻信的恶人;此外,当时的中国正值清朝统治者当权,他们采取闭关锁国的政策、妄自尊大,对外来文化持严重的排斥态度,不屑一顾。这些因素,给利玛窦等人的传教进程带来了很大的阻力,基督教在中国的传播者常处在势单力孤的境地,所以传播的效率比较低。

再看今天的儒学对外传播。我们有没有一个有力的传播者队伍? 状况如何? 应该说,我们有传播者队伍,但其发展状况不好。应该承认,儒学最初的传播者是传教士,他们传播的主要方式就是翻译,通过译本将儒家带给西方。但是,传教士的儒学传播有一个特殊的语境,即其根本目的是用他们的基督教"远征"东方,而非从东方学习圣者智慧;他们所服务的直接对象是当时西方统治者的殖民野心。所以,儒家思想从来就不是西方思想界和统治者所真正景仰的精神资源。天主教和基督教称儒家是异教,是崇拜鬼神的宗教,所以,西方传播者对儒学的传播一直缺乏诚意。四百年来,他们以居高临下的优胜者姿态,并几乎以猎奇的心态去研究我们的儒家思想,即使有为数不多的几个开明的学者,他们的呼吁也没能促使西方社会认真学习和吸收儒家思想,并真正认识到儒家思想的内在价值。所以,儒家思想的传播,无法从根本上依靠西方的学者。那么,我们究竟应该依靠谁呢?

第一个重要的传播者群体,就是热爱中国文化、热爱儒家的华人华侨学者。他们定居在国外,长期生活在西方社会,心中有传播儒家思想和中华文化的愿望,并一致致力于中华文化发展与传播。比如,世所公认的第三代新儒学代表人物成中英、杜维明、刘述先等,今天美国的新儒学就是由他们亲手开创并发展起来。成中英长年致力于在西方世界介绍中国哲学,自 1983 年起,他执教于美国夏威夷大学哲学系,创立了美国国际东西方大学并兼校董会总监、校长、东西方文化中心传播研究所高级顾问,任美国耶鲁大学、美国纽约市立大学客座哲学教授,是《中国哲学》(*Journal Of Chinese Philosophy*)季刊的创立者和主编;他还创立了国际中国哲学学会、国际易经学会、中国哲学高级研究中心、远东高级研究学院等国际性学术组织并任主席。杜维明任国际儒学联合会副会长,并担任《哈佛亚洲研究学报》、《东西方哲学》、《二十一世纪》(中国香港)、《明报月刊》(香港)、《亚洲文化》(新加坡)、《人文杂志》(马来西亚)等学术刊物的顾问或编委。刘述先曾任美国南伊利诺伊大学助教,美国南伊利诺大学哲学系副教授、教授,美国南伊利诺大学哲学系正教授,儒学著作颇丰。另外还有林语堂、信广来、余纪元、沈清松、倪培民、林毓生等等,这些学者都通过各自的学术平台积极传播儒家思想文化、积极推进儒学现代化。他们撰写的儒学研究论文和著作是当今儒学传播领域的重要声音,他们用儒家思想给当代美国社会带来了巨大影响。这些学者拥有一定的话语权,而且他们与西方社会文化交融比较深,其文化身份与学术观点在西方社会中的认同感比较强,与西方学者之间的对话渠道也比较畅通,其传播工作往往会取得事半功倍的效果。如杜维明的英文儒学论文《儒家的幸福之道》《中国与西方的复杂联系》《东亚现代性中的儒家传统》《东西方的交融:儒学的人权观》等发表在《美国人文、社会与科学院院讯》《哈佛国际评论》等美国重要学术期刊,在世界范围产生了巨大影响。但是,我们应该看到,当前这一重要的传播群体人数太有限,发展太慢,这部分力量亟待加强。

　　第二个传播者群体是非华裔汉学家。近十几年来,随着我国政治经济影响力的不断增强,海外汉学家的队伍迅速壮大。汉学的传统研究领域是中国的政治、经济、文学、历史、哲学等。今天,越来越多的汉学家立足于儒家思想领域,大力开展理论性和应用性研究。在美国,儒家思想研究形成了波士顿学派和夏威夷学派,对促进儒学在当代美国的研究和传播起到了重要的作用。根据蔡德贵的研究,"波士顿儒学以对话为主要特点,夏威夷儒学以诠释为主要特点。两派在思想主张上虽有不同,但在把儒学推向世界方面都做出了很大贡献,因此对儒学参与世界化进程有较大的启示作用。"①这两个儒家学派是儒学已经走向世界的重要标志。这两个学派的代表人物就是南乐山、白诗朗(John Berthrong)、杜维明、安乐哲、罗思文等。他们所做的工作,为儒学的现代化和世界化做出了重要贡献。蔡德贵说:

> 波士顿儒学与夏威夷儒学以非常开放的心态,使用了有广泛意义的综合方法,把现代西方最流行的过程哲学、分析哲学、解释学、现象学、存在主义、结构主义等各种哲学与中国哲学融为一体,建构起一套对话派的新儒学和阐释派的新儒学,丰富了儒家思想的内容。他们力求使中国传统哲学现代化,达到东方与西方的融合、人文精神与科技精神的共存、价值理性与工具理性的平衡,以求满足中国发展科学民主的现代化需要,同时又能解救西方现代化以后遇到的人文价值失落的危机。他们的努力正在使儒学进一步推向世界,这对儒学参与世界的一体化会起到重要的参考作用。儒学要真正现代化,就必须真正世界化。②

西方儒学研究者最有效的儒家传播方式,就是真切地从西方哲学内在发展的需求出发,把儒家思想与西方的古典哲学与现当代哲学思潮紧密结合,努力使其水乳交融。波士顿学派白诗朗认为,当今世界"不同文明间交流、借鉴和融合的范围在扩大,矛盾、冲突和危机也在加深。世界需要对话,只有理解彼此之异,才能找到彼此之同"③。夏威夷学派的安乐哲则试图实现实用主义和儒学之间的对话,把儒学与杜威的实用主义哲学相嫁接,④让儒学以实用主义的思想形态在美国发展。儒学要成为世界性的哲学,就必须首先与世界上其他的哲学互相对话;而究竟如何能够有效地对话,传播目的地的哲学家们对

---

① 蔡德贵:《试论美国的儒家学派》,《中国人民大学学报》2004年第5期,第79—85页。

② 蔡德贵:《美国波士顿儒学和夏威夷儒学》,当代儒学国际学术研讨会,2004年。

③ 白诗朗、王强伟、曹峰:《儒耶之间对话的可能性》,《文史哲》2011年第4期,第12—14页。

④ Roger T. Ames. "Confucianism and Deweyan Pragmaticism: a Dialogue". Journal of Chinese Philosophy 30:3&4 (September/December 2003) 403—417.

此最了解,因为他们深谙当地思想形态及其发展要求,他们的话语和观点也更容易为当地各个阶层所接受。尤其是,要使儒家思想在世界各地得到彻底的传播,离开当地传播群体是根本不可能的。我们应该清楚的是,有对话就必然有辩论,有观点的同异,我们不能只求相同的声音而排斥相异的声音,在辩论中发展,是儒学域外发展的根本道路。然而,如何建立和发展汉学家这个传播群体,并使这个群体发挥应有的作用,这是一个需要我们深入研究的重大课题。

第三个传播者群体,是中国境内的儒学研究者和中国文化对外传播研究者。儒学研究在我国有着悠久的传统;党的十八大以来,党和政府发出的中国文化走出去的号召,激励一大批有志者加入了儒学研究和对外传播的行列。目前的儒学研究者多在文史哲界,如国际儒学研究院、中国孔子研究院、北京大学儒学研究院、山东大学儒学高等研究院、四川大学国际儒学研究院、曲阜师范大学孔子文化研究院、山东师范大学齐鲁文化研究院等,这些研究机构的研究者是儒学研究的中流砥柱。他们聚焦儒学内涵研究,注重思想的阐释,也致力于应用研究,为儒学的当代发展和对外传播打下了坚实的基础;不仅如此,他们力图开拓儒学与世界上其他哲学的对话渠道,积极推动儒学世界化。

以中国孔子研究院的研究工作为例。2017年5月6日至7日,该院召开"人是'生而既成',还是'行之而成'——安乐哲儒学大家国际研讨会",大会的主题是"针对当今人工智能、生物工程和其他科技正重新改组社会组织和人类经验本身的现实,深刻思考社会和政治意义的对'我'的反思,对'我们要做什么样的人'进行反思,从而克服人工智能等技术带来的挑战。"①目的是进一步实现"中西哲学、文化间最直接、最深度的交流与互谅互解。有助于世界各国人民找到不同文明、不同价值间最大的公约数,更好地解决人类社会所面临的共同问题,进而实现文明、国家间的和平共存与共同福祉。"②近年来,中国孔

---

① 参见 http://www.kongziyjy.org/plus/view.php? aid=1355。
② 参见 http://www.kongziyjy.org/plus/view.php? aid=1355。

子研究院多次与外国儒学研究组织进行交流活动。2016 年 10 月,西班牙巴塞罗那大学孔院代表团来济宁市中国孔子研究院体验儒家文化。① 2017 年 9 月,美国伊利诺伊州共和党联邦众议员达林·拉胡德、华盛顿州民主党联邦众议员里克·拉森带领美国国会众议院"美中工作小组"代表团访问中国孔子研究院,与该院有关人员等进行了座谈交流,旨在增进对孔子及儒家思想的了解,推进文化间的交流互动。② 国际儒学联合会、山东大学高等研究院等,也与世界各地的儒学研究机构和专家进行了良好的学术交流和互动。以国际儒学联合会为例,自 1996 年成立以来,国际儒联积极搭建国际合作交流平台,先后在多个国家和地区举办了一系列国际学术会议。列表如下:

会议时间	会议名称	会议地点
1997 年 6 月	儒学与世界文明国际学术会议	新加坡
2001 年 10 月	儒学与新世纪的人类社会国际学术会议	新加坡
2002 年 10 月	儒学思想国际学术会议	韩国
2012 年 7 月	儒学与德国哲学的对话国际学术会议	德国
2013 年 6 月	儒学与俄罗斯文明的对话国际学术会议	俄罗斯
2013 年 9 月	中澳文化对话国际学术会议	澳大利亚
2014 年 7 月	当代儒学文化的传播与践行国际学术会议	马来西亚
2015 年 9 月	国际儒学论坛——威尼斯学术会议	意大利
2015 年 9 月	国际儒学论坛——布加勒斯特学术会议	罗马尼亚
2016 年 7 月	国际儒学论坛——亚洲文明交流互鉴北京国际学术研讨会	中国

这些学术会议都取得了比较好的国际交流效果。此外,每五年一届的"纪念孔子诞辰大型国际学术会议",已成为国际儒学界、文化界和国际社会的许多社会名流及政要所关注的重要学术文化交流平台。

———————————

① 参见 http://www.kongziyjy.org/plus/view.php? aid=1672。

② 参见 http://www.kongziyjy.org/plus/view.php? aid=307。

第四个群体是近年来各高校涌现的一批典籍翻译研究者。他们已经开始从翻译传播的角度关注儒学对外传播的问题,其研究工作正在成为推动儒学研究世界化进程的重要力量。然而,值得注意的是,国内各大儒学研究机构对外交流的平台和渠道还不够丰富和畅通,与国际学术界和汉学家的儒学对话开展还不够直接而有力,与西方社会基层的接触和沟通尚比较少,无法彻底了解其社会意识形态状况;我们应该进一步开放国际视野,改进研究目标、思路和方法,将着力点和核心放在推动儒学国际化,使其成为世界性伟大思想,成为建立人类命运共同体的最重要精神力量上。典籍翻译研究者,应该跳出翻译技术研究的层面,把研究视野深入到儒学思想的外文表达和传播的深度问题上,把翻译文本研究的重心落实到思想内容和社会文化价值上,并且与儒学国际传播研究紧密结合起来,加强与国际同行的合作与对话,使研究工作真正成为儒学国际化动力。我们应当从建设人类命运共同体、寻求建立人类思想文化共同价值的高度,大力加强与儒学海外传播工程有关的问题研究和目标研究,以指导我们当下和未来的儒学研究与对外传播大业。

第三节　儒家思想对外翻译传播的层次、目标、机制与措施

一、儒家思想对外翻译传播的层次与目标

儒家思想是人类历史上最伟大的思想体系之一,必定在世界范围广泛传播和发扬光大。儒家思想传播的根本目的,在于使其成为人类共同的思想文化资源,并在世界政治、经济、社会、文化生活中发挥应有的作用。

从传播学所揭示的传播基本规律看,儒学传播需要经历以下四个传播层次才能彻底完成其传播过程。

第一层次是精英思想作为文化进行相互对话、碰撞与交流。作为世界上最伟大的思想之一,儒家思想在传播过程中首先要与其他文化系统中的伟大

思想相互联系,相互碰撞,相互对话,最后达到相互交流融会。在此过程中,首先是思想体系之间的认同,然后以此为基础寻求和扩大共同价值,亦即求得不同思想体系之间的最大公约数。这个思想公约数并不是纯数学意义上的,随着两种思想之间的交流激荡,其共同价值空间会不断发生变化,并逐渐向总体上占优势的一方倾斜,最终成为以优势一方为主体的新的思想体系。当然,这个变化过程还要受到政治、经济、历史环境的影响,其中哪种思想体系会具有优势地位,与这些因素紧密相关。从西方国家目前的思想文化状况来看,儒家思想在西方的传播目前尚处在学术界交流的层次,虽然其价值已经为越来越多的知识界精英所认同,但它尚未真正走出象牙塔,所以,当前西方世界真正和认同儒学思想价值的人为数不广,而以其为行为准则的人则少之又少。换言之,西方世界的思想意识形态,仍然处于西方思想传统。历史的经验告诉我们,西方思想传统的自我优越感,自中西会通之始即牢固建立在其宗教自豪感和经济、军事实力的基础之上,基础力量的对比得不到改变,西方思想传统会顽固自持,很难突破。

第二层次是大众的文化认同与社会意识形态的转变。如果儒家思想从象牙塔内的学术讨论中走出来,西方思想家和学者希望以儒家价值观影响社会,那么他们的儒学话语将以一种学术的或通俗的方式,通过口头或笔头,流向普通大众。其具体方式不外乎三种:一种是在教育机构内,学者、教师以授课的形式向学生传授。现在西方国家高等学校内设立的东亚研究中心,亚洲研究中心,亚非研究中心等,就是典型的形式。这些机构招收研究生和本科生,有些课程就包含儒家经典的内容,但遗憾的是课程和受众比例相当小,在整个教育内容中小得几乎微不足道。西方国家的中小学则远远还没有儒家思想的教育内容和相应的教育机制。第二种是以学术活动的方式传播。通过组织研讨会,发行学术期刊,将关于儒学的讨论不断向外扩散。另外,学者们以外文著述儒家思想,其著作以学术的语言,或者以深入浅出的普通语言撰写。这些著作流入社会之后,将会吸引一批来自各个阶层的读者。譬如林语堂撰写的《孔子的智慧》,语言通俗简易,内容经筛选后简洁易懂,受到了美国普通读者的欢迎,但其读者圈始终是十分有限的。第三种是以全译或选译、编译的形式传播。文化程度高且关心中国思想文化的受众可能会倾向于选择全译本,其他受众可能会选择选译或编译本来进行阅读,但译本的阅读会给读者带来困难,尤其是全译本,而其他媒体形式的译本目前种类有限,亟待开发。

第三层次是政治意识形态间的竞争与交融。儒学传播过程中的一个重要环节就是能够与传播目的地的国家意识形态产生互动、共鸣与交融。因为统治阶级意识形态的改变,可能引起整个社会思想文化的全面而深刻的变化。现代以来,西方国家虽然奉行个人主义自由主义哲学,但其社会的内在发展逻辑仍然需要以修己安人、仁爱、孝敬、礼让、和谐为根本的儒家思想。人类社会的发展,包括西方社会在内,不可能仅仅依靠个人主义自由主义,也需要依靠利他主义和社群主义。迈克尔·桑德尔(Michael Sandel)1996 年出版《民主的不满:寻求公共哲学的美国人》①,对这一思想发展需求进行了深刻的论述。安乐哲对桑德尔的观点进行了如下概括:

> 共和政体的自由就是参与那些集体规定共同利益并且制定政治共同体价值的议政的机会。这种自由曾带来一个可以培养造就人的公民社会,这种社会极力使人们养成自治所必需的品格素质并且鼓励一种归属感。自由就表现为共同分享的自治。
>
> 这样一种自由的观点现在已不能继续推动美国的民主了。由于企业文化的扩张以及随之而来的国家政府机构的膨胀,那些曾经置身于个人和政府之间的中介调节组织,比如家庭、邻里、学校、工会、社交俱乐部和宗教社区等等一直不断受到侵蚀,而在过去它们正是教育公民培养公民美德的组织。取代了公民自由之后,所谓自由已经变成了仅仅属于那些为他们自己选择个人目的的公民的权利。而且,美国的民主也变成了程序性的和中性的东西:它只提供并保障一

---

① Michael Sandel:Democracy's Discontent:America in Search for a Public Philosophy. Cambridge:Harvard University Press,1996.

个使人们能选择他们自己的价值和目的的权利框架,而政府既不鼓励也不反对任何关于什么是好的生活的特殊观念。这种唯意志论的自由观排斥了任何发展战略和公共道德的表达,由此在社会里留下的真空很快就被专门披露名人"隐私"的庸俗小报所填补,并为公众的放任态度所认可,各种不伦不类的偏狭道德主张也得以放肆地滋生蔓延:民兵组织、基督教原教旨主义者、好战的"无期徒刑赞成者"、新纳粹分子、白人优越论者、有组织的"儿童性爱癖者",等等。①

桑德尔认为,恢复公民自由的概念已经遭到反对,其原因有两个:"第一,世界已经变得十分复杂,地方自治的理想再也无法实行了。第二,公民价值的培养要求牺牲一些个人自由,至少在目前看来这是不可避免的。"②安乐哲认为,在儒家传统中就"含有许多与桑德尔为美国民主所开的药方相通的一致之处③。表面上似乎并不友好的儒家概念,虽然将人们置于一种由道德和社会纽带,如礼所规范的角色和关系、等级制度、尊重服从、互相依赖、"正确思考"等编织起来的关系之中,但这"也许并不是完全有害的东西。鉴于世界各文化之间的相互依存关系,求助于被正确理解的儒家资源可以为一种更加切实可行的新型的美国民主指出一个可能的方向。至少,美国当代的社会问题可以向那些倾向于抛弃儒家遗产的亚洲文化敲响警钟,告诫它们不要过分急于这样做,否则它们将无法探索儒家对于一种更加安全的亚洲式民主可能作出的贡献。"④安乐哲在谈关于西方的"东方化"⑤问题时,话锋上虽然委婉,但他实际上既指出了西方思想界对儒家思想的排斥,也肯定了西方社会对儒家思想的需求,暗示出儒家思想对人类社会发展具有普遍指导作用。当西方社会思想与社会发展的矛盾积累到危及其社会生存的地步,如果儒家思想对人类社

① 安乐哲:《儒家学说与社会进步——美国的"东方化"》,《东方论坛》2006年第6期。
② 安乐哲:《儒家学说与社会进步——美国的"东方化"》,《东方论坛》2006年第6期。
③ 安乐哲:《儒家学说与社会进步——美国的"东方化"》,《东方论坛》2006年第6期。
④ 安乐哲:《儒家学说与社会进步——美国的"东方化"》,《东方论坛》2006年第6期。
⑤ 安乐哲:《儒家学说与社会进步——美国的"东方化"》,《东方论坛》2006年第6期。

会发展所具有的巨大精神力量为西方思想界所充分认识,并作为经世致用的新思想加以推崇,那么儒家思想并非没有进入西方政治意识形态的可能,起码可以与其相交融,并在一定的历史条件下与西方传统思想在体用关系上发生本质上的转变。儒家思想一旦进入西方的政治意识形态,那么将成为改变西方社会文化的重要力量,其整个社会的道德观念和社会习俗将发生深刻变化。

然而,尽管理论上意识形态化传播是最有效的方法,但在当前政治意识形态斗争日趋激烈的国际政治环境下,由于各国在意识形态战线都采取积极防御战略,儒学以意识形态化的方式进行传播的目标并不容易实现。当前,有必要采取民族文化交流的传播策略,通过知识界学术交流和民间文化交流的方式,逐步使儒家思想为西方国家的知识界所接受和推崇,为其普通民众所接受,并自下而上逐步影响西方国家意识形态。

第四层次是社会道德观念与习俗革新。倘若儒家思想进入目的地国家意识形态,将发生全方位的更深层次的传播。其中一个重要的传播模式,就是儒家思想进入全国教育体系,成为大、中、小学生思想教育的重要内容,成为社会大众持续的思想教育的主要内容。儒家思想只有进入目的地国家的教材,不仅是进入高等教育教材,而且要进入中小学教材,方能实现在全民中的实质性传播。比如今天的韩国和日本中小学教材中就有儒家孝的思想内容,孝的伦理思想已经成为这两个国家民众思想观念的构成要素。儒家思想进入目的地国家的中小学思想教育体系,是传播达到较大深度和广度的重要标志,因为中小学教育普及率最高,中小学生接受外来思想也比较容易;如果每一代人都从小学开始接受儒家思想教育,几乎就等于已经把儒家思想教育全民化。这就为社会道德观念与习俗的变化做了最基础的准备。

儒家思想进入目的地国家的教育体系,虽然为进一步传播夯实了基础,但仍未完成最彻底的传播目标。儒家思想最彻底的传播在于目的地社会观念与社会习俗的变革,以及社会成员行为习惯的改变,其具体的表现就是日常的衣、食、住、行都与儒家观念相一致。这一传播目标虽然显得遥远,但是并非不可能。一旦一个国家的中小学思想教育中普及了儒家思想教育内容,就离形成儒家社会风俗这一步不远了。过去三十多年,西方价值观念对我国各阶层民众生活的侵染和演变,可资作为我们的历史参考。

二、儒家思想翻译传播的机制与措施

儒家经典翻译应该面向对外传播,而在当前的国际文化环境下,仅靠自然传播,在速度、广度和深度上会面临许多困难。因此,应考虑在国家层面制定相应政策措施,建立相应运行机制,促进儒家经典的翻译与传播的进程与效果。

首先,国家对外翻译工程须得到深化。为了达到儒家思想传播的最终目标,我们已经开始了国家对外经典传播工程。中国文化典籍的国家重大出版工程《大中华文库》项目,近年的国家社科规划项目,教育部社科项目,以及全国各省级社科项目,都在斥资支持儒学对外翻译与传播的研究。《大中华文库》对外出版了数百种中华文化精品,其中包含了《论语》《孟子》《荀子》《颜氏家训》《儒林外史》等部分儒家经典。虽然其中存在不少问题,如义理问题[1]、语言问题[2]、剪裁与体例问题[3]、编辑出版问题[4]等,但其对儒家思想对外传播的潜在作用仍值得期待。国家社科基金还专门设立了中华学术外译项目,这也是促进传播儒家文化的良好途径。这一切都是我们加速儒学对外传播,提高传播质量和社会效益,增强我国文化软实力的重要举措。在其推动下,中国文化在世界上的地位不断提高,中国的民族形象在国际社会也正开始展现魅力。从以往我国重要文献翻译出版的经验来看,把儒家文化对外翻译传播纳入国家文化软实力建设、提高国家国际地位的总体规划,从组织到实施过程变

---

[1] 刘重德:《关于大中华文库〈论语〉英译本的审读及其出版——兼答裘克安先生》,《中国翻译》2001 年第 3 期。

[2] 付恵生:《〈汉英对照大中华文库〉英译文语言研究》,《外语教学理论与实践》2012 年第3 期。

[3] 王辉:《盛名之下 其实难副——〈大中华文库·论语〉编辑出版中的若干问题》,《华中科技大学学报》(社会科学版)2003 年第 1 期。

[4] 王晓农:《中国文化典籍英译出版存在的问题——以〈大中华文库·二十四诗品〉为例》,《当代外语研究》2013 年第 11 期。

为国家文化翻译传播行为,是必要而合理的。因为国家核心文化建设,包括国内建设和国际建设,都需要全民参与。从长远来看,为经济与社会效益计,需要国家进行宏观组织与管理。

我们要深化国家对外儒学翻译与传播的组织与管理,除了做好国内的工作以外,还要对国际上的工作予以足够的重视,那就是,我们的翻译与传播应当开展充分的国际合作。就翻译问题本身来看,杨牧之的看法很有道理。他说:"把中文翻译成外文,难度很大,尤其是文学著作,不了解、不熟悉外国人的生活习惯、阅读习惯、语言文字习惯,很难得到外国读者的欢迎,所以请国外汉学家参与其事,会收到理想的效果。当然,我们请国外汉学家参与其事,一定要注意坚持以我为主,因为中国的文化毕竟中国人最熟悉。"①国际合作既然重要,那么剩下的问题就是如何搞好国际合作的问题。

国际合作的首要问题是人力问题。我们需要吸引外国汉学家参与我们的儒家经典研究、翻译与传播工作。要调动他们的积极性,我们需要把组织工作做到国外,比如我们可以在国外设立联络机构,或者在国内设立能够通过网络沟通国外文化界、学术界,联络机构专门负责进行项目设计与实施,把翻译传播的各项近期和远期目标设计成各种类型的项目,采用国际招标的形式向全世界招募翻译者和传播者,通过项目的确立,为国际参与者提供资金支持。这样有利于克服只在国内设立项目、征集人力的局限,从而克服翻译与传播过程中的语言与文化障碍。比如,目前国家社科基金所资助的中华学术外译项目,规定翻译文本的出版发行必须由国外出版机构完成,这确实有利于加强翻译文本与外国读者的直接对接,也有利于推动中华学术成果的对外翻译和传播,但是,国内译者联系国外出版机构不易,且有些译者联系到的出版机构档次不高,影响力不大,出版发行的效果也存在某些问题;不如将项目直接国际化,通过一定的网络平台在国际上直接招募合作译者,并制定具体的规定,保证项目

---

①　杨牧之:《国家"软实力"与世界文化的交流——〈大中华文库〉编辑出版启示》,《中国编辑》2007年第2期。

必须通过国际合作的形式完成，这样会提高翻译的效果，同时也使出版发行与传播的若干问题得到更好的解决。

网络传播是一个一直受到忽视的儒家文化翻译传播领域。国家有关机构可以组织制定国内儒学翻译传播网站建设计划，资助有资质的单位进行儒学翻译传播网站建设。网站翻译与传播渠道直通全球各个角落，可以最大程度地面向大众，缩短译品推送时间，方便读者购买和阅读，既有利于翻译传播工作的持续性、系统性，也可以节省大量的出版发行资金，以最小的经济支出，获取最大的传播效果。

其次，进一步推动儒学研究国际化。做好翻译工作是儒家思想文化对外传播的第一步；要做好传播工作，还需要大大推动儒家思想研究的国际化。上文的讨论显示，儒家思想已经在以美国为代表的西方世界引起了程度越来越大的重视；20世纪90年代以来，国际儒学研究呈现出应用性和现代化的趋势。但是，从进程上看基本仍处在自发的学术研究状态，与研究者所在国的经济、政治、道德、文化的发展脉搏基本上相适应，也与我国政治、经济、文化的影响力相呼应。要加强国际儒学研究，只靠国际社会的自发动力还不够，我们还需要采取一定的推进措施，如鼓励我国儒学研究者积极参与国际学术活动，建立一定的直接帮扶机制、资助机制或奖励机制。鼓励我国学术期刊国际化，让我国的儒学学术期刊直接进入世界互联网搜索系统，成为全世界研究者继续研究的学术资源。鼓励我国的儒学学术期刊汉英双语化，方便我国的儒学研究者与国际同行进行直接对话。研究设立国家级国际儒学研究计划或项目，为国际研究者提供必要而有力的研究资助。国际儒学研究是儒学传播的二级传播环节，它相当于一个国际传播中枢，儒家思想在这个中枢与西方传统碰撞、反应、化合，并把养分输送到普通民众的头脑中去，所以，这个二级传播中枢需要花大力气去研究和建设。可以说，没有这个二级传播中枢的综合处理，儒家思想很难变为容易与各种异域文化融合，适合异域广大民众文化趣味的思想营养。

再次，重视传播方式多元化。儒家思想文化的传播不能只依靠书面的翻译,也不能仅依靠学术界的儒学研究,而是要广开传播渠道,实现传播方式的多元化,并始终保持传播方式的开放性。因此,我们应该大力加强以下两个方面的工作:

(一)提高孔子学院的儒家文化传播功能

进一步发挥世界各地孔子学院的作用。孔子学院自成立以来,在全球各地的数量不断增加,但我们也需清楚地认识到,目前大部分孔子学院仍定位于对外汉语教学,把主要精力放到了汉语的推广上,在传播儒家文化方面所起的作用尚小。这个现状当然与孔子学院所在地的社会环境有很大关系,但各个学院的文化传播意识不够强,也是一个重要因素。我们认为,孔子学院的基本定位应是综合的文化传播,而不应该是纯语言教学。应该把儒家思想糅入语言教学内容,让学习者在语言学习中了解和接受儒家文化。我们必须重新审视孔子学院的定位,制定适当的方针政策,确立正确的办学方针,科学合理地设置儒家文化课程,充分利用好孔子学院这一传播渠道。

世界各地的孔子学院应该担负起所在地国际中国文化对外传播中心的职责,成为海外儒家思想传播的有力组织者和执行者。孔子学院不仅应该做好教学工作,还应该与当地政府协商,依法建立语言与文化传播网站,并通过这种方式有效扩大儒家思想的传播面,积极组织各种中国特色的民间活动,把儒家文化直接植入当地民众日常生活当中去。

(二)发展媒体与网络传播渠道

各种传统媒体与网络是最快捷的儒家文化传播工具。我们需要发挥传统新闻媒体的作用,加大中国文化对外宣传力度。中国的媒体需要大力提高国际化传播水平,提高与世界各国媒体的合作与对话交流。另一方面,我国现有驻外媒体可以考虑设立以儒家思想为代表的中国文化的专刊、专栏或专题节目;同时,我们也应当寻求以适当形式直接利用西方报纸、电台等媒体传播儒家文化。

　　网络媒体是我们对外传播儒家思想最便捷的渠道。网络和图书、报纸相比,速度快,成本低;与电视相比,它没有收看时间的限制,有独特的优越性。有学者指出,今天我们对儒家的研究、传播与发展恐怕不能光用老的手段,应尽快建成"全世界最大的、最丰富的、最生动的孔子网站"①,借助最现代化的手段,用所有人都可以从中各取所需的传播方式,把儒家思想向全世界广泛传播。互联网站要充分发挥网络的特点和优势,建设各类数字图书馆、数字阅览室、数字博物馆,将儒家经典的西文译本、文献进行数字化处理,并对外开放,为全世界读者所共享。

　　当然,我们必须认识到,各民族的传统文化在冲突和融合其中共同性会不断增强;同时,以西方发达国家为主导的文化全球化,对发展中国家的文化冲击日益增强。网络已经成为世界主要国家和形形色色的主义、思潮及价值观念宣传的平台。据统计,当今互联网上,英语内容超过95%,中文信息不到总量的万分之一,而不受西方控制的英文信息也不到万分之一。② 近几年,由西方国家一直主导的网络国际文化传播的天平虽然开始慢慢向中国文化元素倾斜,但西方文化在国际舞台上仍占优势。我国现有的一些传播儒家思想的网站,利用网络传播儒家思想文化取得了不少成就,但这些仅限于学术或者民间文化交流层次上的传播,还远远不能满足我们的目标要求,需加强组织领导,力图从内容到形式进行不断改进,大力提高传播效率。比如,大部分国内儒学网站并没有英文平行文本,这就大大影响了国际阅读面,限制了国际传播效果。所以,在网络上实现高效的儒家文化的国际传播,依然任重而道远。

---

① 许嘉璐:《弘扬儒家精华发展先进文化》,《理论参考》2007 年第 11 期。
② 于炳贵、郝良华:《西方文化中心主义与国家文化安全》,《中共中央党校学报》2005 年第 3 期。

第八章 儒家思想翻译传播与文化软实力

第一节 儒家思想海外传播的世界性意义

一、儒家思想文化是全人类的共同精神财富

《礼记·礼运》早就为我们描绘了大同社会的理想:"大道之行也天下为公,选贤与能,讲信修睦。故人不独亲其亲,不独子其子。使老有所终,壮有所用,幼有所长,鳏寡孤独废疾者,皆有所养。男有分,女有归。货,恶其弃于地也,不必藏于己;力,恶其不出于身也,不必为己。是故谋闭而不兴,盗窃乱贼而不作。故外户而不闭,是谓大同。"在今天全球一体化和世界主义的语境下,儒家关于"大同世界"的描绘中所蕴含的"天下观"具有特别重大的时代意义,将其进行进一步的思考和阐发并加以发扬光大,具有特别重要的世界意义。来自基督教普世主义、平等主义和柏拉图理性主义的世界主义,今天在西方被当作人类共同价值,十分流行。世界主义虽然被认为是西方的哲学思想,但从本质上看,却毋宁说它仅是西方学者率先从其哲学传统发展创造出的现代哲学观念,而其所蕴含的共同价值早在中国的思想传统里存在,如墨家的"兼爱"

观和儒家的"大同"观。拿世界主义和儒家的"大同"观相比较,两者有共同内核,也各有所长。前者信奉平等、正义、理性,追求超越民族与国家的狭隘观念,追求人类的共同价值;后者的大同是人间大道,即天下为公,信奉等差爱基础上的和谐的人人平等、人人和乐、天下太平。前者宪章基督教的天赋人权以及由此生发出来的民主、平等、自由的观念,柏拉图《理想国》的仁德理性,建基于客观和无情;而后者祖述人伦五常十义,强调"情"对于大同世界的重要作用。就世界主义而论,虽然它给予人类以向往和追求,而更多的是一种理想和主义,一种概念,实现的可能性离现实比较遥远。而儒家大同世界,在道德情感和绝对天道责任的基础上,则有实现的可能。因为它所追求的王道,不是"一天下",而是"天下大同"。"天下大同"是内行仁道,外行王道,它是一种共同价值,在这种价值的引导下,人类走向大同世界。因此,虽然世界主义是西方的,儒家"天下大同"是中国的,世界主义在西方流行,而儒家的"大同"思想尚未流行,但这不意味着西方的思想必然比中国的优越,儒家的"天下大同"思想没有必要以西方的世界主义为标杆。儒家的"天下大同"以"温和民主主义"①或"温和、理性、开放的中国民族主义"②为特征,具备世界主义所蕴含的共同价值,即能内行仁政,外御"帝国世界"③,以民族的独立和价值观念的趋同为旨归,和而不同,既不令民族国家陷入虚无,也兼怀和谐如一的大同世界,理想性与现实性兼备,可以指导人类建设和谐美好的世界。当然,从儒家思想对外翻译传播的方面看,将儒家的"天下大同"与西方的世界主义相关联,并抽取两者的共同价值,无疑是十分重要的。在西方正弥漫开来的现代性文化困境中,桑德尔④等哲学家正试图寻找一种人类共同价值。安乐哲认为,当前的

①　刘悦笛:《走向中国式的"温和民族主义"》,《南国学术》2017 年第 3 期。

②　常春红:《全球化时代中国民族主义的误区与走向》,《内蒙古民族大学学报》(社会科学版) 2006 年第 4 期,第 95—97 页。

③　刘悦笛:《大同世界与世界主义——兼论民族主义与世界主义的关联》,《孔学堂》2017 年第 3 期,第 31—40 页。

④　Michael Sandel:Democracy's Discontent:America in Search for a Public Philosophy. Cambridge:Harvard University Press,1996.

西方正面临"自由主义与民主政治的困境"①。他说:"美国民主已经变得越来越程序化和中立化:其目的仅仅在于确保一种权利框架,在这一权利框架中,人们有选择他们的价值观与目标的自由。原则上说,政府既不鼓励也不阻止人民对任何美好生活的憧憬。这种自由的概念给社会留下一个真空,使得形形色色的带有偏狭性质的学说都迅速乘虚而入,比如自卫组织、基督教原教旨主义、激进的反堕胎主义、新纳粹主义优越主义、有组织的恋童癖等等。"②各种思潮泛滥,说明西方民主是社会混乱的根源。另一方面,这种思想状况也说明,西方社会人心思变。安乐哲看到了仁的社群主义民主精神,认识到儒家的仁道所蕴含的社群主义并不意味着"自我"的虚无,而是重要的民主思想资源,是社会"民主化的动力"③,有益于西方"社群主义民主"④的发展。他还看到了礼对于实践社群主义的重要作用。所以,安乐哲等一批西方开明哲学家提倡"美国的东方化"⑤,那么,儒家"天下大同"的思想,正是西方民主主义者求索的目标。

当此时,儒家思想应该积极在国际思想文化舞台上与欧美及世界上其他思想文化交流对话,并融汇出人类共同价值,也就是习近平主席所说的以儒家为代表的中华民族文化"讲仁爱、重民本、守诚信、崇正义、尚和合、求大同的时代价值"⑥。这就需要我们准确把握未来人类共同价值的实质构成,并把握未来世界的共同价值取向。不可否认,融汇中西思想精华的儒家思想,正迎来一个走向国际化、成为全人类共同价值的最佳机遇,我们应该深入研究,牢牢把握。

---

① 安乐哲:《儒家学说与社会进步——美国的"东方化"》,《东方论坛》2006 年第 6 期。
② 安乐哲:《儒家式的民主》,《东方论坛》2006 年第 6 期,第 1—8 页。
③ 安乐哲:《儒家式的民主》,《东方论坛》2006 年第 6 期。
④ 安乐哲:《儒家式的民主》,《东方论坛》2006 年第 6 期。
⑤ 安乐哲:《儒家学说与社会进步——美国的"东方化"》,《东方论坛》2006 年第 6 期。
⑥ 习近平:《创在中华文化新的辉煌——关于建设社会主义文化强国》重要讲话。

二、儒家思想文化是对全人类命运的哲学关怀

儒家是修己之学，是仁学，是爱人之学。孔子主张，仁者爱人。《论语·颜渊》：樊迟问仁。子曰："爱人。"仁作为儒家至德，其目的只为"爱人"。君子以修己为己任，修己是为了对他人的关怀。《论语·宪问》：子路问君子。子曰："修己以敬。"曰："如斯而已乎？"曰："修己以安人。""敬"是对人的平等态度，体现了对他人人格和权利的尊重。治国安邦，也当以爱人为本。《论语·学而》："道千乘之国，敬事而信，节用而爱人，使民以时。"更重要的是，儒家之爱虽有差等，却不分身份贵贱，甚至不分族类。《论语》中有一则记录孔子"爱人"之德的故事。"厩焚。子退朝，曰：'伤人乎？'不问马。"（《论语·乡党》）孔子在这里所问的"人"非其亲戚，也非地位高贵，而是任何可能被厩焚伤及的人。而马则代表财富；不问马，则表示孔子不关心财富得失。"伤人乎"之问，显示了儒家对人的生存先于一切的无条件的关怀。

儒家修仁德始于己，但其志不在一己之私、一家之私，而在以仁德行爱民之仁政。文王"灵台"之治，以己之所有，与民共享，以己之乐，与民皆乐，即为爱民之仁政。儒家修仁德，其志不在一国之私，而在天下为公。《大学》主张，大学之道，在明明德于天下，在于齐家、治国、平天下。天下是什么？在古人眼里，天下也就是今天的世界，是一个不以族类和国家为分别的人类命运共同体。儒家的人类命运共同体的胸怀，在《孔子家语》的一则故事里也曾明白地表现出来。《孔子家语·好生》：楚王出游，亡弓，左右请求之。王曰："止，楚王失弓，楚人得之，又何求之？"孔子闻之曰："惜乎其不大也，不曰人遗弓，人得之而已，何必楚也！""何必楚也"所体现的是孔子超越国家界限的人类视野，人不以国家分，人的命运也不能以国家划界；楚人是人，非楚人也是人，楚人之弓，也是非楚人之弓，都是人之弓。楚人失弓看似是楚人之失，然而非楚人得之，即使利不在楚人，却仍在人，所以楚人失弓而为人失弓，人的命运相连于一体，不可分割，这就是儒家人类命运共同体的观念。儒家的人类关怀乃至宇宙

关怀在《中庸》中更有进一步的阐发："仲尼祖述尧舜,宪章文武,上律天时,下袭水土。辟如天地之无不持载,无不覆帱,辟如四时之错行,如日月之代明。万物并育而不相害,道并行而不相悖,小德川流,大德敦化,此天地之所以为大也。"数千年的历史实践证明,儒家思想完全可以担当人类共同价值之大任。

三、儒家贵和的哲学思想可以成为和谐世界的原动力

儒家的核心思想是仁、义、礼,三者相辅相成。《论语·学而》:"礼之用,和为贵;先王之道,斯为美。小大由之,有所不行。知和而和,不以礼节之,亦不可行也。"这里表达了儒家"贵和"的思想。先王之道就是王道,王道以和为美、为最高原则和追求。但和不可以妄取,须以礼为调节,这是礼的社会功用。儒家认为,人有七情,世间纷争因情而起,世间和合亦因情而致。要以情求和就需要以礼为调节,礼是取得和的重要途径,所以古代圣王以情为田,勤于耕耘。《礼记·礼运》:"故圣王修义之柄、礼之序,以治人情。故人情者,圣王之田也。修礼以耕之,陈义以种之,讲学以耨之,本仁以聚之,播乐以安之。故礼也者,义之实也。协诸义而协,则礼虽先王未之有,可以义起也。义者艺之分、仁之节也,协于艺,讲于仁,得之者强。仁者,义之本也,顺之体也,得之者尊。故治国不以礼,犹无耜而耕也;为礼不本于义,犹耕而弗种也;为义而不讲之以学,犹种而弗耨也;讲之于学而不合之以仁,犹耨而弗获也;合之以仁而不安之以乐,犹获而弗食也;安之以乐而不达于顺,犹食而弗肥也。"圣王治人情以礼,礼以义为本,义以仁为本,所以以礼节和,实乃以仁、义、礼的相互结合耕种人情之田。耕种人情之田,所收获的是人民的安乐,安乐则和谐,和谐则太平。

当今世界并不太平,帝国主义、极端民族主义、极端个人主义、民粹主义几乎还在统治着国际政治与经济各个领域。世界多地战争频仍,民不聊生,帝国主义的经济侵略、贸易垄断与恶性竞争致使世界经济的发展极不平衡,南北差距仍旧悬殊。在这样的国际形势下,我们究竟用什么才能够安抚这个纷乱的世界?用什么去赢取世界的和平?究其实质,帝国主义、极端民族主义等所缺

乏的,并不纯粹是财富和强权,而是经天纬地的开明哲学和王道政治。强权与霸道终不会长久,太平、和谐的天下乃人心所向,王道才是未来的希望。由此而言,儒家的仁义、礼让、贵和思想确实有着融合社会、消除各种矛盾的巨大精神力量。

第二节　活的儒家思想:文化软实力的柱石

一、让儒家思想传统活起来

儒家思想的国际传播是一个复杂的问题,也是一个漫长而艰难的过程,它需要以翻译以及相关历史文化条件等多种因素为基础。除此之外,还有一种更为关键的基础,那就是儒家思想的生命力、推动力和感召力。但是,儒家思想的这些力量不在经典文本内部,而在人们对它的信奉和它对当下社会生活所起到的教化作用。儒家思想在我国历史上曾经对社会进步发挥了无比巨大的推动作用,正因为如此,自唐至清末以前上千年的历史时期,中国一直是全世界学习的榜样,中国被誉为"礼仪之邦",甚至在清代,西方国家仍在翻译吸收儒家思想文化。五四运动以后,儒家没落,光芒不再,丧失了原有的活力和经世安邦的政治与社会功能,从此被移出了世界所关注的中心,因为世界再也感受不到它对于人类进步的动力。所以,要使儒家得以在国际上广泛传播,第一个前提条件就是要弘扬儒家思想文化。习近平主席在《创造中华文化新的辉煌——关于建设社会主义文化强国》的讲话中指出:"让收藏在禁宫里的文物、陈列在广阔大地上的遗产、书写在古籍里的文字都活起来。"只有让儒家思想文化活起来,我们的儒家思想传播才会有坚实的基础。要激活儒家思想文化的生命力,关键是要在我国社会生活中弘扬儒家思想文化中的优秀内涵。不仅要在学术界内讨论儒学的时代内涵,在学术界"活"起来,而要让儒家思想文化在我国当下社会生活中"活"起来。"使儒家文化的做人做事之道即儒家仁义之道在国人的心中扎根。……使仁义礼智信、忠孝廉耻等儒学的核心价值进入寻常百姓家,成为百姓的生活指引与安身立命之道,从而实现安立世道人心的价值目标。"①让广大人民在个人工作和生活、家庭生活、社会生活中践行儒家大道,使书本儒学转化为广大人民群众的衣、食、住、行中的"生命儒学"②。以新时代的儒家道德水准自觉地要求自我的言行,在中国核心价值观的基础上,复兴"礼仪之邦"的光辉面貌,以及经济、科技和文化上的繁荣昌盛,实现小康,走向大同,并最终实现中国梦的宏伟目标。如此,儒家思想文化才能焕发出强大的富有说服力的青春活力,才会具有无比巨大的吸引力和感召力,才能为全世界所向往,才能具备国际传播的强大势能。

然而,国际传播的势能仅是一种潜能,要有效地进行儒家思想的传播,我们还需要充分研究和把握当代国际社会,尤其是西方国家的思想发展需求。古人云,知彼知己,百战不殆。不了解对方需求的翻译传播是盲目的行动,不会收到好的效果。相反,如果清楚地把握传播对象国家的需求,那么翻译和传播就会进行得准确而有效。传播目的地国家的需求包括文化和精神发展需求,以及与此紧密相关的政治、经济和科技需求,这就需要我们对传播对象国家的这些需求进行调查、分析,并进行准确的判断。实事求是地说,我们对当前西方的思想形态、民众心理和思想发展动向与需求等方面的研究十分薄弱,远没有达到足以为儒家思想传播方略提供准确参考和指导的水平。如果这种状况继续下去,那么我们的翻译传播工作就难以摆脱长期以来的盲目性。

近年来,典籍翻译及海外汉学研究界出现了前所未有的大好局面。参与研究的学者数量众多,他们从语言学、文学、文化学、宗教学、政治学、哲学、历史学等多种角度对儒家经典的翻译质量进行了考察,研究对象涉及语义分析、翻译策略、传播策略、译者价值取向等,这些研究工作都大大推动了我国的典籍翻译实践。国家社科基金资助的翻译与传播研究项目和教育部社科规划翻译研究项目有力地组织引导了翻译与传播研究,并取得了丰硕的成果,为今后

①　郭齐勇:《当代新儒学思潮概览》,《人民日报》2016 年 9 月 11 日头版。
②　郭齐勇:《当代新儒学思潮概览》,《人民日报》2016 年 9 月 11 日头版。

的研究打下了基础。但是,尽管如此,我们的工作仍然严重缺乏国际元素,我们仍在孤军奋战;从某种程度上说,我们仍在醉心于一种自娱自乐的游戏。我们应该拒绝自满于一厢情愿的想象和内热外冷的假象,开展实事求是的研究和调查;这就需要我们进一步加强各种研究的组织性和计划性。翻译与传播领域的研究者必须重视和借鉴对对象国社会的政治、经济、文化、教育、哲学、宗教、外交等各方面研究的成果,重视区域国别研究,并加强自身在这方面的研究工作,在此基础上,强化外向型翻译及其研究,加强以传播为导向的外向型翻译实践。我们应当研究探索多种符合对象国国情和社会历史条件的有效的翻译方式和传播方式,走文化传播和国际社会意识形态构建相结合的道路。充分开展与西方哲学界的学术对话和交流,努力开辟更实际、更有效的翻译传播机制,实现真正意义上的儒家思想传播。

二、加强儒家思想的传承创新及其与西方价值的融合对话

要实现儒家思想对外传播,不仅要让儒家思想在当代中国活起来,还要努力增强儒家思想的生命力。这就是要在新时代加强对儒家思想的承传与创新。习近平主席指出:

> 要对传统文化进行创造性转化、创新性发展。中华优秀传统文化与社会主义市场经济、民主政治、先进文化、社会治理等还存在需要协调适应的地方。弘扬中华优秀传统文化,要处理好继承和创造性发展的关系,重点做好创造性转化和创新性发展。创造性转化,就是要按照时代特点和要求,对那些至今仍有借鉴价值的内涵和陈旧的表现形式加以改造,赋予其新的时代内涵和现代表达形式,激活其生命力。创新性发展,就是要按照时代的新进步新进展,对中华优秀传统文化的内涵加以补充、拓展、完善,增强其影响力和感召力。[①]

---

① 中共中央宣传部:《用社会主义核心价值观凝心聚力——关于建设社会主义文化强国》,《习近平总书记系列重要讲话读本》,学习出版社·人民出版社2016年版,第203页。

这是中华文化传承与创新的响亮号角。过去几十年,港台新儒学、大陆新儒学在儒学传承与创新方面都取得了巨大的成就,做出了巨大贡献。唐君毅、牟宗三、徐复观、张君劢等人曾联合发表《为中国文化敬告世界人士宣言》,向西方宣告中国文化的伦理道德思想和实践不仅是一种外在规范,而且是一种内在精神生活的根据,从孔孟到程朱陆王的心性之学是中国文化之精髓所在,是人之内在精神生活的哲学。由此,港台新儒学提出"返本开新"的思想,即返回儒家心性之学的根本,开出"新外王——现代科学和民主政治。""汤一介的天人、知行、情景'三个合一'论,庞朴的'一分为三'说,张立文的'和合学',蒙培元的'情感儒学',牟钟鉴的'新仁学构想',陈来的'仁学本体论'等,在国内外都产生了较为广泛的影响。"①这些都是儒学新时代传承创新的典范。文化资源再优秀,没有传承,就是死的文字;不为人所知,更不为人所用,就无甚价值可言。儒家思想文化是中华文化的精髓,当首先被弘扬和发展。弘扬在于新时代环境下的阐发,阐发在于顺时代潮流而动的创新,发展的灵魂在于创新,没有创新就不可能有真正的发展。创新的灵魂在于既立足于民族的利益与未来,又放眼世界与人类发展的未来。民族的利益与未来为儒学创新之根本,放眼世界与人类发展未来乃儒学创新之用;失去本民族利益与未来关怀,将失去自我;闭门自守,则会失之狭隘,也会失去发展的潜力与价值。所以,儒家思想的承传与创新应该走国际化的道路,积极寻求儒家思想与西方主导思想之间的交流与对话,互通有无,在人类共同价值寻求的过程中不断融合,携手发展。但是,儒家思想文化国际化的过程,必然是一个长期而复杂的过程。在国际化的过程中,我们应该本着怎样的原则,指向什么样的目标,采取什么样的策略,这些问题都值得深入研究和思考。比如国际化的原则问题,在目前西方中心主义到处流行的国际环境下,我们是应该寻求中西合璧,还是应该保持绝对的纯粹和独立? 如果寻求中西合璧,我们还应不应该保持相对的文化独立性? 如何保持这种相对独立性? 如果寻求中西合璧与保持相对独立是我们的原

① 郭齐勇:《当代新儒学思潮概览》《人民日报》2016 年 9 月 11 日头版。

则,那么其目标指向是什么? 是让儒家融入西方哲学,成为西方哲学之树上的一枝鲜花,还是扎根于国际社会,让西方哲学变成儒家之树上的鲜花? 或者我们最终是否还在乎中西哲学之间的本末问题? 或者再深一层,我们是否仅在乎是否有一种能最终为全人类理想社会服务的哲学,且不管其构成成分如何? 欲求在世界上行王道,大概只有后者才是最终的目标。然而,如果要达到这样的目标,我们究竟应该采取什么样的方法去开展我们的工作? 从当今的国际环境来说,方法只有通过交流与对话,让西方哲学与儒家在交流中不知不觉地融合到一起。但是,融合之前必有角力。我们需要有胸怀和智慧,以最大的文化自信去弘扬和发展儒家的人类共同价值。那么,如何才能收到好的效果? 我们只有花大力气去研究西方政治、经济、社会、科技、文化的发展现状与动向,然后一切翻译与传播的努力才可能做到有的放矢,切实有效。

第三节　儒家思想的深层国际化与我国文化软实力

一、儒家文化复兴是国家文化软实力建设的重要途径

儒家文化是生生不息、绵延数千年的中华文化之根。在改革开放不断深化,我国社会、政治、经济、科技大发展的新的历史时期,中华文化必然迎来空前的繁荣和发展。中国优秀传统文化,尤其是经、史、子、集,诸子百家,它们为中华民族的发展壮大、繁荣昌盛和长治久安做出了伟大的贡献。其中儒家思想以其经天纬地之德,自汉代董仲舒"独尊儒术"的政纲实施以来,一直是中华民族精神的灵魂,其伟大的政治社会功能已为历史所充分证明,成为中华民族发展壮大的永不枯竭的动力源泉。国欲大治,民欲和顺,非儒家思想大行其道不可;中华文化欲复兴,非儒家文化复兴不可。建设国家文化软实力,非建设富丽堂皇的文化设施之谓,非台榭歌舞、全民娱乐之谓,非文化产品不问雅俗优劣,唯求其利之谓,而在建立一种坚贞而高尚的国民素质、民族浩气,铸造一种代表人类永恒发展方向、让天下走向大同之明德。文化发展需走大道,道大

则体强,体强则力壮。儒家文化精神是中华文化之体,儒家思想的传承与时代创新及其在新时代环境下对社会生活和人的发展的孕育作用,则是其用。国家的文化实力不必仅在其架构之宏大、色泽之光鲜,而在其筋骨之强,内力之壮,更在对国家政治经济的支持力,对民族团结的凝聚力,对社会进步的推动力,对民族精神的引领和养育力,对人的个性发展与完善的牵引力。五者具备,必谓之强,因为它们会给予国家与民族进步生生不息的伟大动力。国家文化软实力其要旨不在外向,而在内敛;内敛而后必强,内敛既强,而外涉必强。对内大而虚,煌而空,不能化作整个民族的理性信念和行为习惯,不能成为现代社会的凝聚力和现代文明的动力,则对外必然羸弱不堪,不为外族所敬所望。岂有力量可言!党的十八大确立了社会主义核心价值观,其分为三个层面:第一,国家层面上的富强、民主、文明、和谐。第二,社会层面上的自由、平等、公正、法治。第三,个人层面上的爱国、敬业、诚信、友善。其中和谐、民主、文明、富强、平等,都深刻融会了儒家传统精神。今天,儒家思想已成为国家政治意识形态中的有机组成部分,在新时代社会主义核心价值观的引领下,它在我国社会、政治、经济、社会、文化、家庭生活中的巨大养育力和推动力必将加快实现,它对中华民族不断发展壮大的伟大动力作用必将显现;以其为代表的文化大繁荣,必将成为我们建设社会主义强国的最坚固的文化基石。

二、国家文化软实力需要国际化证明

凡事有内才有外,但内无法将外取而代之。儒家文化的筋骨作用,对我国国家文化软实力建设来说,并非全部,在此之外,还需有对外的动力作用。李明江认为,任何实力来源都不具有软实力或硬实力的内在属性,"其之所以变成一种或者另外一种实力,仅仅取决于一国(或者其他行为主体)如何发挥自己的实力"①。文化实力,首先要在国内实现其对民族精神所具有的巨大动力,

---

① 李明江:《软实力与中国对策》,尹宏毅译,中国安全,2008年夏季号。转引自赵大鹏:《中国语境下的文化软实力研究:概念、进展与展望》,《武汉科技大学学报》2010年第6期,第69—74页。

然后才能获得全世界的注意;待世界认识了其本质上的价值优越性,才会对其逐渐获得认同感;认同感达到足够的广度和深度,才可能会逐渐成为人类的共同价值。然而,儒家成为世界共同价值,其终极目的绝不是在世界竞争中获得优势地位,谋求世界霸权和政治上的"一统天下"。2004年约瑟夫·奈提出了的软实力概念,即软实力是"吸引力和影响力"①,这一观念一直受到学界的广泛认同。20世纪90年代以来,世界各国纷纷研究文化软实力在国际竞争中的意义,但是我们应该看到,约瑟夫·奈的软实力研究具有贯彻始终的国际竞争乃至维持世界霸权的思维。当前,在世界发展不平衡、局势动荡、竞争日趋激烈的时代,这种竞争思维演绎出的软实力逻辑确实具有维护国家生存与发展的重要的意义。然而,通过国际竞争发展软实力是霸权思维模式下的软实力观,并非文化软实力发展的根本宗旨与普遍意义所在,因为它从根本上违背了人类生存、和平共处与发展的根本要求,它所引导的是更加剧烈的竞争和更具策略性和欺骗性的世界霸权,并非正道。久而久之,约瑟夫·奈的软实力思想必将为人类共同进步的和平发展理念所抛弃。我们传播儒家哲学,在宗旨和导向上,不能盲目遵从西方的软实力理念,绝不为获取世界霸权而进行软实力上的竞争。儒家文化是中国文化软实力的代表,但在政治上,儒家文化的精神实质是实行王道与实现天下大同,促进整个人类的和谐发展,反对各种形式的中心主义和霸权主义,其目标是构建和谐且和而不同的人类命运共同体,这就是儒家思想文化的当代意义和普遍价值,在世界上具有无比的优势。这是真正的和永恒的软实力,需要大力弘扬,并将其国际化,使其在国际思想文化舞台上放出永远的光辉。否则,文化发展不平等的传统格局就不会被打破,儒家文化的内涵与精神实质就不会成为世界价值认同的基础和前提,我国文化软实力的提高就难以真正全面实现。

---

① 约瑟夫·奈:《软实力》,马娟娟译,中信出版社2013年版。

三、儒家思想深层国际化的重要意义

实现儒家思想的国际化仅是提高国家文化软实力的第一步。不仅如此，儒家经典翻译与传播并非是仅在书面上、理念上的传播，这一层传播，常常驻足于学界的讨论和部分大众的阅读与接受，所以仅是作为儒学知识的传播。儒家经典翻译与传播是一个漫长的过程，其中有作为知识被认知的过程，还有作为文化被认同的更漫长的过程。这一过程需要几种力量的共同推动。第一种是世界上兄弟民族文化的吸纳力，这是一种主动的"来学"的力量，是最持久最深刻的动力，它是儒家思想深层国际化的动力的源泉。第二种是传播动力。在目前欧洲文化中心主义仍旧盛行，各种理论话语仍被西方人控制的大背景下，对外传播的努力尤为重要，它担当启动和推动新时代传播的大任，中国学者与西方学者的合作，会使现阶段的传播更富有成效。但是，这种力量仅靠个人与单位的自发行动还远远不够，它需要国家层面上的组织与协调，形成一种机制，成为一种国家行为，这样方能凝聚共识和各方力量，推动传播。第三种是儒家思想本身的感染力和感召力，这是儒家经典翻译与传播的深层基础。儒家经典浩繁，思想博大精深，然而其精神亟须在国人日常生活中被激活，重新内化为人们的日常生活行为习惯。儒家思想的当代功能，包括政治、经济、社会、文化等功能，具有决定性力量，只有它们才能使儒家思想具有榜样力和感染力，使对外传播不断走向深入。而儒家思想对外传播的真正意义恰在其深层传播。深层传播即深层国际化，它有两层含义：一是儒家观念在世界上的普遍化，二是世界人民生活和行为习惯上的儒化。从历史经验来看，这一愿景并非乌托邦式的虚构。在通讯落后，交通交流困难的古代，整个东亚能被儒化；在当代全球一体化的地球村上，世界难道不能被儒化？只要我们本着和而不同、天下大同，而非"一统天下"的信念和宗旨，远离权力迷恋和利益束缚，远离西方殖民主义、霸权主义思维逻辑和文化软实力竞争思维，示而不争，传而不统，胸怀全球，消除国际上诸如"中国会回归过去的朝贡制度体系并以此作为其国际关系组织原则"①的忧虑,只待中华全面崛起,试看儒家必风化天下。

第四节　翻译传播与文化软实力建设的
最高价值和目标

一、传承创新——让儒家思想成为世界性思想

　　儒家经典的翻译传播,不仅关系到人类命运共同体的建立和人类的和谐共存与共同发展,也关系到儒家思想文化作为人类文化资源的传承、创新与未来发展。凡是伟大的思想,其传承是人类的共同责任。传承需要每一代人的不断努力,代代相传,在语言上是同语阐发;传承也需要每一代人的横向推广,在语言上是多语种翻译阐发。这是儒家思想传承的重要形式。同语承传立足国内,构成中华民族思想传统的主干,是儒家本体的生命力所在;多语种承传放眼海外,绽放儒家思想的活力和生命色彩。海外儒家的传承,有丰富的异域文化背景资源,有开放的对话平台和多元的阐释视野,有新鲜的生长土壤,有新的风化对象,其前景一般会有更大的多样性发展空间。海内海外相互促进、协同发展,是儒家经典翻译传播与传承的理想的未来格局,是儒家思想永世长存的永恒动力和保障。创新是儒家思想文化资源承传的关键所在;创新需要有全球视野,需要全球的参与,面向全人类的生存与发展,指向人类共同价值关怀与世界和平与发展的纵深;唯有传承与创新,儒家思想文化才能生生不息。传承与创新要以民族与国家的发展为使命,为民族与国家思想文化的健康发展提供新的精神动力,为家庭和睦、社会和谐、民生幸福提供思想指导。只有立足于本民族国家的蓬勃发展,儒家思想文化才能在每一个时代都扎根,才能产生新的价值和生命力。与此同时,承传与创新又要超越狭隘的民族主

---

　　① 郑永年:《中国国家间关系的构建:从"天下"到国际秩序》,《当代亚太》2009年第5期,第32—66页。

义、国家主义,超越西方学者所热衷的影响力思维,竞争力思维,以及隐蔽在影响力、竞争力之后的霸权思维、殖民思维。唯有如此,儒家思想的生命力才能不断丰富,并不断发展壮大,成为养育全人类精神世界的共同思想精华,成为光照全球的光辉思想。

当然,我们也应该清醒地认识到,在一个相当长的历史时期内,儒家思想文化在西方的传播,仅通过文化平等交流的方式,是无法彻底完成的。只讲文化传播,而无视国家和文化之间的竞争乃至斗争,无视经济基础的决定性作用,是不切合实际的。

二、弘扬儒家思想,构建人类命运共同体

国内弘扬儒家,海外传播儒家,其目的在于建设国家文化软实力,在于以儒家风化天下。那么,国家文化软实力建设和儒家风化天下的价值和目标究竟应该如何确立?国内研究者提出了多种颇有价值的观点,其中大多以提高民族素质为要点。车美萍、付振等提出,国家文化软实力建设应该聚焦国内,"第一,提升我国文化软实力要以建设社会主义核心价值体系为根本;第二,要以继承中华民族优秀文化为基础;第三,要以维护和实现国家利益为核心;第四,要以不断推进文化自主创新为关键;第五,要以积极借鉴国际先进经验为助力。"①吴桂韩认为,提高国家文化软实力应当坚持"立足国内、面向世界"的思路。同时,要加强文化载体和文化传播能力建设,根据世界各国人民的思维方式、语言习惯和文化需求,以更加多样化的形式,加强和谐文化宣传,"提高中华文化国际传播力,扩大中华文化国际影响力。"②那么,儒家文化国际影响力的目标指向究竟是什么,这是一个一直没有被学界充分讨论和清楚认识的问题。习近平主席在党的十八大报告中进一步指出,人类只有一个地球,各国

---

① 车美萍、付振:《提升我国文化软实力应注意的几个重大问题》,《理论学刊》2008 年第 4 期,第 104—108 页。

② 吴桂韩:《中共十七大以来国家文化软实力研究述评》,《中共党史研究》2012 年第 6 期,第 94—103 页。

共处一个世界,要倡导"人类命运共同体"意识。2015 年 9 月 28 日,习近平主席在纽约联合国总部出席第七十届联合国大会一般性辩论中发表讲话指出:"当今世界,各国互相依存、休戚与共。我们要继承和弘扬联合国宪章的宗旨和原则,构建以合作共赢为核心的新型国际关系,打造人类命运共同体。"①打造人类命运共同体,就是"建立平等相待、互商互谅的伙伴关系,营造公道正义、共建共享的安全格局,谋求开放创新、包容互惠的发展前景,促进和而不同、兼收并蓄的文明交流,构筑尊崇自然、绿色发展的生态体系,世界一律平等,不能以大压小、以强凌弱、以富欺贫;要坚持多边主义,建设全球伙伴关系,走出一条'对话而不对抗,结伴而不结盟'的国与国交往新路。"②习近平主席对人类命运共同体内涵的深刻阐述,就是当今时代儒家经典翻译传播和国家文化软实力建设的总的指导方针,也是国家文化软实力建设的总目标和努力方向。人类命运共同体构建的理念立足当前的现实、高瞻远瞩,总览国际局势、放眼人类发展的未来,其中包含着和、信、恕、宽、惠、新、公、正的儒家人文情怀,是儒家经典翻译传播和国家文化软实力建设的崇高目标。儒家是关于人和社会的哲学,"人类命运共同体"的伟大思想从现实出发,深化了人类命运休戚与共的宏旨,与儒家"天下大同"的理想一脉相承,必然成为天下共识,成为克服当前全球"现代性"危机的有力思想武器,成为人类共同前进的信念和永不枯竭的精神力量源泉。

---

① 中共中央宣传部:《习近平总书记系列重要讲话读本》,学习出版社·人民出版社 2016 年版,第 264 页。

② 中共中央宣传部:《习近平总书记系列重要讲话读本》,学习出版社·人民出版社 2016 年版。

附　录　I

（1）哈佛大学图书馆《论语》英语译本藏书 35 种。

①Legge,James. The Chinese Classics. Oxford:Clarendon Press,1893-95.

②Legge, James. The Chinese Classics. Hong Kong: Hong Kong University Press,1960.

③Legge,James. Confucian Analects,The great learning,and The doctrine of the Mean. Hongkong:1861.

④James Legge. Confucian Analects:A Selection from the Philosophy and Reflective Writings of Confucius on Harmony and Equilibrium in Living. New York and Hartford,1939.

⑤Legge,James. Confucius,the Analects:the Path of the Sage:Selections Annotated & Explained. Woodstock,Vt. :SkyLight Paths Pub. ,2011.

⑥James Legge. The Chinese Classics. Worcester,Mass. :Z. Baker,1866.

⑦James Legge. The Chinese Classics. New York:Hurd and Houghton,1870.

⑧James Legge. The Chinese Classics. New York,J. B. Alden,1887.

⑨Arthur Waley. The Analects. New York:Alfred A. Knopf,2000.

⑩James Legge. The Chinese classics:Part I. Boston:Houghton Mifflin,1882.

⑪Ezra Pound. Poems and Translations. New York:Library of America,2003.

⑫Ezra Pound. Confucius:the Great Digest,the Unwobbling Pivot,and the Analects. New York, New Directions Pub. Corp. ,1969,1951.

⑬Brooks,E. Bruce;Brooks,A. Taeko. The Original Analects—Sayings of Confucius and His Successors. New York:Columbia University Press,1998.

⑭ Simon Leys. The Analects: the Translation, Interpretations. New York: W. W. Norton & Company,2014.

⑮William Edward Soothill. The Analects of Confucius. Yokohama,printed by the Fukuin Printing Co. ,1910.

⑯Arthur Waley. The Analects of Confucius. London,G. Allen & Unwin,1971.

⑰Legge,James. Confucian Analects,The Great Learning,and the Doctrine of the Mean. New York,Dover Publications,1971.

⑱Legge,James. Confucius,the Analects:the Path of the Sage:Selections Annotated & Explained. Woodstock,Vt. :SkyLight Paths Pub. ,2011.

⑲Chichung Huang. The Analects of Confucius. New York:W.W.Norton,1997.

⑳Arther Waley. The Analects of Confucius. New York:Macmillan,1939. New York,Vintage Books,1938.

㉑Roger T. Ames,Henry Rosemont. The Analects of Confucius:A Philosophical Translation. New York:Ballantine Books,1998.

㉒David H. Li. The Analects of Confucius:A New Millennium Translation. Bethesda,Md. :Premier Pub. ,1999.

㉓Burton Watson. The Analects of Confucius. New York:Columbia University Press,2007.

㉔ Edward Slingerland. Confucius Analects: with selections from traditional commentaries. Indianapolis,IN:Hackett Pub. Co. ,2003.

㉕David Hinton. The Analects. Washington,D. C. :Counterpoint,1998.

㉖Lionel Giles. The Sayings of Confucius:a New Translation of the Greater Part of the Confucian Analects. London:J. Murray,1912.

㉗Arthur Waley. The Analects of Confucius. New York:Vintage Books,1989.

㉘Arthur Waley. The Analects of Confucius. London；New York：Routledge，2005.

㉙Thomas Cleary. The Essential Confucius：the Heart of Confucius' Teachings in Authentic I Ching Order：A Compendium of Ethical Wisdom. San Francisco，CA：Harper SanFrancisco，1992.

㉚ Jones，David. Confucius Now：Contemporary Encounters with the Analects. Chicago：Open Court，2008.

㉛D. C. Lau. The Analects. Harmondsworth；New York：Penguin Books，1979.

㉜D. C. Lau. The Analects. Hong Kong：Chinese University Press，1983.

㉝Lionel Giles. The Sayings of Confucius：A New Translation of the Greater Part of the Confucian Analects. London：J. Murray，1927.

㉞Ezra Pound. Confucian Analects. London：Peter Owen Limited，1956.

㉟《论语》最新英文全译全注本 = A New Annotated English Version of the Analects of Confucius. 吴国珍，福建教育出版社 2012 年版。

（2）哈佛大学图书馆《孟子》英语译本藏书 11 种。

①D. C. Lau. Mencius. Harmondsworth，Penguin，1970.

②Irene Bloom，Ivanhoe，Phillip J. Mencius. New York：Columbia University Press，2009.

③W. A. C. H. Dobson. Mencius：A New Translation Arranged and Annotated for the General Reader. Toronto：University of Toronto Press，1963.

④D. C. Lau. Mencius. Hong Kong：Chinese University Press，2003.

⑤D. C. Lau. Mencius. Hong Kong：Chinese University Press，1984.

⑥David Hinton. Mencius. Washington，D. C. ：Counterpoint，1998.

⑦James Legge. The Works of Mencius. New York，Dover Publications，1970.

⑧Lionel Giles. The Book of Mencius：（abridged）. London：J. Murray，1942.

⑨Li Yuliang：《孟子名言》，齐鲁书社 1997 年版。

⑩徐兴无:《Mengzi》,南京大学出版社 2010 年版。

⑪James Legge. Mengzi. 湖南人民出版社;外文出版社 1999 年版。

(3)大不列颠图书馆《论语》英语译本藏书 49 种。

①James Legge. The Chinese Classics:with a translation,critical and exegetical notes,prolegomena,and copious indexes. Taibei:Southern Materials Center,1985.

②James Legge. Confucian Analects,the Great Learning and the Doctrine of the Mean—translated with critical and exegetical notes, prolegomena, copious indexes and dictionary of all characters. New York:Dover Publications Inc,1971.

③Lionel Giles. The Sayings of Confucius:A New Translation of the Greater Part of the Confucian Analects—with introduction and notes. Murray,1907,1943.

④Ezra Pound. Confucius:The great digest, The Unwobbling Pivot;The Analects. New Directions,1969.

⑤The Analects or the Conversations of Confucius with His Disciples and Certain Others—Confucius. London:Oxford University Press,1910.

⑥D. C. Lau. The Analects of Confucius—translated with an introduction. Harmondsworth:Penguin Books,1979.

⑦Leonard A. Lyall. The Sayings of Confucius. London:Longmans, Green & Co. ,1935.

⑧James R. Ware. The Sayings of Confucius:a New Translation. New York:New American Library,1955.

⑨Ku Hung-ming. The Discourses and Sayings of Confucius—a new special translation,illustrated with quotations from Goethe and other writers. Shanghai:Kelly & Walsh,1898.

⑩Leonard A. Lyall. The Sayings of Confucius. London:Longmans, Green & Co. ,1909.

⑪Leonard A. Lyall. The Sayings of Confucius. London:Longmans, Green &

Co. ,1925.

⑫William Dolby. Sayings of Confucius and His Students. Edinburgh：Carreg，2004.

⑬William Dolby.Collected Sayings of Confucius and His Students.Edinburgh：W. Dolby,1987.

⑭The Sayings of Confucius—decorated by Paul McPharlin. Mount Vernon，NY：Peter Pauper Press,1939.

⑮The Sayings of Confucius—taken from the translation of Dr. Legge；illustrated and decorated by E. A. Cox. Leigh on Sea：F. Lewis,1946.

⑯Selections from the Lun Yu. Chicago：University of Chicago Press,1939. （英汉对照）

⑰The Sayings of Confucius. New York：Barnes & Noble,1994.

⑱L. A. Lyall. Sayings of Confucius. Longmans,1925.

⑲Thomas Wade. The Lun Yu：Being Utterances of Kung Tzu，known to the Western world as Confucius. London,1869.

⑳Edward Slingerland. The Essential Analects：Selected Passages with Traditional Commentary. Indianapolis,Ind. ：Hackett Pub.Co. ,2006.

㉑Lionel Giles.The Sayings of Confucius a New Translation of the Greater Part of the Confucian Analects—with introduction and notes.London,John Murray,1907.

㉒Raymond Dawson. The Analects—Confucius；translated with an introduction and notes. Oxford：Oxford University Press,1993.

㉓ W. E Soothill. The Analects—Confucius. New York：Dover Publications；London：Constable,1995.

㉔Arthur Waley. The Analects—translated with notes；with an introduction by Robert Wilkinson. Ware：Wordsworth,1996.

㉕Ezra Pound. Confucian Analects. London：Peter Owen,1970.

㉖Ezra Pound. Confucian Analects. London：Peter Owen,1956.

㉗Ezra Pound. Confucian Analects. London：P. Owen，1933.

㉘Ezra Pound. Confucian Analects. New York：Kasper & Horton，1951.

㉙Annping Chin. The Analects = Lunyu——Confucius；translated with an introduction and commentary. New York：Penguin Books，2014.

㉚William Jennings. The Confucian Analects——a translation，with annotations and an introduction. London：George Routledge & Sons，1895.

㉛Arthur Waley. Analects of Confucius. London：George Allen & Unwin，1956.

㉜Arthur Waley. Analects of Confucius. Allen and Unwin，1938.

㉝E. Bruce Brooks and A. Taeko Brooks. The Original Analects——Sayings of Confucius and His Successors——a New Translation and Commentary. New York；Great Britain：Columbia University Press，1998.

㉞ Edward Slingerland. Confucius Analects：with Selections from Traditional Commentaries. Indianapolis，IN：Hackett Pub. Co. ，2003.

㉟ D. C. Lau. The Analects （Lun yu？）——Confucius. Harmondsworth；New York：Penguin Books，1979.

㊱Simon Leys. The Analects——Confucius. New York：W. W. Norton & Company，2013.

㊲ D. C. Lau. The Analects——Confucius. Hong Kong：Chinese University Press，1983.

㊳Raymond Dawson. The Analects——Confucius；translated with an introduction and notes. Oxford：Oxford University Press，2008.

㊴David Hinton. The Analects——Confucius. Washington，D. C. ：Counterpoint；Plymouth：Plymbridge，1998.

㊵D. C. Lau. The Analects of Confucius——translated from the Chinese with an introduction. Harmondsworth：Penguin Books，1979.

㊶ Arthur Waley. The Analects of Confucius London：George Allen & Unwin，1945.

㊷Arthur Waley. The Analects of Confucius. Allen & Unwin, 1938.

㊸Arthur Waley. The Analects of Confucius. Allen & Unwin, 1949.

㊹Simon Leys. The Analects of Confucius—Translation and Notes. New York：London：W. W. Norton, 1997.

㊺Arthur Waley. The Analects of Confucius. London：Unwin Hyman, 1988.

㊻ William Edward Soothill. The Analects of Confucius. Yokohama： The Author, 1910.

㊼Burton Watson. The Analects of Confucius. New York；Chichester：Columbia University Press, 2007.

㊽Chichung Huang. The Analects of Confucius：a Literal Translation with an Introduction and Notes. New York；Oxford：Oxford University Press, 1997.

㊾William Edward Soothill. The Analects, or the Conversations of Confucius, edited by Lady Hosie. London：Oxford University Press, 1937.

（4）大不列颠图书馆《孟子》英译版本藏书 13 种。

①D. C. Lau. Mencius. translated with an introduction and notes. London：Penguin, 2004.

②James Legge. The Works of Mencius. Translated, and with critical and exegetical notes, prolegomena, and copious indexes. New York：Dover Publications, 1970.

③Frederick Storrs Terner. Mencius. London, 1907.

④D. C. Lau. Mencius. translated with an introduction. Harmondsworth：Penguin, 1970.

⑤Leonard A. Lyall. Mencius. London：Longmans, Green & Co. , 1932.

⑥ Albert Felix Verwilghen. Mencius：The Man and His Ideas. New York：St. John's University Press, 1967.

⑦W. A. C. H. Dobson. Mencius. A new translation arranged and annotated for the general reader. London：Oxford University Press，1963.

⑧W. A. C. H. Dobson. Mencius. A new translation arranged and annotated for the general reader. London：Toronto：Toronto University Press，1967.

⑨Lionel Giles. The Book of Mencius，abridged. Translated from the Chinese by Lionel Giles. London：John Murray，1942.

⑩James R. Ware. The Sayings of Mencius. New York：New American Library，1960.

⑪D. C. Lau. Mencius：a Bilingual Edition. Hong Kong：Chinese University Press，2003.

⑫James Legge. The Chinese Classics：with a translation，critical and exegetical notes，prolegomena，and copious indexes. Taibei：Southern Materials Center，1985.

⑬James Legge. The Chinese Classics：with a translation，critical and exegetical notes，prolegomena and copious indexes；biographical note by Lindsay Ride；concordance tables，Notes on Mencius by Arthur Waley. Hong Kong：Hong Kong University Press，1960.

（5）加拿大多伦多图书馆《论语》英语译本藏书 21 种。

①Hinton，David. The Analects. Washington，D. C.：Counterpoint，1998.

②Valéry，Paul. Analects. Princeton：Princeton University Press，1970.

③Arthur Waley. The Analects，with an introduction by Sarah Allan. New York：A. A. Knopf，2000.

④Lau，D. C. The Analects（Lun Yu）. Hong kong：Chinese University Press，1983.

⑤Watson，Burton. The Analects of Confucius. New York；Chichester：Columbia University Press，2009.

⑥The Analects of Confucius. New York：W. W. Norton，1997.

⑦Arthur Waley. The Analects of Confucius，London，George Allen & Unwin，

Ltd. ,1956.

⑧Jim Killavey,The Analects of Confucius. CD Talking Book,4 audio discs:Grand Haven, Mich. : Brilliance Audio:Golden Words;Repackaged by Midwest Tape,2011.

⑨William Edward Soothill. The Analects of Confucius. New York, Paragon Book Reprint Corp. ,1968.

⑩Dorothea Soothill Hosie. The Analects;or,the Conversations of Confucius with His Disciples and Certain Others. London,Oxford University Press,1962.

⑪Robert André LaFleur. Books that Matter;the Analects of Confucius. DVD,4 videodiscs（approximately 720 min. ）:Chantilly,VA:Teaching Co. ,2016.

⑫James Legge. The Chinese Classics:with a translation,critical and exegetical notes,prolegomena,and copious indexes. Taibei:Southern Materials Center,1998.

⑬Epiphanius Wilson. Chinese Literature;Comprising The Analects of Confuffffffffffffcius,The Sayings of Mencius,The Shi-king,The Travels of Fa-hien,and The Sorrows of Han. New York,Co-operative Publication Society,1900.

⑭David Edward. Confucius Now:Contemporary Encounters with the Analects. Chicago:Open Court,2008.

⑮Ezra Pound. Confucius:the Great Digest,the Unwobbling Pivot,and the Analects. New York:New Directions Pub. Co. ,1969,1951.

⑯ Confucius's Analects:an Advanced Reader of Chinese Language and Culture. Washington,D. C. :Georgetown University Press,2010.

⑰Lin Wusun. The Definitive Confucius:a new translation of The Analects. San Francisco:Long River Press,2013.

⑱James Legge,Confucius;Mencius. Shanghai:The Chinese Book Company,1930.

⑲David Hinton. The Four Chinese classics:Tao Te Ching,Analects,Chuang Tzu,Mencius. Berkeley,CA:Counterpoint,2013.

⑳Tony Blishen. The New Analects：Confucius Reconstructed，a Modern Reader. New York：Better Link Press，2014.

㉑Ni Peimin. Understanding the Analects of Confucius：a new translation of Lunyu with annotations. Albany：State University of New York Press，2017.

(6)加拿大多伦多图书馆《孟子》英语译本藏书 11 种。

①David Hinton. Mencius. Washington，D. C. ：Counterpoint，1999，1998.

② Irene Bloom & P. J. Ivanhoe. Mencius. New York：Columbia University Press，2009.

③W. A. C. H. Dobson. Mencius. Toronto：University of Toronto Press，1963.

④James Legge. The Works of Mencius. New York：Dover Publications，1970.

⑤ James Legge. The Life and Works of Mencius. London：Trübner & Co. ，1875.

⑥Lionel Giles. The Book of Mencius（abridged）. London：John Murray，1942.

⑦David Hinton. The Four Chinese Classics：Tao Te Ching，Analects，Chuang Tzu，Mencius. Berkeley，CA：Counterpoint，2013.

⑧James Legge. The Four Books：Confucian analects，The Great learning，The Doctrine of the Mean，and the Works of Mencius. Shanghai：The Chinese Book Company 1930.

⑨James Geiss. Classical Chinese：Supplementary Selections from Philosophical texts：Princeton，New Jersey：Princeton University Press，2006.

⑩James Legge. The Chinese Classics：with a translation，critical and exegetical notes，prolegomena，and copious indexes. Taibei：Southern Materials Center，1998.

⑪Kwong-loi Shun. Mencius and Early Chinese Thought. Stanford：Stanford University Press，1997.

(7)澳大利亚国家图书馆《论语》英文译本藏书 32 种。

①William Edward Soothill. The Analects or, The Conversations of Confucius with His Disciples and Certain Others—as Translated into English; edited by his daughter, Lady Hosie. London: Oxford University Press, 1937.

②Arthur Waley. The Analects of Confucius/translated and annotated. London: Allen & Unwin, 1938.

③Arthur Waley. The Analects of Confucius; Translated and Annotated. London: G. Allen & Unwin Ltd. , 1945.

④Simon Leys. The Analects of Confucius—Translation and Notes. New York: Norton, 1997.

⑤D. C. Lau. The Analects; translated with an introduction. London: Folio Society, 2008.

⑥D. C. Lau. The Analects; translated with an introduction. Harmondsworth; New York: Penguin Books, 1979.

⑦Arthur Waley. Analects. London, 1938.

⑧Arthur Waley. The Analects. 外语教学与研究出版社 1998 年版。

⑨赖波、夏玉和 . A Selected Collection of The Analects. 华语教学出版社 2006 年版。

⑩D. C. Lau. Confucius: The Analects, Chinese —English edition. Taibei: 联经出版事业股份有限公司 2009 年版。

⑪Frank M. Flanagan. Confucius, the Analects, and Western Education. New York: Continuum International Pub. Group, c2011.

⑫Cai, Zhizhong(蔡志忠). The Analects of Confucius . Sydney: CPG International, 2008.

⑬Wu Guozhen(吴国珍). A New Annotated English Version of the Analects of Confucius. Fuzhou: 福建教育出版社 2012 年版。

⑭Whitwell, J. R. Analects. London, 1946.

⑮Arthur Waley. The Analects. 湖南人民出版社; 外文出版社 1999 年版。

⑯D. C. Lau. Confucius：The Analects. Hong Kong：Chinese University Press，1983.

⑰George Saville Carey. Analects in Verse and Prose. London：Printed for P. Shatwell；J. Dodsley；and T. Davies，1770.

⑱Lorenzo Dow. Analects，or Reflections Upon Natural，Moral and Political Philosophy：Including the Rights，Interests and Duties of Man. New York：Printed by Cotton & Stewart，1813.

⑲Lorenzo Dow. Analects，or Reflections Upon Natural，Moral and Political Philosophy［microform］：Including the Rights，Interests and Duties of Man. New York：Printed by John C. Totten，1813.

⑳Ezra Pound. The Great Digest；The Unwobbling Pivot；The Analects/Translation and Commentary. New York：New Directions Publishing Corporation，1971.

㉑David Hinton. The Four Chinese Classics［electronic resource］：Tao Te Ching，Analects，Chuang Tzu，Mencius. Berkeley：Counterpoint，2013.

㉒James Legge. The Four Books：Confucian Analects，the Great Learning，the Doctrine of the Mean，and the Works of Mencius/with English Translation and Notes. Chinese & English. Shanghai：The Commercial Press，1945.

㉓Shirley Chan. The Confucian Shi，Official Service，and the Confucian Analects. N. Y.：Edwin Mellen Press，2004

㉔William Jennings M. A. Confucian Analects—a translation，with annotations and an introduction. London：G. Routledge，1895.

㉕Lionel Giles. The Sayings of Confucius：a New Translation of the Greater Part of the Confucian Analects/with Introduction and Notes. London：J. Murray，1949.

㉖Lionel Giles. Sayings of Confucius：A New Translation of the Greater Part of the Confucian Analects with Introduction and Notes. London，1924.

㉗Lionel Giles. The Sayings of Confucius：a New Translation of the Greater

Part of the Confucian Analects—with Introduction and Notes. London：John Murray，1907.

㉘James legge. The Four Books：Confucian Analects，The Great Learning，The Doctrine of the Mean，and The Works of Mencius；with Original Chinese text，English Translation and Notes. New York：Paragon Book Reprint Co.，1966.

㉙Daniel K. Gardner. The Four Books：the Basic Teachings of the Later Confucian Tradition—Translations，with Introduction and Commentary. Indianapolis，Ind.；Cambridge：Hackett Publishing Company，Inc.，2007.

㉚James Legge. Zhu Shi Jiao Zheng Hua Ying Si Shu（注释校正华英四书）. Shanghai：The Commercial Press，1936.

㉛Lin Y. T. The Four Books，or The Chinese Classics in English. Compiled from the best previous works. Hongkong：Man yu tong，1898.

㉜James Legge. The Chinese Classics—with a Translation，Critical and Exegetical Notes，Prolegomena，and Copious Indexes. Hong Kong：Hong Kong U. P.，1960.

（8）澳大利亚国家图书馆《孟子》译本藏书 18 种。

①D. C. Lau. Mencius. Hong Kong：Chinese University Press，1984.

②D. C. Lau. Mencius—Translated with an Introduction. Harmondsworth：Penguin，1970.

③W. A. C. H. Dobson. Mencius：a New Translation Arranged and Annotated for the General Reader. Toronto：University of Toronto Press，1963.

④Zhao Zhentao，Zhang Wenting，Zhou Dingzhi. Mengzi. 湖南人民出版社；外文出版社 1999 年版。

⑤He Zuokang. A Selected Collection of Mencius. 华语教学出版社 2006 年版。

⑥David Hinton. The Four Chinese Classics［electronic resource］：Tao Te Ching，Analects，Chuang Tzu，Mencius. Berkeley：Counterpoint，2013.

⑦James Legge. The Four Books：Confucian Analects，the Great Learning，the Doctrine of the Mean，and the Works of Mencius—with English Translation and Notes. Shanghai：The Commercial Press，1945.

⑧He Zuokang，Yu Ling. Mencius Says. 华语教学出版社 2006 年版。

⑨Lionel Giles. The Book of Mencius（abridged）. London：J. Murray，1942.

⑩Tsai Chih Chung. The Sayings of Mencius：Wisdom in a Chaotic Era. Singapore：Asiapac，1991.

⑪Paul McPharlin，Mount Vernon. Chinese philosophy：Sayings of Confucius，Sayings of Mencius，Sayings of Lao Tzu，Sayings of Chuang Tzu and Lieh Tzu. N. Y. ：Peter Pauper Press，1952.

⑫James Legge. The Four Books：Confucian Analects，The great learning，The Doctrine of the Mean，and The works of Mencius；with Original Chinese text. New York：Paragon Book Reprint Co. ，1966.

⑬Daniel K. Gardner. The Four Books：the Basic Teachings of the later Confucian Tradition—Translations，with Introduction and Commentary. Indianapolis，Ind. ；Cambridge：Hackett Pubishing Company，Inc. ，2007.

⑭ James Legge. The Chinese Classics：Translated into English，with Preliminary Essays and Explanatory notes. Shanghai：Shangwu yin shu guan，Qing mo，i. e. between 1897 and 1911.

⑮The Four Books，or the Chinese Classics in English Compiled from the Best Previous Works. Hongkong：Man yu tong，1898.

⑯ Joel Kupperman. Classic Asian Philosophy：a Guide to the Essential Texts. New York：Oxford University Press，2007.

⑰ James Legge. The Chinese Classics：with a Translation，Critical and Exegetical Notes，Prolegomena，and Copious indexes. Hong Kong：Hong Kong U. P. ，1960.

⑱James Legge. The Chinese Classics：with a Translation, Critical and Exegetical Notes, Prolegomena, and Copious Indexes. Taibei, Taiwan：N. S. ,1949.

（9）纽约图书馆《论语》英译版本藏书21种。

①Simon & Brown. The Analects . United States：2012.

②D. C. Lau. The Analects. Harmondsworth；New York：Penguin Books,1979.

③Simon Leys. The Analects：Translation with Interpretations, edited by Michael Nylan. New York, NY：W. W. Norton & Company,2014.

④D. C. Lau. The Analects. Hong Kong：Chinese University Press,2000,2002.

⑤Arthur Waley. The Analects, with an Introduction by Sarah Allan. New York：Everyman's Library；Knopf,2000,1938.

⑥William Edward Soothill. The Analects. New York：Dover Publications, 1995.

⑦Raymond Dawson. The Analects, Translated with an Introduction and Notes. New York：Oxford University Press,1993.

⑧D. C. Lau. The Analects —Confucius. Hong Kong：Chinese University Press,c1992.

⑨Stuart Gilbert. Analects, with an Introduction. by W. H. Auden. Princeton：Princeton University Press,1970.

⑩Arthur Waley. The Analects, with an Introduction by Sarah Allan. New York：Knopf,2000. Originally published：London：G. Allen & Unwin, 1938. Electronic Book. Penguin Group US 2014 Available via World Wide Web.

⑪Burton Watson. The Analects of Confucius. New York：Columbia University Press,2007.

⑫Roger T. Ames, Henry Rosemont Jr. , The Analects of Confucius：a Philosophical Translation. New York：Ballantine Pub. Group,1998.

⑬Ni Peimin. Understanding the Analects of Confucius：a New Translation of

Lunyu with Annotations. Albany：State University of New York Press，2017.

⑭Chin Annping. The Analects，Translated with an Introduction and Commentary. New York：Penguin Books，2014.

⑮Simon Leys. The Analects of Confucius. New York：Norton，1997.

⑯Arthur Waley. The Analects of Confucius. New York：Vintage Books，1989.

⑰ Arthur Waley. The Analects of Confucius. London：G. Allen ＆ Unwin Ltd. ，1938.

⑱Ni Peimin. Understanding the Analects of Confucius：A New Translation of Lunyu with Annotations. New York：State University of New York ，2017.

⑲Glenn Mott. Analects on a Chinese Screen. Tucson：Chax Press，2007.

⑳ Shirley Chan. The Confucian Shi, Official Service, and the Confucian Analects. Lewiston，N. Y. ：Edwin Mellen Press，2004.

㉑Daniel K. Gardner. Zhu Xi's Reading of the Analects：Canon，Commentary，and the Classical Tradition. New York：Columbia University Press，2003.

（10）纽约图书馆《孟子》英译版本藏书21种。

①David Hinton. Mencius. Berkeley，CA：Counterpoint，2015.

② D. C. Lau. Mencius，with an Introduction and Notes. London：Penguin，2004，2003.

③ Irene Bloom. Mencius，edited and with an introduction by Philip J. Ivanhoe. New York：Columbia University Press，2009.

④D. C. Lau. Mencius. Hong Kong：Chinese University Press，1984.

⑤Alan K. L. Chan. Mencius：Contexts and Interpretations. Honolulu：University of Hawai'i Press，2002.

⑥David Hinton. Mencius. Washington，D. C. ：Counterpoint，1998.

⑦W. A. C. H. Dobson. Mencius：a New Translation Arranged and Annotated for the General Reader，Toronto：University of Toronto Press，1963.

⑧ Leonard　A. Lyall. Mencius. London，New　York：Longmans，Green　and Co. ，1932.

⑨ Alan　K. L. Chan. Mencius　（Online）；Mencius（electronic　resource）： Contexts and Interpretations. Honolulu：University of Hawai'i Press，2002.

⑩ Kwong-loi　Shun. Mencius　and　Early　Chinese　Thought. Stanford，Calif： Stanford University Press，1997.

⑪Lionel Giles. The　Book　of　Mencius（abridged）. Boston：Charles　E. Tuttle， 1993，c1992.

⑫Lionel Giles. The　Book　of　Mencius（abridged）. London，J. Murray，1942.

⑬James R. Ware. The　Sayings　of　Mencius. Taibei：Wen　Chih　Chu　Pan　Shê， 1984.

⑭David Hinton. The　Four　Chinese　Classics：Tao　Te　Ching，Chuang　Tzu，Analects，Mencius. Berkeley，CA：Counterpoint，2013.

⑮James Legge. The　Four　Books：Confucian　Analects，The　Great　Learning，The Doctrine of the Mean，and the Works of Mencius.Taibei：Chengwen Publishing.Co.， 1971.

⑯Paul McPharlin. Chinese　Philosophy；Sayings　of　Confucius，Sayings　of　Mencius，Sayings　of　Lao　Tzu，Sayings　of　Chuang　Tzu　and　Lieh　Tzu. Mount　Vernon， N. Y. The Peter Pauper Press，1949.

⑰ James Legge. The　Four　Books：Confucian　Analects，The　Great　Learning，the Doctrine　of　the　Mean，and　the　Works　of　Mencius，with　English　Translation　and Notes. Shanghai：Commercial Press，1971.

⑱James Legge. Mengzi Henan：清同治十年，1871.

⑲ James　Legge. The　Chinese　Classics：with　a　Translation，Critical　and Exegetical Notes，Prolegomena，and Copious Indexes. London：Trübner，1861−1872.

⑳James Legge. The Four Books，with English Translation and Notes. Taibei： Wen Hua Tu Shu，1977.

㉑James Legge. Zhu Shi Jiao Zheng Hua Ying Si Shu（注释校正华英四书）. Shanghai：商务印书馆，清末，i. e. between 1897 and 1911.

附 录 Ⅱ

（1）2010 年到 2014 年间，美国《中国哲学杂志》儒学论文发表具体情况列表如下：

2010 年发表儒学论文共 18 篇。

1. Chung-Ying Cheng. Developing Confucian Onto-Ethics in a Postmodern World/Age. Article first published online：5 Feb.，2010，DOI：10.1111/j.1540−6253.2009.01560.x.

2. Baogang He. Four Models of the Relationship Between Confucianism and Democracy. Article first published online：5 Feb.，2010，DOI：10.1111/j.1540−6253.2009.01561.x.

3. Mingdong Gu. Everyone's Confucius，All Readers'Analects. Article first published online：5 Feb.，2010，DOI：10.1111/j.1540−6253.2009.01562.x.

4. Ning Wang. Reconsidering（Neo）-Confucianism in a "Global" Postmodern Culture Context. Article first published online：5 Feb.，2010，DOI：10.1111/j.1540−6253.2009.01563.x.

5. Guorong Yang. Wang Yangming's Moral Philosophy：Innate Consciousness and Virtue. Article first published online：5 Feb.，2010，DOI：10.1111/j.1540−6253.2009.01564.x.

6. Guang Xing. A Buddhist-Confucian Controversy on Filial Piety. Article first published online：3 May 2010，DOI：10.1111/j.1540−6253.2010.01582.x.

7. John Berthrong. Father and Son in Confucianism and Christianity：A Comparative Study of Xunzi and Paul-By Yanxia Zhao. Article first published online：3 May 2010，DOI：10.1111/j.1540−6253.2010.01586.x.

---

8. Donald Blakeley. The Analects on Death. Article first published online: 2 Aug., 2010, DOI:10.1111/j.1540-6253.2010.01593.x.

9. John W. M. Krummel. Transcendent or Immanent? —Significance and History of Li in Confucianism. Article first published online: 2 Aug., 2010, DOI:10.1111/j.1540-6253.2010. 01594.x.

10. Sungmoon Kim. Confucian Citizenship? —Against Two Greek Models. Article first published online: 2 Aug., 2010, DOI:10.1111/j.1540-6253.2010.01595.x.

11. Lai Chen. The Guodian Bamboo Slips and Confucian Theories of Human Nature. Article first published online: 22 Dec 2010, DOI:10.1111/j.1540-6253.2010.01617.x.

12. Liang Tao. Returning to "Zisi": The Confucian Theory of the Lineage of the Way. Article first published online: 22 Dec 2010, DOI:10.1111/j.1540-6253.2010.01620.x.

13. James Behuniak Jr. Hitting the Mark: Archery and Ethics in Early Confucianism. Article first published online: 4 Nov., 2010, DOI:10.1111/j.1540-6253.2010.01606.x.

14. Chan Lee. Zhu Xi on Moral Motivation: An Alternative Critique. Article first published online: 4 Nov., 2010, DOI:10.1111/j.1540-6253.2010.01608.x.

15. Kwong-Loi Shun. Zhu Xi on the "Internal" and the "External": A Response to Chan Lee. Article first published online: 4 Nov., 2010, DOI:10.1111/j.1540-6253.2010.01609.x.

16. JiyuanYu. Translation of Ren in Van Norden's Mengzi. Article first published online: 4 Nov., 2010, DOI:10.1111/j.1540-6253.2010.01611.x.

17. Susan Blake. Mengzi and Its Philosophical Commitments: Comments on Van Norden´s Mengzi. Article first published online: 4 Nov., 2010, DOI:10.1111/j.1540-6253.2010.01612.x.

18. Stephen C. Angle. Translating (and Interpreting) the Mengzi. Article first published online: 4 Nov., 2010, DOI:10.1111/j.1540-6253.2010.01613.x.

2011 年发表论文 8 篇:

1. Shu-hsien Liu. Reflections on Globlization from a Neo-Confucian Perspective. Article first published online: 24 Feb., 2011, DOI:10.1111/j.1540-6253.2010.01633.x.

2. Qingping Liu. Emotionales in Confucianism and Daoism: A New Interpretation. Article first published online:24 Feb.,2011,DOI:10.1111/j.1540-6253.2010.01634.x

3. Erica Brindley. Moral Autonomy and Individual Sources of Authority in The Analects. Article first published online:27 May,2011,DOI:10.1111/j.1540-6253.2011.01648.x.

4. Shirong Luo. Is Yi More Basic than Ren in the Teachings of Confucius? Article first published online:10 Aug.,2011,DOI:10.1111/j.1540-6253.2011.01664.x.

5. Koji Tanaka. Inference in the Mengzi 1A:7. Article first published online:10 Aug.,2011, DOI:10.1111/j.1540-6253.2011.01665.x.

6. A. T. Nuyen. The Kantian Good Will and the Confucian Sincere Will. Article first published online:14 Nov.,2011,DOI:10.1111/j.1540-6253.2011.01673.x.

7.Scott R. Stroud. Moral Cultivation in Kant and Xunzi. Article first published online:14 Nov.,2011,DOI:10.1111/j.1540-6253.2011.01674.x.

8. Chung-ying Cheng. Incorporating Kantian Good Will:A Confucian-Kantian Synthesis. Article first published online:14 Nov.,2011,DOI:10.1111/j.1540-6253.2011.01678.x.

2012 年发表 25 篇:

1.Chung-Ying Cheng. World Humanities and Self-Reflection of Humanity:A Neo-Confucian Perspective. Article first published online:29 Nov.,2012,DOI:10.1111/j.1540-6253.2012. 01739.x.

2.Mark L. McPherran. Love in the Western and Confucian Traditions:Response to Chung-Ying Cheng. Article first published online:29 Nov.,2012,DOI:10.1111/j.1540-6253.2012. 01740.x.

3. Robert Cummings Neville.Dimensions of Contemporary Confucian Cosmopolitanism.Article first published online:29 Nov.,2012,DOI:10.1111/j.1540-6253.2012.01749.x.

4. Suk Choi. Sagehood:The Contemporary Significance of Neo-Confucian Philosophy. Edited by Stephen C. Angle. Article first published online:29 Nov.,2012,DOI:10.1111/j.1540-6253. 2012.01751.x.

续表

5. Huaiyu Wang. Confucius: Making the Way Great, by Peimin Ni. Article first published online:5 Nov., 2012, DOI:10.1111/j.1540−6253.2012.01733.x.6. Yongfang Yu. Chen Ming, Wenhua Ruxue: Cultural Confucianism: Speculation and Argumentation, by Chen Ming. Article first published online:5 Nov.,2012,DOI:10.1111/j.1540−6253.2012.01735.x.

7. Mathew A. Foust. Loyalty in the Teachings of Confucius and Josiah Royce. Article first published online:28 Aug.,2012,DOI:10.1111/j.1540−6253.2012.01713.x.

8. Howard J. Curzer:Contemporary Rituals and the Confucian Tradition:a Critical Discussion. Article first published online:28 Aug.,2012,DOI:10.1111/j.1540−6253.2012.01719.x.

9. Xinzhoung Yao.Introduction:Conceptualizing Virtues in The Analects of Confucius.Article first published online:17 May,2012,DOI:10.1111/j.1540−6253.2012.01698.x.

10.Xinyan Jiang. Confucius's View of Courage. Article first published online:17 May,2012, DOI:10.1111/ j.1540−6253.2012.01701.x.

11.Joachim Gentz. Confucius Confronting Contingency in the Lunyu and the Gongyang Zhuan. Article first published online:17 May,2012,DOI:10.1111/j.1540−6253.2012.01702.x.

12. Chung-Ying Cheng. Preface:New Confucianism as a Philosophy of Humanity and Governance. Article first published online:13 Mar.,2012,DOI:10.1111/j.1540−6253.2012.01684.x.

13. Chung-Ying Cheng. A Transformative Conception of Confucuian Ethics:The Yijing, Utility,and Rights. Article first published online:13 Mar.,2012,DOI:10.1111/j.1540−6253.2012.01686.x.

14. Chenyang Li. Xunzi on the Origin of Goodness:A New Interpretation. Article first published online:13 Mar.,2012,DOI:10.1111/j.1540−6253.2012.01688.x

15. Daniel A. Bell,Thaddeus Metz. Confucianism and Ubuntu:Reflections on a dialogue Between Chinese and African Traditions. Article first published online:13 Mar.,2012,DOI:10.1111/j.1540−6253.2012.01690.x.

16. Shun Kwong-Loi.Wang Yangming on Self-cultivation in the Daxue.Article first published online:13 Mar.,2012,DOI:10.1111/j.1540−6253.2012.01691.x.

17. Wing-CheukChan. Mou Zongsan on Confucian and Kant´s Ethics: A Critical Reflection. Article first published online: 13 Mar., 2012, DOI: 10.1111/j.1540-6253.2012.01693.x.

18. Stephen C. Angle. A Productive Dialogue: Contemporary Moral Education and Zhu Xi´s New-Confucian Ethics. Article first published online: 13 Mar., 2012, DOI: 10.1111/j.1540-6253. 2012.01696.x.

19. Justin Tiwald. A Confucian Philosophical Agenda. Article first published online: 13 Mar., 2012, DOI: 10.1111/j.1540-6253.2012.01685.x.

20. Justin Tiwald. Dai Zhen´s Defense of Self-Interest. Article first published online: 13Mar., 2012, DOI: 10.1111/j.1540-6253.2012.01687.x.

21. Shirley Chan: Cosmology, Society, and Humanity: Tian in the Guodian Tests (Part) (pages 64-77). Article first published online: 13 Mar., 2012, DOI: 10.1111/j.1540-6253.2012. 01689.x.

22. Pauline C. Lee. "Spewing Jade and Spitting Pearls": Li Zhi´s Ethics of Genuineness. Article first published online: 13 Mar., 2012, DOI: 10.1111/j.1540-6253.2012.01692.x.

23. Anne Cheng. Virtue and Politics: Some Conceptions of Sovereinty in Ancient China. Article first published online: 13 Mar., 2012, DOI: 10.1111/j.1540-6253.2012.01694.x

24. Lauren F. Pfister. Family Ethics and New Visions of Selfhood in Post-Secular Chinese Teachings. Article first published online: 13 Mar., 2012, DOI: 10.1111/j.1540-6253.2012. 01695.x.

25. Ding Sixin. A Study of the Academic Character and Intellectual Genealogy of Zhu Xi's Philosophy and Its Historical Influence, by Ding Weixiang. Beijing: Renmin Press, 2012.

2013 年发表 10 篇:

1. Eric S. Nelson. Recognition and Resentment in the Confucian Analects. Article first published online: 26 Nov., 2013, DOI: 10.1111/1540-6253.12036.

2. Chung-Ying Cheng. Recognizing Two Modes of Thinking and Living: Kierkegaardian and Confucian. Article first published online: 3 Sep., 2013, DOI: 10.1111/1540-6253.12012.

3. Chung-Ying Cheng. Preface: On Philosophical Unity of the Four Books. Article first published online: 26 Nov., 2013, DOI: 10.1111/1540-6253.12031.

4. Shirley Chan. Introduction: Discovering and Rediscovering the Four Books. Article first published online: 26 Nov., 2013, DOI: 10.1111/1540-6253.1203.

5. Chung-Ying Cheng. A Generative Ontological Unity of Heart-Mind and Nature in the Four Books. Article first published online: 26 Nov., 2013, DOI: 10.1111/1540-6253.12033

6. Xinzhong Yao. The Way of Harmony in the Four Books. Article first published online: 26 Nov., 2013, DOI: 10.1111/1540-6253.12034.

7. Timothy Connolly. Sagehood and Supererogation in the Analects. Article first published online: 26 Nov., 2013, DOI: 10.1111/1540-6253.12035.

8. Bernhard Fuehrer. Orality and the Transmission of Interpretations in Two Versions of Huang Kan's Lunyu Yishu: Teaching Lunyu from the National University of the Liang to the Periphery of the Tang Empire. Article first published online: 26 Nov., 2013, DOI: 10.1111/1540-6253.12037.

9. Lauren F. Pfister. Mao Qiling's Critical Reflections on the Four Books. Article first published online: 26 Nov., 2013, DOI: 10.1111/1540-6253.12038.

10. Katia Lenehan. Theory of Non-Emotion in the Zhuangzi and its Connection to Wei-Jin Poetry. Article first published online: 26 Nov., 2013, DOI: 10.1111/1540-6253.12039.

2014 年发表 10 篇:

1. Chung-ying Cheng. Confucian Ethics in Modernity: Ontologically Rooted, Internationally Responsive, and Integratively Systematic. 23 Sep., 2014, DOI: 10.1111/1540-6253.12067.

2. Shu-Hsien Liu. A Reinterpretation and Reconstruction of Confucian Philosophy. 23 Sep., 2014, DOI: 10.1111/1540-6253.12075.

3. Linyu Gu. Oxford Forum: "Moral Philosophy and Neo-Confucianism: The Future". 23 Sep., 2014, DOI: 10.1111/1540-6253.12079.

4. Yong Huang. Virtue Ethics and Moral Responsibility: Confucian Conceptions of Moral Praise

and Blame. 28 Feb.,2014,DOI:10.1111/1540−6253.12044.

5. Sandra A. Wawrytko. Sedimentation in Chinese Aesthetics and Epistemology:A Buddhist Expansion of Confucian Philosophy. 28 Feb.,2014,DOI:10.1111/1540−6253.12045.

6. Liangjian Liu. An Interpretation and Critical Reflection on the Confucian Tradition:From Classical Confucianism and Neo-Confucianism to New Confucianism,by Guoxiang Peng. 28 Feb.,2014,DOI:10.1111/1540−6253.12041.

7. John Berthrong. Xunzi and Zhu Xi. 28 Feb.,2014,DOI:10.1111/1540−6253.12048.

8. Xinzhong Yao. Philosophy of Learning in Wang Yangming and Francis Bacon. 28 Feb.,2014,DOI:10.1111/1540−6253.12046.

9. Ann A. Pang-White. Zhu Xi on Family and Women:Challenges and Potentials. 28 Feb.,2014,DOI:10.1111/1540−6253.12051.

10. George Rudebusch. Reconsidering Ren as Virtue and Benevolence. 28 Feb.,2014,DOI:10.1111/1540−6253.12055.

（2）2010 年到 2015 年间,美国《比较哲学杂志》儒学论文发表具体情况列表如下:

2010 年发表儒学论文 24 篇。

1.Philip J. Ivanhoe. A Confucian Perspective on Abortion. Dao（2010）. DOI 10.1007/s11712−009−9146−5.

2.Zong Desheng. A New Framework for Comparative Study of Philosophy. Dao（2010）. DOI 10.1007/s11712−010−9182−1.

3.Stephen C. Angle. A Reply to FAN Ruiping. Dao（2010）. DOI 10.1007/s11712−010−9189−7.

4.Fan Ruiping. A Response to Stephen Angle's Review. Dao（2010）. DOI 10.1007/s11712−010−9188−8.

5.Tan Sor-hoon. Authoritative Master Kong（Confucius）in An Authoritarian Age. Dao（2010）. DOI 10.1007/s11712−010−9157−2.

6. Wang Huaiyu. A Discourse on Confucius's Music, by Jiang Wenye. Translated by Yang Rubin. Taibei: Center of Publication of Taiwan University, 2004. Dao (2010). DOI 10.1007/s11712-009-9148-3.

7. Keith N. Knapp, Masayuki Sato. The Confucian Quest for Order: The Origin and Formation of the Political Thought of Xun Zi. Leiden: Brill, 2003. Dao (2010). DOI 10.1007/s11712-009-9150-9.

8. Huang Yun. Zhu Cheng, Governing the Mind and Governing the World: The Political Dimension of Wang Yangming's Philosophy. Shanghai: Shanghai Renmin Chubanshe, 2008.

9. Li Chenyang. Confucian Moral Cultivation, Longevity, and Public Policy. Dao (2010). DOI 10.1007/s11712-009-9156-3.

10. Eric C. Mullis. Confucius and Aristotle on the Goods of Friendship. Dao (2010). DOI 10.1007/s11712-010-9185-y.

11. Lo Ping-cheung. Euthanasia and Assisted Suicide from Confucian Moral Perspectives. Dao (2010). DOI 10.1007/s11712-009-9147-4.

12. H. Tristram Engelhardt Jr. How a Confucian Perspective Reclaims Moral Substance: An Introduction. Dao (2010). DOI 10.1007/s11712-009-9153-6.

13. Fan Ruiping. How Should We Treat Animals? —A Confucian Reflection. Dao (2010) 9: 79-96. DOI 10.1007/s 11712-009-9144-7.

14. Bai Tongdong. What to Do in an Unjust State: On Confucius's and Socrates's Views on Political Duty. Dao (2010). DOI 10.1007/s11712-010-9184-z.

15. Bai Tongdong. What to Do in an Unjust State: On Confucius's and Socrates's Views on Political Duty. Dao (2010). DOI 10.1007/s11712-010-9184-z.

16. Yu Jiyuan. The Practicality of Ancient Virtue Ethics: Greece and China. Dao (2010). DOI 10.1007/s11712-010-9175-0.

17. Wang Qingjie. Virtue Ethics and Being Morally Moved. Dao (2010). DOI 10.1007/s11712-010-9171-4.

18. Chen Lai. Virtue Ethics and Confucian Ethics. Dao (2010) 9: 275-287. DOI 10.1007/

s11712−010−9174−1.

19. David Elstein. Why Early Confucianism Cannot Generate Democracy. Dao（2010）9：427 −443. DOI 10.1007/s11712−010−9187−9.

20. Galia Patt-Shamir. The Value in Storytelling：Women's Life-Stories in Confucianism and Judaism. Dao（2010）. DOI 10.1007/s11712−010−9160−7.

21. Joel J. Kupperman. Confucian Civility. Dao （2010）. DOI 10. 1007/s11712 − 009 − 915 4−5.

22. Stephen C. Angle，Fan Ruiping. Reconstructionist Confucianism：Rethinking Morality After the West. Dordrecht：Springer，2010. Dao（2010）. DOI 10.1007/s11712−010−9178−x.

23. Ellen Y. Zhang，Bai Tongdong. New Mission of an Old State：Classical Confucian Political Philosophy in a Contemporary and Comparative Context. Beijing：Beijing Daxue Chuban-she，2009. Dao（2010）. DOI 10.1007/s11712−010−9183−0.

24. Philip J. Ivanhoe，Peter K. Bol. Neo-Confucianism in History Cambridge，MA：Harvard University Press，2008. Dao（2010）. DOI 10.1007/s11712−010−9190−1.

2011 年发表的儒学论文共 19 篇。

1. Eric L. Hutton. A Note on the Xunzi's Explanation of Xing 性 . Dao（2011）. DOI 10. 1007/s11712−011−9248−8.

2. Yu Jiyuan. After The Mirrors of Virtue：Response to My Critics. Dao（2011）. DOI 10. 1007/s 11712−011−9232−3.

3. Kim Sungmoon. From Desire to Civility：Is Xunzi a Hobbesian? Dao（2011）. DOI 10. 1007/s11712−011−9224−3.

4. Xiao Yang. Holding an Aristotelian Mirror to Confucian Ethics? Dao（2011）. DOI 10. 1007/s11712−011−9231−4.

5. James Harold. Is Xunzi's Virtue Ethics Susceptible to the Problem of Alienation? Dao （2011）10：71−84. DOI 10.1007/s11712−010−9201−2.

6. Lisa Raphals. On Mirrors of Virtue. Dao（2011）. DOI 10.1007/s11712−011−9230−5.

7.Dan Robins. Reply to Hutton. Dao（2011）. DOI 10.1007/s11712-011-9249-7.

8.Jiang Tao. Two Notions of Freedom in Classical Chinese Thought：The Concept of Hua 化 in the Zhuangzi and the Xunzi. Dao（2011）.DOI 10.1007/s11712-011-9245-y.

9.Dan Robins. The Warring States Concept of Xing. Dao（2011）.DOI 10.1007/s11712-010-9197-7.

10.Wang Huaiyu. What is the Matter with Conscience？— A Confucian Critique of Modern Imperialism. Dao（2011）. DOI 10.1007/s11712-011-9211-8.

11. Kurtis Hagen. Xunzi and the Prudence of Dao：Desire as the Motive to Become Good. Dao（2011）. DOI 10.1007/s11712-010-9202-1.

12.Lin Chung-I. Xunzi as a Semantic Inferentialist：Zhengmin，Bian-Shuo and Dao-Li. Dao（2011）. DOI 10.1007/s11712-011-9228-z.

13.George Rudebusch. Yu，Confucius，and Ren. Dao（2011）. DOI 10.1007/s11712-011-9229-y.

14.Wang Qingxin Ken. China's New Confucianism：Politics and Everyday Life in a Changing Society，by Bell，Daniel A. Princeton University Press，2008. Dao（2011）. DOI 10.1007/s11712-010-9195-9.

15.Chai Shaojin. Chinese Philosophy and Culture：Confucian Studies of Ming-Qing Period，by Liu Xiaogan et. al.，eds. Guilin：Guangxi Shifan Daxue Chubanshe，2010. Dao（2011）. DOI 10.1007/s11712-010-9203-0.

16.Justin Tiwald. Sagehood：The Contemporary Significance of Neo-Confucian Philosophy，by Stephen C. Angle. Oxford：Oxford University Press，2009. Dao（2011）. DOI 10.1007/s11712-011-9217-2.

17.Lee Shui Chuen. Confucian Ethics：Ti and Yong. Shanghai：Shanghai Sanlian Shudian，by Wong Wai-ying. 2005. Dao（2011）. DOI 10.1007/s11712-011-9218-1.

18.Daniel A. Bell. Tradition and Modernity：A Humanist View，by Chen Lai. Trans. Edmund Ryden. Leiden：Brill，2009. Dao（2011）. DOI 10.1007/s11712-011-9233-2.

19.Alexus McLeod. Introduction to Classical Chinese Philosophy，by Bryan W. Van Norden.

续表

Indianapolis：Hackett Publishing Co.，2011. Dao（2011）. DOI 10.1007/s11712－011－9241－2.

2012 年共发表儒学论文 23 篇。

1. Lim Tae-seung. Observance of Forms：An Aesthetic Analysis of Analects 6. 25. Dao（2012）.DOI 10.1007/s11712－012－9267－0.

2. Howard J. Curzer. An Aristotelian Doctrine of the Mean in the Mencius？Dao（2012）. DOI 10.1007/s11712－011－9257－7.

3. Erin M. Cline. Confucian Ethics，Public Policy，and the Nurse-Family Partnership. Dao（2012）. DOI 10.1007/s11712－012－9284－z.

4. Fred R. Dallmayr. Confucianism and Liberal Democracy：Some Comments. Dao（2012）. DOI 10.1007/s11712－012－9285－y.

5. Chenyang Li. Equality and Inequality in Confucianism. Dao（2012）.DOI 10.1007/s11712－012－9283－0.

6. Amit Chaturvedi. Mencius and Dewey on Moral Perception，Deliberation，and Imagination. Dao（2012）.DOI 10.1007/s11712－012－9276－z.

7. Dan Robins. Reply to Ian Johnston. Dao（2012）. DOI 10.1007/s11712－012－9274－1.

8. Luo Shirong. Setting the Record Straight：Confucius' Notion of Ren. Dao（2012）. DOI 10.1007/s11712－011－9256－8.

9. Alexus McLeod. In the World of Persons：The Personhood Debate in The Analects and Zhuangzi. Dao（2012）. DOI 10.1007/s11712－012－9291－0.

10. Justin Tiwald. Xunzi on Moral Expertise. Dao（2012）11：275－293. DOI 10.1007/s11712－012－9282－1.

11. Sung Winnie. Yu in the Xunzi：Can Desire by Itself Motivate Action？Dao（2012）. DOI 10.1007/s11712－012－9280－3.

12. Winnie Sung. Reconstruction of Confucianism：A Re-Examination of Xunzi's Thought，by Sun Wei.北京：人民出版社，2010. Dao（2012）. DOI 10.1007/s11712－011－9260－z.

13. Elizabeth Woo Li. Naturalistic Human Nature and Cultivation of the Self：The Spirit of Xunzi's Virtue Philosophy，by Wang Kai. Beijing：Peking University Press，2011. Dao（2012）.

DOI 10.1007/s11712-011-9252-z.14.Karyn Lai. Taking Confucian Ethics Seriously: Contemporary Theories and Applications, by Kam-por Yu, Julia Tao, and Philip J.Ivanhoe（eds.）.Albany: State of New York University Press,2010.Dao（2012）.DOI 10.1007/s11712-011-9253-y.

15. Wu Ching Kit. Confucianism, Philosophy and the Contemporary World, by Cheng Chunyi. 石家庄:河北人民出版社,2010. Dao（2012）. DOI 10.1007/s11712-011-9254-x.

16.Manyul Im. Confucianism, by Paul R. Goldin. Berkeley and Los Angeles: University of California Press,2011. Dao（2012）. DOI 10.1007/s11712-012-9271-4.

17.Jim Peterman. Lives of Confucius:Civilization's Greatest Sage Through the Ages, by Michael Nylan and Thomas Wilson. New York: Doubleday Religion, 2010. Dao（2012）. DOI 10.1007/s11712-012-9273-2.

18.Liu Liangjian. The Confucian Classics and Their Ideas in the Cultural Interaction in East Asia:Interaction, Transformation, and Syntheses, by Huang Chun-chieh（Junjie）. 台北:台大出版中心,2010. Dao（2012）. DOI 10.1007/s11712-012-9286-x.

19.Chen Xin. Confucianism and Contemporary Life:Collected Essays on "Life Confucianism", by Huang Yushun. Shanghai: Guangming Daily Press,2009. Dao（2012）. DOI 10.1007/s11712-012-9287-9.

20.Lee Jung H., Bryan W. Van Norden. Mengzi:with Selections from Traditional Commentaries. Indianapolis:Hackett Publishing Co., 2008. Dao（2012）. DOI 10.1007/s11712-012-9278-x.

21.David Young. Study on Mencius' Theory of the Goodness of Human Nature, by Yang Zebo. Beijing:Zhongguo Renmin Daxue Chubanshe,2010. Dao（2012）.DOI 10.1007/s11712-012-9281-2.

22. Craig K. Ihara, Ryan Nichols. Confucian Role Ethics: A Vocabulary, by Roger Ames. Honolulu:University of Hawai'i Press/Hong Kong. The Chinese University Press,2011-. Dao（2012）. DOI 10.1007/s11712-012-9297-7.

23.Tang Siufu. A Study of the Pre-Qin Concepts of "Piety" and "Brotherhood"—And Enquiry of Han and Song Confucianism, by Zha Changguo. Hefei:Anhui University Press,2006. Dao（2012）. DOI 10.1007/s11712-012-9300-3.

2013 年发表儒学论文共 27 篇。

1.Thorian R. Harris. Aristotle and Confucius on the Socio-economics of Shame.Dao（2014）. DOI 10.1007/s11712-014-9382-1.

2.Chenyang Li. Characteristics of Confucian Rituals（Li）—A Critique of Fan Ruiping's Interpretation. Dao（2014）. DOI 10.1007/s11712-014-9388-8.

3.Aaron Stalnaker. Confucianism, Democracy, and the Virtue of Deference. Dao（2013）. DOI 10.1007/s11712-013-9344-z.

4.Amy Olberding. Confucius' Complaints and The Analects' Account of the Good Life. Dao（2013）2:417-440. DOI 10.1007/s11712-013-9343-0./

5.Wenqing Zhao. Is Contemporary Chinese Society Inhumane? What Mencius and Empirical Psychology Have to Say. Dao（2014）. DOI 10.1007/s11712-014-9383-0.

6.Myeong-seok Kim. Respect in Mengzi as a Concern-based Construal:How It Is Different from Desire and Behavioral Disposition. Dao（2014）. DOI 10.1007/s11712-014-9373-2.

7.John A. Tucker. Skepticism and the Neo-Confucian Canon:ITō Jinsai's Philosophical Critique of the Great Learning. Dao（2013）. DOI 10.1007/s11712-012-9302-1.

8.Ruiping Fan. Taking Confucian Thought Seriously for Contemporary Society:Rejoinder to Lauren Pfister,Ronnie Littlejohn,and Li Chenyang. Dao（2014）. DOI 10.1007/s11712-014-9389-7.

9.Alejandra Mancilla. The Bridge of Benevolence:Hutcheson and Mencius. Dao（2013）. DOI 10.1007/s 11712-012-9313-y.

10.Ronnie Littlejohn. The Environmental Ethics of Fan Ruiping's Revisionist Confucianism. Dao（2014）. DOI 10.1007/s11712-014-9387-9.

11.Eirik Lang Harris. The Role of Virtue in Xunzi's 荀子 Political Philosophy. Dao（2013）. DOI 10.1007/s11712-012-9312-z.

12.Don Baker. Finding God in the Classics:The Theistic Confucianism of Dasan Jeong Yagyong. Dao（2013）12:41-55. DOI 10.1007/s11712-012-9303-0.

13.Hwa Yol Jung. Wang Yangming and the Way of World Philosophy. Dao（2013）. DOI 10.1007/s11712-013-9345-y.

14. Huang Chun-chieh. What's Ignored in ITō Jinsai's Interpretation of Mencius? Dao（2013）. DOI 10.1007/s11712-012-9301-2.

15. Sungmoon Kim. Between Good and Evil：Xunzi's Reinterpretation of the Hegemonic Rule as Decent Governance. Dao（2013）. DOI 10.1007/s11712-012-9304-z.

16. Li Yong, Hwang Kwang-Kuo. Confucian Relationalism. 台北：心理出版社, 2009. Dao（2013）. DOI 10.1007/s11712-012-9307-9.

17. Wu Wenyi. Interpretation and Examination of Confucian Tradition：From Classical Confucianism, Neo-Confucianism to New Confucianism, by Peng Guoxiang. 武汉：武汉大学出版社, 2012. Dao（2013）. DOI 10.1007/s11712-012-9310-1.

18. Ellen Y. Zhang. A Confucian Constitutional Order：How China's Ancient Past Can Shape Its Political Future, by Jiang Qing. Tran, by Edmund Ryden, edited by Daniel A. Bell and Ruiping Fan. Princeton and Oxford：Princeton University Press, 2013. Dao（2014）. DOI 10.1007/s11712-014-9380-3.

19. Deborah A. Sommer. Dao Companion to Neo-Confucian Philosophy, by Makeham, John, ed. Dordrecht：Springer, 2010. Dao（2014）. DOI 10.1007/s11712-014-9377-y.

20. Jinli He. Rejecting the Qin, Revitalizing the Han, and Responding to Buddhism：Confucianism from Dong Zhongshu to Lu Xiangshan, by Zhang Xianglong. 桂林：广西师范大学出版社, 2012：349. Dao（2014）. DOI 10.1007/s11712-014-9378-x.

21. Eric L. Hutton. The Quest for Rationality：Collected Research on the Thought of Xunzi, by Dongfang Shuo. Taibei：Guoli Taiwan Daxue Chuban Zhongxin, 2011. Dao（2014）. DOI 10.1007/s11712-014-9390-1.

22. Charles B. Jones. A Discussion of Confucian-Buddhist Interactions, by Han Huanzhong. 合肥：安徽人民出版社, 2013. Dao（2014）13：431-433. DOI 10.1007/s11712-014-9392-z.

23. Curie Virág, Ian Johnston. Daxue and Zhongyong, Bilingual Edition, by Wang Ping. Hong Kong：Chinese University Press, 2012. Dao（2014）. DOI 10.1007/s11712-014-9396-8.

24. Robert Cummings Neville. Dao Companion to Classical Confucian Philosophy. Vincent Shen, ed. Dordrecht：Springer, 2014. Dao（2014）. DOI 10.1007/s11712-014-9394-x.

25.Chen Xin. Confucius in the United States：The Image of Confucius in U.S. Newspapers since 1849，by Zhang Tao. 北京：北京大学出版社 ，2011：596. Dao（2013）. DOI 10.1007/s11712-013-9353-y.

26.Elizabeth Woo Li. Ancient Religion and Ethics：Sources of Confucian Thought. Taipei：2005；and The World of Ancient Thought and Culture：Religion，Ethics，and Social Thought in the Spring and Autumn Period. by Chen Lai. 北京：三联书店，2002. Dao（2013）12：551-555. DOI 10.1007/s11712-013-9350-1.

27.Kenneth W. Holloway. The Dysfunction of Ritual in Early Confucianism，by Michael David Kaulana Ing. New York：Oxford University Press，2012. Dao（2013）. DOI 10.1007/s11712-013-9351-0.

2014 年发表儒学论文共 16 篇。

1.Thorian R. Harris. Aristotle and Confucius on the Socio-economics of Shame. Dao（2014）. DOI 10.1007/s11712-014-9382-1.

2.Wai C Hiu. Assessment of Li 利 in the Mencius and the Mozi. Dao（2014）. DOI 10.1007/s11712-014-9372-3.

3.Chenyang Li. Characteristics of Confucian Rituals（Li）—A Critique of Fan Ruiping's Interpretation. Dao（2014）. DOI 10.1007/s11712-014-9388-8.

4.Curie Virág. Reply to Ian Johnston and Ping Wang. Dao（2014）. DOI 10.1007/s11712-014-9405-y.

5.Lauren F. Pfister. Rethinking Reconstructionist Confucianism's Rethinking. Dao（2014）. DOI 10.1007/s11712-014-9386-x.

6.Peimin Ni. Seek and You Will Find It；Let Go and You Will Lose It：Exploring a Confucian Approach to Human Dignity. Dao（2014）. DOI 10.1007/s11712-014-9381-2.

7.Ruiping Fan. Taking Confucian Thought Seriously for Contemporary Society：Rejoinder to Lauren Pfister，Ronnie Littlejohn，and LI Chenyang. Dao（2014）. DOI 10.1007/s11712-014-9389-7.

8. Ronnie Little John. The Environmental Ethics of Fan Ruiping's Revisionist Confucianism. Dao（2014）. DOI 10.1007/s11712-014-9387-9.

9. Tao Liang. The Significance of Shendu in the Interpretation of Classical Learning and Zhu Xi's Misreading. Dao（2014）. DOI 10.1007/s11712-014-9395-9.

10. Pauline C. Lee. Two Confucian Theories on Children and Childhood：Commentaries on The Analects and the Mengzi. Dao（2014）. DOI 10.1007/s11712-014-9401-2.

11. Charles B. Jones, Han Huanzhong. A Discussion of Confucian-Buddhist Interactions. 合肥：安徽人民出版社,2013. Dao（2014）. DOI 10.1007/s11712-014-9392-z.

12. Deborah A. Sommer, John Makeham. Dao Companion to Neo-Confucian Philosophy. Dordrecht：Springer,2010. Dao（2014）. DOI 10.1007/s11712-014-9377-y.

13. Xu Meijie, Wang Baofeng. Studies of Li Zhi's Confucian Thought. Beijing 北京：人民出版社,2012. Dao（2014）. DOI 10.1007/s11712-013-9367-5.

14. Robert Cummings Neville. Dao Companion to Classical Confucian Philosophy. Vincent Shen, ed. Dordrecht：Springer,2014. Dao（2014）. DOI 10.1007/s11712-014-9394-x.

15. Brian Bruya. Embodied Moral Psychology and Confucian Philosophy, by Seok, Bongrae. Lanham：Lexington Books,2013. Dao（2014）. DOI 10.1007/s11712-014-9411-0.

16. Bryan W. Van Norden . Dao Companion to the Analects. Amy Olberding, ed. New York：Springer,2014. Dao（2014）13：605-608. DOI 10.1007/s11712-014-9409-7.

2015 年发表儒学论文共 22 篇。

1. Amy Olberding. A Sensible Confucian Perspective on Abortion. Dao（2015）. DOI 10.1007/s11712-015-9433-2.

2. Ernest Sosa. Confucius on Knowledge. Dao（2015）. DOI 10.1007/s11712-015-9450-1.

3. Sean Drysdale Walsh. Contemplation and the Moral Life in Confucius and Aristotle. Dao（2015）. DOI 10.1007/s11712-014-9414-x.

4. Kwong-loi Shun. Contextualizing Early Confucian Discourse：Comments on David B. Wong. Dao（2015）. DOI 10.1007/s11712-015-9435-0.

5. Edward Slingerland. Crafting Bowls, Cultivating Sprouts: Unavoidable Tensions in Early Chinese Confucianism. Dao（2015）. DOI 10.1007/s11712-015-9437-y.

6. Zemian Zheng. Dai Zhen's Criticism and Misunderstanding of Zhu Xi's Moral Theory. Dao（2015）. DOI 10.1007/s11712-015-9454-x.

7. David B. Wong. Early Confucian Philosophy and the Development of Compassion. Dao（2015）. DOI 10.1007/s11712-015-9438-x.

8. Shaun O'Dwyer. Epistemic Elitism, Paternalism, and Confucian Democracy. Dao（2015）. DOI 10.1007/s11712-014-9415-9.

9. Benjamin I. Huff. Eudaimonism in the Mencius: Fulfilling the Heart. Dao（2015）. DOI 10.1007/s11712-015-9444-z.

10. Youngsun Back. Fate and the Good Life: Zhu Xi and Jeong Yagyong's Discourse on Ming. Dao（2015）. DOI 10.1007/s11712-015-9426-1.

11. Weimin Shi. Mou Zongsan on Confucian Autonomy and Subjectivity: From Transcendental Philosophy to Transcendent Metaphysics. Dao（2015）. DOI 10.1007/s11712-015-9434-1.

12. Eric L. Hutton. On the "Virtue Turn" and the Problem of Categorizing Chinese Thought. Dao（2015）. DOI 10.1007/s11712-015-9445-y.

13. Eske J. M? llgaard. Political Confucianism and the Politics of Confucian Studies. Dao（2015）. DOI 10.1007/s11712-015-9448-8.

14. Hui Yin, Hoyt Tillman. The Confucian Canon's Pivotal and Problematic Middle Era: Reflecting on the Northern Song Masters and Zhu Xi. Dao（2015）. DOI 10.1007/s11712-014-9418-6.

15. Brian Bruya. The Tacit Rejection of Multiculturalism in American Philosophy Ph. D. Programs:The Case of Chinese Philosophy. Dao（2015）. DOI 10.1007/s11712-015-9441-2.

16. Richard A. Shweder. The Ultimate Moral Arbiter, Received Tradition or Autonomous Reason? —Some Questions Concerning Morality and Development in Confucian Ethics. Dao（2015）. DOI 10.1007/s11712-015-9436-z.

17. Chienkuo Mi. What Is Knowledge? When Confucius Meets Ernest Sosa. Dao（2015）. DOI 10.1007/s11712−015−9447−9.

18. Daniel A. Bell. The Confucian Philosophy of Harmony, by Li Chenyang. London and New York：Routledge,2014. Dao（2015）. DOI 10.1007/s11712−014−9423−9.

19. Jifen Li. Studies of Xunzi's Thought, by Kang Xiangge and Liang Tao, ed. Beijing 北京：人民出版社,2014. Dao（2015）. DOI 10.1007/s11712−015−9432−3.

20. Ning Wu. The Ontology of Ren, by Chen Lai. 北京：三联书店,2014. Dao（2015）. DOI 10.1007/s11712−015−9453−y.

21. Eirik Lang Harris. Confucius, Rawls and the Sense of Justice, by Erin M. Cline. New York：Fordham University Press,2013. Dao（2015）14：455−458. DOI 10.1007/s11712−015−9443−0.

22. Puqun Li. Whose Tradition Which Dao—Confucius and Wittgenstein on Moral Learning and Reflection, by James F. Peterman. Albany：State University of New York Press,2015. Dao（2015）. DOI 10.1007/s11712−015−9446−x.

（3）2010 年到 2015 年间,美国《东西方哲学杂志》儒学论文发表具体情况列表如下：

2010 年论文 5 篇:

1. Sungmoon Kim. Beyond Liberal Civil Society：Confucian Familism and Relational Strangership. Philosophy East and West, Volume 60, Number 4, October 2010：476−498, by University of Hawai'i Press.

2. Tim Murphy, Ralph Weber. Confucianizing Socrates and Socratizing Confucius：On Comparing Analects 13：18 and the Euthyphro. Philosophy East & West, Volume 60, Number 2, April 2010：187−206, by University of Hawai'i Press.

3. Yong Huang. Confucius and Mencius on the Motivation to Be Moral. Philosophy East & West, Volume 60, Number 1, January 2010：65−87, by University of Hawai'i Press.

4. Marion Hourdequin. Engagement, Withdrawal, and Social Reform：Confucian and Conte-

mporary Perspectives. Philosophy East & West, Volume 60, Number 3, July 2010:369-390, by University of Hawai'i Press.

5. A. P. Martinich, Yang Xiao. Ideal Interpretation: the Theories of Zhu Xi and Ronald Dworkin. Department of Philosophy, University of Texas at Austin, Philosophy East & West, Volume 60, Number 1 January 2010:88-114, by University of Hawai'i Press.

2011 年论文 6 篇:

1. Ryan Nichols. A Genealogy of Early Confucian Moral Psychology. Philosophy East & West, Volume 61, Number 4, October 2011:609-629, by University of Hawai'i Press.

2. Edward Slingerland. "Of What Use are the Odes?" —Cognitive Science, Virtue Ethics, and Early Confucian Ethics. Philosophy East & West, Volume 61, Number 1, January 2011:80-109, by University of Hawai'i Press.

3. Stephan Schmidt. Mou Zongsan, Hegel, and Kant: the Quest for Confucian Modernity. Philosophy East & West, Volume 61, Number 2, April 2011:260-302, by University of Hawai'i Press.

4. James Behuniak Jr. Naturalizing Mencius. Philosophy East & West, Volume 61, Number 3, July 2011:492-515, by University of Hawai'i Press.

5. Emily McRae. The Cultivation of Moral Feelings and Mengzi's Method of Extension. Philosophy East & West, Volume 61, Number 4, October 2011:587-608, by University of Hawai'i Press.

6. Cecilia Wee. Xin, Trust, and Confucius' Ethics. Philosophy East & West, Volume 61, Number 3, July 2011:516-533, by University of Hawai'i Press.

2012 年论文 6 篇:

1. David Elstein. Beyond the Five Relationships: Teachers and Worthies in Early Chinese Thought. Philosophy East & West, Volume 62, Number 3, July 2012:375-391, by University of Hawai'i Press.

2. Richard Reilly. Fingarette on Moral Agency in The Analects. Philosophy East & West, Volume 62, Number 4 October 2012:529-544, by University of Hawai'i Press.

3. Youngmin Kim. Political Unity in Neo-Confucianism: The Debate Between Wang Yangming and Zhan Ruoshui. Philosophy East & West, Volume 62, Number 2 April 2012:246-263, by University of Hawai'i Press.

4. Huaiyu Wang. Ren and Gantong: Openness of Heart and the Root of Confucianism. Philosophy East & West, Volume 62, Number 4 October 2012:463-504, by University of Hawai'i Press.

5. Alexus McLeod. Ren as a Communal Property in The Analects. Philosophy East & West, Volume 62, Number 4 October 2012:505-528, by University of Hawai'i Press.

6. Michael David Kaulana Ing. The Ancients Did Not Fix Their Graves: Failure in Early Confucian Ritual. Philosophy East & West, Volume 62, Number 2 April 2012: 223 - 245, by University of Hawai'i Press.

2013 年论文 4 篇：

1. Jong-Hyun Yeo. A Phenomenological Reading of Zhuzi. Philosophy East & West Volume 63, Number 2 April 2013:251-274, by University of Hawai'i Press.

2. Myeong-seok Kim. Choice, Freedom, and Responsibility in Ancient Chinese Confucianism. Philosophy East & West, Volume 63, Number 1 January 2013:17-38, by University of Hawai'i Press.

3. Kyung-Sig Hwang. Moral Luck, Self-Cultivation, and Responsibility: the Confucian Conception of Free Will and Determinism. Philosophy East & West, Volume 63, Number 1 January 2013:4-16, by University of Hawai'i Press.

4. A. T. Nuyen. The "Mandate of Heaven": Mencius and the Divine Command Theory of Political Legitimacy. Philosophy East & West, Volume 63, Number 2 April 2013:113-126, by University of Hawai'i Press.

续表

2014 年论文 13 篇：

1. Jung-Yeup Kim. Economic Equity, the Well-Field System, and Ritual Propriety in the Confucian Philosophy of Qi. Philosophy East & West, Volume 64, Number 4 October 2014: 856 – 865, by University of Hawai'i Press.

2. Sungmoon Kim. Politics and Interest In Early Confucianism. Philosophy East & West, Volume 64, Number 2 April 2014: 425 – 448, by University of Hawai'i Press.

3. Myeong-seok Kim. Is There No Distinction Between Reason and Emotion in Mengzi? Philosophy East & West, Volume 64, Number 1 January 2014: 49 – 81, by University of Hawai'i Press.

4. Chenyang Li. The Confucian Conception of Freedom. Philosophy East & West, Volume 64, Number 4 October 2014: 902 – 919, by University of Hawai'i Press.

5. Peimin Ni. Rectify the Heart-Mind for the Art of living: A Gongfu Perspective on the Confucian Approach to Desire. Philosophy East & West, Volume 64, Number 2 April 2014: 340 – 359, by University of Hawai'i Press.

6. Joseph Chan. "Self-Restriction" and the Confucian Case for. Philosophy East and West, Volume 64, Number 3, July 2014: 785 – 795.

7. Stephen C. Angle. A Confucian Constitutional Order: How China's Ancient Past Can Shape Its Political Future, by Jiang Qing. Translated by Edmund Ryden. Edited by Daniel A. Bell and Ruiping Fan. Princeton, NJ: Princeton University Press, 2013.

8. Hilde De Weerdt. Li Zhi, Confucianism and the Virtue of Desire, by Pauline C. Lee. Albany: State University of New York Press, 2012: xiii + 186.

9. Erin M. Cline. Confucianism as a World Religion: Contested Histories and Contemporary Realities, by Anna Sun. Princeton: Princeton University Press, 2013.

10. Paul Nicholas Vogt. The Dysfunction of Ritual in Early Confucianism, by Michael David Kaulana Ing. New York: Oxford University Press, 2012.

11. Ian M. Sullivan. Introduction to Classical Chinese Philosophy, by Bryan W. Van Norden. Indianapolis, IN: Hackett Publishing Company, 2011.

续表

12. Armin Selbitschka. Mortality in Traditional Chinese Thought. Edited by Amy Olberding and Philip J. Ivanhoe. Suny Series in Chinese Philosophy and Culture, Roger T. Ames, ed. Albany: State University of New York Press, 2011.

13. Nicholas S. Brasovan. Embodied Moral Psychology and Confucian Philosophy, by Bongrae Seok. Lanham, MD: Lexington Books, 2013.

2015 年论文 6 篇:

1. Sung Won Kim. A Reconsideration of the Mutual Issuance Theory in Yi T'oegye's New-Confucianism. Philosophy East & West, Volume 65, Number 2 April 2015: 582 - 603, by University of Hawai'i Press.

2. Asher Walden. Zhu Xi, the Four-Seven Debate, and Wittgenstein's Dilemma. Philosophy East & West, Volume 65, Number 2 April 2015:567-581, by University of Hawai'i Press.

3. Weimin Shi, Chiulo Lin. Confucian Moral Experience and Its Metaphysical Foundation: from the Point of View of Mou Zongsan. Philosophy East & West, Volume 65, Number 2 April 2015:542-566, by University of Hawai'i Press.

4. Sungmoon Kim. Confucius, Rawls, and the Sense of Justice, by Erin M. Cline. New York: Fordham University Press, 2013. ISBN 978-0-823-24508-6. BookReview. Philosophy East & West, Volume 65, Number 1 January 2015 344-348.

5. Alexus McLeod. Confucius: A Guide for the Perplexed, by Yong Huang. London: Bloomsbury, 2013. ISBN 978-1-441-19653-8. Philosophy East & West, Volume 65, Number 1 January 2015:360-364.

6. Sor-hoon Tan. The Confucian Philosophy of Harmony, by Chenyang Li. London and New York: Routledge, 2014. ISBN 978-0-415-84474-1, Philosophy East & West, Volume 65, Number 2 April 2015:620-622.

（4）2010 年至 2015 年间，美国《亚洲研究杂志》儒学论文发表具体情况列表如下：

1.Kiri Paramore."Civil Religion" and Confucianism:Japan′s Past,China′s Present,and the Current Boom in Scholarship on Confucianism. The Journal of Asian Studies, Volume 74, Issue 02, May, 2015:269 - 282. DOI:http://dx. doi. org/10. 1017/S0021911814002265, published online:27 May,2014.

2.Thomas A. Wilson.The Dysfunction of Ritual in Early Confucianism,by Michael David Kaulana Ing. Oxford:Oxford University Press,2012. The Journal of Asian Studies,Volume 73,Issue 01,Feb.,2014:217-218. DOI:http://dx.doi.org/10.1017/S0021911813001927,published online:27 Feb.,2014.

3.Anthony DeBlasi. Confucian Prophet:Political Thought in Du Fu′s Poetry(752-757),by David K. Schneider. Amherst,NY:Cambria Press,2012:xiv,245. The Journal of Asian Studies, Volume 73, Issue02/May 2014：537 - 538.DOI：http://dx. doi. org/10. 1017/ S002191181400014X,published online:04 June 2014.

4. Kenneth J. Hammond. Li Zhi, Confucianism, and the Virtue of Desire, by Pauline C. Lee. Albany:State University of New York Press,2012. The Journal of Asian Studies,Volume 73,Issue 04, Nov., 2014:1110-1111. DOI:http://dx.doi. org/10. 1017/S0021911814001193, published online:20 Nov.,2014.

5.Taejoon Han. The Korean Economic Development Path:Confucian Tradition, Affective Network, by Seok-Choon Lew. New York:Palgrave Macmillan,2013:211. The Journal of Asian Studies, Volume 73, Issue 04, Nov., 2014: 1140 - 1142. DOI:http://dx. doi. org/10. 1017/ S0021911814001375,published online:20 Nov.,2014.

6.Sookja Cho. Women and Confucianism in Chos? n Korea:New Perspectives. Edited by Youngmin Kim and Michael J. Pettid. Albany:State University of New York Press, 2011. The Journal of Asian Studies, Volume 72, Issue 02, May,2013:486-487. DOI:http://dx.doi.org/10. 1017/S0021911813000375,published online:28 May,2013.

7.Marion Hourdequin. Confucian Role Ethics:A Vocabulary,by Roger T. Ames. Honolulu:

University of Hawai´i Press, 2011. The Journal of Asian Studies, Volume 71, Issue 02, May, 2012. DOI:http://dx.doi.org/10.1017/S0021911812000149,published online:09 May,2012.

8. Arthur Waldron. Harmony and War: Confucian Culture and Chinese Power Politics, by Yuan-kang Wang. New York: Columbia University Press, 2011: xvi, 310. The Journal of Asian Studies, Volume 70, Issue 04, Nov., 2011: 1146 – 1148. DOI: http://dx. doi. org/10. 1017/S0021911811001926(About DOI),published online:22 Dec.,2011.

9.Thomas A. Wilson. Neo-Confucianism in History, by Peter K. Bol. Cambridge, Mass.: Harvard University Asia Center, 2008. The Journal of Asian Studies, Volume 69, Issue 04, Nov., 2010. DOI:http://dx.doi.org/10.1017/S0021911810002147,Published online:10 Nov.,2010.

10.Catherine Hudak Klancer.The Lives of Confucius: Civilization´s Greatest Sage Through the Ages, by Michael Nylan and Thomas Wilson. New York: Doubleday, 2010. The Journal of Asian Studies, Volume 69, Issue 04, Nov., 2010. DOI: http://dx. doi. org/10. 1017/S0021911810002287,published online:10 Nov.,2010.

（5）2010 年至 2015 年间,美国《中国宗教研究杂志》儒学发表论文具体情况列表如下:

1. Bernard Formoso. Dejiao a Chinese Religious Movement in the Age of Globalization. Journal of Chinese Religions,38:1,36-58,DOI:10.1179/073776910803495335.

2. Thomas Wilson. Spirits and the Soul in Confucian Ritual Discourse. Journal of Chinese Religions,42:2,185-212,DOI:10.1179/0737769X14Z.00000000013.

3. Sarah A. Mattice. Why Be Moral: Learning from the Neo-Confucian Cheng Brothers, Journal of Chinese Religions,44:2,181-183,DOI:10.1080/0737769X.2016.1207381.

4. Yong Chen. Conceptualizing "Popular Confucianism": The Cases of Ruzong Shenjiao, Yiguan Dao,and De Jiao,Journal of Chinese Religions,45:1,63-83,DOI:10.1080/0737769X. 2017.1284707.

5. R. Po-chia Hsia. The Jesuit Reading of Confucius: The First Complete Translation of the Lunyu（1687）Published in the West. Journal of Chinese Religions,45:1,104-105,DOI:10.

续表

1080/0737769X.2017.1299426.6. Anna Sun. The Sage and the People:The Confucian Revival in China. Journal of Chinese Religions,45:2,197-199,DOI:10.1080/0737769X.2017.1369710.

7. Erik Hammerstrom,Thomé H. Fang. Tang Junyi and Huayan Thought:A Confucian Appropriation of Buddhist Ideas in Response to Scientism in the Twentieth Century. Journal of Chinese Religions,45:2,199-201,DOI:10.1080/0737769X.2017.1369703.

附 录 Ⅲ

从问卷调查情况看,美国学生和普通民众对儒家的了解情况比英国民众稍好。但总体上对儒家的了解和认可度仍不高。所调查的问题和回答情况列表如下。

(1)美国调查问卷情况:(问卷地点:The Texas State University;接受问卷人数:100)

回答情况 问题	Yes,a lot	Yes,a little	No
1. Have you ever read the Analects of Confucius or Mencius?	12(12%)	21(21%)	67(67%)
2. Have you ever read the Confucian Book of History?	3(3%)	7(7%)	90(90%)
3. Have you ever read the Confucian Book of Rites?	2(2%)	4(4%)	94(94%)
4. Have you ever read the Confucian Book of Poetry?	11(11%)	23(23%)	66(66%)
5. Have you ever read the Confucian Book of Changes?	5(5%)	16(16%)	79(79%)
6. Have you ever read the Confucian Book of Filial Piety?	1(1%)	5(5%)	94(94%)
8. Have you ever read the Spring and Autumn Annals by Confucius?	0(0%)	1(1%)	99(99%)

(2)美国调查问卷情况:(问卷地点:Milwaukee,Wisconsin,USA;接受问卷

人数:100)

问题 \ 回答情况	Answer:Yes	Answer:No
1. Do you like the ancient Chinese Confucius?	41(41%)	59(59%)
2. Do you like the ancient Chinese Mencius?	26(26%)	74(74%)
3. Have you read or read about Confucius or Mencius in any language?	23(23%)	77(77%)
4. Do you think Confucian philosophy will be welcome or not in your country?	41(41%)	59(59%)
5. Do you agree to the Confucian philosophy filial piety?	21(21%)	79(79%)
6. Are you interested in Confucius's philosophy?	43(43%)	57(57%)

（3）英国调查问卷情况:(问卷地点:Newcastle University;接受问卷人数:100)

问题 \ 回答情况	Yes,a lot	Yes,a little	No
1. Have you ever read the Analects of Confucius or Mencius?	2(2%)	18(18%)	80(80%)
2. Have you ever read the Confucian Book of History?	0(0%)	3(3%)	97(97%)
3. Have you ever read the Confucian Book of Rites?	3(0%)	5(5%)	92(92%)
4. Have you ever read the Confucian Book of Poetry?	7(7%)	12(12%)	81(81%)
5. Have you ever read the Confucian Book of Changes?	2(2%)	9(9%)	89(89%)
6. Have you ever read the Confucian Book of Filial Piety?	0(0%)	6(6%)	94(94%)
8. Have you ever read the Spring and Autumn Annals by Confucius?	0(0%)	3(3%)	97(97%)

（4）英国调查问卷情况:(问卷地点:Newcastle,UK;接受问卷人数:100)

问题 ＼ 回答情况	Answer:yes	Answer:No
1. Do you like the ancient Chinese Confucius?	49(49%)	51(51%)
2. Do you like the ancient Chinese Mencius?	22(22%)	78(78%)
3. Have you read or read about Confucius or Mencius in any language?	10(10%)	90(90%)
4. Do you think Confucius and Mencius will be welcome or not in your country?	23(23%)	77(77%)
5. Do you agree to the Confucian philosophy—filial piety?	65(65%)	35(35%)
6. Are you interested in Confucius' philosophy?	32(32%)	68(68%)

参 考 文 献

1. 安乐哲:《儒家式的民主》,《东方论坛》2006 年第 6 期,第 1—8 页。

2. 安乐哲:《儒家学说与社会进步——美国的"东方化"》,《东方论坛》2006 年第 6 期,第 10 页。

3. 安乐哲、罗思文:《〈论语〉的"孝":儒家角色伦理与代际传递之动力》,《华中师范大学学报》(人文社会科学版)2013 年第 5 期,第 55—65 页。

4. 安乐哲:《超越世界汉学的哲学黯淡——对莫卡德的一个回应》,蒋丽梅译,《求是学刊》2006 年第 2 期,第 22—25 页。

5. 安乐哲:《中国传统文化的当代意义》,《马克思主义与现实》2008 年第 4 期,第 6—8 页。

6. 安乐哲:《儒家的角色伦理学与杜威的实用主义——对个人主义意识形态的挑战》,李慧子译,《东岳论丛》2012 年第 11 期,第 5—16 页。

7. 安乐哲:《以礼仪为权利——儒家的选择》,《江汉论坛》2013 年第 6 期,第 23—28 页。

8. 安乐哲、郝大维:《〈中庸〉新论哲学与宗教性的诊释》,《中国哲学史》2002 年第 3 期,第 5—17 页。

9. 安云凤:《伦理学领域角色伦理研究的开拓之作——评〈角色伦理——构建和谐社会的伦理基础〉》,《道德与文明》2015 年第 4 期,第 159 页。

10. 白诗朗、王强伟、曹峰:《儒耶之间对话的可能性》,《文史哲》2011 年第 4 期,第 12—14 页。

11. 白玉杰：《论〈论语〉英译本的跨文化传播能力——以辜鸿铭和 Arthur Waley 的译本为例》，《时代文学》2010 年第 6 期，第 84—86 页。

12. 布尔克：《西方伦理学史》，华东师范大学出版社 2016 年版。

13. 蔡德贵：《试论美国的儒家学派》，《中国人民大学学报》2004 年第 5 期，第 79—85 页。

14. 蔡德贵：《美国波士顿儒学和夏威夷儒学》，当代儒学国际学术研讨会 2004 年版。

15. 蔡元培：《中国伦理学史》，商务印书馆 2012 年版。

16. 曹威：《儒家经典翻译的诠释学理论前提——以英译〈论语〉为例》，《外语学刊》2010 年第 6 期，第 109—113 页。

17. 常春红：《全球化时代中国民族主义的误区与走向》，《内蒙古民族大学学报》（社会科学版），2006 年第 32 卷第 4 期，第 95—97 页。

18. 车美萍、付振：《提升我国文化软实力应注意的几个重大问题》，《理论学刊》2008 年第 4 期，第 104—108 页。

19. 陈慕华：《析〈左传〉英译的失与误》，《湖南理工学院学报》2006 年第 16 卷第 1 期，第 60—62 页。

20. 陈慕华：《两种〈左传〉译本的译文风格研究与比较》，《内蒙古农业大学学报》（社会科学版）2005 年第 7 卷第 4 期，第 214—217 页。

21. 陈燕钦、王绍祥：《〈孝经〉英译版本比较》，《郑州航空工业管理学院学报》2010 年第 3 期，第 92—95 页。

22. 陈燕钦：《跨文化视角下〈孝经〉英译本对比》，《牡丹江师范学院学报》2011 年第 2 期，第 66—68 页。

23. 陈育钦：《刍议国家文化软实力》，《重庆工学院学报》（社会科学版）2008 年第 7 期，第 115—118 页。

24. 陈远宁：《孔子的"仁"》，《伦理学研究》2006 年第 2 期，第 39—40 页。

25. 陈子展：《诗经直解》，复旦大学出版社 1983 年版。

26. 程刚：《理雅各与韦利〈论语〉译文体现的义理系统的比较分析》，《孔子研究》2002 年第 2 期，第 17—28 页。

27. 程俊英:《诗经译注》,上海古籍出版社 2004 年版。

28. 程树德:《论语集释》,中华书局 2006 年版。

29. 成中英:《着力建构新的世界化儒学》,《人民日报》2016 年 9 月 11 日第 5 版。

30. 崔丽萍:《德性伦理还是角色伦理?——以〈孟子〉为中心进行的考察》,《西北大学学报》(哲学社会科学版)2011 年第 4 期,第 128—131 页。

31. 邓清柯:《中国文化软实力处于井喷式复兴的前夜》,《求索》2009 年第 9 期,第 45—49 页。

32. 杜继文:《佛教史》,江苏人民出版社 2006 年版。

33. 方志:《文化软实力呼唤"硬指标"》,《出版参考》2008 年第 15 期,第 1—1 页。

34. 付惠生:《〈汉英对照大中华文库〉英译文语言研究》,《外语教学理论与实践》2012 年第 3 期,第 23 页。

35. 高国希:《当代西方的德性伦理学运动》,《哲学动态》2004 年第 5 期,第 30—35 页。

36. 高亨:《诗经今注》,上海古籍出版 1980 年版。

37. 宫丽艳:《论韩国孝道文化传承对中国的启示》,《学术交流》2014 年第 9 期,第 211—215 页。

38. 龚群、陈真:《当代西方伦理思想研究》,北京大学出版社 2013 年版。

39. 郭齐勇:《当代新儒学思潮概览》,《人民日报》2016 年 9 月 11 日第 1 版。

40. 郭在贻:《训诂学》,中华书局 2013 年版。

41. 韩美群:《我国文化软实力建设的问题及思考》,《思想理论教育》2009 年第 13 期,第 42—47 页。

42. 韩振华:《早期儒家与德性伦理学:儒学研究中的相对主义话题——兼与安乐哲、罗思文商榷》,《伦理学研究》2012 年第 3 期,第 133—138 页。

43. 何刚强:《瑕瑜分明,得失可鉴——从 Arthur Waley 的译本悟〈论语〉的英译之道》,《上海翻译》2005 年第 4 期,第 15—19 页。

44. 何晏:《论语集解(元盱郡重刊廖氏善本)》,故宫博物院影印 1931 年版。

45. 洪涛:《孟子辩辞的英译》,《聊城大学学报》(社会科学版)2003 年第 3 期,第 42—44 页。

46. 胡键:《文化软实力研究:中国的视角》,《社会科学》2011 年第 5 期。

47. 胡锦涛:《在中国共产党第十七次全国代表大会上的报告》,人民出版社 2007 年版。

48. 胡慕贤:《浅析孔子的义务论伦理学说》,《理论界》2007 年第 4 期,第 174— 175 页。

49. 胡惠林:《文化民权:国家文化软实力建构的战略基础和价值取向》,《探索与争鸣》2010 年第 10 期。

50. 黄国文:《典籍翻译:从语内翻译到语际翻译——以〈论语〉英译为例》,《中国外语》2012 年第 9 卷第 6 期,第 64 页。

51. 皇侃:《论语集解义疏》,商务印书馆 1937 年版。

52. 黄青秀:《从〈礼记〉中介词"以"字的翻译看理雅各灵活的风格》。《绥化学院学报》2011 年第 2 期,第 136—137 页。

53. 黄裕生:《普遍伦理学的出发点:自由个体还是关系角色?》,《中国哲学史》2003 年第 3 期,第 13—24 页。

54. 黄玉顺:《论"仁"与"爱"——儒学与情感现象学比较研究》,《东岳论丛》2007 年第 6 期,第 113—118 页。

55. 黄玉霞:《〈论语〉英译的文化战略考量》,《鸡西大学学报》2012 年第 3 期,第 97—98 页。

56. 季红琴:《〈孟子〉英译方法解读——全译与变译》,《湖南师范大学社会科学学报》2011 年第 4 期,第 139—141 页。

57. 季红琴:《〈孟子〉及其英译》,《外语学刊》2011 年第 1 期,第 113—116 页。

58. 贾海涛:《试析文化软实力的概念和理论框架》,《岭南学刊》2008 年第 2 期,第 76—81 页。

59. 姜文华、洪杰:《韩国婚俗中的儒家思想影响》,《民俗研究》1996 年第 2 期,第 130 页。

60. 姜新:《走向欧洲的孟子——译介〈孟子〉的西文图书述略》,《江苏师范大学学报》(哲学社会科学版)2009 年第 35 卷第 5 期,第 55—60 页。

61. 姜燕:《基督教视域中的儒家宗教性——理雅各对〈诗〉〈书〉宗教意义的认

识》,《山东大学学报》2013 年第 1 期,第 125—133 页。

62. 金学勤:《论美国汉学家白氏夫妇的〈论语〉层累论成书说》,《四川大学学报》(哲学社会科学版)2009 年第 2 期,第 19—24 页。

63. 金学勤:《通俗简练,瑕不掩瑜——评戴维·亨顿的〈论语〉和〈孟子〉英译》,《孔子研究》2010 年第 5 期,第 117—123 页。

64. 克林顿:《付出》,于少蔚、王恩冕译,中信出版社 2008 年版。

65. 孔润年:《论中国伦理的"德性论"与"义务论"之分野》,《宝鸡文理学院学报》2000 年第 1 期,第 28—32 页。

66. 李斐:《"万舞"源流考》,《陕西师范大学学报》(哲学社会科学版)2001 年总第 30 卷第 5 期,第 199—203 页。

67. 李刚、李金姝:《描述翻译学视域中的〈论语〉英译研究》,《外语学刊》2013 年第 1 期,第 131—135 页。

68. 李慧子:《儒家伦理学对西方伦理学的挑战——评安乐哲的"儒家角色伦理学"》,《社会科学研究》2014 年第 5 期,第 16—21 页。

69. 李隆基注,邢昺疏:《孝经》,中华书局 2009 年版。

70. 李明江:《软实力与中国对策》,尹宏毅译,《中国安全》2008 年夏季号。

71. 赵大鹏:《中国语境下的文化软实力研究:概念、进展与展望》,《武汉科技大学学报》2010 年第 6 期,第 69—74 页。

72. 李申:《宗教简史》,广西师范大学出版社 2012 年版。

73. 李伟荣:《试析〈论语〉向西方世界传播过程中的诠释精神》,《江西社会科学》2009 年第 5 期,第 235—238 页。

74. 李秀英、冯秋香:《左传在西方的译介与研究综述》,《英语研究》2007 年第 4 期,第 67—73 页。

75. 李新德:《耶稣会士对〈四书〉的翻译与阐释》,《孔子研究》2011 年第 1 期,第 98—107 页。

76. 李学勤:《十三经注疏(标点本)》,北京大学出版社 1999 年版。

77. 李玉良:《理雅各〈诗经〉翻译的经学特征》,《外语教学》2005 年第 5 期,第 63—66 页。

78. 李玉良:《论全球化语境下儒家经典对外翻译与传播——问题与策略》,《青海社会科学》2009 年第 9 期,第 135—138+146 页。

79. 李玉良:《儒家思想在西方的翻译与传播》,中国社会科学出版社 2009 年版。

80. 李玉良:《〈诗经〉英译研究》,齐鲁书社 2007 年版。

81. 李玉良:《〈诗经〉翻译探微》,商务印书馆 2017 年版。

82. 李玉良:《理雅各儒学翻译:宗教情结与宗教比较研究》,《国际汉学》2017 年第 1 期,第 89—97 页。

83. 李玉良:《〈诗经〉名物翻译偏离及其诗学功能演变——以〈关雎〉英译为例》,《山东外语教学》2014 年第 1 期,第 91—96 页。

84. 梁启超:《梁启超论儒家哲学》,商务印书馆 2012 年版。

85. 廖明春:《〈周易〉经传十五讲》第二版,北京大学出版社 2012 年版。

86. 林琳:《从功能主义看〈左传〉翻译中的误差》,《绥化学院学报》2012 年第 3 期,第 123—125 页。

87. 刘单平:《〈孟子〉西译史述评》,《理论导刊》2010 年第 8 期,第 105—108 页。

88. 刘单平、曾振宇:《他者视域下的儒家经典:〈孟子〉英译本比较研究》,《孔子研究》2011 年第 4 期,第 120—126 页。

89. 刘单平、曾振宇:《英译〈孟子〉的三种误区分析》,《东岳论丛》2011 年第 32 卷第 3 期,第 59—62 页。

90. 刘伏海:《康德伦理学形式主义的实质和特点》,《湖南师范大学社会科学学报》1990 年第 19 卷第 2 期,第 48 页。

91. 刘洪顺:《关于国家文化软实力的几点思考》,《武汉科技大学学报》(社会科学版)2010 年第 6 期,第 14—17 页。

92. 刘雪芹:《典籍复译的危机——〈论语〉英译二百年(1809—2009)之启示》,《广西民族大学学报》(哲学社会科学版)2010 年第 3 期,第 163—170 页。

93. 刘悦笛:《探索中国式的民族主义——兼论"温和民族主义"与"世界主义"之关联》,《南国学术》2017 年第 3 期,第 388—394 页。

94. 刘悦笛:《大同世界与世界主义——兼论民族主义与世界主义的关联》,《孔学堂》2017 年第 3 期,第 31—40 页。

95. 刘振前:《隐喻的范畴化和概念化过程》,《外国语文》1999 年第 4 期,第 60—63 页。

96. 刘重德:《〈论语〉韦利英译本之研究——兼议里雅各、刘殿爵英译本》,《山东外语教学》2001 年第 2 期,第 15—17 页。

97. 刘重德:《关于大中华文库〈论语〉英译本的审读及其出版——兼答裘克安先生》,《中国翻译》2001 年第 3 期,第 62—63 页。

98. 陆振慧:《从文本诠释到文化诠释——论理雅各〈尚书〉译本中的"详注"策略》,《甘肃联合大学学报》(社会科学版)2011 年第 6 期,第 6 页。

99. 陆振慧:《从理雅各〈尚书〉译本看经典复译问题》,《昆明理工大学学报》2012 年第 6 期,第 96—102 页。

100. 罗尔斯:《正义论》,何怀宏等译,中国社会科学出版社 1988 年版。

101. 骆郁廷:《我国文化软实力的发展战略》,《马克思主义研究》2009 年第 5 期,第 79—87 页。

102. 马瑞辰:《毛诗传笺通释》,中华书局 2004 年版。

103. 马振铎:《孔子的尚义思想和义务论伦理学说》,《哲学研究》1991 年第 6 期,第 59 页。

104. 孟健、曲涛、夏洋:《文化顺应理论视阈下的典籍英译——以辜鸿铭〈论语〉英译为例》,《外语学刊》2012 年第 3 期,第 104—108 页。

105. 孟亮:《大国策:通向大国之路的软实力》,人民日报出版社 2008 年版。

106. 孟庆波:《美国汉学界对孝及〈孝经〉的研究——兼论海外汉学的研究范式》,《阅江学刊》2013 年第 4 期,第 62—67+103 页。

107. 苗力田编:《亚里士多德选集》伦理学卷,中国人民大学出版社 1999 年版。

108. 宁德业:《提升中国文化软实力与反对"普世价值"》,《马克思主义研究》2010 年第 9 期,第 128—131+162 页。

109. 彭锋:《从"礼后乎"看儒家伦理的美学基础》,《中国哲学史》2005 年第 2 期,第 31—36 页。

110. 钱穆:《四书释义》,九州出版社 2010 年版。

111. 曲德来:《"忠"观念先秦演变考》,《社会科学辑刊》2005 年第 3 期,第 109—

115 页。

    112. 任继愈:《中国佛教史》,中国社会科学出版社 1993 年版。

    113. 容新霞、李新德:《从译者的主体性看麦都思的〈尚书〉译本翻译策略》,《牡丹江师范学院学报》(哲学社会科学版)2011 年第 2 期,第 69—73 页。

    114. 阮元:《十三经注疏》清嘉庆刊本,中华书局 2009 年版。

    115. 沈顺福:《德性伦理抑或角色伦理——试论儒家伦理精神》,《社会科学研究》2014 年第 5 期,第 10—16 页。

    116.《圣经》中英对照,中文和合本新国际版,中国基督教三自爱国运动委员会、中国基督教协会 2009 年版。

    117. 宋钟秀:《从目的论视角看中国典籍中文化负载词的英译——以理雅各的〈礼记〉英译本为例》,《长沙大学学报》2012 年第 1 期,第 102—104 页。

    118. 宋钟秀:《理雅各〈礼记〉英译本中文化负载词的翻译》,《三明学院学报》2008 年第 3 期。

    119. 宋钟秀:《析论理雅各对中国神秘文化的处理方式——以理雅各的〈礼记〉英译本为例》,《乐山师范学院学报》2012 年第 1 期,第 68—71 页。

    120. 孙波:《文化软实力及其我国文化软实力建设》,《科学社会主义》2008 年第 2 期,第 41—44 页。

    121. 谭菁:《严谨细致准确统一——评刘殿爵〈孟子〉英译本中的哲学术语翻译》,《语文学刊》2013 年第 2 期,第 45—48 页。

    122. 梯利:《西方哲学史》,葛力译,商务印书馆 2001 年版。

    123. 万俊人:《20 世纪西方伦理学经典》,中国人民大学出版社 2005 年版。

    124. 王福祥、徐庆利:《民族文化身份嬗变与古代典籍核心词汇翻译——以〈论语〉中的"仁"为例》,《西安外国语大学学报》2013 年第 21 卷第 2 期,第 98—102 页。

    125. 王辉:《盛名之下 其实难副——〈大中华文库·论语〉编辑出版中的若干问题》,《华中科技大学学报》(社会科学版)2003 年第 1 期,第 42—48 页。

    126. 王建:《权力话语视角下〈论语〉英译本的对比解读——以辜鸿铭和理雅各的译本为例》,《山东外语教学》2012 年第 4 期,第 97—103 页。

    127. 王力:《国文常识》,北京大学出版社 2009 年版。

128. 王力：《诗经韵读 楚辞韵读》，中华书局 2014 年版。

129. 王琼：《和谐社会需要文化软实力的支撑》，《理论观察》2008 年第 4 期，第 28—30 页。

130. 汪榕培：《诗经英译》，辽宁教育出版社 1995 年版。

131. 王先谦：《诗三家义集疏》，中华书局 1987、2017 年版。

132. 王晓农：《中国文化典籍英译出版存在的问题——以〈大中华文库·二十四诗品〉为例》，《当代外语研究》2013 年第 11 期，第 43—48 页。

133. 王晓农：《闵福德〈易经〉英译与〈易经〉外译的两个系统——兼论中华古籍外译的当代化取向》，《燕山大学学报》（哲学社会科学版）2017 年第 2 期，第 1—6 页。

134. 王晓农：《对理雅各和卫礼贤之后〈易经〉英译本的描述性评析——以蒲乐道英译本为例》，《周易研究》2016 年第 3 期，第 82—87 页。

135. 王琰：《国内外〈论语〉英译研究比较》，《外语研究》2010 年第 2 期，第 70—73 页。

136. 王燕华：《经典的翻译与传播——〈诗经〉在英国的经典化路径探析》，《上海翻译》2016 年第 2 期，第 78—83 页。

137. 王岳川：《孔子思想：从"礼"中心到"仁"中心》，《益阳师专学报》2000 年第 4 期，第 23—27 页。

138. 王赟：《从后殖民视角对比研究理雅各和辜鸿铭的〈论语〉译本》，《赤峰学院学报》（哲学社会科学版）2011 年第 32 卷第 3 期，第 117—119 页。

139. 魏望东：《刘殿爵的〈论语〉翻译策略》，《当代外语研究》2013 年第 6 期，第 53—58 页。

140. 文碧方：《也论"仁"与"孝弟"以及"公德"与"私德"》，《社会科学战线》2005 年第 2 期，第 43—48 页。

141. 吴桂韩：《中共十七大以来国家文化软实力研究述评》，《中共党史研究》2012 年第 6 期，第 94—103 页。

142. 吴佳娣：《明末清初来华传教士对〈易经〉的译介及索隐派的汉学研究》，《湖南第一师范学院学报》2010 年第 10 卷第 1 期，第 111—112 页。

143. 武建峰：《论苏格拉底的理性伦理学》，《山西农业大学学报》（社会科学版）

2010 年第 9 卷第 1 期,第 103—105 页。

144. 武铁传:《文化软实力理论以及提升我国软实力的方法》,《国外理论动态》2009 年第 6 期,第 110—113 页。

145. 吴钧:《论理雅各的〈易经〉英译》,《湖南大学学报》(社会科学版)2013 年第 27 卷第 1 期,第 135—139 页。

146. 吴钧:《论〈易经〉的英译与世界传播》,《周易研究》2011 年第 24 卷第 1 期,第 89—95 页。

147. 吴瑜:《析〈左传〉经典名言翻译——从文本交际功能角度》,《怀化学院学报》2012 年第 1 期,第 86—87 页。

148. 习近平:《在〈纪念孔子诞辰 2565 周年国际学术研讨会暨国际儒学联合会第五届会员大会〉开幕会上的讲话》2014 年 9 月 24 日。

149. 萧兵:《万舞的民俗研究——兼释〈诗经〉〈楚辞〉有关疑义》,《辽宁师院学报》1979 年第 5 期,第 37—42 页。

150. 肖立斌:《中国传统道德中"仁"与"义"的对立统一》,《学术论坛》2006 年第 1 期,第 47—50 页。

151. 肖群忠:《传统"义"德析论》,《中国人民大学学报》2008 年第 5 期,第 57—63 页。

152. 谢雪屏:《文化软实力竞争:关注中国国家文化安全》,《福建师范大学学报》(哲学社会科学版)2008 年第 5 期,第 1—5 页。

153. 谢和耐:《中国与基督教——中西文化的首次碰撞》,耿升译,上海古籍出版社 2003 年版。

154. 谢树放:《试谈儒家之中、仁、和及三者关系》,《安徽大学学报》2006 年第 2 期,第 23—26 页。

155. 许嘉璐:《弘扬儒家精华发展先进文化》,《理论参考》2007 年第 11 期,第 4 页。

156. 许渊冲:《诗经——Book of Poetry》,中国对外翻译出版公司 2009 年版。

157. 徐儒宗:《人和论——儒家人伦思想研究》,人民出版社 2006 年版。

158. 薛海玲:《儒家文化对韩国军队精神教育的影响探析》,《外军观察》2012 年第 4 期,第 78—79 页。

159. 杨伯峻:《论语注释》,中华书局 2006 年版。

160. 杨牧之:《国家"软实力"与世界文化的交流——〈大中华文库〉编辑出版启示》,《中国编辑》2007 年第 2 期,第 22—27 页。

161. 杨平:《〈论语〉核心概念"仁"的英译分析》,《外语与外语教学》2008 年第 2 期,第 61—63 页。

162. 杨平、姚金艳:《西方学者的〈论语〉翻译与文化利用》,《浙江外国语学院学报》2010 年第 6 期,第 42—47 页。

163. 杨平:《中西文化交流视阈下的〈论语〉英译研究》,光明日报出版社 2011 年版。

164. 于炳贵、郝良华:《西方文化中心主义与国家文化安全》,《中共中央党校学报》2005 年第 3 期。

165. 余冠英:《诗经选译》,人民文学出版社 1982 年版。

166. 岳峰:《〈易经〉英译风格探微》,《湖南大学学报》2001 年第 15 卷第 2 期,第 70—75 页。

167. 约瑟夫·奈:《软实力》,马娟娟译,中信出版社 2013 年版。

168. 张国良:《传播学原理》,复旦大学出版社 2009 年版。

169. 张奇伟:《仁为礼本与行礼为仁——荀子"仁礼之辩"内涵剖析》,《燕山大学学报》(哲学社会科学版)2001 年第 3 期,第 9—11 页。

170. 张西平:《儒学西传欧洲研究导论——16—18 世纪中学西传的轨迹与影响》,北京大学出版社 2016 年版。

171. 张晓淮:《人性视域中的孔子》,《中华读书报》2002 年 9 月 4 日。

172. 张阳:《严谨细致准确统一 ——评刘殿爵〈孟子〉英译本中的哲学术语翻译》,《浙江理工大学学报》2013 年第 30 卷第 3 期,第 410—414 页。

173. 曾春莲、王红霞:《裨治文、理雅各〈孝经〉英译比较》,《西南民族大学学报》2010 年第 5 期,第 191—195 页。

174. 曾春莲:《罗思文、安乐哲对〈孝经〉的诠释和翻译》,《学术研究》2013 年第 3 期,第 43—46+51 页。

175. 曾连乾:《尚书正读》,中华书局 2015 年版。

176. 赵清文:《儒家伦理是"角色伦理"吗?》,《学术界》2012 年第 11 期,第 103—110 页。

177. 郑丽钦:《从措词分析理雅各〈尚书〉译本的直译和失误》,《长春师范学院学报》2007 年第 4 期,第 90—95 页。

178. 郑文姬:《解放思想提高国家文化软实力》,《理论界》2008 年第 10 期,第 11—14 页。

179. 郑永年:《中国国家间关系的构建:从"天下"到国际秩序》,《当代亚太》2009 年第 5 期,第 32—66 页。

180. 中共中央宣传部:《习近平总书记系列重要讲话读本》,学习出版社·人民出版社 2016 年版。

181. 钟明国:《辜鸿铭〈论语〉翻译的自我东方化倾向及其对翻译目的的消解》,《外国语文》2009 年第 2 期,第 135—139 页。

182. 周发祥:《诗经在西方的传播与研究》,《文学评论》1993 年第 6 期,第 70—81 页。

183. 周文彬、杨健:《美国人眼中的孔子之礼》,《中国教育报》2003 年 9 月 11 日。

184. 周振甫:《诗经译注》,中华书局 2002 年版。

185. 朱熹:《四书章句》,中华书局 2014 年版。

186. 朱熹:《周易本义》,中华书局 2009 年版。

187. 朱熹:《诗集传》,中华书局 1989 年版。

188. 朱贻庭:《伦理学大词典》,上海辞书出版社 2011 年版。

189. Allen, Clement Francis Romilly. *The Book of Chinese Poetry-The Shih Ching or Classic of Poetry*. London: Kegan Paul, Trench, Trübner & Co., Ltd., 1891:53.

190. Alexus, Mcleod. "Ren as a Communal Property in The Analects". *Philosophy East and West*, Vol. 62, No. 4, 2012:505-528.

191. Ames, Roger T. & Henry Rosemont Jr. *The Analects of Confucius: A Philosophical Translation*. New York: the Ballantine Publishing Group, 1998.

192. Ames, Roger T. & David L. Hall. *Focusing the Familiar: A Translation and Philosophical Interpretation of the Zhongyong*. Honolulu: University of Hawai'i Press, 2001.

193. Ames, Roger T. "Li and the A-theistic Religiousness of Classical Confucianism". In *Confucian Spirituality I, ed. Tu Weiming and Mary Evelyn Tucker*. New York: Crossroad, 2003.

194. Ames, Roger T. "Family Reverence (xiao 孝) in The Analects: Confucian Role Ethics and the Dynamics of Intergenerational Transmission". Vencent Shen (ed.), *Dao Companion to the Analects, Dao Companion to Chinese Philosophy*. 2014.

195. Ames, Roger T. Confucianism and Deweyan Pragmaticism: a Dialogue. *Journal of Chinese Philosophy* 30:3&4 (September/December 2003):403–417.

196. Angle, Stephen C. "The Analects and Moral Theory". Amy Olberding (ed.). *Dao Companion to the Analects*. DoI 10.1007/978-94-007-7113-0 Springer Dordrecht Heidelberg, 2014.

197. Aristotle. *Nicomachean Ethics*. Book I. http://classics. mit. edu/Aristotle/nicomachaen. 1. i. html.

198. Blofeld, John. *I Ching (The Book of Change)*. London: Penguin Books Ltd. , 1965.

199. Bridgeman, James Granger. *The Chinese Repository*. Vol. IV-December, 1835, No. 8:44.

200. Bridgeman, Elijah Coleman. *Heaou King, or Filial Duty*. The Chinese Repository, Vol. IV Dec. 1835, No. 8.

201. Brooks, E. Bruce & A. Taeko Brooks. *The Original Analects—Sayings of Confucius and His Successors*. New York: Columbia University Press, 1998.

202. Bryan W. Van Norden. *Confucius and the Analects-New Essays*, New York: Oxford University Press, Inc, 2002.

203. Chan, Joseph. "'Self-restriction' and the Confucian Case for Democracy". *Philosopphy East and West*, Vol. 64, No. 3, July 2014:785–795.

204. Chan, Wing-tsit. "Chinese and Western Interpretations of Jen (Humanity)". *Journal of Chinese Philosophy*. 1975, 107–129.

205. Chan, Wing-Tsit. *A Source Book in Chinese Philosophy*. New Jersy: Princeton University Press, 1969.

206. Chên, Ivan. *The Book of Filial Duty—with the Twenty-four Examples from the*

Chines London：John Murray，1908.

207. Cheng，Chung-ying. "Incorporating Kantian Good Will（2）—A Confucian-Kantian Synthesis". *Journal of Chinese Philosophy* 38：4，December，2011：602-638.

208. Cline，Erin M. *Confucius*，*Rawls*，*and the Sense of Justice*. New York：Fordham University Press. Reviewed by Sungmoon Kim，2013.

209. Cline，Erin M. "Religious Thought and Practice in The Analects". Amy Olberding：*Dao Companion to the Analects*. DoI. 10. 1007/978-94-007-7113-0 Springer Dordrecht Heidelberg，2014.

210. Creel，Herrlee Glessner. *Chinese Thought from Confucius to Mao Tze-Tung*. New York：New American Library，1960.

211. Creel，Herrlee Glessner. "Discussion of Professor Fingarette on Confucius". *Journal of the American Academy of Religion*，1980：410.

212. Cranmer-byng，L. *The Wisdom of the East Series—The Classics of Confucius-Book of Odes*. London. 1908.

213. Csikszentmihalyi，Mark. "Confucius and The Analects in the Hàn". Bryan W. Van Norden，ed. *Confucius and The Analects—New Essays*. New York：Oxford University Press，2002.

214. D. C. Lau. *Mencius*. London：Penguin Group，1970.

215. Dawson，Raymond. *The Analects*. Oxford，New York：Oxford University Press，1993.

216. Ruiping，Fan."Confucian Filial Piety and Long Term Care for Aged Parents"，*HEC Forum* 18（1），2006：1-17.

217. Fingarette，Herbert. *Confucius—The Secular as Sacred*，New York：Harper & Row Publishers，1972.

218. Giles，Lione. *The Sayings of Confucius—A New Translation of the Greater Part of the Confucian Analects*. London：John Murray，Albe Marle Street，1907.

219. Girardot，Norman J. *The Victorian Translation of China—James Legge's Oriental Pilgrimage*. Berkeley University of California Press，2002.

220. Hermans，Theo. *The Manipulation of Literature—Studies in Literary Translation*

Edited by Theo Hermans. New York: St. Martin's Press. 1985.

221. Hinton, David. *The Analects of Confucius.* printed in the United States of America on acid-free paper that meets the American National Standards Institute Z39-48 Standard. 1998.

222. Höchsmann, Hynn. "Love and the State in Plato and Confucius". *Dao: A Journal of Comparative Philosophy*, by Global Scholarly Publications, Dec. 2002, Vol. II, No. I:97-116.

223. Ivanhoe, Philip J. *To Become a God: Cosmology, Sacrifice, and Self-divination in Early China.* Cambridge: Harvard University Asia Center. 2007.

224. Jennings, William. *The Shi King—The Old "Poetry Classic" of the Chinese.* London and New York: George Routledge and Sons, 1891.

225. Jung, Hwa Yol. *Confucianism and Existentialism: Intersubjectivity as the Way of Man. Philosophy and Phenomenological Research*, Vol. 30, No. 2, Dec. , 1969:191.

226. Karlgren, Bernhard. *The Book of Odes.* Stockholm: The Museum of Far Eastern Antiquities. 1950.

227. Karlgren, Bernhard. *The Book of Documents.* Stockholm: Museum of Far Eastern Antiquities. reprinted from The Bulletin of the Museum of Far Eastern Antiquities 22, 1950.

228. Kim, Tae Hyun & Mark Csikszentmihaliyi. "History and Formation of The Analects". Amy Olberding ed.. *Dao Companion to the Analects.* DoI. 10. 1007/978-94-007-7113-0 Springer Dordrecht Heidelberg, 2014:21-36. Http://www. springer. com/series/8596.

229. Kim, Jung-Yeup. "Economic Equity, the Well-Field System, and Ritual Propriety in the Confucian Philosophy of Qi. " *Philosophy East and West*, Vol. 64, No. 4, October 2014:856-865.

230. Kupperman, Joel J. "*Naturalness Revisited: Why Western Philosophers Should Study Confucius.* "in Morden B. W. ed. *Comfucias and The Analects—New Essays. New York: Oxford University Press*, 2002:44.

231. Lai, Karyn. "Ren 仁 An Exemplary Life". Amy Olberding: *Dao Companion to the Analects.* DoI. 10. 1007/978-94-007-7113-0 Springer Dordrecht Heidelberg New York, London, 2014.

232. Lai, Karyn. *An Introduction to Chinese Philosophy.* New York: Cambridge University

Press, 2008.

233. Legge, Helen E. *James Legge—Missionary and Scholar*. London: The Religious Tract Society, 1905.

234. Legge, James. *Preface to the Ode to the Temple and the Altar*, *The Sacred Book of China*, Oxford: The Clarendon Press, 1879.

235. Legge, James. *The Works of Mencius*. New York: Dover Publications, 1970.

236. Legge, James. *The Sacred Books of China—The Text of Confucius*. (The Sacred Book of the East, ed. by F. Max Müller) —The Yi King. Oxford: The Clarendon Press, 1882.

237. Legge, James. *The Chinese Classics: With a Translation, Critical and Exegetical Notes, Prolegomena, and Copious Indexes*. Vol. 1. *Confucian Analects, The Great Learning, The Doctrine of the Mean.*. London: The Clarendon Press, 1893.

238. Legge, James. *The Religions of China: Confucianism and Taoism Described and Compared with Christianity*. London: Hodder & Stoughton. 1881.

239. Legge, James. *Confucianism in Relation to Christianity*. London: Trübner, 1877.

240. Legge, James. *A Letter on the Same Subject (Ephes. 1) to Dr*. Tidman, Secretary of London Missionary Society.

241. Legge, James. *An Argument for Shang Te as the Proper Rendering of the Words Elohim and Theos in the Chinese Language with Strictures on the Essays of Bishop Boone in Favour of the Term 神 (Shin)*, 1850.

242. Legge, James. *The Notions of the Chinese Concerning God and Spirits*, 1852.

243. Legge, James. *The Chinese Classics, Vol. 4 Part I*. Hong Kong: The London Missionary Society's Printing Office, 1939.

244. Legge, James. *Confucianism in Relation to Christianity*. London Trübner and Co. , 57 and 59, Ludgate Hill, 1877.

245. Legge, James. *The Religions of China: Confucianism and Taoism Described and Compared with Christianity*. 1850: 256-260.

246. Legge, James. *The Chinese Classics Vol I*. Taibei: SMC Publishing InC, 1991.

247. Legge, James. *The Chinese Classics*. New York: Hurd and Houghton, 1870.

248. Legge, James. *Confucianism in Relation to Christianity*. LondonTrübner & Co. ,1877.

249. Legge,James. *The Sacred Book of China*. Oxford：The Clarendon Press,1879.

250. Legge,James. *The Chinese Classics with a Translation*,*Critical and Exegetical Notes*,*Prolegomena*,*and Copious Indexes*. London：Henry Frowde, Oxford University Press Warehouse,Amen Corner,E. C. ,1939.

251. Legge, James. *Confucian Analects*, *The Chinese Classics Vol. I*. Hong Kong：Hong Kong University Press（reprinted）,1970.

252. Legge,James. *The Chinese Classics—the Shoo King or the Book of Historical Documents*. Taibei：SMC Publishing Inc,1991.

253. Legge,James. *The Chinese Classics—the Shoo King of the Book of Historical Documents*. Taibei：SMC Publishing Inc,1991.

254. Legge,James. *The Works of Mencius*. 2d ed. Taibei：SMC Publishing Inc,2000.

255. Legge,Mary. D. *James Legge*,*an Essay Presented to the Sino-Scottish Society at the University of Edinburgh*. Feb. 4,1951：10-11.

256. Leys,Simon. *The Analects of Confucius*. New York：Norton & Company,1997.

257. Li,Chenyang. *The Confucian Philosophy of Harmony*. London and New York：Routledge. Reviewed by Sor-hoon Tan,2014.

258. Li,Chenyang. "The Confucian Conception of Freedom". *Philosophy East and West*, Vol. 64,No. 4,October 2014：902-919.

259. Luo,Shirong. "Confucius's Virtue Politics：Ren as Leadership Virtue". *Asian Philosophy*,Vol. 22,No. 1,2012：15-35.

260. Lyall, Leonard A. *Mencius*. *Langmans*,*Green and Co.* , London, New York, Toronto,1932.

261. Makra,Mary Lella. The Hsiao Ching. New York：St. John's University Press,1961.

262. Mahood,George H. "Human Nature and the Virtues in Confucius and Aristotle. " *Journal of Chinese Philosophy*,1974：295-312.

263. Mcleod,Alexus. "Ren as a Communal Property". *Philosophy East & West*,Vol. 62,

No. 4 October 2012:505-528.

264. Medhurst, Walter Henry. *The Shoo King, Historical Classic: Being the Most Ancient Authentic Record of the Annals of the Chinese Empire, Illustrated by Later Commentators*, Mission Press, 1846.

265. Murphy, Tim & Ralph Weber. "Confucianizing Socrates and Socratizing Confucius: On Comparing Analects 13:18 and the Euthyphro". *Philosophy East & West*, Vol. 60, No. 2, Apr. 2010:187-206.

266. Newmark, Peter. *A Textbook of Translation*. Shanghai: Shanghai Foreign Language Education Press, 2001.

267. Ni, Peimin. "Rectify The Heart-Mind for The Art of Living: A Gongfu Perspective On The Confucian Approach To Desire". *Philosophy East and West*, Vol. 64, No. 2, April 2014: 340-359.

268. Norden, Bryan W. Van. *Confucius and The Analects—New Essays*. New York: Oxford University Press, 2002.

269. Norden, Bryan W. Van. "Weaving the ' One Thread ' of Analects 4:15". Bryan W. Van Norden, ed. *Confucius and The Analects—New Essays*. New York: Oxford University Press, 2002.

270. Olberding, Amy. *Dao Companion to the Analects*. DoI. 10. 1007/978-94-007-7113-0 Springer Dordrecht Heidelberg, 2014.

271. Pfister, Lauren. "The legacy of James Legge". *International Bulletin of Missionary Research*; Apr. 1998, Vol. 22 Issue 2:77-83.

272. Pfister, Lauren. "Some New Dimensions in the Study of the Works of James Legge", *Sino-Western Cultural Relations Journal*, 1990:29-50 and 1991:33-46.

273. Pfister, Lauren. " Classics and Interpretations—The Hermaneutic Traditions in Chinese Culture". *New Brunswick(U. S. A) and London(U. K.) Translation Publishers*, 2000: 371-380.

274. Pfister, Lauren. "Nineteenth Centry Ruist Metaphysical Terminology and the Sino-Scottish Connection in James Legge's Chinese Classics. Mapping Meanings—The Field of New

Learning in Late Qing China", *Brill*, *Leiden*. Boston, 2004.

276. Pound, Ezra. *Poems and Translations*. New York: Library of America, 2003.

277. Pound, Ezra. *Confucius*: *the Great Digest*, *the Unwobbling Pivot*, *and the Analects*. New York: New Directions Pub. Corp. ,1969,1951.

277. Pound, Ezra. *The Classic Anthology Defined by Coufucius*. London: Faber and Faber Ltd. ,1954.

278. Raphals, Lisa. "A Woman Who Understood the Rites", in Bryan W. Van Norden's *Confucius and The Analects—New Essays*, Oxford University Press, Inc, 2002.

279. Richard Rutt. *The Book of Changes—A Bronze Age Document Translated with Intro-duction and Notes*. London: Routledge Curzon, 2002.

280. Rosemont, Henry Jr. "Rights − bearing Individuals and Role-Bearing Persons", Herbert Fingarette, *Rules*, *Rituals and Responsibility. La Salle*, *Illinois*, *Open Court*, 1991.

281. Rosemont, Henry Jr. "Confucian Role Ethics: A Model for 21st Century Harmony?" *Journal of East-West Thought*, 2009:87−100.

282. Rosemont, Henry Jr. *A Reader's Companion to the Confucian Analects*. New York: Palgrave Macmillan, 2013.

283. Rosemont, Henry Jr. & Roger T. Ames. *The Chinese Classic of Family Reverence——A Philosophical Translation of the Xiao Jing*. Honolulu: University of Hawai'i Press, 2009.

284. Sandel, Michael. *Democracy's Discontent*: *America in Search for a Public Philosophy*. Cambridge: Harvard University Press, 1996.

285. Schwartz, Benjamin. *The World of Thought in Ancient China*. Cambridge, MA: Belknap Press of Harvard University Press, 1985.

286. Shun, Kwong-Loi. "Rén 仁 and Li 礼 in *The Analects*". Bryan W. Van Norden, ed. *Confucius and The Analects-New Essays*. New York: Oxford University Press, 2002.

287. Shun, Kwong-Loi. *Mencius and Early Chinese Thought*. California: Stanford University Press, 1997.

288. Steiner, George. *After Babel-Aspects of Language and Translation*. Shanghai: Shanghai Foreign Language Education Press, 2001.

289. Steven A. Wilson. "Conformity, Individuality, and the Nature of Virtue: a Classical Confucian Contribution to Contemporary Ethical Reflection", in Bryan W. Van Norden's *Confucius and The Analects—New Essays*, Oxford University Press, Inc, 2002.

290. Soothill, William Edward. *The Analects or the Conversations of Confucius with His Disciples and Certain Others*. London: Oxford University Press, 1937.

291. Sungmoon Kim. "Politics and Interest in Early Confucianism", *Philosophy East and West*, Vol. 64, No. 2, April 2014: 425–448.

292. Taylor, Rodney & Gary Arbuckle. "Confucianism", *The Journal of Asian Studies*. 54. 2. May 1995: 347.

293. Tu, Weiming. "Transcendent and yet Immanent: The Unique Features of Confucian Spirituality in the Collected Works of Du Weiming", Wuhan: Wuhan Publishing House, 2002.

294. Vencent Shen. *Dao Companion to Classcial Confucian Philosophy*. DoI. 10. 1007/978-90-481-2936-2 Springer Dordrecht Heidelberg New York, London, 2013.

295. Waley, Arthur. *The Book of Songs*. London: George Allen & Unwin Ltd. , Museum Street, 1937: 339.

296. Waley, Arthur. *The Book of Songs——Translated by Arthur Waley, Edited with additional Translations by Joseph R*. Allen. New York: Grove Press, 1996.

297. Ware, James R. *The Sayings of Confucius*. New York and Toronto: The New English Library Limited, 1955.

298. Yan, Zhonghu. "Ultimate Reality and Self-Cultivation in Early Confucianism: A Conceptual, Existential Approach", in Vencent Shen's *Dao Companion to Classical Confucian Philosophy*, 2014.

299. Yearley, Lee H. *Mencius and Aquinas*. New York: State University of New York Press, 1990.

300. Yearley, Lee H. "An Existentialist Reading of Book 4 of The Analects", in Bryan W. Van Norden's *Confucius and The Analects—New Essays, Oxford University Press, Inc*, 2002.

301. Yu, Jiyuan. Virtue: "Confucius and Aristotle", *Philosophy West & East*, Vol. 48, No. 2, Apr. 1998: 323–347.

302. Yu, Jiyuan. "The Beginning of Ethics: Confucius and Socrates", *Asian Philosophy*, Vol. 15, No. 2, July 2005: 173–189.